BONHOEFFER BREVIER

Bonhoeffer Brevier

Zusammengestellt
und herausgegeben
von
Otto Dudzus

CHR. KAISER VERLAG MÜNCHEN

1991

CIP-Kurztitelaufnahme der Deutschen Bibliothek

Bonhoeffer, Dietrich:
Bonhoeffer-Brevier / zsgest. u. hrsg. von Otto Dudzus.
– 7. Aufl. – München : Kaiser, 1991.
ISBN 3-459-01610-8
NE: Bonhoeffer, Dietrich: [Sammlung]
 Printed in Germany. Umschlag- und
Einbandentwurf von Ingeborg Geith, München. Satz und Druck:
Buchdruckerei Wagner GmbH, Nördlingen
Bindung: Conzella, München

Vorwort

Als Bonhoeffers Briefe aus dem Gefängnis bekannt wurden („Widerstand und Ergebung"), haben gewichtige Stimmen diesem Buch Platz und Rang eines evangelischen Breviers zuerkannt. Überrascht nahm man Kenntnis von dem Reichtum und der Weite dieses Geistes. Wozu er auch das Wort ergriff, es war klug und abgewogen, vornehm und dabei verbindlich, demütig und zugleich stolz im Blick auf das eigene Schicksal, dankbar für Vergangenes und doch in einem ungewöhnlich starken Maße der Zukunft zugewandt. Bis zur Stunde gibt es Menschen, die immer wieder in diesen Briefen lesen, betroffen und dankbar, daß es diese Stimme unter uns gibt.

Einige Formulierungen Bonhoeffers haben zeitweise den Charakter modischer Schlagworte angenommen. Das scheint überstanden. Bonhoeffer ist zu unbequem, zu komplex, er stellt zu hohe Ansprüche, um jemals Mode werden zu können. Aber er hat nicht aufgehört, wirksam zu sein. Fragen, die er gestellt, Aufgaben, die er zugewiesen hat, haben ökumenisches Format und Ausmaß. Es gibt nur wenige deutsche Theologen, die in der Ökumene so sehr beachtet werden wie Dietrich Bonhoeffer, was umso erstaunlicher ist, als sein Werk ganz und gar fragmentarischen Charakter hat. Es hat den Anschein, als ob auf dem Umweg über andere Länder sich die Bedeutung dieses Mannes für Theologie, Kirche und Gesellschaft erst recht erschließen wolle.

Die vorliegende Auswahl ist Arbeiten und Veröffentlichungen Bonhoeffers aus allen Stadien seiner Wirksamkeit entnommen. Vor allem wurden berücksichtigt „Schöpfung und Fall", „Nachfolge", „Gemeinsames Leben",

„Versuchung", „Ethik", „Widerstand und Ergebung"; dazu Predigten, eine leider unvollendet gebliebene Auslegung von Psalm 119, Aufsätze, Vorträge und Briefe, die sämtlich in den „Gesammelten Schriften" enthalten sind. Eberhard Bethge hat freundlicherweise Predigten zur Verfügung gestellt, die Bonhoeffer 1933/34 in London gehalten hat und die hiermit zum ersten Mal in Auswahl veröffentlicht werden. Darunter befindet sich eine vollständige Predigtreihe über 1. Korinther 13, deren geschlossene Herausgabe später zu erwarten steht. Eine Quellenangabe über die Herkunft aller Auswahlstücke findet sich am Schluß dieses Bandes.

Ein Brevier, das sich an eine größere Öffentlichkeit wendet, ist innerhalb unserer evangelischen Christenheit etwas Neues. Andachtsbücher beherrschen das Feld. Ein Brevier ist etwas anderes. Es ist weniger streng in der Anlage, dafür aber umfassender, vielgestaltiger in seinen Möglichkeiten. Es bietet Raum auch für solche Erwägungen, die in der gebundenen Form einer Textauslegung kaum zur Sprache kommen. Gedanken brauchen nicht immer beladen zu sein mit der schweren Fracht eines göttlichen Wortes. Die Redeweise kann zu gegebener Zeit weniger apodiktisch sein. Fragen können offen gelassen werden, wo eine Antwort einen Kurzschluß darstellte. Es kann der Zeit und Situation eines Wortes Rechnung getragen werden. Scheinbar oder auch wirklich sich widersprechende Äußerungen können in ein- und demselben Buch stehen. (Unter dem 3. Juli ist zu lesen, daß eine christliche Hausgemeinde imstande sein sollte, morgens und abends je ein Kapitel aus dem Alten und mindestens je ein halbes Kapitel aus dem Neuen Testament zu lesen. Unter dem 15. November sehen wir Bonhoeffer sich wundern, daß er tagelang ohne die Bibel leben kann und es nicht als Gehorsam, sondern als Autosuggestion empfindet, wenn er sich dazu zwingen würde). Man darf sich sogar irren und korrigieren. In dem allem kann ein Brevier aber eine umso größere Nähe zum fragenden, suchenden, hörenden, handelnden

Menschen gewinnen und dem, der nicht fragen, nicht hören, nicht suchen will, schwere Hindernisse in einen allzu sicheren, allzu schnellen, allzu leichten Weg legen.

Bei der vorliegenden Auswahl handelt es sich nur zu einem geringen Teil um bloße „Betrachtungen". Meist sind es Stücke aus versuchtem Gehorsam. Bonhoeffer war ein Mann mit ungewöhnlich wachem Sinn. Er witterte Gefahren, wo andere noch ganz ahnungslos waren. Aller großen Vergangenheit dankbar verpflichtet, gab er sich doch niemals mit nur überkommenen Antworten zufrieden. Er konnte unruhig wirken, für ein oberflächliches Urteil sogar unbeständig. Das war aber nur die täuschende Außenseite seines überwachen Geistes. Fragend, wagend, experimentierend nahm er teil an der Fülle menschlicher Existenz, anderen meistens drei Schritte voraus, immer wissend um das Wunder der barmherzigen Begründung all unseres Existierens in dem Ereignis Jesus Christus. Das ist die wahre, die einzige Beständigkeit, die es zu erkennen, zu verteidigen, zu entfalten, gegen alle Verkürzungen und Verfälschungen zu behaupten gilt. Im Wort von Jesus Christus sind wir verstanden, angenommen wie nirgends sonst, ist uns Weg und Aufgabe gewiesen, gibt es Gewißheit, Stetigkeit, Verheißung für unser Dasein. Hiervon verstand Bonhoeffer so überraschend frei und undoktrinär zu reden, daß seine Stimme sich Aufmerksamkeit erzwingt, wo unsere konventionelle Sprache vor verschlossenen Türen steht.

Bonhoeffer hat gewußt, daß alles Reden von dem „Letzten" (Rechtfertigung des Sünders, Glaube, Erlösung, Ewigkeit) unbarmherzig, unwirklich, illusionär sein muß, wenn nicht die „vorletzten" Dinge unseres Lebens (Recht, Wahrheit, Freiheit, soziale Gerechtigkeit) bedacht und ernst genommen werden. Er sieht die verhängnisvolle Geringschätzung dieser „vorletzten" Dinge innerhalb unserer protestantischen Kirchlichkeit und weiß sich seinerseits an diesem Punkt in einer ungewöhnlichen Weise gefordert. So wird er zum Warner und Helfer und – viel mehr, als er es von sich selber wußte – zum Seelsorger. Es ist bezeichnend, daß dies Wort in seinem Vokabular nur selten und dann meist in kritischen Zusammenhängen vorkommt. Aber bei ihm gewinnt es neuen Inhalt und neue Fülle.

Etwas von diesem seelsorgerlichen Dienst Bonhoeffers möchte in diesem Brevier zu Worte kommen. Neben dem „geistlichen" steht darum, wenn nicht in gleichem Umfang, so doch mit gleichem Gewicht, das „nur" menschliche, das weltliche Wort. Es gehört zum Schönsten bei Bonhoeffer, festzustellen, wie die Gegensatzpaare „geistlich" und „weltlich", „Raum der Kirche" und „Raum der Welt", so wichtig und endgültig sie sich geben mögen, nichts weiter sind als Hilfskonstruktionen, überreif für den terminologischen Müllhaufen. Wie selbstverständlich konnten Texte für Advent, Karfreitag, Ostern aus der „Ethik" entnommen werden. Man darf wohl mit Recht fragen, ob bei Bonhoeffer nicht der längst fällige, immer wieder gesuchte und doch so gut wie nie gefundene Schritt getan worden ist, hinaus über ein isoliertes, introvertiertes Verständnis christlichen Glaubens und Lebens, hinein in die freie Luft einer unzerrissenen, ganzheitlichen Existenz. Wann ist z. B. jemals das adventliche Wort „Bereitet dem Herrn den Weg" so ausgelegt worden wie in der „Ethik", befreit von allem Stimmungsmäßigen, nur Innerlichem? „Gestaltendes Handeln in größtem Ausmaß", darum geht es nach Bonhoeffer; und man muß sich fragen, wie man jemals auf den Gedanken hat verfallen können, es ginge von Hause aus in diesem Adventsruf um etwas anderes. Recht und Grund zu einem so umfassenden, weitreichenden Verständnis des biblischen Zeugnisses liegt nirgend wo anders als in Jesus Christus, in dem die Welt ihren Grund, ihren Bestand, ihre Gegenwart und ihre Zukunft hat.

Für die Textauswahl waren sachliche und nie biographische Gesichtspunkte maßgebend. Nur im Anschluß an den Text für den 9. April, dem Todestag Dietrich Bonhoeffers im Konzentrationslager Flossenbürg, findet sich ein kurzer

Abschnitt aus Eberhard Bethges schönem Bericht über Bonhoeffers letzte Tage. Daß für diesen Tag ein österlicher Text gewählt wurde, liegt ganz im Wesen der Sache. Ohnehin kann bei Bonhoeffer zwischen „Sache" und „Leben" nur schwer getrennt werden. „Doctrina est coelum, vita est terra" (frei übersetzt: „Auf die Lehre kommt es an, das Leben ist zweitrangig"), dieser Satz Luthers war eins seiner Lieblingsworte. Im Blick auf sich selbst würde er am allerwenigsten eine Ausnahme geduldet haben. Aber wie, wenn das Biographische über alles Zufällige, persönlich Begrenzte hinauswächst und seinerseits die Kraft eines Zeugnisses gewinnt? Man lese unter diesem Gesichtspunkt einmal die Predigt über Jeremia 20, 7 vom Januar 1934 (hier unter dem 24.–26. Juli). Dem Kenner verschlägt es den Atem, wie unerhört nah Zeugnis und Lebensweg einander kommen können. Es ist auch nicht ganz belanglos, wenn an einer so seltenen Stelle einmal etwas von dem Verzicht, den Schmerzen, dem inneren Widerstreben gegen einen klar gesehenen und entschlossen bejahten Leidensweg scheu durchschimmert. Umso glaubwürdiger wird die Bezeugung des Reichtums, der auf dem Weg der Nachfolge gefunden werden kann. Es gehört in den gleichen Zusammenhang, wenn Bonhoeffer zum Schluß aus dem Gefängnis schreiben kann, daß ihm nichts leid tue, auch und gerade nicht der Schritt in die spezifische politische Verantwortung, die ihm den Tod eingebracht hat; alles sei eine ununterbrochene Bereicherung der Erfahrung. Die Mitarbeit im Widerstand gegen Unrecht und Unmenschlichkeit nimmt im Denken, Schreiben, Handeln Dietrich Bonhoeffers einen breiten Raum ein. Es wäre eine Verfälschung seines Lebenswerkes, wenn dem bei der Auswahl in diesem Brevier nicht Rechnung getragen wäre. Denn auch und gerade hier zeigt sich das Typische, Zeugnishafte dieses Lebens. Unnötig zu sagen, wo und wie bei ihm dieser Widerstand begründet ist.

Die Anordnung der Texte fügt sich in diesem Brevier nahezu zwanglos den Zeiten des Kirchenjahres ein. Den-

noch schien es ratsam, mit dem 1. Januar und nicht mit dem 1. Advent zu beginnen. Am Schluß des Bandes (Seite 518) sind die Auswahlstücke benannt, die für die beweglichen Festtage des Kirchenjahres besonders geeignet erscheinen.

Bei Predigten ist in der Regel der gesamte Text nur zu Beginn angegeben. An den darauf folgenden Tagen ist meist nur ein typischer Vers wiederholt. Zusammenhängendes läßt sich auf diese Weise unschwer erkennen.

Bei sonstigen Auslegungen ist häufiger nur der entscheidende Vers ausgedruckt (eingeleitet durch: „Aus ..."). In solchen Fällen empfiehlt sich ein Nachschlagen des ganzen Schriftabschnittes.

Die Auswahl machte es notwendig, gelegentlich leichte Veränderungen im Text vorzunehmen.

Verträgt es das Werk Dietrich Bonhoeffers, in kleine Tageseinheiten zerlegt zu werden? Nimmt man ihm damit nicht seine Frische, seinen Wert und seine Kraft? Um diesem bei der Auswahl ständig bedachten Einwand zu begegnen, sind die ausgewählten Stücke immer zu größeren Einheiten zusammengeordnet. Was unter einer Hauptüberschrift steht (siehe auch das Inhaltsverzeichnis), gehört sachlich und meist auch seiner Herkunft nach zueinander. Man kann also auch ganze Abschnitte unabhängig von der Tageseinteilung lesen.

Im übrigen will das Brevier die Lektüre der Einzelschriften und des Gesamtwerkes keineswegs ersetzen. Es möchte im Gegenteil dazu Mut und Freude machen. Bonhoeffer ist nicht im Vorübergehen zu lesen, auch nicht in einer solchen Auswahl. Er fordert Zeit und die ganze Kraft unseres Mitdenkens. Aber ist es nur ein Nachteil, wenn hohe Anforderungen gestellt werden?

August 1963 — *Otto Dudzus*

Inhalt

Der Anfang

1. Januar

BEFREIT VOM GESETZ UNAUFHÖRLICHER ANFÄNGE

Wohl denen, die ohne Tadel leben, die im Gesetz des Herrn wandeln. *Psalm 119, 1*

Wer so spricht, setzt den geschehenen Anfang voraus. Er gibt zu verstehen, daß das Leben mit Gott nicht nur und nicht wesentlich aus immer neuen Anfängen besteht. Er nennt es darum einen Wandel, ein Gehen im Gesetz Gottes. Damit bestätigt er den geschehenen Anfang, er läßt ihn gelten, er will nicht mehr hinter ihn zurück. Auf Grund des geschehenen Anfangs Gottes mit uns ist unser Leben mit Gott ein Weg, der im Gesetz Gottes gegangen wird. Ist das Knechtung des Menschen unter das Gesetz? Nein, es ist Befreiung von dem mörderischen Gesetz der unaufhörlichen Anfänge. Einen Tag um den anderen auf den neuen Anfang zu warten, ihn unzählige Male gefunden zu haben meinen, um ihn am Abend wieder verloren zu geben, das ist die vollkommene Zerstörung des Glaubens an den Gott, der den Anfang einmal gesetzt hat in seinem vergebenden und erneuernden Wort, in Jesus Christus, d. h. in meiner Taufe, in meiner Wiedergeburt, in meiner Bekehrung. Gott hat mich ein für allemal zu sich bekehrt, nicht ich habe mich ein für allemal zu Gott bekehrt. Gott hat den Anfang gesetzt, das ist die freudige Gewißheit des Glaubens. Darum soll ich nicht neben den einen Anfang Gottes noch zahllose eigene Anfänge zu setzen versuchen. Gerade davon bin ich befreit, der Anfang liegt ein für allemal hinter mir, Gottes Anfang nämlich. Nun haben die Glieder der Gemeinde einander nicht mehr auf einen neuzusetzenden Anfang anzureden, vielmehr sprechen sie zueinander als solche, denen der neue Anfang weiter geschenkt ist und die miteinander auf dem Wege sind, dessen Anfang darin bestand, daß Gott die Seinen gefunden hat und dessen Ende immer nur darin bestehen kann, daß Gott sie wieder sucht.

Der Weg zwischen diesem Anfang und diesem Ende ist der Wandel im Gesetz Gottes. Es ist das Leben unter dem Wort Gottes in seiner ganzen Vielgestaltigkeit, in seinem Reichtum, in seiner unerschöpflichen Fülle der Erkenntnisse und Erfahrungen. Nur eine Gefahr gibt es in Wahrheit auf diesem Wege, nämlich hinter den Anfang zurückzuwollen oder was dasselbe ist, das Ziel aus den Augen zu verlieren. In diesem Augenblick hört der Weg auf, ein Weg der Gnade und des Glaubens zu sein. Er hört auf, Gottes eigener Weg zu sein.

2. Januar

ERLÖSUNG IM RÜCKEN – VERHEISSUNG VOR AUGEN

Das ist die Antwort auf die Frage nach dem Gesetz: Gottes Erlösungstat, Gottes Gebote und Gottes Verheißung. Keiner versteht das Gesetz Gottes, der nicht von der geschehenen Erlösung und der zukünftigen Verheißung weiß. Wer nach dem Gesetz fragt, wird an Jesus Christus und die in ihm für den Menschen vollbrachte Erlösung aus der Knechtschaft der Sünde und des Todes, an den in Jesus Christus für alle Menschen von Gott neu gesetzten Anfang erinnert. Auf die Frage nach dem Gesetz Gottes antwortet nicht eine Sittenlehre, eine Norm, sondern eine vollendete Tat Gottes. Fragen wir, wie wir ein Leben mit Gott anfangen könnten, so antwortet die Schrift, daß Gott schon längst das Leben mit uns angefangen hat; fragen wir, was wir für Gott tun können, so hören wir, was Gott für uns getan hat; fragen wir, wie wir ohne Sünde vor Gott leben können, so wird uns die Vergebung aller Sünde in Jesus Christus verkündigt. Richtet sich unser Blick auf unser zukünftiges Tun, so ruft uns Gottes Wort zurück zur Vergangenheit und sagt: Gedenke! (Deut 7, 18; 8, 2; 32, 7 ff.). Erst wenn wir erkannt haben, daß die Entscheidung schon gefallen, der Anfang schon gemacht, die Tat schon getan ist und zwar von Gott, erst wenn wir uns von Entscheidung, Anfang, Tat Gottes mit getroffen, in sie hineingezogen wissen, können wir das Gebot Gottes hören als das Lebensgesetz derer, für die Gott schon längst alles getan hat und die nun „im Gesetze" sind.

Darum „wohl denen, die im Gesetz des Herrn wandeln". Sie sind es ja, die es gewagt haben, die Tat Gottes für sich geschehen sein zu lassen, die herkommen aus dem vollbrachten Anfang Gottes. Sie sind wie die Sieger nach einer gewonnenen Schlacht. Sie sind wie die Lebenden, die durch das Todestal gegangen sind. Sie sind wie die Wanderer, denen nach finsterer Nacht die Sonne aufgegangen ist und die ihren Weg gefunden haben. Nun strecken sie sich aus nach einer neuen Zukunft, nun gehen sie von Sieg zu Sieg, nun sind sie auf dem Wege im Licht.

3. Januar

DER DAS HEIL SCHAFFT, WILL AUCH UNSER GLÜCK

„Wohl denen"; von Glück und Seligkeit des Lebens im Gesetz Gottes wird hier geredet. Es ist Gottes Wille, daß es denen, die in seinen Geboten wandeln, wohl gehe. Es ist kein Zeichen eines starken und reifen Glaubens, wenn uns dieser Satz Verlegenheit bereitet, wenn wir sagen, Gott hat größere Dinge mit uns vor, als für unser Wohlergehen zu sorgen. Es gibt Christen, die geistlicher sein wollen als Gott selbst. Sie reden gern von Kampf, Entsagung, Leiden und Kreuz, aber es ist ihnen fast peinlich, daß die Heilige Schrift eben nicht nur davon, sondern gar nicht oft genug von dem Glück der Frommen, von dem Wohlergehen der Gerechten sprechen kann. Sie sagen dann wohl, das sei alttestamentlich und überholt. Der erste Grund ihrer Verlegenheit aber liegt darin, daß ihr Herz zu eng ist, um die ganze Freundlichkeit Gottes zu fassen, zu eng, um Gott auch in der Fülle der irdischen Gaben zu ehren, die er denen zuteil werden läßt, die in seinem Gesetz leben. Sie wollen Schulmeister der Heiligen Schrift sein und bringen sich damit um die volle Freude ihres Christenstandes und versagen Gott den schuldigen Dank für seine große Freundlichkeit.

Es ist eine überraschende Beobachtung, daß gerade in den Psalmen, die über Bedrückung und Leiden der Gerechten klagen, das Lob der Freundlichkeit Gottes, der es den Seinen wohlergehen läßt, besonders stark hervorbricht. Auch der Beter unseres Psalmes ist in Elend und Anfechtung gewesen. Aber sollte nicht gerade der Fromme, der in Not geraten ist, besonderen Grund haben zu danken für alle bisherige Bewahrung und für jede Gabe, die ihm noch bis zur Stunde erhalten blieb? Denn „das wenige, das ein Gerechter hat, ist besser denn das große Gut vieler Gottlosen" (Ps 37, 16). Muß denn nicht gerade er es wissen, daß er nichts als Zorn und Strafe verdient hätte, wenn Gott nach Verdienst und Würdigkeit mit ihm hätte handeln wollen?

Sollte aber Gott einem der Seinen wirklich den Kelch des Leidens um Christi willen bis zum bitteren Ende in Kreuz und Tod zu trinken geben – wessen er doch zu allen Zeiten immer nur wenige gewürdigt hat –, so hat er gewiß ihr Herz vorher so bereitet, daß gerade sie es sind, die es mit starkem Glauben in ganz neuer und vollmächtiger Weise bezeugen: „Wohl denen, die im Gesetz des Herrn wandeln."

4. Januar

DAS WORT IN DEN WORTEN

Wohl denen, die seine Zeugnisse halten, die ihn von ganzem Herzen suchen! *Psalm 119, 2*

Eine zweite Seligpreisung folgt der ersten. Die Zeugnisse sind die Mahnzeichen, die Gott aufgerichtet hat auf dem Wege der Seinen, damit sie sich nicht verirren. Erst in der babylonischen Gefangenschaft kommt dieses Wort in häufigen Gebrauch. Dort erkennt man in der Zeit der Strafe und Buße, daß der Weg des Volkes Gottes Prüfung und

Bewährung bringen solle und daß das Gesetz gegeben war zur Mahnung an Gott, den Herrn (Neh 9, 34). Nun nennt man die Bundeslade „Lade der Mahnung" (Ex 25, 22), die zehn Gebote „die Tafeln der Mahnung" (Ex 31, 18), das Heiligtum das „Zelt der Mahnung" (Num 9, 15) oder die „Wohnung der Mahnung" (Ex 38, 21). Man brachte damit zum Ausdruck, daß alle diese Dinge nicht in sich selbst den letzten Sinn haben, sondern Mahnung, Zeugnis sind für Gott selbst. Nur wer Gott selbst und allein in den Zehn Geboten, in der Lade, im Stiftszelt fand und ehrte, der verstand ihr Wesen. Solche Mahnzeichen aber gibt Gott seinem Volk auf seinem Weg, damit es sich in den Prüfungen bewähre, „daß er dir hernach wohltäte" (Deut 8, 16). Weil Gott der Herr ist, an den uns seine Gebote täglich erinnern sollen, von dem sie uns Zeugnis geben sollen, darum kann eine äußerliche Erfüllung der Gebote nicht genügen. Nicht nur Lippen und Hände, sondern das ganze ungeteilte Herz muß dabei sein. Es muß immerfort auf der Suche nach dem sein, von dem die Zeugnisse reden.

In Geboten, Gottesdiensten, Gebeten sucht das Herz den, der das alles gegeben hat. So ist es nicht untätig und satt, sondern es sucht unaufhörlich Gott und seine Offenbarung, das Wort in den Worten, das Evangelium im Gesetz. Selig, wer so die Zeugnisse Gottes hält, wer Gott von ganzem Herzen sucht, denn er kann ja nur suchen, weil es ihm gezeigt ist, wo er suchen muß und wen er findet, weil es ihm verheißen ist, daß dem Suchen ein Finden folgt.

MIT GOTT TRITT MAN NICHT AUF DER STELLE

Denn welche auf seinen Wegen wandeln, die tun kein Übles. *Psalm 119, 3*

Gottes Wege sind die Wege, die er selbst gegangen ist und die wir nun mit ihm gehen sollen. Keinen Weg läßt uns Gott gehen, den er nicht selbst gegangen wäre und auf dem er uns nicht voranginge. Es ist der von Gott gebahnte und von Gott geschützte Weg, auf den er uns ruft. So ist es wirklich sein Weg.

Mit Gott tritt man nicht auf der Stelle, sondern man beschreitet einen Weg. Es geht voran oder man ist nicht mit Gott. Gott kennt den ganzen Weg, wir wissen nur den nächsten Schritt und das letzte Ziel. Es gibt kein Stehenbleiben, jeden Tag, jede Stunde geht es weiter. Wer seinen Fuß auf diesen Weg gesetzt hat, dessen Leben ist eine Wanderschaft geworden. So wird es deutlich, daß das Evangelium und der Glaube nicht eine zeitlose Idee, sondern ein Handeln Gottes und des Menschen in der Geschichte sind. Als Weg kann er auch nicht verborgen bleiben vor den Augen anderer Menschen. Es wird offenbar, ob auf diesem Weg Gutes oder Übles geschieht. Es ist auch nicht gleichgültig, ob gelegentlich auf diesem Wege Übles getan wird, so etwa, daß man sich dann von der mangelhaften Wirklichkeit auf das vollkommene Ideal zurückziehen könnte, oder daß man sich damit zufrieden gibt, den rechten Weg doch zu wissen, den rechten Glauben zu besitzen, auch wenn man nicht immer danach handeln kann. „Welche auf seinen Wegen wandeln, die tun kein Übles." Den Weg zu wissen, auf dem rechten Wege zu sein, erleichtert niemals Verantwortung und Schuld, sondern erschwert sie. Gottes Kinder stehen nicht unter Sonderrecht außer dem einen, von Gottes Gnade und Weg zu wissen und kein

Übles zu tun. Oder sagt Gottes Wort zu viel: Sie tun kein Übles? Sündigen wir Christen denn nicht mehr? Doch, wir haben gesündigt und leugnen es nicht (1. Joh 1, 8 f.). Aber nachdem wir das bekannt haben, gehört unser Blick nicht mehr unserer Sünde und unserer schwachen Natur, sondern allein Christus und dem Wort Gottes, das über unsere Zukunft bestimmt und sagt: „Wer aus Gott geboren ist, der tut nicht Sünde, denn sein Same ist in ihm; und kann nicht sündigen, denn er ist von Gott geboren" (1. Joh 3, 9).

Der Weg Gottes ist der Weg von Gott zu den Menschen, und nur so der Weg der Menschen zu Gott. Er heißt Jesus Christus (Joh 14, 6). Wer auf diesem Weg ist, wer in Jesus Christus ist, der tut kein Übles.

6. Januar

BESINNUNG ZUM EPIPHANIASFEST

Die seltsame Unbestimmtheit, die über dem Epiphaniasfest liegt, ist so alt wie das Fest selbst. Es steht fest, daß, längst bevor Weihnachten gefeiert wurde, Epiphanias in den Kirchen des Morgen- und Abendlandes als höchster Festtag der winterlichen Jahreshälfte galt. Die Ursprünge sind dunkel. Gewiß ist, daß von jeher vier verschiedene Ereignisse an diesem Tag Gegenstand des Gedenkens waren: die Geburt Christi, die Taufe Christi, die Hochzeit zu Kana und die Ankunft der Magier aus dem Morgenland.

Die Kirche hat seit dem 4. Jahrhundert die Geburt Christi festlich am 25. Dezember gefeiert und sie aus dem Epiphaniasfest herausgelöst. Die Ablösung der Feier der Geburt Christi vom Tauftag Christi war von großer Bedeutung. Es hatte sich in gnostischen und häretischen Kreisen des Ostens der Gedanke gebildet, daß der Tauftag eigentlich erst der Geburtstag Christi als des Sohnes Gottes sei. Darin aber lag die Möglichkeit eines gefährlichen Irrtums beschlossen, nämlich einer Mißachtung der Fleischwerdung Gottes. Die Geburt Jesu ist ja nicht der natürliche Anfang eines menschlichen Lebens, dem die geistliche Wiedergeburt erst hätte folgen müssen, sondern die Geburt Jesu ist die Fleischwerdung des Sohnes Gottes zum Heil alles Fleisches. Hätte Gott nur den Menschen Jesus in der Taufe als seinen Sohn angenommen, dann wäre Jesus zwar der unerreichbar Einzige, der Übermensch, der für sich die Seligkeit errang, aber er hätte uns andern nicht helfen können. Ist aber Jesus der Sohn Gottes, der von seiner Empfängnis und Geburt an unser eigenes Fleisch und Blut angenommen hat und trägt, dann allein ist er wahrer Mensch und wahrer Gott; dann allein kann er uns helfen; dann aber hat uns in seiner Geburt wirklich „die rettende Stunde geschlagen".

Das wirft nun ein Licht auf die Bedeutung der Taufe Jesu. Ist sie nicht der Tag der Adoption des Gottessohnes, was ist sie dann? Wenn Jesus die Taufe begehrt, dann tut er es im Unterschied zu allen anderen Menschen als der allein Gute, Sündlose, der Vergebung nicht Bedürftige. Gerade als der allein Gute läßt er sich nicht von den Sündern trennen, wird er nicht zum Pharisäer, der das Gute für sich selbst haben will. Die Sündlosigkeit, das Gutsein Jesu bezeugt sich gerade in seiner unbedingten Liebe zu den Sündern. Nicht aus Reue, sondern aus Liebe geht Jesus zur Taufe und tritt so an die Seite der Sünder.

Die Taufe ist Jesu Selbsterniedrigung um der Sünder willen, er wird als der Sündlose zum Sünder um seiner Brüder willen. Es ist dieser Augenblick der Verbindung des Sohnes Gottes mit den Sündern in der Taufe, in dem ihm von seinem himmlischen Vater bestätigt wird, daß er sein lieber Sohn ist. Die Taufe bringt nichts Neues zu seinem Sein hinzu, aber sie bringt etwas entscheidend Neues in sein Tun, indem Jesus von nun an vor aller Welt als der handelt, der er von Ewigkeit her ist. Die Erscheinung Jesu als Gottessohn, wie sie am Epiphaniastag zum Gedächtnis der Taufe Jesu gefeiert wird, ist die Erscheinung in der Niedrigkeit, in der Gleichheit der Sünder. Der Zöllner und Sünder Geselle, das ist der Sohn Gottes, dessen Erscheinung wir liebhaben sollen.

7. Januar

GEBET, DAS UNVERZÜGLICH ZUR TAT FÜHRT

Ach, daß mein Leben deine Satzungen mit ganzem Ernst hielte! *Psalm 119, 5*

Der Seufzer „ach!" kann einen kleinen Verdruß, aber auch ein namenloses Weh zum Ausdruck bringen, ja, zuweilen eine ganze Lebensgeschichte, die sonst in keiner anderen Weise laut werden darf. Wenn der Arme und Elende seinen Schmerz in sich verbeißen muß, dann steigt das Ach aus der geängsteten Seele empor, und wenn das Auge dabei nach oben schaut zu dem großen Helfer, dann hat es für sich allein die Kraft eines mächtigen Gebetes. Das Ach unserer Wünsche und das Ach des Gebetes ist zweierlei; jenes kommt aus unserer Not, wie wir sie selbst verstehen, dieses aus unserer Not, wie sie uns Gott zu sehen gelehrt hat; jenes ist anspruchsvoll oder verzweifelt, dieses ist demütig und zuversichtlich. Selbst das rechte Ach können wir nicht aus unserem eigenen Herzen hervorbringen. Gott muß es uns durch den Heiligen Geist rufen lehren. Im rechten Ach ist das Unaussprechliche unserer tiefen Not vor Gott zusammengefaßt, es ist das „unaussprechliche Seufzen" des Heiligen Geistes, der uns vor Gott vertritt (Röm 8, 26). Dieses rechte Seufzen aber bleibt Gott nicht verborgen (Ps 38, 10).

Unsere Wünsche richten sich auf eine Besserung der

Welt, unser Gebet fängt bei uns selbst an. Wie sehnlich verlangen wir oft danach, daß die Menschen anders würden, daß das Böse in der Welt ein Ende hätte und neue Gerechtigkeit einzöge. Aber mit alledem richten wir nichts aus. Alle Umkehr und Erneuerung muß bei mir selbst anfangen. „Ach, daß mein Weg gerichtet wäre auf das Halten deiner Satzungen." Das ist ein Gebet, das Verheißung hat. Dieses Gebet führt unverzüglich zur Tat, und zwar dort, wo sie am nötigsten ist, bei mir selbst. Aber freilich, diese Tat kann nur aus dem Gebet kommen, sonst ist sie auch verloren. „Ach, daß mein Leben ..." Ebensowenig wie der Blick auf die Schlechtigkeit der anderen hilft mir aber die bloße Bewunderung ihrer Frömmigkeit; wenn nicht mein eigenes Leben zurechtkommt, wenn nicht auch ich fromm sein kann. Aus den vielen Zielen, die mein Lebensweg hat, muß ein einziges Ziel werden, aus den verschiedenen Richtungen, in denen ich laufe, eine einzige Richtung: Gottes Satzungen. Aus dem krummen und verschlungenen soll ein gerader Weg werden. Die Schöpfung und das Gesetz sind die beiden großen unverbrüchlichen Satzungen Gottes, die doch unaufhörlich zusammen gehören, weil derselbe Gott sie gegeben hat (Ps 19). Gott hält seine Satzungen, er ist treu. Ach, daß doch mein Leben ganz in diese Festigkeit und Treue einginge.

8. Januar

NICHT ZUSCHANDEN!

Wenn ich schaue auf alle deine Gebote, so werde ich nicht zuschanden. *Psalm 119, 6*

Zuschanden werden ist das Gegenteil von Seligkeit. Zuschanden wird mein Leben, wenn das, worauf ich mich verließ, zerbricht. Denn nun habe ich nichts mehr, was meinem Leben Sinn und Recht gibt, nichts, worauf ich mich berufen könnte. Ich verließ mich auf meine Kraft, und ich wurde schwach und krank; ich baute auf meinen Besitz, er wurde mir über Nacht genommen; ich vertraute auf Ansehen und Macht, da kam ich tief zu Fall; ich gefiel mir in meiner Rechtschaffenheit, da übermannte mich die Sünde. So wird eines jeden Leben zuschanden, der „Fleisch für seinen Arm" hielt (Jer 17, 5). Aber wenn mein Blick in der Welt nicht Menschen, Ehren und Güter, sondern allein Gottes Gebote sieht, dann werde ich nicht zuschanden; denn Gottes Gebote können nicht zerbrechen, weil Gott selbst sie festhält und mit ihnen jeden, der auf sie schaut. Niemals werde ich mich schämen müssen, auf Gottes Gebote geachtet zu haben. Niemals wird mein Leben mehr ohne einen Fürsprecher sein. Ob das Urteil der Welt gegen mich steht, Gottes Urteil spricht für mich. Auf Gottes Gebote schaue ich, wenn ich meine Entscheidungen nicht von anderen Menschen, aber auch nicht von meinen eigenen Gedanken oder Erfahrungen bestimmen lasse, sondern wenn ich immer neu, auch gegen meine frommen Gedanken und Erfahrungen, danach frage, was Gott mir befiehlt. Auch mit meinen frömmsten Entscheidungen und Wegen kann ich zuschanden werden, niemals aber mit Gottes Gebot. „Alle deine Gebote" – so bunt ist unser Leben, so mannigfach die Versuchungen und Gefahren, so neu jeder Augenblick, daß kein Gebot Gottes vergeblich gegeben ist, sondern daß nur der ganze Reichtum der Gebote Gottes mich sicher durch mein Leben führen kann. So darf ich gewiß sein, daß es keine Lebenslage gibt, für die mir Gottes Wort nicht die nötige Weisung sagen will. Aber es bedarf ernstlicher Aufmerksamkeit, unermüdlichen Fragens und Lernens, um das rechte Gebot zu vernehmen und nun so die unerschöpfliche Güte Gottes in allen seinen Geboten zu erkennen. Je schärfer die Welt mir entgegentritt und mich verurteilt, je bedrängter und notvoller mein Weg wird, desto fester muß mein Blick auf alle Gebote Gottes gerichtet bleiben, damit ich nicht zuschanden werde, sondern zu denen gehöre, von denen ich sagen muß: Selig sind, die im Gesetz des Herrn wandeln.

9. Januar

NUR DAS ZUM GEHORSAM BEZWUNGENE HERZ VERMAG ZU DANKEN

Ich will dir danken von aufrichtigem Herzen, wenn ich lerne die Forderungen deiner Gerechtigkeit. *Psalm 119, 7*

Nun erst kann das Danken anheben, wenn die Gabe des göttlichen Wortes erkannt ist. Wie könnte auch einer Gott danken, der sich sein Wort nicht angelegen sein läßt? Was wäre es für ein Dank, der die Gaben empfängt, aber dem Geber den schuldigen Gehorsam verweigert? Das ist aber kein Dank an Gott, den Herrn, sondern an ein freundliches, unpersönliches Schicksal oder an mein Glück, dem ich nicht verpflichtet bin. Ein Dank an Gott, der nicht aus gehorsamem Herzen kommt, ist Heuchelei und Vermessenheit. Nur wo Gottes offenbares Wort das Herz bezwungen hat, daß es ihm gehorchen will, kann es Gott für irdische und himmlische Gaben danken. Das Danken der Welt meint zuletzt immer sich selbst; man sucht durch den Dank nur noch die höhere Bestätigung und Weihe des eigenen Glückes (Nietzsche). Der abgestattete Dank vermittelt die Befriedigung, nunmehr die empfangenen Gaben als rechtmäßigen Besitz zu empfinden. Es gibt aber auch unter den Frommen ein unerlaubtes Danken; auch der Pharisäer dankte Gott und sündigte (Luk 18, 9 ff.), denn er sah in seinem Danken nur sich selbst und empfing die Gabe nicht in Demut, sondern mißbrauchte sie gegen seinen Nächsten. So konnte er nicht „aus aufrichtigem Herzen" danken, sonst hätte er im Danken sich selbst vergessen; sonst hätte er sich nicht als einen hingestellt, der vor Gott schon etwas aufzuweisen hat, sondern wie unser Psalmbeter als einen, der erst „im Lernen der Forderungen der Gerechtigkeit" begriffen ist. Was Gott gab und was ich nicht zu geben vermag, Gottes Reichtum an mir und meine Armut vor Gott, das verbindet sich im Danken „aus aufrichtigem Herzen" notwendig. Ich danke Gott, weil ich seine Forderungen kenne und lernen will, aber ich danke ihm als einer, der eben noch ganz im Lernen steht, dem es – gemessen an den Forderungen der Gerechtigkeit Gottes – noch an allem fehlt. So führt mich das Danken zurück zu dem schenkenden Gott und dann wieder vorwärts zu dem fordernden Gott, um schließlich in ihm seine Gerechtigkeit, die wiederum mir geschenkte Gerechtigkeit ist, zu finden.

10. Januar

DAS STOLZE UND DAS GLAUBENDE »ICH WILL«

Deine Satzungen will ich halten, verlaß mich nicht ganz und gar. *Psalm 119, 8*

Wir müssen erst einmal ganz verlernen, „Ich will" zu sagen, ehe der Heilige Geist uns lehrt, es neu und richtig zu sagen. Das „Ich will" kann gerade in Sachen der Frömmigkeit das größte Unheil anrichten. „Ich will fromm sein, ich will heilig sein, ich will die Gebote halten" – wir müssen erst einmal von Grund auf verstanden haben, daß auch in diesen Dingen nicht unser Wille, sondern allein Gottes Wille gilt. Sonst folgt unserem „Ich will" ganz gewiß der Bankrott. Wenn wir aber durch Gottes Gnade aufgehört haben, „Ich will" zu sagen, wenn wir durch Gottes neuen Anfang mit uns in Jesus Christus auf seinen

Weg gebracht worden sind – allem unseren „Ich will" und „Ich will nicht" zum Trotz –, dann fängt der Heilige Geist selbst an, in uns zu sprechen, und wir sagen ganz neu und ganz anders als bisher: „Ich will". So dürfen wir als die Seliggepriesenen, als die, die Gottes Hilfe herbeirufen, die Gott loben und danken, nun auch sagen: „Ich will", ja ich will deine Satzungen halten, ich tue es nicht gezwungen, sondern du hast mich freigemacht, daß ich wollen kann, was ich haßte, du hast meinen Willen an deine Satzungen gebunden. Es ist Gott, der Heilige Geist selbst, der das an mir wahrmacht, was allein für Jesus Christus galt: „Mein Wollen hängt an deinem Mund, mein Wirken ist dein Sagen." Weil aber ich nicht der Heilige Geist oder der Herr Jesus Christus selbst bin, darum muß ich meinem „Ich will" schnell die Bitte hinzufügen: „Verlaß mich nicht allzusehr" (Luther 1521). Dann wäre es mit meinem schwachen Willen bald zu Ende. Es ist an Unglück, Elend, Not aller Art zu denken, in denen Gott uns einen kleinen Augenblick verläßt. Nicht dies sollen wir Gott im Gebet vorhalten, daß er uns vor allem Unglück verschone, aber daß er sich doch bald wieder zu uns kehre, der Prüfung ein Ende mache und uns nicht ganz und gar verlasse; denn wir sind schwach und versagen schnell. So werden wir Gottes Satzungen nur halten können, werden wir nur fest bleiben können durch die Gnade und Hilfe der Gegenwart Gottes. Wir beten um ein festes Herz, das sich in Gottes Geboten bewährt, und wir wissen, daß das Herz nicht anders fest wird als durch Gnade (Hebr 13, 9).

Geschrei wider die Furcht

11. Januar

SO SIEHT GOTTES GESCHÖPF NICHT AUS

Und er trat in das Schiff, und seine Jünger folgten ihm. Und siehe, da erhob sich ein großes Ungestüm im Meer, also daß auch das Schifflein mit Wellen bedeckt ward; und er schlief. Und die Jünger traten zu ihm und weckten ihn auf und sprachen: Herr, hilf uns, wir verderben! Da sagte er zu ihnen: Ihr Kleingläubigen, warum seid ihr so furchtsam? Und stand auf und bedrohte den Wind und das Meer; da ward es ganz stille. Die Menschen aber verwunderten sich und sprachen: Was ist das für ein Mann, daß ihm Wind und Meer gehorsam ist? *Matthäus 8, 23–27*

Die Bibel, das Evangelium, Christus, die Kirche, der Glaube – sie sind das Kriegsgeschrei gegen die Furcht. Die Furcht – das ist der Urfeind. Die Furcht sitzt dem Menschen im Herzen, sie höhlt ihn aus, bis er plötzlich widerstandslos und machtlos zusammenbricht. Sie zernagt heimlich alle Fäden, die den Menschen mit Gott und den anderen verbinden, und wenn der Mensch in seiner Not sich an sie klammern will, dann zerreißen sie, und hilflos sinkt er unter dem Gelächter der Hölle in sich selbst zurück. Und nun grinst ihn die Furcht unverhohlen an und sagt: Jetzt sind wir beide allein, du und ich, nun zeige ich dir mein wahres Gesicht. Wem sich die nackte Furcht enthüllt hat, wer ihr in schauriger Einsamkeit verfallen war – der Furcht vor großer Entscheidung, der Furcht vor einem schweren Schicksal, einer Krankheit, der Furcht vor einem Laster, dem er keinen Widerstand mehr leisten kann, das ihn knechtet, der Furcht vor Schande, der Furcht vor einem andern Menschen, der Furcht vorm Sterben – der weiß, daß die Furcht nur eine Larve des Bösen ist, in der die gottfeindliche Welt nach ihm greift. Nichts vermag dem Menschen die Wirklichkeit gottfeindlicher Mächte so spürbar zu machen wie diese Einsamkeit, diese Hilflosigkeit, dieser Nebel, der sich über alles verbreitet. Habt ihr einmal einen Menschen gesehen, den die Furcht gepackt hat? Grauenvoll beim Kind, grauenhafter beim Erwachsenen: das tierische Erbeben, die flehentliche Abwehr. So sieht nicht das Geschöpf Gottes aus, so sieht die geknechtete, zerstörte, kranke Kreatur aus.

Aber der Mensch soll sich nicht fürchten! Das ist der Unterschied des Menschen von aller Kreatur, daß er in der Ausweglosigkeit, Unklarheit und Schuld eine Hoffnung weiß. Und fragst du: Woher weißt du das?, so nennen wir den Namen dessen, vor dem das Böse zusammenzuckt, vor dem Furcht und Angst sich fürchten müssen, den Namen dessen, der allein die Furcht überwand und sie im Triumphzug gefangenführte und ans Kreuz schlug und der Nichtigkeit anheimgab, den Namen dessen, der das Siegesgeschrei der von der Furcht erlösten Menschheit ist – Jesus Christus, der Gekreuzigte und Lebendige.

12. Januar

DIE FURCHT IST IM SCHIFF

Ein Schiff geht durch die Wellen. Es ist ein harter Kampf. Der Sturmwind wird heftiger. Das Boot ist klein, ein Spielzeug der Wellen, der Himmel ist schwarz, die Kräfte versagen. Da packt es den ersten ... Wer? Was? Er weiß es selbst nicht. Aber es ist einer ins Boot gekommen, der vorher nicht drin war. Nun tritt er nah an ihn heran, und er legt seine kalten Hände auf seine am Ruder ziehenden Arme – und er spürt, die Muskeln sind ihm wie gelähmt, die Kräfte verlassen ihn, und jetzt greift der Unbekannte nach seinem Herzen, nach seinem Gehirn und entzaubert ihm die seltsamsten Bilder, er sieht seine Familie, seine Kinder. Was soll aus ihnen werden, wenn er nicht mehr ist? Plötzlich ist es ihm, als wäre er wieder an jenem Ort, an den ihn einst der Böse getrieben hatte, an dem er dem Bösen in langer Fron gedient hatte, und er sieht die Gesichter seiner Genossen im Bösen, er sieht den Nachbarn, den er noch gestern mit einem bösen Wort verletzt hatte. Plötzlich sieht und hört er gar nichts mehr, er kann nicht mehr rudern, es packt ihn eine Welle, und wie im letzten Hilfeschrei stößt er es aus: Wer bist du, Unbekannter im Schiff? Und der antwortet: Ich bin die Furcht, und nun dringt der Schrei durch das ganze Boot: Die Furcht ist im Schiff, und alle Arme sinken gebannt und gelähmt, alle Hoffnung ist dahin. Aber da ist es, als ob alle Himmel gerissen, als ob die himmlischen Heerscharen selbst das Siegesgeschrei anstimmten: Christus ist im Schiff, Christus ist im Schiff, und kaum, daß das Wort gerufen und vernommen ist, da weicht die Furcht, die Wellen beben zurück, das Meer wird still, und das Boot liegt auf ruhiger See. Christus war im Schiff!

13. Januar

AUF DER FAHRT OHNE GLAUBEN

Waren wir nicht auch mit auf jener Fahrt, und war nicht der Ruf: Christus ist im Schiff, auch einmal unsere Rettung? Und sind wir nun nicht auch – eigentümlicherweise – alle schon wieder auf der Fahrt, auf jener Fahrt ohne Glauben, ohne Hoffnung, erdrückt, gefesselt, gelähmt von der Furcht, mutlos, freudlos, bleierne Schwere in den Gliedern – – jeder kennt und weiß das Seine? Vielleicht, oder sogar wahrscheinlich, wissen wir schon gar nicht mehr recht, was mit uns geschehen ist, wir haben uns schon so an diesen Zustand gewöhnt, daß wir ihn hinnehmen. Dies ist das Schlimmste, daß wir schon gar nicht mehr heraus wollen. Das ist der letzte Triumph der Furcht über uns, daß wir uns fürchten, ihr zu entfliehen, daß wir uns ihr sklavisch unterwerfen. Die Furcht hat über uns gesiegt und sie geht unter uns um in ihren verschiedenen Gestalten. Da sind die einen, die stumpf und unempfindlich geworden sind, die nur noch verbissen vor sich hinbrüten und von einem Tag zum anderen leben. Da sind die anderen, die sich laut fürchten, die ihre Furcht vor jedem Menschen in Gestalt eines Jammergeheules ausschütten. Da sind wieder ganz andere, die meinen, sie könnten sich ihre Furcht durch große Worte und kühne Phantasien vertreiben, und das mag, wenn diese Worte laut genug geschrieen werden, ja auch für einige Zeit gelingen. Aber der Wissende erkennt in solchen Tönen nur wieder die Macht der Furcht. Wer wollte hier hochmütig sein, als ob ihn das nichts anginge? Das müßte kein Mensch sein, der nicht begriffe, warum sich die Menschheit in aller Welt heute fürchten muß.

14. Januar

CHRISTUS IST IM SCHIFF

Aber nun ist mitten in dieser Welt der Furcht ein Ort bestimmt, der die eigentümliche, in der Welt unbegreifliche Aufgabe hat, dem Menschen – immer neu und monoton – das Eine zuzurufen: Die Furcht ist überwunden, fürchtet euch nicht; in der Welt habt ihr Angst, aber seid getrost, ich habe die Welt überwunden! Ihr Kleingläubigen, warum seid ihr so furchtsam? Christus ist im Schiff! Wir müssen die ganze Enttäuschung und die ganze Liebe Jesu Christi zu seinen Jüngern aus diesen Worten heraushören. Wißt ihr es noch nicht, daß ihr in Gottes Hand seid, daß wo ich bin, Gott ist? Warum seid ihr so furchtsam? Seid mutig, stark, fest, mannhaft, sicher, gewiß; zittert nicht, laßt den Kopf nicht hängen, klagt nicht: Ich bin im Schiff. So hört ihn doch und glaubt ihm doch!

Und nun wissen wir doch wohl, daß etwas in unserem Leben anders werden muß. Wir spüren, wie gering, wie ärmlich, wie kleinlich, wie kurzsichtig unser Leben gegenwärtig ist. Wir sehen unsere eigenen Sorgen und Schwierigkeiten und sehen die tausendmal größeren des anderen nicht mehr. Unsere Dinge kommen uns so riesengroß und unendlich wichtig vor, und wir sind stumpf gegen alles andere. Und das hat die Furcht in uns angerichtet. Nun spüren wir, wir können diese Enge nicht länger ertragen, wir ersticken darin, und in dieses Ahnen und Fragen hinein dringt der Ruf: Nur eins fehlt; das ist der Glaube, daß Gott, der Allmächtige, unser Vater und unser Herr ist; daß vor ihm unsere größten Sorgen wie die Sorgen der kleinen Kinder vor ihren Eltern sind; daß er die Dinge fügen kann und herumwerfen in einem Nu; daß sie leicht sind für ihn und gar nicht schwer; daß für ihn tausend Jahre ein Tag sind; daß seine Gedanken höher sind als unsere Gedanken;

daß er trotz allem bei uns ist. Lassen wir uns zurufen: Ihr Kleingläubigen, warum seid ihr so furchtsam? Mitten im Sturm ist Christus im Schiff! Weiche, Furcht! Erscheine, Herr Jesus, starker Helfer, Heiland!

15. Januar

WIR WERDEN UNS NOCH SCHÄMEN MÜSSEN

Aber nun gilt auch das andere: Wo Christus im Schiff ist, da beginnt es immer zu stürmen, da greift die Welt mit allen bösen Mächten nach ihm, sie will ihn mit seinen Jüngern vernichten, sie empört sich gegen ihn, sie haßt ihn. Das muß der Christ wissen. Kein Mensch muß durch so viel Angst und Furcht hindurch wie der Christ. Aber das darf ihn nicht verwundern, denn Christus ist der Gekreuzigte und ungekreuzigt kommt kein Christ zum Leben. So wird er es mit Christus zusammen leiden und durchmachen, aber er wird immer auf den sehen, der mit ihm im Schiff ist und alsbald aufstehen kann und das Meer bedrohen, daß es ganz still wird. –

Aber nun scheint es ja wahr zu sein, solche wunderbaren Taten tut Christus heute nicht mehr. Er ist so seltsam verborgen, daß wir oft denken, er sei gar nicht mehr da! Liebe Brüder, was wissen wir von dem, was Christus noch heute an uns tun kann und will – wenn wir nur recht zu ihm rufen, wenn wir rufen: Herr, hilf, wir verderben? Das war gewiß Furcht, aber es war Glaube in der Furcht, der weiß, wo die Hilfe allein herkommt. Es gibt keine Wunder mehr, sagen wir! Aber was weißt du und ich davon? Wir werden uns noch schämen müssen, wenn Gott uns einst seine Wege sehen läßt!

„Und sie verwunderten sich und sprachen . . .“ Die Verwunderten verstehen wir gut: Was ist das für ein Mensch, dem die Furcht weicht, der ihr die Macht nimmt? Aber schon in dieser Frage beugen wir die Knie und beten ihn an, zeigen auf ihn, den Mann voller Wunder, und sagen: das ist Gott!

Die Seliggepriesenen

16. Januar

ARM, ABER UNERMESSLICH REICH

Selig sind, die da geistlich arm sind, denn das Himmelreich ist ihr. *Matthäus 5, 3*

Mangel haben die Jünger an allen Stücken. Sie sind schlechthin „arm". Keine Sicherheit, kein Besitz, den sie ihr eigen nennen könnten, kein Stück Erde, das sie ihre Heimat nennen dürften, keine irdische Gemeinschaft, der sie ganz gehören dürften. Aber auch keine eigene geistliche Kraft, Erfahrung, Erkenntnis, auf die sie sich berufen, deren sie sich getrösten könnten. Um seinetwillen haben sie das alles verloren. Als sie ihm nachfolgten, da verloren sie ja sich selbst und damit auch alles, was sie noch reich machen konnte. Nun sind sie arm, so unerfahren, so töricht, daß sie auf nichts mehr hoffen können als auf den, der sie gerufen hat. Jesus kennt ja auch jene anderen, die Vertreter und Prediger der Volksreligion, diese Mächtigen, Angesehenen, die fest gegründet auf der Erde stehen, in Volkstum, Zeitgeist, Volksfrömmigkeit unlösbar verwurzelt. Aber nicht zu ihnen, sondern allein zu seinen Jüngern sagt er: Selig – denn das Himmelreich ist ihr. Über ihnen, die um Jesu willen schlechthin in Verzicht und Mangel leben, bricht das Himmelreich an. Sie sind mitten in der Armut Erben des himmlischen Reiches. Sie haben ihren Schatz tief in der Verborgenheit, sie haben ihn am Kreuz. Das Himmelreich ist ihnen verheißen in sichtbarer Herrlichkeit, und es ist ihnen auch schon geschenkt in der vollkommenen Armut des Kreuzes.

Hier unterscheidet sich Jesu Seligpreisung gänzlich von ihrer Karikatur in der Gestalt politisch-sozialer Programmatik. Auch der Antichrist preist die Armen selig, aber er tut es nicht um des Kreuzes willen, in dem alle Armut beschlossen und selig ist, sondern gerade um der Abwehr des Kreuzes willen durch politisch-soziale Ideologie. Er mag diese Ideologie christlich nennen und wird doch gerade darin zum Feind Christi.

17. Januar

WARUM MUSS DIE GEMEINDE SO OFT DRAUSSEN STEHEN?

Selig sind, die da Leid tragen, denn sie sollen getröstet werden. *Matthäus 5, 4*

Die Leidtragenden sind die, die im Verzicht auf das, was die Welt Glück und Frieden nennt, zu leben bereit sind, die sich der Welt nicht gleichstellen können. Sie tragen Leid über die Welt, ihre Schuld, ihr Schicksal und ihr Glück. Die Welt feiert und sie stehen abseits; die Welt schreit:

freut euch des Lebens, und sie trauern. Sie sehen, daß das Schiff, auf dem festlicher Jubel ist, schon leck ist. Die Welt phantasiert von Fortschritt, Kraft, Zukunft, die Jünger wissen um das Ende, das Gericht. Darum sind die Jünger Fremdlinge in der Welt, lästige Gäste, Friedensstörer, die verworfen werden. Warum muß die Gemeinde Jesu bei so viel Festen des Volkes, in dem sie lebt, draußen stehen? Ob sie ihre Mitmenschen nicht mehr versteht? Ob sie dem Menschenhaß und der Menschenverachtung verfallen ist? Keiner versteht seine Mitmenschen besser als die Gemeinde Jesu. Keiner liebt die Mitmenschen mehr als die Jünger Jesu – eben darum stehen sie draußen, eben darum tragen sie Leid. Es ist bedeutungsvoll und schön, daß Luther das griechische Wort hier mit Leid-tragen übersetzt. Aufs Tragen nämlich kommt es an. Die Jüngergemeinde schüttelt das Leid nicht ab, als hätte sie nichts damit zu schaffen, sondern sie trägt es. Eben darin ist ihre Verbundenheit mit den Mitmenschen bekundet. Zugleich ist damit gesagt, daß sie das Leid nicht willkürlich sucht, daß sie nicht in eigenwilliger Weltverachtung sich entzieht, sondern trägt, was ihr auferlegt ist und was auf sie fällt um Jesu Christi willen in der Nachfolge. Schließlich aber werden die Jünger von dem Leid auch nicht mürbe gemacht, zerrieben und bitter, so daß sie daran zerbrechen. Sie tragen es vielmehr in der Kraft dessen, der sie trägt. Die Jünger tragen das ihnen auferlegte Leid allein in der Kraft dessen, der am Kreuz alles Leid trägt. Sie stehen als Leidtragende in der Gemeinschaft des Gekreuzigten. Sie stehen als Fremdlinge in der Kraft dessen, der der Welt so fremd war, daß sie ihn kreuzigte. Dies ist ihr Trost, vielmehr dieser ist ihr Trost, ihr Tröster (vgl. Lk 2, 25). Die Fremdlingsgemeinde wird getröstet im Kreuz, sie wird getröstet darin, daß sie an den Ort gestoßen wird, an dem der Tröster Israels auf sie wartet. So findet sie ihre wahre Heimat bei dem gekreuzigten Herrn, hier und in Ewigkeit.

18. Januar

DIE HEIMLICHEN HERREN DER ERDE

Selig sind die Sanftmütigen, denn sie werden das Erdreich besitzen. *Matthäus 5, 5*

Kein eigenes Recht schützt diese Fremdlingsgemeinde in der Welt. Sie beanspruchen es auch nicht, denn das sind die Sanftmütigen, die in Verzicht auf jedes eigene Recht leben um Jesu Christi willen. Schilt man sie, so sind sie still, tut man ihnen Gewalt, so dulden sie es, stößt man sie weg, so weichen sie. Sie prozessieren nicht um ihr Recht, sie machen kein Aufsehen, wenn ihnen Unrecht geschieht. Sie wollen kein eigenes Recht. Sie wollen alles Recht Gott allein lassen. Was ihrem Herrn Recht ist, das soll ihnen auch Recht sein. Nur das. In jedem Wort, in jeder Gebärde wird es offenbar, daß sie nicht auf diese Erde gehören. Laßt ihnen den Himmel, sagt die Welt mitleidig, da gehören sie hin. Aber Jesus sagt: Sie sollen das Erdreich besitzen. Diesen Rechtlosen und Ohnmächtigen gehört die Erde. Die sie jetzt besitzen mit Gewalt und Unrecht, sollen sie verlieren, und die hier ganz auf sie Verzicht geleistet haben, sollen die neue Erde beherrschen. Es wird hier nicht an innerweltliche Strafgerechtigkeit Gottes zu denken sein (Calvin), sondern wenn das Himmelreich herabkommt, dann wird die Gestalt der Erde erneuert werden, und es wird die Erde der Gemeinde Jesu sein. Gott verläßt die Erde nicht. Er hat sie erschaffen. Er hat seinen Sohn auf die Erde gesandt. Er baute seine Gemeinde auf Erden. So ist der Anfang schon in dieser Zeit gemacht. Ein Zeichen ist gegeben. Schon hier ist den Ohnmächtigen ein Stück Erde gegeben, sie haben die Kirche, ihre Gemeinschaft, ihre Güter, Brüder und Schwestern – mitten unter Verfolgungen bis ans Kreuz. Aber auch Golgatha ist ein Stück Erde. Von Golgatha her, wo der Sanftmütigste starb, soll die Erde neu werden. Wenn das Reich Gottes kommt, dann werden die Sanftmütigen das Erdreich besitzen.

19. Januar

BROT DES LEBENS UNTER DEN HUNGERNDEN

Selig sind, die da hungert und dürstet nach der Gerechtigkeit, denn sie sollen satt werden. *Matthäus 5, 6*

Nicht nur im Verzicht auf das eigene Recht, sondern sogar im Verzicht auf die eigene Gerechtigkeit leben die Nachfolgenden. Sie haben keinerlei eigenen Ruhm aus dem, was sie tun und opfern. Sie können Gerechtigkeit nicht anders haben als in Hunger und Durst nach ihr; weder eigene Gerechtigkeit, noch die Gerechtigkeit Gottes auf Erden; sie sehen allezeit auf die zukünftige Gerechtigkeit Gottes, aber sie können sie nicht selbst aufrichten. Die Jesus nachfolgen, werden hungrig und durstig auf dem Weg. Nach Vergebung aller Sünden und völliger Erneuerung tragen sie Verlangen, nach dem Neuwerden der Erde und vollkommener Gerechtigkeit Gottes. Noch deckt der Fluch der Welt diese zu, noch fällt die Sünde der Welt auf sie. Der, dem sie nachfolgen, muß als Verfluchter am Kreuz sterben. Ein verzweifeltes Verlangen nach der Gerechtigkeit ist sein letzter Schrei: mein Gott, mein Gott, warum hast du mich verlassen? Der Jünger aber ist nicht über seinen Meister. Ihm folgen sie nach. Selig sind sie darin, denn ihnen ist verheißen, daß sie satt werden sollen. Gerechtigkeit sollen sie empfangen, nicht nur durchs Ohr, sondern leibliche Sättigung mit Gerechtigkeit soll ihnen widerfahren. Das Brot des wahrhaftigen Lebens sollen sie essen im zukünftigen Abendmahl mit ihrem Herrn. Um dieses zukünftigen Brotes willen sind sie selig; denn sie haben dieses Brot ja schon gegenwärtig. Der das Brot des Lebens ist, ist in all ihrem Hunger unter ihnen. Das ist die Seligkeit der Sünder.

20. Januar

NICHT GENUG AN EIGENER NOT

Selig sind die Barmherzigen, denn sie werden Barmherzigkeit erlangen. *Matthäus 5, 7*

Diese Besitzlosen, diese Fremdlinge, diese Ohnmächtigen, diese Sünder, diese Nachfolger Jesu leben mit ihm nun auch im Verzicht auf die eigene Würde, denn sie sind barmherzig. Sie haben nicht genug an eigener Not, eigenem Mangel, sondern sie machen sich auch noch fremder Not, fremder Niedrigkeit, fremder Schuld teilhaftig. Sie haben eine unwiderstehliche Liebe zu den Geringen, Kranken, Elenden, zu den Erniedrigten und Vergewaltigten, zu den Unrechtleidenden und Ausgestoßenen, zu allem, was sich quält und sorgt; sie suchen die in Sünde und Schuld Geratenen. Keine Not ist zu tief, keine Sünde zu furchtbar, die Barmherzigkeit geht zu ihr ein. Die eigene Ehre schenkt der Barmherzige dem in Schande Geratenen und nimmt dessen Schande auf sich. Er läßt sich finden bei den Zöllnern und Sündern und trägt die Schmach ihrer Gemeinschaft willig. Das höchste Gut des Menschen, die eigene Würde und Ehre, geben sie hin und sind barmherzig. Nur eine Würde und Ehre kennen sie: die Barmherzigkeit ihres Herrn, aus der allein sie leben. Er schämte sich nicht seiner Jünger, er wurde den Menschen ein Bruder, er trug ihre Schande bis zum Tod am Kreuz. Das ist die Barmherzigkeit Jesu, aus der die an ihn Gebundenen allein leben wollen, die Barmherzigkeit des Gekreuzigten. Diese Barmherzigkeit läßt sie alle eigene Ehre und Würde vergessen und allein die Gemeinschaft der Sünder suchen. Fällt nun Schande auf sie, so sind sie doch selig. Denn sie sollen Barmherzigkeit erlangen. Gott wird sich einst tief zu ihnen herabbeugen und sich ihrer Sünde und Schande annehmen. Gott wird seine Ehre ihnen geben und ihre Unehre selbst von ihnen nehmen. Es wird Gottes Ehre sein, die Schmach der Sünder zu tragen und sie mit seiner Ehre zu kleiden. Selig sind die Barmherzigen, weil sie den Barmherzigen zum Herrn haben.

21. Januar

REIN DURCH HINGABE

Selig sind, die reinen Herzens sind, denn sie sollen Gott schauen. *Matthäus 5, 8*

Wer ist reinen Herzens? Allein der, der sein Herz Jesus ganz hingegeben hat, daß er allein darin herrsche; der sein Herz nicht befleckt durch eigenes Böses, aber auch nicht durch eigenes Gutes. Das reine Herz ist das einfältige Herz des Kindes, das nicht weiß um Gut und Böse, das Herz Adams vor dem Fall, das Herz, in dem nicht das Gewissen, sondern Jesu Wille herrscht. Wer im Verzicht steht auf das eigene Gute und Böse, auf das eigene Herz, wer so in der Buße steht, und allein an Jesus hängt, dessen Herz ist rein durch das Wort Jesu. Reinheit des Herzens steht hier im Gegensatz zu aller äußerlichen Reinheit, zu der selbst die Reinheit der guten Gesinnung noch gehört. Das reine Herz ist rein von Gut und Böse, es gehört ganz und ungeteilt Christus an, es sieht allein auf ihn, der vorangeht. Gott schauen wird allein der, der in diesem Leben allein auf Jesus Christus gesehen hat, den Sohn Gottes.

Sein Herz ist frei von befleckenden Bildern, nicht hin- und hergezogen durch die Mannigfaltigkeit eigener Wünsche und Absichten. Es ist ganz im Anschauen Gottes hingenommen. Gott schauen wird der, dessen Herz ein Spiegel des Bildes Jesu Christi geworden ist.

22. Januar

IN ANSPRUCH GENOMMEN FÜR DEN FRIEDEN CHRISTI

Selig sind die Friedfertigen, denn sie werden Gottes Kinder heißen. *Matthäus 5, 9*

Jesu Nachfolger sind zum Frieden berufen. Als Jesus sie rief, fanden sie ihren Frieden. Jesus ist ihr Friede. Nun sollen sie den Frieden nicht nur haben, sondern auch schaffen. Damit tun sie Verzicht auf Gewalt und Aufruhr. In der Sache Christi ist damit niemals etwas geholfen. Das Reich Christi ist ein Reich des Friedens, und die Gemeinde Christi grüßt sich mit dem Friedensgruß. Die Jünger Jesu halten Frieden, indem sie lieber selbst leiden, als daß sie einem anderen Leid tun, sie bewahren Gemeinschaft, wo der andere sie bricht, sie verzichten auf Selbstbehauptung und halten dem Haß und Unrecht stille. So überwinden sie Böses mit Gutem. So sind sie Stifter göttlichen Friedens mitten in einer Welt des Hasses und Krieges. Nirgends aber wird ihr Frieden größer sein als dort, wo sie den Bösen im Frieden begegnen und von ihnen zu leiden bereit sind. Die Friedfertigen werden mit ihrem Herrn das Kreuz tragen; denn am Kreuz wurde der Friede gemacht. Weil sie so in das Friedenswerk Christi hereingezogen sind, berufen zum Werk des Sohnes Gottes, darum werden sie selbst Söhne Gottes genannt werden.

23. Januar

LEIDEN FÜR EINE GERECHTE SACHE

Selig sind, die um Gerechtigkeit willen verfolgt werden; denn das Himmelreich ist ihr. *Matthäus 5, 10*

Nicht von der Gerechtigkeit Gottes, also nicht von der Verfolgung um Jesu Christi willen ist hier die Rede, sondern seliggepriesen werden die um einer gerechten – und wir dürfen hinzufügen: einer wahren, guten, menschlichen – Sache willen Verfolgten (vgl. 1 Petr 3, 14 und 2, 20). Die falsche Ängstlichkeit jener Christen, die jedem Leiden um einer gerechten, guten, wahren Sache willen ausweichen, weil sie angeblich nur bei einem Leiden um des ausdrücklichen Christusbekenntnisses willen ein gutes Gewissen haben könnten, jene Engherzigkeit also, die jedes Leiden um einer gerechten Sache willen verdächtigt und von ihm abrückt, wird durch diese Seligsprechung Jesu kräftig ins Unrecht gesetzt. Jesus nimmt sich derer an, die um einer gerechten Sache willen leiden, auch wenn es nicht gerade das Bekenntnis seines Namens ist, er nimmt sie in seinen Schutz, in seine Verantwortung, in seinen Anspruch hinein. So wird der um einer gerechten Sache willen Verfolgte zu Christus geführt, so geschieht es, daß sich ein solcher in der Stunde des Leidens und der Verantwortung – vielleicht zum ersten Male in seinem Leben, ihm selbst fremd und überraschend, aber doch in innerster Notwendigkeit – auf Christus beruft und sich als Christ bekennt, weil ihm seine Zugehörigkeit zu Christus erst in diesem Augenblick aufgeht.

24. Januar

WELCHER PLATZ BLEIBT DEN NACHFOLGENDEN?

Selig seid ihr, wenn euch die Menschen um meinetwillen schmähen und verfolgen und reden allerlei Übles wider euch, so sie daran lügen. Seid fröhlich und getrost, es wird euch im Himmel wohl belohnt werden. *Matthäus 5, 11–12*

Hier am Ende der Seligpreisungen entsteht die Frage, welcher Ort dieser Welt einer solchen Gemeinde eigentlich noch bleibt. Es ist deutlich geworden, daß es für sie nur einen Ort gibt, nämlich den, an dem der Allerärmste, Allerangefochtenste, Allersanftmütigste zu finden ist, das Kreuz auf Golgatha. Die Gemeinde der Seliggepriesenen ist die Gemeinde des Gekreuzigten. Mit ihm verlor sie alles und mit ihm fand sie alles. Vom Kreuz her heißt es nun: selig, selig. Nun aber spricht Jesus ganz allein zu denen, die es begreifen können, zu den Jüngern, darum in direkter Anrede: „Selig seid ihr ... um meinetwillen" – die Jünger werden geschmäht, aber getroffen wird Jesus selbst. Auf ihn fällt alles, denn um seinetwillen werden sie geschmäht. Er trägt die Schuld. Das Schmähwort, die tödliche Verfolgung und die üble Nachrede besiegeln die Seligkeit der Jünger in ihrer Gemeinschaft mit Jesus. Es kann ja nicht anders sein, als daß die Welt sich an den sanftmütigen Fremdlingen austobt mit Wort, Gewalt und Verleumdung. Zu bedrohlich, zu laut ist die Stimme dieser Armen und Sanftmütigen, zu geduldig und still ihr Leiden; zu gewaltig zeugt diese Jüngerschar Jesu durch Armut und Leiden von dem Unrecht der Welt. Das ist tödlich. Während Jesus ruft: selig, schreit die Welt: hinweg! Ja, hinweg! Aber wohin? Ins Himmelreich. Seid fröhlich und getrost, es wird euch im Himmel wohl belohnt werden. Da stehen die Armen im Freudensaal. Gott selbst wischt den Weinenden die Tränen der Fremde ab, er speist die Hungrigen mit seinem Abendmahl. Die verwundeten und gemarterten Leiber stehen verklärt da, und statt der Kleider der Sünde und Buße tragen sie das weiße Kleid der ewigen Gerechtigkeit. Aus dieser ewigen Freude dringt schon hier ein Ruf zu der Gemeinde der Nachfolgenden unter dem Kreuz, der Ruf Jesu: selig, selig.

Christliches Leben in der wirklichen Welt

25. Januar

WO BEKOMMEN WIR ANTWORT?

Lieber R.

Es ist ganz gut, wenn man immer wieder daran erinnert wird, daß der Pfarrer es dem rechten „Laien" niemals recht machen kann. Predige ich den Glauben und die Gnade allein, so fragst Du: wo bleibt das christliche Leben? Rede ich von der Bergpredigt, so fragst Du: wo bleibt das wirkliche Leben? Lege ich ein sehr wirkliches und sündiges Leben eines Mannes der Bibel aus, so fragst Du: wo bleiben die ewigen Wahrheiten? Und aus alledem soll ja wohl nur das eine Anliegen hörbar werden: wie lebe ich in dieser wirklichen Welt ein christliches Leben, und wo sind die letzten Autoritäten eines solchen Lebens, das sich allein lohnt zu leben?

Ich will da zunächst ganz einfach bekennen: ich glaube, daß die Bibel allein die Antwort auf alle unsere Fragen ist, und daß wir nur anhaltend und etwas demütig zu fragen brauchen, um die Antwort von ihr zu bekommen. Die Bibel kann man nicht einfach lesen wie andere Bücher. Man muß bereit sein, sie wirklich zu fragen. Nur so erschließt sie sich. Nur wenn wir letzte Antwort von ihr erwarten, gibt sie sie uns. Das liegt eben daran, daß in der Bibel Gott zu uns redet. Und über Gott kann man eben nicht so einfach von sich aus nachdenken, sondern man muß ihn fragen. Nur wenn wir ihn suchen, antwortet er. Natürlich kann man die Bibel auch lesen wie jedes andere Buch, also unter dem Gesichtspunkt der Textkritik. Dagegen ist gar nichts zu sagen. Nur daß das nicht der Gebrauch ist, der das Wesen der Bibel erschließt, sondern nur ihre Oberfläche. Wie wir das Wort eines Menschen, den wir lieb haben, nicht erfassen, indem wir es zergliedern, sondern wie ein solches Wort einfach von uns hingenommen wird und wie es dann Tage lang in uns nachklingt, einfach als das Wort dieses Menschen, den wir lieben, und wie sich uns in diesem Wort dann immer mehr, je mehr wir es „im Herzen bewegen" wie Maria, derjenige erschließt, der es uns gesagt hat, so sollen wir mit dem Wort der Bibel umgehen. Nur wenn wir es einmal wagen, uns so auf die Bibel einzulassen, als redete hier wirklich der Gott zu uns, der uns liebt und uns mit unsern Fragen nicht allein lassen will, werden wir an der Bibel froh.

26. Januar

WO GOTT GEFUNDEN SEIN WILL

Wir können doch immer nur etwas suchen, was wir schon kennen. Wenn ich nicht weiß, was ich eigentlich suche, suche ich gar nicht wirklich. Also wir müssen schon wissen, welchen Gott wir suchen, ehe wir ihn wirklich suchen. Weiß ich das nicht, so vagabundiere ich nur so herum, und das Suchen wird dann Selbstzweck, und nicht mehr das Finden ist die Hauptsache. Also finden kann ich nur, wenn ich weiß, was ich suche. Nun weiß ich von dem Gott, den ich suche, entweder aus mir selbst, aus meinen Erfahrungen und Einsichten, aus der von mir so oder so gedeuteten Geschichte oder Natur, d. h. eben aus mir selbst – oder aber ich weiß von ihm auf Grund seiner Offenbarung seines eigenen Wortes. Entweder ich bestimme den Ort, an dem ich Gott finden will, oder ich lasse Gott den Ort bestimmen, an dem er gefunden sein will.

Bin ich es, der sagt, wo Gott sein soll, so werde ich dort immer einen Gott finden, der mir irgendwie entspricht, gefällig ist, der meinem Wesen zugehörig ist. Ist es aber Gott, der sagt, wo er sein will, dann wird das wohl ein Ort sein, der meinem Wesen zunächst gar nicht entsprechend ist, der mir gar nicht gefällig ist. Dieser Ort aber ist das Kreuz Christi. Und wer ihn dort finden will, der muß mit unter dieses Kreuz, wie es die Bergpredigt fordert. Das entspricht unserer Natur gar nicht, sondern ist ihr völlig zuwider. Dies aber ist die Botschaft der Bibel, nicht nur im Neuen, sondern auch im Alten Testament (Jes 53!). Jedenfalls meinte das Jesus und Paulus so: mit dem Kreuz Jesu wird die Schrift, d. h. das Alte Testament erfüllt. Die ganze Bibel will also das Wort sein, in dem Gott sich von uns finden lassen will. Kein Ort, der uns angenehm oder von vornherein einsichtig wäre, sondern ein uns in jeder

Weise fremder Ort, der uns ganz und gar zuwider ist. Aber eben der Ort, den Gott gewählt hat, uns zu begegnen.

27. Januar

DAS FREMDE WORT

So lese ich nun die Bibel. Ich frage jede Stelle: was sagt Gott hier zu uns? Und ich bitte Gott, daß er uns zeigt, was er sagen will. Also, wir dürfen gar nicht mehr nach allgemeinen, ewigen Wahrheiten suchen, die unserem eigenen „ewigen" Wesen entsprächen und als solche evident zu machen wären. Sondern wir suchen den Willen Gottes, der uns ganz fremd und zuwider ist, dessen Wege nicht unsere Wege und dessen Gedanken nicht unsere Gedanken sind, der sich uns verbirgt unter dem Zeichen des Kreuzes, an dem alle unsere Wege und Gedanken ein Ende haben. Gott ist etwas ganz anderes als die sogenannte ewige Wahrheit. Das ist immer noch unsere selbsterdachte und gewünschte Ewigkeit. Gottes Wort aber fängt damit an, daß er uns am Kreuz Jesu zeigt, wohin alle unsere Wege und Gedanken, auch die sogenannten ewigen, führen, nämlich in den Tod und in das Gericht vor Gott. Ist es Dir nun von dort aus irgendwie verständlich, wenn ich die Bibel als dieses fremde Wort Gottes an keinem Punkt preisgeben will, daß ich vielmehr mit allen Kräften danach frage, was Gott hier zu uns sagen will? Jeder andere Ort außer der Bibel ist mir zu ungewiß geworden. Ich fürchte dort nur auf einen göttlichen Doppelgänger von mir selbst zu stoßen. Ist es Dir dann auch irgendwie begreiflich, daß ich lieber bereit bin zu einem sacrificium intellectus (Opfer meines Verstandes) – eben in diesen Dingen und nur in diesen Dingen, d. h. im Blick auf den wahrhaftigen Gott!

Und wer brächte da eigentlich nicht an irgendeiner Stelle auch sein sacrificium intellectus? – d. h. also zu dem Eingeständnis, diese oder jene Stelle der Schrift noch nicht zu verstehen, in der Gewißheit, daß auch sie sich eines Tages als Gottes eigenes Wort offenbaren wird, daß ich das lieber tue, als nun nach eignem Gutdünken zu sagen: das ist göttlich, das ist menschlich!?

28. Januar

IM GLAUBEN SIND WIR ALLEZEIT GLEICH PRIMITIV

Und ich will Dir nun auch noch ganz persönlich sagen: seit ich gelernt habe, die Bibel so zu lesen – und das ist noch gar nicht so lange her – wird sie mir täglich wunderbarer. Ich lese morgens und abends darin, oft auch noch über Tag, und jeden Tag nehme ich mir einen Text, den ich für die ganze Woche habe, vor und versuche mich ganz in ihn zu versenken, um ihn wirklich zu hören. Ich weiß, daß ich ohne das nicht mehr richtig leben könnte. Auch erst recht nicht glauben. Es gehen mir auch täglich mehr Rätsel auf; es ist eben immer noch ganz die Oberfläche, an der wir kleben. Als ich jetzt in Hildesheim wieder etwas mittelalterliche Kunst gesehen habe, ging mir auf, wieviel mehr die damals von der Bibel verstanden haben. Und daß unsere Väter in ihren Glaubenskämpfen nichts gehabt haben und haben wollten als die Bibel, und daß sie durch sie unabhängig und fest geworden sind zu einem wirklichen Leben im Glauben, das ist doch auch etwas, das zu denken gibt. Es wäre, glaube ich, sehr oberflächlich, wenn man sagte, es sei seither eben alles ganz anders geworden. Die Menschen und ihre Nöte sind gewiß die gleichen geblieben. Und die Bibel antwortet auf sie heute nicht weniger als damals. Es mag sein, daß das eine sehr primitive Sache ist. Aber Du glaubst gar nicht, wie froh man ist, wenn man von den Holzwegen so mancher Theologie wieder zurückgefunden hat zu diesen primitiven Sachen. Und ich glaube, in Sachen des Glaubens sind wir allezeit gleich primitiv.

In ein paar Tagen ist Ostern. Ich freue mich sehr darauf. Aber glaubst Du denn, daß einer von uns von sich aus diese unmöglichen Dinge, die da berichtet sind in den Evangelien, glauben könnte und wollte, wenn nicht die Bibel ihn hielte? Einfach das Wort, als Gottes Wahrheit, für die er sich verbürgt. Auferstehung – das ist doch nicht ein in sich einsichtiger Gedanke, eine ewige Wahrheit. Ich meine es natürlich so, wie es die Bibel meint – als Auferstehung vom wirklichen Tod (nicht vom Schlaf) zum wirklichen Leben, von der Gottferne und Gottlosigkeit zum neuen Leben mit Christus in Gott. Gott hat gesagt – und wir wissen es durch die Bibel: Siehe ich mache alles neu. Das hat er wahr gemacht an Ostern.

Es bleibt also nichts als die Entscheidung, ob wir dem Wort der Bibel trauen wollen oder nicht, ob wir uns von ihm halten lassen wollen wie von keinem andern Wort im Leben und im Sterben. Und ich glaube, wir werden erst dann recht froh und ruhig werden können, wenn wir diese Entscheidung getroffen haben.

Feindesliebe

29. Januar

ER HANDELTE AN MIR WIE AN EINEM FREUND

Haltet euch nicht selbst für klug. Vergeltet niemand Böses mit Bösem. Fleißigt euch der Ehrbarkeit gegen jedermann. Ist es möglich, soviel an euch ist, so habt mit allen Menschen Frieden. Rächt euch selber nicht, meine Liebsten, sondern gebt Raum dem Zorn Gottes; denn es steht geschrieben: „Die Rache ist mein; ich will vergelten, spricht der Herr." So nun deinen Feind hungert, so speise ihn; dürstet ihn, so tränke ihn. Wenn du das tust, so wirst du feurige Kohlen auf sein Haupt sammeln. Laß dich nicht das Böse überwinden, sondern überwinde das Böse mit Gutem. *Römer 12, 17–21*

„Mir ist Erbarmung widerfahren" – so singt die ganze christliche Gemeinde an jedem neuen Tage. „Mir ist Erbarmung widerfahren" – als ich mein Herz vor Gott verschloß; als ich auf dem eigenen Weg meiner Sünde ging; als ich meine Sünde mehr liebte als Gott, als ich durch meine Sünde in Jammer und Elend kam; als ich mich verirrt hatte und nicht zurückfand – da traf mich Gottes Wort; da hörte ich: Gott liebt mich; da fand mich Jesus, er war bei mir – er ganz allein, – er tröstete mich und vergab mir alle meine Sünden und rechnete mir das Böse nicht zu. „Mir ist Erbarmung widerfahren."

Als ich Gott feind war um seiner Gebote willen, da handelte er an mir wie an einem Freund. Als ich ihm Böses tat, tat Gott mir Gutes. Er rechnete mir mein Böses nicht auf, er suchte mich, unermüdlich und ohne Erbitterung. Er litt mit mir, er starb für mich, es war ihm nichts zu schwer für mich. Da hatte er mich überwunden. Gott hatte seinen Feind gewonnen. Der Vater hat sein Kind wiedergefunden. Ist es nicht, was wir meinen, wenn wir dieses Lied singen? Zwar begreife ich nicht, warum Gott mich liebt, warum ich ihm teuer war; zwar kann ich nicht fassen, daß er mein Herz durch sein Leben überwinden wollte, aber nun kann ich sagen: „Mir ist Erbarmung widerfahren ...". Aber eben weil ich hier nichts begreife und verstehe, darum heißt es in unserem Text: „Haltet euch nicht selbst für klug" – d. h. ihr mögt sonst ganz gescheite Leute sein in eurer Arbeit, aber von einem wißt ihr von Natur aus nie genügend –, in einem seid ihr töricht und närrisch wie ein unmündiges Kind, nämlich in den göttlichen Dingen der Barmherzigkeit; oder vielmehr: wie aus einem Feind ein Freund wird, wie ein Feind Gottes überwunden wird.

30. Januar

SO SIEHT UNSERE KLUGHEIT AUS!

Das ist zu allererst eine Erinnerung daran, wie unbegreiflich unserer Klugheit Gottes Weg mit uns war. Daß Gott uns suchte, uns vergab, daß er um unseretwillen seinen Sohn opferte, daß er uns darin das Herz abgewann und bekehrte, das ist unserer Klugheit allerdings fremd und unzugänglich. Damit ist gesagt: Wenn ihr eurem Feind begegnet: Denkt zuerst an eure eigene Feindschaft gegen Gott und an Gottes Barmherzigkeit gegen euch.

„Haltet euch nicht selbst für klug" – das ist sodann eine wichtige Erinnerung an den Anfang des Menschengeschlechtes. Der Teufel versprach Adam und Eva Klugheit. Klug wie Gott wollte er sie machen; sie sollten wissen, was gut und böse ist. Sie sollten damit zu Richtern über Gut und Böse gemacht werden. Seit Adam sich vom Teufel die Klugheit schenken ließ, meinen alle Menschen, sie wüßten nun, wie man mit Gott und mit Menschen umgehen müßte. Mit Hilfe ihrer Klugheit würden sie nun wohl eine gute Welt aufbauen. Aber was geschah? Der erste Mensch, der vom Menschen auf dieser Erde geboren wurde, war ein Brudermörder. Da ging die Saat des Bösen auf. Das war die Frucht der Klugheit der ersten Menschen! „Haltet euch nicht selbst für klug" – sondern seht auf Gottes Wege zu den Menschen, zu seinen Feinden; jenen Weg, den die Schrift selbst einen törichten Weg nennt, den Weg der Liebe Gottes zu seinen Feinden, die er ihnen erweist bis zum Kreuz. Das Kreuz Jesu Christi zu erkennen als die unüberwindliche Liebe Gottes zu allen Menschen, zu uns ebenso wie zu unseren Feinden, das ist die beste Klugheit. Das Kreuz ist keines Menschen Privatbesitz, sondern es gehört allen Menschen, es gilt allen Menschen. Gott liebt unsere Feinde – das sagt uns das Kreuz, er leidet um sie, er hat Not und Schmerz um sie, er hat für sie seinen lieben Sohn gegeben. Darauf kommt alles an, daß wir bei jedem Feind, dem wir begegnen, sogleich denken: den liebt Gott, für den hat Gott alles gegeben.

31. Januar

HAT GOTT DIR JE SO VERGOLTEN?

Da ist ein Nachbar oder ein anderer, der fortgesetzt böse Dinge von mir sagt, der mich schmäht, der mir offenes Unrecht tut, der mich quält und plagt, wo er nur kann. Wenn wir ihn nur sehen, steigt uns das Blut in den Kopf, ein furchtbar drohender Zorn. Das ist der Feind, der so etwas bei uns bewirkt. Aber nun gilt es, auf der Hut zu sein. Nun gilt es, schnell sich zu erinnern: Mir ist Erbarmung widerfahren, nicht von Menschen, nein, von Gott selbst, und für ihn starb Jesus Christus – und auf einmal wird alles anders. Wir hören nun: Vergeltet nicht Böses mit Bösem. Erhebe deine Hand nicht zum Schlag, öffne deinen Mund nicht im Zorn, sondern sei still. Was kann denn der dir schaden, der dir Böses antut? Nicht dir schadet es, aber ihm schadet es. Unrecht leiden schadet keinem Christen. Aber Unrecht tun schadet. Nur eines will ja der Böse bei dir erreichen, nämlich daß du auch böse wirst. Aber damit hätte er ja gesiegt. Darum vergilt nicht Böses mit Bösem. Du schadest damit nicht ihm, sondern dir selbst. Nicht du bist in Gefahr, wenn dir Böses geschieht, aber der andere ist in Gefahr, der dir Böses tut; und er kommt darin um, wenn du ihm nicht hilfst. Darum um des anderen willen und um deiner Verantwortung für ihn – vergilt nicht Böses mit Bösem. Hat Gott denn dir je so vergolten?

1. Februar

MITTEN UNTER FEINDEN ALS BOTEN DES FRIEDENS

Gegen jedermann, mit allen Menschen – es gibt keine Ausnahme. Nicht nur gegen die Ehrbaren ehrbar sein, sondern gerade auch gegen die Unehrbaren; nicht nur gegen die Friedfertigen friedfertig sein, sondern gerade gegen die, die uns nicht in Frieden leben lassen wollen. Das andere können die Heiden auch. Aber Jesus Christus starb nicht für die Ehrbaren und für die Friedfertigen, sondern gerade für die Sünder und Feinde, für die Unehrbaren, die Hasser, die Totschläger. Unser Herz sieht darauf, nur unter den Freunden, unter den Gerechten und Ehrbaren zu bleiben. Aber Jesus Christus war mitten unter seinen Feinden. Gerade dort wollte er sein. Dort sollen wir auch sein. Das unterscheidet uns von allen anderen Lehren und Religionen. Da wollen die Frommen unter sich sein. Christus aber will, daß wir mitten unter unseren Feinden seien, wie er war; mitten unter seinen Feinden starb er den Tod der Liebe Gottes und betete: Vater, vergib ihnen, denn sie wissen nicht, was sie tun. Unter den Feinden will Christus seinen Sieg erringen. Darum zieht euch nicht zurück, sondert euch nicht ab, sondern sinnt auf Gutes gegen jedermann, schaffet Frieden, soviel an euch ist, mit allen Menschen.

„Soviel an euch ist" – nicht ihr habt es in der Hand, wenn man euch den Frieden nicht läßt, wenn man euch schmäht und verfolgt. Aber „soviel an euch ist", d. h. ihr sollt niemals die Quelle des Streites sein. Euer Herz soll immer des Friedens voll sein. Heißt das, daß auch das Wort Gottes schweigen soll um des lieben Friedens willen? Niemals – gibt es denn ein friedevolleres Wort und Werk als die Predigt von dem Frieden, den Gott mit seiner Welt, mit seinen Menschen gemacht hat? „Soviel an euch ist" – eines ist nicht an euch, nämlich Gottes Wort zu verschweigen. Aber es ist an euch, es zum Frieden zu sagen, zum Frieden der Menschen mit Gott zu sagen, mitten in einer zerrissenen, entzweiten Menschheit. Christus machte Frieden mit uns, als wir Feinde waren. Er hat auch Frieden geschaffen mit allen unseren Feinden am Kreuz. Diesen Frieden laßt uns bezeugen vor jedermann!

2. Februar

RACHE, DIE ALLES AUF DEN KOPF STELLT

Wer die Rache in eigene Hand nimmt, der macht sich zum Richter der Welt und der Menschen, und die Rache, die er üben wollte, wird auf sein eigenes Haupt kommen. Wer Rache üben will, der nimmt das Leben seines Feindes in eigene Hand und vergißt, daß Gott bereits seine Hand auf diesen Menschen gelegt hat, indem er für ihn starb am Kreuz. Wer Rache sucht an einem Menschen, der macht den Tod Christi zunichte, der macht sich schuldig am Blut der Versöhnung. Christus starb für mich und für meine Feinde, uns beiden zum Heil. Suche ich Rache, so verachte ich das Heil des anderen. Dem anderen mag es nicht schaden, aber ich sage mich eben damit von dem Sterben Christi los.

Es ist ein schweres Opfer, das Christus von uns fordert, unsere Rache fahren zu lassen, vielleicht das schwerste; denn des Menschen ganzes natürliches Wesen schreit nach Rache gegen die Feinde. Die Lust der Rache geht unserem menschlichen Blut über jede andere Lust. Aber – wir wissen es – wir können uns nicht mehr rächen. Steht da der Feind vor meinen Augen und überfällt mich die Sucht, endlich einmal Rache üben zu können, dann steht alsbald Jesus

Christus hinter meinem Feind und bittet: Erhebe deine Hand nicht, laß mir die Rache, ich will sie üben.

„... gebt Raum dem Zorn Gottes; denn es steht geschrieben: Die Rache ist mein, ich will vergelten, spricht der Herr." Ein furchtbares Wort. Können wir es hören und wissen, was es heißt, daß Gott Rache übt, ohne alsbald zu bitten: Nein, übe du keine Rache, nein, auch meinem Feinde kann und will ich es nicht wünschen, daß er in Gottes zornige Hände fällt? Aber Gott spricht: „Die Rache ist mein, ich will vergelten." Gott will und muß Rache üben über die Bösen. Aber – Wunder über Wunder – Gott hat schon Rache geübt in unbegreiflicher Weise, nicht an uns, die wir seine Feinde waren und noch täglich gegen ihn sündigen, nicht an unseren Feinden, sondern an sich selbst, an seinem lieben Sohn. An ihm sucht er alle unsere Sünde heim, straft sie. Ihn verstieß er in die Hölle der Verzweiflung und Gottverlassenheit, und in derselben Stunde betet Jesus: Vater, vergib ihnen ... Das ist Gottes Rache, daß er sich selbst Schmerz und Leid zufügt, aber uns verschont und annimmt. Das ist Gottes Rache, daß er selbst das Leiden trägt und seinen Feinden vergibt. Klingt es nicht in mir nach: Haltet euch nicht selbst für klug? Gottes Wege zu euch sind zu wunderbar und hoch, zu barmherzig und liebevoll!

3. Februar

DER BITTENDE FEIND

Ist es nun noch erstaunlich, daß es gleich nach diesem Wort von dieser Rache Gottes heißt: „So nun deinen Feind hungert, so speise ihn, dürstet ihn, so tränke ihn." Gott gab für den Feind sein Leben, sein alles, nun gibst auch du ihm, was du hast: Brot, wenn ihn hungert, Wasser, wenn ihn dürstet, Hilfe, wenn er schwach ist, Segen, Barmherzigkeit, Feindesliebe. Ist er dessen wert? Ja, wer wäre denn der Liebe wert, wer bedürfte denn unserer Liebe mehr als der, der haßt? Wer ist denn ärmer als er, wer ist hilfsbedürftiger, wer ist liebebedürftiger als dein Feind? Hast du so deinen Feind schon einmal angesehen als den, der im Grunde bettelarm vor dir steht und dich bittet, ohne es selbst aussprechen zu können: Hilf mir, schenke mir das eine, was mir noch helfen kann aus meinem Haß, schenke mir Liebe, die Liebe Gottes, die Liebe des gekreuzigten Heilandes? Alles Drohen und Fäustezeigen kommt ja aus dieser Armut, ist im Grunde ein Betteln um Liebe Gottes, um Friede, um Brüderlichkeit. Du weist den Ärmsten der Armen von deiner Tür, wenn du deinen Feind von dir weist.

„Feurige Kohlen". Kohlen brennen und schmerzen, wenn sie uns berühren. Auch die Liebe kann brennen und schmerzen. Sie lehrt uns erkennen, wie bettelarm wir sind. Es ist der brennende Schmerz der Buße, der sich bei dem einstellt, der trotz Haß und Drohung nur Liebe, nichts als Liebe findet. Gott hat diesen Schmerz uns kennen gelehrt. Als wir ihn empfanden, war die Stunde der Umkehr da.

Nun bist du am Ziel: „Laß dich das Böse nicht überwinden, sondern überwinde das Böse mit Gutem." So tat es Christus an uns. Er ließ sich durch unser Böses nicht irremachen, nicht überwinden. Er überwand unser Böses mit Gutem. Noch einmal, wie geschieht es? Nicht dadurch, daß wir dem Bösen des anderen an unserem Bösen Nahrung geben, dem Haß des anderen an unserem Haß; sondern dadurch, daß das Böse ins Leere stößt und nichts findet, woran es sich entzünden kann. Wie überwinden wir das Böse? Indem wir es vergeben ohne Ende. Wie geschieht das? Indem wir ihn sehen als den, der er in Wahrheit ist, als den, für den Christus starb, den Christus liebt. Wie wird die Gemeinde den Sieg über ihre Feinde erringen? Indem sie die Liebe Christi über die Feinde siegen läßt.

Du klagst, daß du nicht glauben kannst

4. Februar

NUR DER GEHORSAME GLAUBT

Du beklagst dich darüber, daß du nicht glauben kannst? Es darf sich keiner wundern, wenn er nicht zum Glauben kommt, solange er sich an irgendeiner Stelle in wissentlichem Ungehorsam dem Gebot Jesu widersetzt oder entzieht. Du willst irgendeine sündige Leidenschaft, eine Feindschaft, eine Hoffnung, deine Lebenspläne, deine Vernunft nicht dem Gebot Jesu unterwerfen? Wundere dich nicht, daß du den Heiligen Geist nicht empfängst, daß du nicht beten kannst, daß dein Gebet um den Glauben leer bleibt! Gehe vielmehr hin und versöhne dich mit deinem Bruder, laß von der Sünde, die dich gefangenhält, und du wirst wieder glauben können! Willst du Gottes gebietendes Wort ausschlagen, so wirst du auch sein gnädiges Wort nicht empfangen. Wie solltest du die Gemeinschaft dessen finden, dem du dich wissentlich an irgendeiner Stelle entziehst? Der Ungehorsame kann nicht glauben, nur der Gehorsame glaubt.

5. Februar

FRAGE, DIE NICHTS IST ALS AUFRUHR

Was muß ich tun, daß ich das ewige Leben ererbe?

Aus Lukas 10, 25–29

Die Frage des Schriftgelehrten ist eine versucherische Frage. Der Fragende weiß im Grunde die Antwort auf seine Frage, aber indem er noch fragt, obwohl er schon weiß, will er sich dem Gehorsam gegen Gottes Gebot entziehen. Es bleibt für ihn nur noch die Auskunft: Tue, was du weißt, so wirst du leben.

Es folgt die Flucht in den ethischen Konflikt: Wer ist denn mein Nächster? Unzählige Male ist seither dem versucherischen Schriftgelehrten diese Frage gutgläubig und unwissend nachgesprochen worden, sie erfreut sich des Ansehens einer ernsten und vernünftigen Frage eines suchenden Menschen. Aber man hat den Zusammenhang nicht recht gelesen. Die ganze Geschichte vom barmherzigen Samariter ist eine einzige Abwehr und Zerstörung dieser Frage als einer satanischen durch Jesus. Sie ist eine Frage ohne Ende, ohne Antwort. Wer ist mein Nächster? Gibt es eine Antwort darauf, ob es mein leiblicher Bruder, mein Volksgenosse, mein Bruder in der Gemeinde oder mein Feind sei? Läßt sich nicht eins wie das andere mit gleichem Recht behaupten und verneinen? Ist nicht das Ende dieser Frage Zwiespalt und Ungehorsam? Ja, diese Frage ist der Aufruhr gegen Gottes Gebot selbst. Ich will ja gehorsam sein, aber Gott sagt mir nicht, wie ich es kann. Gottes Gebot ist zweideutig, es läßt mich im ewigen Konflikt. Die Frage: Was soll ich tun?, war der erste Betrug. Die Antwort ist: Tue das Gebot, das du weißt. Nicht fragen sollst du, sondern tun. Die Frage: Wer ist denn mein Nächster? ist die letzte Frage der Verzweiflung oder der Selbstsicherheit, in der der Ungehorsam sich rechtfertigt. Die Antwort ist: Du selbst bist der Nächste. Gehe hin und sei gehorsam in der Tat der Liebe. Nächster zu sein ist nicht eine Qualifikation des anderen, sondern ist sein Anspruch an mich, sonst nichts. In jedem Augenblick, in jeder Situation bin ich der zum Handeln, zum Gehorsam Geforderte. Es ist buchstäblich keine Zeit dafür übrig, nach einer Qualifikation des anderen zu fragen. Ich muß handeln und muß gehorchen, ich muß dem Anderen der Nächste sein. Fragst du abermals erschreckt, ob ich denn nicht vorher wissen und bedenken müsse, wie ich zu handeln habe, – so gibt es darauf nur die Auskunft: Was Gehorsam ist, lerne ich allein im Gehorchen, nicht durch Fragen. Erst im Gehorsam erkenne ich die Wahrheit. Aus dem Zwiespalt des Gewissens und der Sünde führt uns der Ruf Jesu zur Einfalt des Gehorsams.

6. Februar

WIE IST EINE SOLCHE VERKEHRUNG MÖGLICH?

Gehe hin, verkaufe, was du hast, und gib's den Armen; und komm und folge mir nach. *Aus Matthäus 19, 16–26*

Würde Jesus Christus durch die Heilige Schrift heute zu einem von uns so sprechen, so würden wir wohl folgendermaßen argumentieren: Jesus befiehlt etwas ganz Bestimmtes, das ist wahr. Wenn aber Jesus befiehlt, dann soll ich wissen, daß er niemals gesetzlichen Gehorsam fordert, sondern daß er nur eines von mir will, nämlich daß ich glaube. Mein Glaube aber ist nicht gebunden an Armut oder Reichtum oder ähnliches, vielmehr kann ich im Glauben beides, arm und reich sein. Nicht darauf kommt es an, daß ich keine Güter habe, sondern daß ich die Güter so habe, als hätte ich sie nicht und daß ich innerlich von ihnen frei bin, daß ich mein Herz nicht an meinen Reichtum hänge. Wie ist solche Verkehrung möglich? Was ist geschehen, daß das Wort Jesu sich dieses Spiel gefallen lassen muß? Wo immer sonst Befehle ausgegeben werden, sind die Verhältnisse klar. Ein Vater sagt zu seinem Kind: Geh ins Bett!, so weiß das Kind wohl, woran es ist. Ein pseudotheologisch dressiertes Kind aber müßte nun folgendermaßen argumentieren: Der Vater sagt: Geh ins Bett. Er meint, du bist müde; er will nicht, daß ich müde bin. Ich kann über meine Müdigkeit auch hinwegkommen, indem ich spielen gehe. Also, der Vater sagt zwar: Geh ins Bett!, er meint aber eigentlich: Geh spielen. Mit einer solchen Argumentation würde das Kind beim Vater auf eine sehr unmißverständliche Sprache stoßen. Nur dem Befehl Jesu gegenüber soll das anders sein. Wie ist das möglich?

Es ist dadurch möglich, daß dieser verkehrten Argumentation tatsächlich etwas ganz Richtiges zugrunde liegt. Der Befehl Jesu an den reichen Jüngling bzw. der Ruf in die Situation, in der geglaubt werden kann, hat tatsächlich nur das eine Ziel, den Menschen zum Glauben an ihn, d. h. in seine Gemeinschaft zu rufen. Es hängt letzten Endes gar nichts an dieser oder jener Tat des Menschen, sondern es hängt alles an dem Glauben an Jesus als den Sohn Gottes und Mittler. Das paradoxe Verständnis der Gebote hat sein christliches Recht, aber es darf niemals dazu führen, daß es das einfältige Verständnis der Gebote aufhebt. Es hat vielmehr sein Recht und seine Möglichkeit nur für den, der an irgendeinem Punkt seines Lebens mit dem einfältigen Verständnis schon ernstgemacht hat, der so in der Gemeinschaft Jesu, in der Nachfolge steht. Wer nicht weiß, daß es ihm unendlich viel leichter wäre, das Gebot Jesu einfältig zu verstehen und wörtlich zu gehorchen, also etwa die Güter auf einen Befehl Jesu tatsächlich hinzugeben, statt sie zu behalten, der hat kein Recht zu dem paradoxen Verständnis des Wortes Jesu.

Über das Beten der Psalmen

7. Februar

WER IST DER EIGENTLICHE BETER?

Der Psalter nimmt eine einzigartige Stellung im Ganzen der Heiligen Schrift ein. Er ist Gottes Wort und er ist zugleich, bis auf wenige Ausnahmen, Gebet des Menschen. Wie ist das zu verstehen? Zu dieser Frage tritt eine Beobachtung hinzu, die jeder macht, der anfängt, die Psalmen zu beten. Er versucht zunächst, sie persönlich als sein eigenes Gebet nachzusprechen. Bald stößt er dabei auf Stellen, die er von sich aus, als sein persönliches Gebet, nicht glaubt beten zu können. Wir denken etwa an die Unschuldspsalmen, an die Rachepsalmen, teilweise auch an die Leidenspsalmen. Er kann sie als Gebet eines andern lesen, hören, sich darüber wundern, Anstoß daran nehmen, aber er kann sie weder selbst beten, noch auch aus der Heiligen Schrift hinausweisen. Zwar wäre hier praktisch jedes Mal zu sagen, daß in solcher Lage ein jeder sich zunächst an die Psalmen halten soll, die er verstehen und beten kann, und daß er am Lesen der andern Psalmen lernen soll, Unbegreifliches und Schwieriges der Heiligen Schrift ganz schlicht stehen zu lassen und immer wieder zu dem Einfachen und Begreiflichen zurückzukehren. Sachlich aber bedeutet die bezeichnete Schwierigkeit allerdings den Ort, an dem wir den ersten Blick in das Geheimnis des Psalters tun dürfen. Das Psalmengebet, das uns nicht über die Lippen will, vor dem wir stocken und uns entsetzen, läßt uns ahnen, daß hier ein anderer der Beter ist als wir selbst, daß der, der hier seine Unschuld beteuert, der Gottes Gericht herbeiruft, der in so unendlich tiefes Leiden gekommen ist, kein anderer ist – als Jesus Christus selbst. So hat es das Neue Testament und die Kirche von je her erkannt und bezeugt. Der Mensch Jesus Christus, dem keine Not, keine Krankheit, kein Leid fremd ist und der doch der ganz Unschuldige und Gerechte war, betet im Psalter durch den Mund seiner Gemeinde. Der Psalter ist das Gebetbuch Jesu Christi im eigentlichsten Sinne. Er hat den Psalter gebetet, nun ist er sein Gebet geworden für alle Zeiten. Seine Gemeinde betet auch, ja, auch der Einzelne betet, aber er betet eben, sofern Christus in ihm betet, er betet hier nicht im eigenen Namen, sondern im Namen Jesu Christi. Er betet nicht aus dem natürlichen Verlangen seines eigenen Herzens, sondern er betet aus der angenommenen Menschheit Christi, er betet auf Grund des Gebetes des Menschen Jesus Christus. Damit aber hat sein Gebet allein die Verheißung der Erhörung gefunden. Weil Christus das Psalmengebet des Einzelnen und der Gemeinde vor dem himmlischen Thron Gottes mitbetet, vielmehr weil die Betenden hier in das Gebet Jesu Christi mit einfallen, darum dringt ihr Gebet zu Gottes Ohren. Christus ist ihr Fürbitter geworden.

8. Februar

UNSER »SCHMUCK UND EHRENKLEID«

So gewiß der Umfang des Psalmengebets weit über das Maß der Erfahrung des Einzelnen hinausgeht, so betet dieser doch im Glauben das ganze Christusgebet, das Gebet dessen, der wahrer Mensch war und allein das volle Maß der Erfahrungen dieser Gebete hat. Dürfen wir also die Rachepsalmen beten? Wir, insofern wir Sünder sind und mit dem Rachegebet böse Gedanken verbinden, dürfen es nicht, aber wir, sofern Christus in uns ist, der alle Rache Gottes auf sich selbst nimmt, den Gottes Rache traf an unserer Stelle, der so – getroffen von der Rache Gottes – und nicht anders den Feinden vergeben konnte, der selbst die Rache erfuhr, damit seine Feinde frei würden – wir als Glieder dieses Jesus Christus dürfen auch diese Psalmen beten – durch Jesus Christus, aus dem Herzen Jesu Christi. Dürfen wir uns mit dem Psalmenbeter unschuldig, fromm und gerecht nennen? Wir dürfen es nicht als die, die wir von uns aus sind, wir können es nicht als das Gebet unseres verkehrten Herzens, aber wir dürfen und sollen es aus dem Herzen Jesu Christi, das sündlos und rein war und aus der Unschuld Christi, an der er uns teilgegeben hat im Glauben; sofern „Christi Blut und Gerechtigkeit unser Schmuck und Ehrenkleid" geworden ist, dürfen und sollen wir die Unschuldspsalmen beten als Christi Gebet für uns und Geschenk an uns. Auch diese Psalmen gehören uns durch ihn. Und wie sollen wir jene Gebete unsagbaren Elends und Leidens beten, die wir kaum angefangen haben, von fern etwas von dem zu ahnen, was hier gemeint ist? Nicht, um uns in etwas hineinzusteigern, was unser Herz aus eigener Erfahrung nicht kennt, nicht, um uns selbst zu beklagen, sondern weil all dies Leiden wahr und wirklich gewesen ist in Jesus Christus, weil der

Mensch Jesus Christus Krankheit, Schmerz, Schande und Tod erlitt und weil in seinem Leiden und Sterben alles Fleisch gelitten hat und gestorben ist, darum werden und sollen wir die Leidenspsalmen beten. Was an uns geschah am Kreuze Christi, der Tod unseres alten Menschen, und was seit unserer Taufe eigentlich an uns geschieht und geschehen soll im Absterben unseres Fleisches, das gibt uns das Recht zu diesen Gebeten. Durch das Kreuz Jesu sind diese Psalmen seinem Leibe auf Erden, der Gemeinde, zuteil geworden als Gebete aus seinem Herzen.

9. Februar

GOTTLOSER BEGRIFF VON JUGEND

Wie wird ein Jüngling seinen Weg unsträflich gehen? Wenn er sich hält nach deinem Wort. *Psalm 119, 9*

Ein junger Mann hat diesen Psalm und diesen Vers gebetet (vgl. V. 99 und 100). Ein junger Mann stößt hier auf seine Lebensfrage, nicht aus Begeisterung am Guten und Edlen im allgemeinen, nicht aus schwärmerischem Idealismus, sondern aus der Erfahrung, die er mit der Macht des Wortes Gottes und mit der Ohnmacht seines eigenen Lebens gemacht hat. Klingt uns diese Frage nach dem unsträflichen, reinen Weg unjugendlich, unfrei, lebensverneinend, so doch nur darum, weil wir uns schon an einen sehr gottlosen Begriff von Jugend gewöhnt haben und die Kraft und Lebensfülle, die in der Unschuld liegt, nicht mehr zu verstehen vermögen. Es ist ein sehr vermessener und verkehrter Gedanke, daß der Mensch erst einmal tief in die Schuld des Lebens verstrickt werden müsse, um so erst das Leben und dann schließlich auch Gott zu erkennen. Das Leben und seine Schuld erkennen wir niemals am Leben selbst, sondern allein an Gottes Gericht über die

Menschen und an seiner Gnade im Kreuze Jesu Christi. Die Sünde als ein pädagogisches Moment in die Erziehung einbeziehen zu wollen, ist ein leichtfertiges Gedankenspiel, das sich furchtbar rächt. Rein sein dort, wo Unreinheit noch eine Gefahr ist, unsträflich sein nicht aus bürgerlicher Sättigung, sondern aus Liebe zu Gott, das ist kein Verzicht auf das Leben, sondern seine Erfüllung, es ist keine Mißachtung der Schöpfung Gottes, sondern ihre Heiligung durch den Gehorsam gegen den Schöpfer. Gott ist der Herr des Menschen von seinem ersten Atemzuge an und er will keinen Augenblick lang seine Herrschaft abtreten.

Indem der junge Mann die Frage nach dem unsträflichen Weg stellt, erkennt er die Sünde, die in ihm wohnt. Sonst braucht er nicht zu fragen. Und nur weil er die Sünde in ihrer ganzen Gewalt über sein Herz und seine Natur erkannt hat, darum hält er nicht mehr nach menschlichen Heilmitteln Ausschau. Nicht gute Vorsätze, zündende Ideale, auch nicht Arbeit und Pflichterfüllung, sondern Gottes Wort allein kann den Weg rein bewahren; denn mit der Sünde kann es nur Gott selbst aufnehmen. Er hat es getan, indem er uns in Jesus Christus alle Sünde vergab, er tut es, indem er uns sein Wort der Gnade und des Gerichtes zu wissen gibt und uns täglich neu richtet und begnadigt. Woran soll ich mich halten in der Stunde der Anfechtung und Versuchung? An Gottes Wort allein. So wird mein Weg rein bleiben.

10. Februar

GETRIEBEN ZU IMMER NEUER ERKENNTNIS

Ich suche dich von ganzem Herzen; laß mich nicht abirren von deinen Geboten. *Psalm 119, 10*

Wer Gottes Wort empfangen hat, der muß anfangen, Gott zu suchen; er kann nicht anders. Je klarer und tiefer Gottes Wort sich uns zeigt, desto lebendiger wird in uns das Verlangen nach der vollkommenen Klarheit und der unerschöpflichen Tiefe Gottes selbst. Gott treibt uns durch die Gabe seines Wortes dazu, nach immer reicherer Erkenntnis und herrlicherer Gabe zu suchen. Er will keine falsche Genügsamkeit. Je mehr wir empfangen, desto mehr müssen wir ihn suchen, und je mehr wir suchen, desto mehr werden wir von ihm empfangen. „Wer da hat, dem wird gegeben." Gott will sich ganz an uns verherrlichen und in seinem ganzen Reichtum offenbar werden. Freilich können wir Gott nirgends anders suchen als in seinem Wort; aber dieses Wort ist lebendig und unerschöpflich; denn Gott selbst lebt darin. Hat uns Gottes Wort getroffen, so dürfen wir es sagen: ich suche dich von ganzem Herzen. Denn mit halbem Herzen würden wir einen Götzen, aber niemals Gott selbst suchen. Gott braucht das ganze Herz. Er will nicht etwas von uns, sondern er will uns selbst und ganz. Das hat uns sein Wort gesagt. Darum suchen wir ihn mit ganzem Herzen. Nur eine Sorge gibt es noch für uns, daß wir von dem angefangenen Wege, von den vernommenen Geboten, abirren. Abirren sagt der Beter. Er denkt nicht mehr an ein vorsätzliches, mutwilliges Übertreten der erkannten göttlichen Gebote. Aber wie leicht irren wir, wenn das Böse unseren Blick vernebelt. Wir geraten auf Abwege und wissen nicht mehr aus und ein und finden nicht mehr zu den Geboten Gottes zurück. Vor der Sünde des Abirrens, vor der unwissentlichen Sünde uns zu bewahren, müssen wir Gott täglich bitten; denn sind wir erst einmal unwissentlich auf böse Wege geraten, dann gewinnen wir oft schnell Gefallen an diesem Weg und aus dem Irrtum wird böser Vorsatz. Wer aber Gott von ganzem Herzen sucht, der wird nicht in die Irre gehen.

11. Februar

AUF FRUCHTBAREM BODEN

Ich berge deinen Spruch in meinem Herzen, damit ich mich nicht gegen dich verfehle. *Psalm 119, 11*

Wenn Gottes Wort zu uns kommt, will es in fruchtbarem Acker geborgen sein. Es will nicht am Wege liegen bleiben, daß „der Teufel kommt und das Wort von ihren Herzen nimmt, damit sie nicht glauben und selig werden". Es will nicht auf Felsen fallen, wo es keine Wurzeln schlagen kann, wo sie zwar „das Wort mit Freuden annehmen, wenn sie es hören; eine Zeitlang glauben sie und zu der Zeit der Anfechtung fallen sie ab". Es will nicht unter die Dornen fallen, wo es „unter Sorgen, Reichtum und Wollust dieses Lebens" erstickt wird und keine Frucht bringt (Luk 8, 11 ff.). Es ist ein großes Wunder, daß das ewige Wort des allmächtigen Gottes in mir Wohnung sucht, in mir geborgen sein will wie das Samenkorn im Acker. Geborgen ist Gottes Spruch nicht in meinem Verstand, sondern in meinem Herzen. Nicht zuletzt zerdacht sein, sondern im Herzen bewegt werden, wie das Wort eines geliebten Menschen in unserem Herzen wohnt, auch wenn wir gar nicht bewußt daran denken, das ist das Ziel des Spruches, der aus Gottes Mund kommt. Habe ich Gottes Wort nur in meinem Verstand, dann wird mein Verstand oft mit anderen Dingen beschäftigt sein, und ich werde mich gegen Gott verfehlen. Darum ist es niemals damit getan, Gottes Wort gelesen zu haben; es muß tief in uns eingegangen sein, in uns wohnen, wie das Allerheiligste im Heiligtum, damit wir nicht fehlgehen in Gedanken, Worten und Werken. Es ist oft besser, wenig und langsam in der Schrift zu lesen und zu warten, bis es in uns eingedrungen ist, als von Gottes Wort zwar viel zu wissen, aber es nicht in sich zu „bergen".

12. Februar

DER NICHT ENDENDE LOBGESANG

Gelobt seist du, Herr! Lehre mich deine Satzungen.
Psalm 119, 12

Reden wir dem Menschen das Lob seiner Heiligkeit und Frömmigkeit? Beschäftigen wir uns mit uns selbst und unserer Untadeligkeit? Ist das so auffällig wiederholte „Ich" in diesem Psalm Selbstbespiegelung, Selbstkritik, Selbstgerechtigkeit? Gelobt seist du, Herr! Kein anderes Lob kann hier gelten. Der Herr allein sei gelobt, der mit uns den neuen Anfang gemacht hat, der uns sein Wort offenbart hat, der sich von uns suchen und dienen läßt, der sein Wort in uns wohnen läßt und uns vor Sünde bewahrt. Auf dem Wege der Gläubigen gibt es nur das Lob Gottes. In diesem Lob Gottes liegt alle ihre Kraft und Zuversicht. Gott sei gelobt! Wir aber müssen immer wieder bitten wie die Bettler: „Lehre mich deine Satzungen!" Indem wir Gott alles Lob bringen, bekennen wir, was wir empfangen haben; indem wir Gott bitten, bekennen wir unsere Armut. Niemals, solange wir leben, wird die Bitte um Erleuchtung, Erkenntnis, um Wachstum im Lernen des Wortes nun aufhören, aber das Lob dessen, der uns genug und übergenug geschenkt hat aus seiner Gnade, wird weder in dieser noch in jener Welt verstummen.

13. Februar

DER SCHWERE WEG ÜBER DIE LIPPEN

Ich erzähle mit meinen Lippen alle Forderungen deines Mundes. *Psalm 119, 13*

Aus Gottes Mund gehen seine Forderungen und wollen auf meine Lippen kommen. Leicht ist es oft, Gottes Wort im Herzen zu tragen, aber wie schwer geht es manchmal über die Lippen! Es ist ja hier nicht an leeren Lippendienst gedacht, sondern an das Lautwerden dessen, von dem das Herz voll ist. Ist uns nicht angesichts großen Leides oftmals der Mund wie zugeschlossen, weil wir fürchten, eine fromme Formel an die Stelle des göttlichen Wortes zu setzen? Gibt es nicht eine Atmosphäre der Leichtfertigkeit und Gottlosigkeit, in der wir das rechte Wort einfach nicht mehr finden und schweigen? Verschließt uns nicht oft genug falsche Scheu und Menschenfurcht den Mund? Warnung und Ermahnung bleiben unausgesprochen, Tröstung und Zuspruch bleiben versagt. Wie gequält und ängstlich ist hier und da der Name Jesus Christus über unsere Lippen gekommen! Es erfordert ein großes Maß von geistlicher Erfahrung und Übung und zugleich kindlicher Glaubenszuversicht, „alle Forderungen" Gottes mit seinen Lippen erzählen zu können, ohne zum geistlichen Routinier, zum Sittenapostel, zum aufdringlichen Schwätzer zu werden. Es muß schon das ganze Herz dem Worte Gottes gehören, ehe wir es lernen, auch unsere Lippen ganz in den Dienst Jesu Christi zu stellen.

14. Februar

GESCHENK DES WORTES AN SEINE HÖRER

Ich freue mich des Weges deiner Zeugnisse wie über allerlei Reichtum. *Psalm 119, 14*

Ich freue mich – hier fällt das große Wort, ohne das es kein Gehen auf dem Wege Gottes gibt. „Er ging hin vor Freuden", heißt es von dem Menschen, der den Schatz im Acker gefunden hatte, „und verkaufte alles, was er hatte und kaufte den Acker" (Mt 13, 44). Aller Reichtum und Besitz war ihm gering gegen den göttlichen Schatz. Wer den Weg Gottes findet, der muß erst einmal allen eigenen Reichtum verloren haben, um dann den ganzen Reichtum Gottes und in ihm allerlei Reichtum schlechthin zu gewinnen. Gottes Wort schafft Freude in dem, der es aufnimmt. Es ist die Freude über die wiedergeschenkte Gemeinschaft mit Gott. Es ist die Freude über die Erlösung aus Furcht und Sünde. Es ist die Freude des Verirrten, der nach langer Nacht den rechten Weg wiedergefunden hat. Gott bereitet den Menschen festliche Freude. Er ist selbst der Ursprung aller Freude. Gottes Wort selbst ist voll dieser Freude, die bei uns anbrechen soll. Über der Fleischwerdung des Wortes Gottes in Jesus Christus steht die große Freudenverkündigung (Lk 2, 10). Die Erdentage des Herrn sind wie ein einziger angebrochener Hochzeitstag (Mark 2, 19; vgl. Lk 19, 6). Über Bekehrung und Heil jedes bußfertigen Sünders durch Jesus Christus bricht Freude aus im Himmel (Lk 15, 7. 10). Auferstehung und Himmelfahrt des Herrn erfüllen die Jüngerschaft mit Freude (Mt 28, 8; Lk 24, 41. 52; Joh 20, 20) und jauchzend empfängt die junge Gemeinde das Abendmahl Jesu (Apg 2, 46 f.). Wo das Wort Gottes ist, dort ist Freude. Als Jesus die Jünger verläßt, um zu seinem Vater zu gehen, läßt er ihnen doch sein Wort und in ihm seine Freude. „Solches rede ich zu euch, auf daß meine Freude in euch bleibe und eure Freude vollkommen werde." (Joh 15, 11). Vollkommene Freude ist das Geschenk des Wortes Gottes an seine Hörer.

Gottes Wort ist der Ursprung aller Freude, und die Wege seiner Zeugnisse sind solcher Freude voll, denn es sind die Wege, die Gott selbst gegangen ist und mit uns geht. Wo aber Gott mit uns ist, da ist Freude, und diese Freude wird niemand von uns nehmen (Joh 16, 22).

15. Februar

ZEIT HABEN!

Ich will sinnen über deine Befehle und schauen auf deine Pfade. *Psalm 119, 15*

Es gibt kein Stillstehen. Jede Gabe, jede Erkenntnis, die ich empfange, treibt mich nur tiefer in das Wort Gottes hinein. Für Gottes Wort brauche ich Zeit. Um die Befehle Gottes recht zu verstehen, muß ich oft lange über dem Worte nachsinnen. Nichts wäre verkehrter als jene Aktivität oder jene Gefühlsseligkeit, die dem Nachdenken und Nachsinnen den Wert abspricht. Es ist auch nicht nur Sache der hierzu besonders Berufenen, sondern Sache eines jeden, der in Gottes Wegen gehen will. Zwar fordert Gott oft rasche, unverzügliche Tat; aber er fordert auch Stille und Besinnung. So darf und muß ich oft Stunden und Tage lang über ein und demselben Wort bleiben, bis ich mit der rechten Erkenntnis erleuchtet werde. Keiner ist so weit fortgeschritten, daß er dessen nicht mehr bedürfte. Keiner darf sich wegen zu starker tätiger Beanspruchung davon dispensiert glauben. Gottes Wort beansprucht meine Zeit. Gott selbst ging ein in die Zeit und will nun auch, daß ich ihm meine Zeit gebe. Christsein ist nicht die Sache eines

Augenblicks, sondern es will Zeit. Gott gab uns die Schrift, aus der wir seinen Willen erkennen sollen. Die Schrift will gelesen und bedacht sein, täglich neu. Gottes Wort ist nicht eine Summe ewiger allgemeiner Sätze, die ich jederzeit gegenwärtig haben könnte, sondern sie ist das täglich neue Wort Gottes an mich in dem unendlichen Reichtum der Auslegung. Meditation, d. h. betende Schriftbetrachtung und Auslegung sind dem unentbehrlich, der aufrichtig Gottes Befehle und nicht seine eigenen Gedanken sucht. Meditation heißt, Gottes Wort betend für mich zu Herzen nehmen; Auslegen heißt, Gottes Wort in der Schrift als Gottes Wort erkennen und verstehen. Eins ist nicht ohne das andere. Beides aber ist Besinnung, die täglich geübt sein will.

Will ich Gottes Befehle erkennen, so darf ich nicht auf mich und meine Lage, sondern ich muß allein auf Gottes Pfade schauen. Was Gott für mich tat, als er an seinem Volk, als er in Jesus Christus handelte, was Menschwerdung, Kreuz und Auferstehung Jesu Christi als Gottes Taten für mich bedeuten, das allein soll meinen Weg bestimmen.

16. Februar

VERGESSEN IST MANGEL AN LIEBE

Ich habe meine Lust an deinen Satzungen und will deiner Worte nicht vergessen. *Psalm 119, 16*

Woran liegt es, daß meine Gedanken so schnell von Gottes Wort abweichen und daß mir zur nötigen Stunde das nötige Wort oft nicht gegenwärtig ist? Vergesse ich denn zu essen und zu trinken und zu schlafen? Warum vergesse ich Gottes Wort? Weil ich noch nicht zu sagen vermag, wie es der Psalm sagt: Ich habe meine Lust an deinen Satzungen. Woran ich meine Lust habe, das vergesse ich nicht. Vergessen oder nicht, das ist nicht Sache des Verstandes, sondern des ganzen Menschen, des Herzens. Woran Leib und Seele hängt, das kann ich nie vergessen. Je mehr ich die Ordnungen Gottes in Schöpfung und Wort zu lieben beginne, desto gegenwärtiger werden sie mir zu jeder Stunde sein. Gegen das Vergessen schützt nur die Liebe.

Weil Gottes Wort in der Geschichte und d. h. in der Vergangenheit zu uns gesprochen hat, darum ist die Erinnerung, die Wiederholung des Gelernten täglich nötige Übung. „Vergiß nicht, was er dir Gutes getan hat" (Ps 103, 2). „Halte im Gedächtnis Jesum Christum" (2. Tim 2, 8). Aus der Erinnerung und Wiederholung lebt Glaube und Gehorsam. Erinnerung wird zur Kraft der Gegenwart, weil es der lebendige Gott ist, der einst für mich gehandelt hat und mich heute dessen vergewissert. Das Vergangene an und für sich ist gleichgültig. Weil aber in der Vergangenheit etwas Entscheidendes „für mich" geschah, darum wird aus Vergangenem Gegenwart für den, der das „für mich" im Glauben ergreift, „denn das Wort: ‚für mich' fordert eitel gläubige Herzen" (Luther).

Weil mein Heil nicht in mir selbst, sondern außerhalb meiner selbst liegt, weil meine Gerechtigkeit allein die Gerechtigkeit Jesu Christi ist, weil mir das nur im Worte verkündigt werden kann, darum ist Erinnerung und Wiederholung nötig um der Seligkeit willen, darum bedeutet Vergessen soviel wie aus dem Glauben fallen.

In der täglichen Erinnerung an Jesus Christus aber wird mir zugesagt, daß Gott mich von Ewigkeit her geliebt und mich nicht vergessen hat (Jes 49, 14 ff.). Weiß ich aber, daß Gott mich nicht vergißt, weil er mich liebt, so freue ich mich, und meine Liebe zu Gottes Treue in seinem Wort erfüllt mich, und ich lerne zu sagen: ich will deiner Worte nicht vergessen.

Was ist der Mensch?

17. Februar

ZUGEHÖRIG DER MÜTTERLICHEN ERDE

Da bildete Jahwe Gott den Menschen aus Staub vom Ackerboden. *1. Mose 2, 7*

Der Mensch, den Gott nach seinem Ebenbilde geschaffen hat, ist aus Erde genommen. Stärker konnten selbst Darwin und Feuerbach nicht reden. Aus einem Stück Erde stammt der Mensch. Seine Verbundenheit mit der Erde gehört zu seinem Wesen. Die „Erde ist seine Mutter", aus ihrem Schoß kommt er. Aus ihr hat er seinen Leib. Sein Leib gehört zu seinem Wesen. Sein Leib ist nicht sein Kerker, seine Hülle, sein Äußeres, sondern sein Leib ist er selbst. Der Mensch „hat" nicht einen Leib und „hat" nicht eine Seele, sondern er „ist" Leib und Seele. Der Mensch, der sich seines Leibes entledigt, entledigt sich seiner Existenz vor Gott, dem Schöpfer. Der Ernst des menschlichen Daseins ist seine Gebundenheit an die mütterliche Erde, sein Sein als Leib. Er hat sein Dasein als Dasein auf Erden, nicht von oben her kommend ist er von einem grausamen Schicksal in die irdische Welt verschlagen und geknechtet, sondern aus der Erde, in der er schlummerte, tot war, ist er herausgerufen vom Worte Gottes, des Allmächtigen, selbst ein Stück Erde, aber von Gott zum Menschsein berufene Erde. So hat es auch Michelangelo gemeint. Der am jungen Erdboden ruhende Adam ist so fest und innig mit dem Boden, auf dem er liegt, verbunden, daß er selbst in seinem noch träumenden Dasein ein höchst seltsames, höchst wunderbares – aber eben doch ein Stück Erde ist, ja gerade in diesem völligen Hingegebensein an den gesegneten Boden der Schöpfungserde wird die ganze Herrlichkeit des ersten Menschen sichtbar. Und in diesem Ruhen an der Erde, in diesem tiefen Schöpfungsschlaf erfährt nun der Mensch durch die leibliche Berührung mit dem Finger Gottes Leben – es ist dieselbe Hand, die den Menschen gemacht hat, die ihn nun wie aus der Ferne zart berührt und zum Leben erweckt. Nicht hält die Hand Gottes den Menschen mehr in sich gefaßt, sondern sie hat ihn freigegeben und ihre schöpferische Kraft wird zur verlangenden Liebe des Schöpfers zum Geschöpf.

18. Februar

LEIB UND GEIST

Und Gott blies in seine Nase Lebensodem; so wurde der Mensch ein lebendiges Wesen. *1. Mose 2, 7b*

Leib und Leben treten hier ganz ineinander. Gott haucht

dem Leib des Menschen seinen Geist ein. Und dieser Geist ist Leben, macht den Menschen lebendig. Anderes Leben schafft Gott durch sein Wort, beim Menschen gibt er von seinem Leben, von seinem Geist. Der Mensch als Mensch lebt eben nicht ohne den Geist Gottes. Als Mensch leben heißt als Leib im Geist leben. Die Flucht aus dem Leib ist ebenso Flucht aus dem Menschsein wie die Flucht aus dem Geist. Leib ist die Existenzform von Geist, wie Geist die Existenzform von Leib ist. Dies alles ist nur vom Menschen gesagt, denn nur beim Menschen wissen wir um Leib und Geist. Der menschliche Leib ist von allen nicht menschlichen Körpern dadurch unterschieden, daß er die Existenzform des Geistes Gottes auf Erden ist, wie er von allem anderen Leben doch dadurch ganz ununterschieden ist, daß er wie dieses Erde ist. Der menschliche Leib lebt wirklich nur durch Gottes Geist, das eben ist sein Wesen. Gott verherrlicht sich im Leib und zwar im Leib in diesem spezifischen Sein des menschlichen Leibes. Darum geht Gott dort, wo der ursprüngliche Leib in seinem geschaffenen Sein zerstört ist, abermals in den Leib ein, in Jesus Christus und dann dort, wo auch dieser Leib zerrissen ist, in die Gestalten des Sakraments des Leibes und Blutes. Leib und Blut des Abendmahles sind die neuen Schöpfungswirklichkeiten der Verheißung für den gefallenen Adam. Weil Adam geschaffen ist als Leib, darum wird er auch erlöst als Leib, in Jesus Christus und im Sakrament.

Dieser so geschaffene Mensch ist der Mensch als Ebenbild Gottes. Ebenbild nicht trotz, sondern gerade in seiner Leiblichkeit. Denn in seiner Leiblichkeit ist er bezogen auf die Erde und auf anderen Leib, ist er für andere, ist er angewiesen auf andere. In seiner Leiblichkeit findet er den Bruder und die Erde. Als solches Geschöpf ist der Mensch aus Erde und Geist seinem Schöpfer Gott „ähnlich“.

19. Februar

STELLVERTRETER

Und Gott sprach: Lasset uns Menschen machen, ein Bild, das uns gleich sei. *Aus 1. Mose 1, 26–27*

Daß Gott im Menschen sein Bild auf Erden schafft, heißt, daß der Mensch dem Schöpfer darin ähnlich ist, daß er frei ist. Freilich, er ist frei allein durch die Schöpfung Gottes, durch das Wort Gottes. Er ist frei für den Lobpreis des Schöpfers. Denn Freiheit ist in der Sprache der Bibel nicht etwas, das der Mensch für sich hat, sondern etwas, das er für den anderen hat. Kein Mensch ist frei „an sich", d. h. gleichsam im luftleeren Raum, so wie er musikalisch, klug oder blind an sich ist. Freiheit ist keine Qualität des Menschen, keine noch so tief irgendwie in ihm aufzuckende Fähigkeit, Anlage, Wesensart. Wer den Menschen auf Freiheit hin durchforscht, findet nichts von ihr. Warum? Weil Freiheit nicht eine Qualität ist, die aufgedeckt werden könnte, kein Besitz, kein Vorhandenes, Gegenständliches, auch keine Form für Vorhandenes, sondern weil Freiheit eine Beziehung ist und sonst nichts. Freisein heißt „frei-sein-für-den-anderen", weil der andere mich an sich gebunden hat. Nur in der Beziehung auf den anderen bin ich frei. Freiheit ist das, worüber ich schlechthin nicht wie über eine Eigenschaft verfügen kann, es ist das einfach Geschehende, sich Ereignende, durch den anderen an mir Geschehende. Fragen wir, woher wir dies wissen, so antworten wir: Das ist die Botschaft des Evangeliums selbst, daß Gottes Freiheit sich an uns gebunden hat, daß seine freie Gnade allein an uns wirklich wird, daß Gott nicht für sich frei sein will, sondern für den Menschen. Weil Gott in Christus frei ist für den Menschen, weil er seine Freiheit nicht für sich behält, darum gibt es für uns ein Denken der Freiheit nur als des „Freiseins für ..." Daß Gott frei ist, heißt für uns in der Mitte durch Christus Existierende und um unser Menschsein in seiner Auferstehung Wissende nichts, als daß wir frei sind für Gott. Darin bewährt sich die Freiheit des Schöpfers, daß er uns frei sein läßt für ihn, d. h. aber nichts anderes, als daß er sein Bild auf Erden schafft.

20. Februar

IN ERWARTUNG DES BEISTANDES

Es ist nicht gut, daß der Mensch allein sei; ich will ihm einen Beistand schaffen, wie er für ihn paßt.

Aus 1. Mose 2, 18–23

Der erste Mensch ist allein. Christus war auch allein; wir sind auch allein. Aber jeder ist in seiner Weise allein. Adam ist allein in der Erwartung des anderen Menschen, der Gemeinschaft; Christus ist allein, weil er allein den anderen Menschen liebt, weil er der Weg ist, durch den das Menschengeschlecht zu seinem Schöpfer zurückkehrte. Wir sind allein, weil wir den anderen Menschen von uns gestoßen haben, weil wir ihn haßten. Adam war allein in Hoffnung, Christus war allein in der Fülle der Gottheit, wir sind allein im Bösen, in der Hoffnungslosigkeit.

Gott schafft dem Adam einen Beistand, eine Hilfe; es ist nicht gut, daß Adam allein sei. Wofür braucht der im Schutze Gottes lebende Mensch einen Beistand? Ein Beistand, eine Hilfe für den Menschen ist in der Bibel sonst nur Gott selbst. Wenn also hier so vom Weib gesprochen wird, so muß damit etwas ganz Ungewöhnliches gemeint sein. Es kann im Zusammenhang des Ganzen um nichts anderes gehen, als daß das Weib dem Mann Beistand wird im Tragen der ihm auferlegten Grenze. Der andere Mensch ist die mir von Gott gesetzte Grenze, die ich liebe, und die ich um meiner Liebe willen nicht überschreiten werde. Die Freiheit und die Geschöpflichkeit sind in der Erschaffung des anderen Menschen in der Liebe gebunden. Damit ist aber schon eines gewiß, daß dort, wo die Liebe zum anderen zerstört ist, der Mensch auch seine Grenze nur noch hassen kann, daß er ihn nur besitzen will – grenzenlos, oder vernichten will – grenzenlos, denn nun beruft er sich auf sein Anrecht, und was er bisher demütig empfing, wird nun zum Anlaß des Rühmens und Aufruhrs. Das ist unsere Welt. Die Gnade des anderen Menschen, der unser Beistand ist, indem er uns hilft, unsere Grenze zu tragen – diese Gnade ist zum Fluch geworden; der andere ist zu dem geworden, der unseren Haß gegen Gott immer leidenschaftlicher macht, um dessentwillen wir vor Gott nicht mehr leben können und der uns immer wieder zum Gericht wird.

21. Februar

KIRCHE IN URSPRÜNGLICHER GESTALT

Darum wird ein Mann Vater und Mutter verlassen und an seinem Weibe hangen, und sie werden ein Fleisch sein.
1. Mose 2, 24

Man könnte sagen, hier stolpert der Erzähler offenbar; wie kann Adam, der nichts von Vater und Mutter weiß, so etwas sagen? Auf den Grund der Sache gesehen, kommt hier eine fundamentale Erkenntnis zu Tage. Der Adam, der so redet, sind wir selbst, die wir Vater und Mutter haben und die wir um die Einzigartigkeit des Einandergehörens in der Liebe von Mann und Weib wissen, und für die doch dies Wissen gänzlich verdorben und zerstört ist durch unsere Schuld. Nicht eine Rechtfertigung des Davonlaufens aus der weltlichen Ordnung, aus der Gebundenheit an Vater und Mutter ist dieser Satz, sondern die letzte Möglichkeit, die Tiefe und Ernsthaftigkeit des Einandergehörens zu beschreiben. Dies letzte Einandergehören ist aber ganz unzweifelhaft zusammengesehen mit der Geschlechtlichkeit des Menschen. Ganz offenbar ist diese der Ausdruck des doppelten Sachverhaltes, des Einzelnerseins und des Einsseins mit dem anderen. Die Geschlechtlichkeit ist nichts als die letztmögliche Verwirklichung des Einandergehörens. Sie hat hier noch kein eigenes, von dieser ihrer Bestimmung gelöstes Leben. Die Gemeinschaft von Mann und Frau ist die aus Gott genommene, ihn als den Schöpfer verherrlichende, anbetende Gemeinschaft der Liebe. Sie ist darum Kirche in ihrer ursprünglichen Gestalt. Und weil sie Kirche ist, darum ist sie ewig gebundene Gemeinschaft.

22. Februar

UNVERHÜLLT VOR DEM ANDEREN

Und sie waren beide nackt, der Mann und sein Weib und sie schämten sich nicht. *1. Mose 2, 25*

Scham gibt es nur aus dem Wissen um die Entzweiung des Menschen, um die Entzweiung der Welt überhaupt, also auch um die Entzweiung seiner selbst. Scham ist der Ausdruck für das Nicht-mehr-hinnehmen des anderen als Gabe Gottes, sondern für das süchtige Begehren nach dem anderen und das damit zusammengehörige Wissen um den anderen als einen solchen, der selbst nicht mehr genug daran hat, mir zu gehören, sondern der etwas von mir begehrt. Scham ist die Verhüllung meiner selbst vor dem anderen, um meines eigenen und seines Bösen willen, d. h. um der zwischen uns getretenen Entzweiung willen. Dort, wo der eine den anderen hinnimmt als den ihm von Gott gegebenen Beistand, wo er sich begnügt in dem Sich-von-ihm-her und Auf-ihn-hin-verstehen, im Ihm-gehören, da schämt sich der Mensch nicht. In der Einheit des ungebrochenen Gehorsams ist der Mensch vor dem Menschen nackt, unverhüllt, offenbar als Leib und als Seele, und schämt sich nicht. Erst in der Welt des Zwiespalts entsteht Scham.

23. Februar

ALLER KREATUR IN HERRSCHAFT VERBUNDEN

Füllet die Erde und machet sie euch untertan und herrschet!
Aus 1. Mose 1, 28

Hierin besteht die andere Seite seiner geschaffenen Gottebenbildlichkeit: Der Mensch soll herrschen, herrschen freilich als über die Schöpfung Gottes und herrschen als ein solcher, der von Gott den Auftrag und die Kraft des Herrschens empfängt. Das Freisein von der Kreatur ist nicht etwa das ideelle Freisein des Geistes von der Natur, sondern dieses Freisein des Herrschens schließt gerade die Bindung an die beherrschte Kreatur ein. Der Acker und das Tier, dessen Herr ich bin, ist die Welt, in der ich lebe, ohne die ich nicht bin. Es ist meine Welt, meine Erde, über die ich herrsche. Frei von ihr bin ich nicht in dem Sinne, daß mein eigentliches Wesen, mein Geist, ihrer, der dem Geist fremden Natur, nicht bedürfe; vielmehr in meinem ganzen Sein, in meiner Geschöpflichkeit gehöre ich ganz zu dieser Welt, sie trägt mich, nährt mich, hält mich. Aber meine Freiheit von ihr besteht darin, daß mir diese Welt, an die ich gebunden bin wie ein Herr an seinen Knecht, wie der Landmann an seinen Boden, unterworfen ist, daß ich über sie, die meine Erde ist und bleibt, herrschen soll und sie umso mehr meine Erde ist, je stärker ich sie beherrsche. Es ist die durch nichts als durch Gottes Wort dem Menschen verliehene Autorität, die ihn der anderen Kreatur so eigentümlich verbindet und gegenüberstellt. Auch wir meinen zu herrschen, aber es gilt hier wie in der Walpurgisnacht: man glaubt zu schieben und man wird geschoben. Wir herrschen nicht, sondern wir werden beherrscht, das Ding, die Welt beherrscht den Menschen, der Mensch ist Gefangener, Sklave der Welt, seine Herrschaft ist Illusion; die Technik ist die Macht, mit der die Erde nach dem Menschen greift und ihn bezwingt. Und weil wir nicht mehr herrschen, darum verlieren wir den Boden, darum ist die Erde nicht mehr unsere Erde, darum werden wir erdfremd. Wir herrschen aber darum nicht, weil wir die Welt nicht als Gottes Schöpfung kennen und weil wir unsere Herrschaft nicht von Gott her empfangen, sondern selbst an uns reißen. Es gibt kein „Freisein-von" ohne das „Frei-sein-für", es gibt kein Herrschen ohne den Dienst an Gott. Mit dem einen verliert der Mensch notwendig auch das andere. Ohne Gott, ohne den Bruder verliert der Mensch die Erde.

24. Februar

GESEGNET FÜR DAS LEBEN IN DER WELT

Und Gott segnete sie. *Aus 1. Mose 1, 28–31*

Der Segen Gottes über den Menschen ist seine Verheißung, seine gewisse Zusage. Segen heißt Aussonderung des Gesegneten. Der Segen wird auf den Menschen gelegt und bleibt auf ihm, bis er in Fluch verwandelt wird. Segen und Fluch sind Lasten, die Gott auf den Menschen legt. Sie erben sich fort, oft unverstanden, unbegriffen. Sie sind etwas ganz Reales. Nichts Magisches, sofern damit „Zauberhaftes" gemeint ist, aber Reales. Dieser Segen – seid fruchtbar, mehret euch, herrscht, macht euch die Welt untertan – bejaht den Menschen ganz in der Welt des Lebendigen, in die er gestellt ist, es ist seine ganz empirische Existenz, die hier gesegnet wird, seine Geschöpflichkeit, seine Weltlichkeit, seine Erdhaftigkeit. Wie aber, wenn einmal gerade dieser Segen sich in Fluch verwandelt? Aber was besagt dieser Segen vorerst anderes, als daß Gott sah, daß sein Werk sehr gut war?

Nachfolge und Kreuz

25. Februar

UNVERSTÄNDNIS FÜR DAS KREUZ VON ANFANG AN

Und er hob an, sie zu lehren: Des Menschen Sohn muß viel leiden und verworfen werden von den Ältesten und Hohenpriestern und Schriftgelehrten und getötet werden und über drei Tage auferstehen. Und er redete das Wort frei offenbar. Und Petrus nahm ihn zu sich, fing an, ihm zu wehren. Er aber wandte sich um und sah seine Jünger an und bedrohte Petrus und sprach: Gehe hinter mich, du Satan! denn du meinst nicht, was göttlich, sondern was menschlich ist. *Markus 8, 31–33*

Der Ruf in die Nachfolge steht hier im Zusammenhang mit der Leidensverkündigung Jesu. Jesus Christus muß leiden und verworfen werden. Es ist das Muß der Verheißung Gottes, auf daß die Schrift erfüllet werde. Leiden und Verworfenwerden ist nicht dasselbe. Jesus könnte ja der im Leiden noch gefeierte Christus sein. Auf dem Leiden könnte ja noch das ganze Mitleid und die Bewunderung der Welt liegen. Das Leiden könnte als tragisches noch in sich selbst eigenen Wert, eigene Ehre und Würde tragen. Jesus ist aber der im Leiden verworfene Christus. Das Verworfenwerden nimmt dem Leiden jede Würde und Ehre. Es soll ein ehrloses Leiden sein. Leiden und Verworfenwerden sind der zusammenfassende Ausdruck für das Kreuz Jesu. Kreuzestod heißt als Verworfener, Ausgestoßener leiden und sterben. Jesus muß leiden und verworfen werden kraft göttlicher Notwendigkeit. Jeder Versuch, das Notwendige zu verhindern, ist satanisch. Selbst oder gerade dort, wo er aus dem Kreis der Jünger kommt; denn er will Christus nicht Christus sein lassen. Daß es Petrus, der Fels der Kirche ist, der sich hier schuldig macht unmittelbar nach seinem Bekenntnis zu Jesus Christus und nach seiner Einsetzung durch ihn, besagt, daß die Kirche von Anbeginn an selbst an dem leidenden Christus Anstoß nimmt. Sie will einen solchen Herrn nicht, und sie will sich als Kirche Christi nicht das Gesetz des Leidens durch ihren Herrn aufzwingen lassen. Der Einspruch des Petrus ist sein Unwille, sich zum Leiden zu schicken. Damit ist der Satan in die Kirche gefahren. Er will sie vom Kreuz ihres Herrn losreißen.

26. Februar

FREIGEGEBEN ZUR NACHFOLGE

Und er rief zu sich das Volk samt seinen Jüngern und sprach zu ihnen: Wer mir will nachfolgen, der verleugne sich selbst und nehme sein Kreuz auf sich und folge mir nach. Denn wer sein Leben will behalten, der wird es verlieren; und wer sein Leben verliert um meinet- und des Evangeliums willen, der wird's behalten.

Markus 8, 34–35

Die Nachfolge als die Bindung an die Person Jesu Christi stellt den Nachfolgenden unter das Gesetz Christi, d. h. unter das Kreuz.

Die Mitteilung dieser unveräußerlichen Wahrheit an die Jünger aber beginnt nun merkwürdigerweise damit, daß Jesus seine Jünger noch einmal ganz freigibt. „Wenn einer mir nachfolgen will" – sagt Jesus. Es ist ja keine Selbstverständlichkeit, nicht einmal unter den Jüngern. Es kann ja keiner gezwungen werden, es kann ja nicht einmal von irgendeinem erwartet werden, vielmehr: „Wenn einer" allen anderen Angeboten, die an ihn herantreten, zum Trotz nachfolgen will –. Noch einmal ist alles auf die Entscheidung gestellt; mitten in der Nachfolge, in der die Jünger stehen, wird noch einmal alles abgebrochen, alles offengelassen, nichts erwartet, nichts erzwungen. So einschneidend ist das, was jetzt gesagt werden soll. Also noch einmal, bevor das Gesetz der Nachfolge verkündigt wird, müssen sich selbst die Jünger freigeben lassen.

„Wenn einer mir nachfolgen will, der verleugne sich selbst". Wie Petrus in der Verleugnung Christi sagte: „Ich kenne diesen Menschen nicht", so soll der Nachfolgende nun zu sich selbst sagen. Selbstverleugnung kann niemals aufgehen in einer noch so großen Fülle einzelner Akte der Selbstzermarterung oder asketischen Übungen; es heißt nicht Selbstmord, weil auch hier noch der Eigenwille des Menschen sich durchsetzen kann. Selbstverleugnung heißt, nur Christus kennen, nicht mehr sich selbst, nur noch ihn sehen, der vorangeht, und nicht mehr den Weg, der uns zu schwer ist. Selbstverleugnung sagt wiederum nur: Er geht voran, halte dich fest an ihn.

27. Februar

KREUZ IST MITLEIDEN MIT CHRISTUS

„... und nehme sein Kreuz auf sich". Es ist die Gnade Jesu, daß er seine Jünger auf dieses Wort vorbereitet hat durch das Wort von der Selbstverleugnung. Haben wir uns wirklich ganz vergessen, kennen wir uns selbst nicht mehr, dann allein können wir bereit sein, das Kreuz zu tragen um seinetwillen. Kennen wir nur noch ihn, dann kennen wir auch die Schmerzen unseres Kreuzes nicht mehr, dann sehen wir ja nur noch ihn. Hätte uns Jesus nicht so freundlich vorbereitet auf dieses Wort, so könnten wir es nicht tragen. So aber hat er uns instandgesetzt, auch dieses harte Wort als Gnade zu vernehmen. Es trifft uns an in der Freude der Nachfolge und bestärkt uns in ihr.

Kreuz ist nicht Ungemach und schweres Schicksal, sondern es ist das Leiden, das uns aus der Bindung an Jesus Christus allein erwächst. Kreuz ist nicht zufälliges, sondern notwendiges Leiden. Kreuz ist nicht an die natürliche Existenz gebundenes Leiden, sondern an das Christsein gebundenes Leiden. Kreuz ist überhaupt nicht nur wesentlich Leiden, sondern Leiden und Verworfenwerden, und auch hier streng genommen, um Jesu Christi willen verworfen werden, nicht um irgendeines anderen Verhaltens oder Bekenntnisses willen. Eine Christlichkeit, die die Nachfolge nicht mehr ernst nahm, die aus dem Evangelium allein den billigen Glaubenstrost gemacht hatte und für die im übrigen natürliche und christliche Existenz ungeschieden ineinander lag, mußte das Kreuz als das tägliche Ungemach, als die Not und Angst unseres natürlichen Lebens verstehen. Hier war vergessen, daß Kreuz immer zugleich Verworfensein bedeutet, daß die Schmach des Leidens zum Kreuz gehört. Im Leiden ausgestoßen, verachtet und verlassen zu sein von den Menschen, wie es die nicht endenwollende Klage des Psalmisten ist, dieses wesentliche Merkmal des Kreuzesleidens kann eine Christlichkeit nicht mehr begreifen, die bürgerliche und christliche Existenz nicht zu unterscheiden weiß. Kreuz ist Mitleiden mit Christus, Christusleiden. Allein die Bindung an Christus, wie sie in der Nachfolge geschieht, steht ernstlich unter dem Kreuz.

28. Februar

KREUZ – ENDE EINES GLÜCKLICHEN LEBENS?

Damit aber keiner meine, er müsse sich selbst irgendein Kreuz suchen, er müsse willkürlich ein Leiden aufsuchen, sagt Jesus, es sei einem jeden sein Kreuz schon bereit, ihm von Gott bestimmt und zugemessen. Er soll das ihm verordnete Maß von Leiden und Verworfensein tragen. Es ist für jeden ein anderes Maß. Den einen würdigt Gott großer Leiden, er schenkt ihm die Gnade des Martyriums, den anderen läßt er nicht über seine Kraft versucht werden. Doch ist es das eine Kreuz.

Jedem Christen wird es auferlegt. Das erste Christusleiden, das jeder erfahren muß, ist der Ruf, der uns aus den Bindungen dieser Welt herausruft. Es ist das Sterben des alten Menschen in der Begegnung mit Jesus Christus. Wer in die Nachfolge eintritt, gibt sich in den Tod Jesu, er setzt sein Leben ins Sterben. Das ist von Anfang an so; das Kreuz ist nicht das schreckliche Ende eines frommen, glücklichen Lebens, sondern es steht am Anfang der Gemeinschaft mit Jesus Christus. Jeder Ruf Christi führt in den Tod. Ob wir mit den ersten Jüngern Haus und Beruf verlassen müssen, um ihm zu folgen, oder ob wir mit Luther aus dem Kloster in den weltlichen Beruf hineingehen, es wartet in beidem der eine Tod auf uns, der Tod an Jesus Christus, das Absterben unseres alten Menschen an dem Rufe Jesu. Weil der Ruf Jesu an den reichen Jüngling ihm den Tod bringt, weil er nur als einer, der seinem eigenen Willen abgestorben ist, folgen kann, weil jedes Gebot Jesu uns sterben heißt mit allen unseren Wünschen und Begierden, und weil wir unseren eigenen Tod nicht wollen können, darum muß Jesus Christus in seinem Wort unser Tod und unser Leben sein. Der Ruf in die Nachfolge Jesu, die Taufe auf den Namen Jesu Christi ist Tod und Leben. Der Ruf Christi, die Taufe, stellt den Christen in den täglichen Kampf gegen Sünde und Teufel. So bringt jeder Tag mit seiner Anfechtung durch Fleisch und Welt neue Leiden Jesu Christi über den Jünger. Die Wunden, die hier geschlagen werden, und die Narben, die ein Christ aus diesem Kampf davonträgt, sind lebendige Zeichen der Kreuzesgemeinschaft mit Jesus.

29. Februar

TRÄGER VON SÜNDE UND SCHULD FÜR ANDERE

Zwar ist allein Christi eigenes Leiden Versöhnungsleiden, aber weil Christus um der Sünde der Welt willen gelitten hat, weil auf ihn alle Last der Schuld fiel und weil Jesus Christus seinen Nachfolgern die Frucht seines Leidens zueignet, darum fällt auch auf den Jünger die Anfechtung und die Sünde, sie bedeckt ihn mit lauter Schande und stößt ihn wie den Sündenbock aus den Toren der Stadt. So wird der Christ zum Träger von Sünde und Schuld für andere Menschen. Er müßte darunter zusammenbrechen, wenn er nicht selbst von dem getragen wäre, der alle Sünden trug. So aber kann er in der Kraft des Leidens

Christi die Sünden, die auf ihn fallen, überwinden, indem er sie vergibt. Der Christ wird zum Lastträger, – „einer trage des andern Last, so werdet ihr das Gesetz Christi erfüllen“ (Gal 6, 2). Wie Christus unsere Last trägt, so sollen wir die Last der Brüder tragen. Das Gesetz Christi, das erfüllt werden muß, ist das Kreuztragen. Die Last des Bruders, die ich zu tragen habe, ist nicht nur dessen äußeres Geschick, dessen Art und Veranlagung, sondern sie ist im eigentlichsten Sinne seine Sünde. Ich kann sie nicht anders tragen, als indem ich sie ihm vergebe, in der Kraft des Kreuzes Christi, dessen ich teilhaftig geworden bin. So stellt der Ruf Jesu zum Kreuztragen jeden Nachfolgenden in die Gemeinschaft der Sündenvergebung. Sündenvergebung ist gebotenes Christusleiden des Jüngers. Es ist allen Christen auferlegt

1. März

NICHT MEHR UNTER SELBSTGEMACHTEN LASTEN

Das Leiden muß getragen werden, damit es vorübergeht. Entweder die Welt muß es tragen und daran zugrundegehen, oder es fällt auf Christus und wird in ihm überwunden. So leidet Christus stellvertretend für die Welt. Allein sein Leiden ist erlösendes Leiden. Aber auch die Gemeinde weiß nun, daß das Leiden der Welt einen Träger sucht. So fällt in der Nachfolge Christi das Leiden auf sie, und sie trägt es, indem sie selbst von Christus getragen ist. Stellvertretend steht die Gemeinde Jesu Christi für die Welt vor Gott, indem sie nachfolgt unter dem Kreuz.

Gott ist ein Gott des Tragens. Der Sohn Gottes trug unser Fleisch, er trug darum das Kreuz, er trug alle unsere Sünden und schuf durch sein Tragen Versöhnung. So ist auch der Nachfolger zum Tragen berufen. Im Tragen besteht das Christsein. Wie Christus im Tragen die Gemeinschaft des Vaters bewahrt, so ist das Tragen des Nachfolgenden Gemeinschaft mit Christus. Der Mensch kann die ihm auferlegte Last auch abschütteln. Aber er wird damit nicht von der Last überhaupt frei, sondern er trägt nun eine viel schwerere, unerträglichere Last. Er trägt das selbstgewählte Joch seiner selbst. Jesus hat alle, die mit mancherlei Leiden und Lasten beladen sind, gerufen, ihr Joch abzuwerfen und sein Joch auf sich zu nehmen, das sanft, und seine Last, die leicht ist. Sein Joch und seine Last ist das Kreuz. Unter diesem Kreuz zu gehen ist nicht Elend und Verzweiflung, sondern Erquickung und Ruhe für die Seelen, ist höchste Freude. Hier gehen wir nicht mehr unter selbstgemachten Gesetzen und Lasten, sondern unter dem Joch dessen, der uns kennt und der selbst mit unter dem Joch geht. Unter seinem Joch sind wir seiner Nähe und Gemeinschaft gewiß. Er selbst ist es, den der Nachfolgende findet, wenn er sein Kreuz aufnimmt.

Frieden mit Gott

2. März

NACH DEM KAMPF

Nun wir denn sind gerecht geworden durch den Glauben, so haben wir Frieden mit Gott durch unsern Herrn Jesus Christus, durch welchen wir auch den Zugang haben im Glauben zu dieser Gnade, darin wir stehen, und rühmen uns der Hoffnung der zukünftigen Herrlichkeit, die Gott geben soll. Nicht aber allein das, sondern wir rühmen uns auch der Trübsale, dieweil wir wissen, daß Trübsal Geduld bringt; Geduld aber bringt Erfahrung; Erfahrung aber bringt Hoffnung; Hoffnung aber läßt nicht zuschanden werden. Denn die Liebe Gottes ist ausgegossen in unser Herz durch den Heiligen Geist, welcher uns gegeben ist.

Römer 5, 1–5

„Wir haben Frieden mit Gott." So ist unser Kampf mit

Gott nun also zum Ende gekommen. Unser widerspenstiges Herz hat sich in Gottes Willen gefügt. Unsere eigenen Wünsche sind still geworden. Gottes ist der Sieg, und unser Fleisch und Blut, das Gott haßt, ist zerschlagen und muß schweigen. „Nun wir denn sind gerecht geworden durch den Glauben, so haben wir Frieden mit Gott." Gott hat recht behalten. Gott ist gerecht, ob wir seine Wege verstehen oder nicht; Gott ist gerecht, ob er uns straft und züchtigt oder ob er uns begnadigt. Gott ist gerecht, wir sind die Übertreter. Wir sehen es nicht, aber unser Glaube muß es bekennen: Gott ist allein gerecht. Wer so im Glauben Gott recht über sich gibt, der ist vor Gott in die rechte Stellung gekommen; der ist vor Gott recht fertig geworden, um vor ihm bestehen zu können.

„Wir haben Frieden mit Gott durch unsern Herrn Jesus Christus." So ist nun auch Gottes Kampf gegen uns zu Ende gebracht. Gott haßte den Willen, der sich ihm nicht beugen wollte. Unzählige Male rief er, mahnte, bat und drohte er, bis sein Zorn über uns keine Geduld mehr kannte. Da holte er aus zum Schlage gegen uns, da schlug er zu und traf. Er traf den einzig Unschuldigen auf der Erde. Es war sein lieber Sohn, unser Herr Jesus Christus. Jesus Christus starb für uns am Kreuz, vom Zorn Gottes geschlagen. Gott selbst hatte ihn dazu gesandt. Da war Gottes Zorn gestillt, als sein Sohn sich seinem Willen und Recht beugte bis zum Tod. Wunderbares Geheimnis – Gott hatte Frieden gemacht mit uns durch Jesus Christus.

„Wir haben Frieden mit Gott." Unter dem Kreuz ist Frieden. Hier ist Ergebung in Gottes Willen, hier ist Friede des Gewissens in der Vergebung aller unserer Sünden. Hier unter dem Kreuz ist der „Zugang zu der Gnade, in der wir stehen", ist der tägliche Zugang zum Frieden mit Gott. Hier ist der Weg, den es auf der Welt gibt, um Frieden mit Gott zu finden. Darum ist das Kreuz Jesu Christi für seine Gemeinde ewiger Grund der Freude und Hoffnung der kommenden Herrlichkeit Gottes.

3. März

GERÜHMTE TRÜBSAL

Aber während wir hier am liebsten abbrechen würden, erfüllt von der höchsten Seligkeit, die Menschen auf dieser Erde zuteil werden kann, nämlich erfüllt von dem Frieden Gottes im Kreuz, läßt uns die Schrift hier noch nicht los. „Nicht aber das allein", heißt es jetzt. Was bliebe denn noch zu sagen, nachdem vom Kreuz Jesu Christi, vom Frieden Gottes in Jesus Christus gesprochen ist? Ja, es ist noch ein Wort zu sagen von deinem Leben unter dem Kreuz, ein Wort davon, wie Gott dein Leben in dem Frieden Gottes erproben will, damit der Friede nicht nur ein Wort sei, sondern eine Wirklichkeit. Es bleibt noch ein Wort zu sagen, daß du noch eine Weile auf dieser Erde leben wirst und wie du den Frieden bewahrst.

Darum heißt es: „Nicht allein aber das, sondern wir rühmen uns auch der Trübsale." Ob wir den Frieden Gottes wirklich gefunden haben, wird sich daran erproben, wie wir zu den Trübsalen, die über uns kommen, stehen. Es gibt viele Christen, die wohl ihre Knie beugen vor dem Kreuz Jesu Christi, die sich aber gegen jede Trübsal in ihrem eigenen Leben nur zur Wehr setzen und sträuben. Sie glauben das Kreuz Christi zu lieben, aber das Kreuz in ihrem eigenen Leben hassen sie. So hassen sie in Wahrheit auch das Kreuz Jesu Christi, sie sind in Wahrheit Verächter des Kreuzes, die selbst mit allen Mitteln dem Kreuz zu entfliehen suchen. Wer von sich weiß, daß er Leiden und Trübsal in seinem Leben nur als etwas Feindliches, Böses ansieht, der kann daran erkennen, daß er den Frieden mit Gott noch gar nicht gefunden hat. Er hat vielleicht gemeint, mit dem Kreuz Jesu Christi am besten mit sich selbst und mit all seinen Fragen fertig zu werden. Er hat also das Kreuz gebraucht, aber nicht geliebt. Er hat den

Frieden nur um seiner selbst willen gesucht. Wenn aber Trübsal kommt, dann ist dieser Friede schnell dahin. Es war kein Friede mit Gott; denn er haßte die Trübsal, die Gott schickt.

Wer also die Trübsal, wer Verzicht, Not, Verleumdung, Gefangenschaft in seinem Leben nur haßt, der mag sonst vom Kreuz mit noch so großen Worten reden, er haßt das Kreuz Jesu und hat keinen Frieden mit Gott. Wer aber das Kreuz Jesu Christi liebt, der fängt an, auch die Trübsal in seinem Leben zu lieben, und zuletzt wird er mit der Schrift sprechen können: „Wir rühmen uns auch der Trübsale."

4. März

DER UNGEDULDIGE ERFÄHRT NICHTS

So lehrt uns Gottes Wort die Trübsal erst recht ansehen und verstehen. Die Trübsal, die uns in unserm Leben so hart und widerwärtig erscheint, ist in Wahrheit voll der größten Schätze. Sie ist wie die Muschel, in der die Perle liegt. Sie ist wie ein tiefer Schacht, in dem man eines nach dem andern findet, je tiefer man hineinsteigt: Erst Erz, dann Silber, zuletzt Gold. Trübsal bringt zuerst Geduld, dann Erfahrung, dann Hoffnung. Wer der Trübsal aus dem Wege geht, der verwirft mit ihr Gottes größtes Geschenk für die Seinen.

„Trübsal bringt Geduld." Geduld heißt im Griechischen: Darunterbleiben, die Last nicht abwerfen, sondern tragen.

Viel zu wenig wissen wir heute in der Kirche von dem eigentümlichen Segen des Tragens. Tragen, nicht abschütteln, tragen, aber auch nicht zusammenbrechen, tragen wie Christus das Kreuz trug, darunterbleiben und dort unten

– Christus finden. Legt Gott eine Last auf, so beugt der Geduldige sein Haupt und glaubt, es sei gut für ihn, gedemütigt zu werden – darunterbleiben! Fest bleiben, stark bleiben! Nicht schwächliches Nachgeben, Weichen, keine Leidensseligkeit, sondern unter der Last als einer Gnade Gottes erstarken, den Frieden Gottes unerschütterlich bewahren. Gottes Friede ist bei den Geduldigen.

„Geduld bringt Erfahrung." Niemand ist Christ ohne Erfahrung. Nicht von Lebenserfahrung ist hier die Rede, sondern von der Erfahrung Gottes. Aber auch nicht von allerlei Gotteserlebnissen wird hier gesprochen, sondern von der Erfahrung, die in der Bewährung des Glaubens und des Friedens Gottes liegt, von der Erfahrung des Kreuzes Jesu Christi. Erfahren sind nur die Geduldigen. Die Ungeduldigen erfahren nichts. Wem Gott solche Erfahrung schenken will, dem schickt er viel Anfechtung, Unruhe und Angst, der muß täglich und stündlich um den Frieden Gottes schreien. Die Erfahrung, von der hier die Rede ist, führt uns in die Tiefe der Hölle und in den Rachen des Todes und in den Abgrund der Schuld und in die Nacht des Unglaubens. Aber in dem allem will Gott seinen Frieden nicht von uns nehmen. In dem allem erfahren wir von Tag zu Tag mehr die Kraft und den Sieg Gottes, den Friedensschluß am Kreuze Christi.

5. März

DAS TOR DER GROSSEN HOFFNUNG

Darum bringt Erfahrung Hoffnung. Denn jede überstandene Anfechtung ist ja schon das Vorspiel der letzten Überwindung, jede besiegte Welle bringt uns dem ersehnten Land näher. Darum wächst mit der Erfahrung die

Hoffnung und in der Erfahrung der Trübsal ist der Widerschein der ewigen Herrlichkeit schon zu ahnen.

„Hoffnung aber läßt nicht zuschanden werden." Wo noch Hoffnung ist, da ist kein Unterliegen, da mag noch allerlei Schwachheit, viel Geschrei und Jammer, viel ängstliches Rufen sein, aber da ist doch der Sieg schon ergriffen. Das ist das Geheimnis des Leidens in der Kirche und im christlichen Leben, daß gerade das Tor, an dem geschrieben steht: laßt alle Hoffnung fahren!, daß gerade das Tor des Leides, des Verlierens, des Sterbens für uns zu dem Tor der großen Hoffnung auf Gott, zu dem Tor des Ruhmes und der Herrlichkeit werden soll. „Hoffnung läßt nicht zuschanden werden." Haben wir in der Kirche und für unsere Kirche noch diese große Hoffnung auf Gott selbst? Dann ist alles gewonnen. Haben wir sie nicht mehr? Dann ist alles verloren. Die Stufenreihe von der Trübsal zur Hoffnung ist keine irdische Selbstverständlichkeit. Luther hat gesagt, es könnte ja auch ganz anders heißen, nämlich: Trübsal bringt Ungeduld, Ungeduld bringt Verstockung, Verstockung bringt Verzweiflung, Verzweiflung aber läßt ganz zuschanden werden. Ja, so muß es heißen, wenn uns der Friede Gottes verloren geht, wenn uns ein irdischer Friede mit der Welt lieber ist als der Friede mit Gott, wenn wir die Sicherheiten unseres Lebens mehr lieben als Gott. Dann muß uns die Trübsal zum Verderben gereichen.

Aber die Liebe Gottes ist ausgegossen in unser Herz. Wem es Gott durch den Heiligen Geist schenkt, daß er anfängt, Gott zu lieben um Gottes willen, nicht um irdischer Güter und Gaben willen, auch nicht um des Friedens willen; wer durch den Heiligen Geist dahin geführt wird, nichts mehr zu begehren als in Ewigkeit an Gottes Liebe teilzuhaben, sonst aber nichts, gar nichts – der spricht aus dieser Liebe Gottes: Wir haben Frieden mit Gott. Wir rühmen uns der Trübsale. Die Liebe Gottes ist ausgegossen in unser Herz.

Versuchung

6. März

DIE UNBERÜHRBARE MITTE

Und Jahwe Gott ließ aufwachsen aus der Erde allerlei Bäume, lustig anzusehen und gut zu essen und den Baum des Lebens mitten im Garten und den Baum der Erkenntnis des Guten und Bösen. *1. Moses 2, 9*

In der Mitte des Gartens stehen zwei Bäume, die einen besonderen Namen tragen, der sie mit dem menschlichen Dasein in eigentümlicher Weise verbindet: Baum des Lebens, Baum der Erkenntnis des Guten und des Bösen. Und an den zweiten knüpft sich das Verbot, von seinen Früchten zu essen, die Bedrohung mit dem Tod. Leben, Erkenntnis, Tod, von diesen drei Dingen ist hier im Zusammenhang geredet; und es gilt diesen Zusammenhang zu erfassen. Zunächst der Baum des Lebens. Es geht aus dem Zusammenhang hervor, daß dem Menschen nicht ausdrücklich verboten wird, von ihm zu essen. Tatsächlich gewinnt dieser Baum seine eigentümliche Bedeutung auch erst, nachdem der Mensch durch sein Essen vom Baum der Erkenntnis dem Tode verfallen ist. Vorher ist das Leben nichts Problematisches, auch nichts Erstrebtes, nichts zu Erraffendes, sondern es ist da, gegebenes Leben und zwar Leben vor Gott. Darum wird an dieser Stelle der Baum des Lebens nur ganz schlicht genannt. Er war in der Mitte, das ist das einzige, was gesagt wird; das Leben, das von Gott herkommt, ist in der Mitte, d. h. Gott, der das Leben schenkt, ist in der Mitte. In der Mitte der dem Adam verfügbaren, der ihm zur Herrschaft gegebenen Welt ist nicht er selbst, sondern der Baum göttlichen Lebens. Adams Leben kommt von der Mitte her, die er nicht selbst ist, sondern Gott, es umkreist dauernd diese Mitte, ohne je den Versuch zu machen, diese Mitte des Daseins selbst in Besitz zu nehmen. Und dieses Leben von der Mitte her, die Gott selbst allein in Besitz hat, ist solange unangefochten, als nicht von einer anderen Seite aus der Mensch sich aus den Geleisen schleudern läßt. Adam ist nicht in der Versuchung, den Lebensbaum anzurühren, sich an dem göttlichen Baum in der Mitte zu vergreifen, es braucht ihm gar nicht verboten werden; er würde das Verbot gar nicht verstehen. Er hat ja das Leben.

7. März

GRENZE ALS GNADE

Von dem Baum der Erkenntnis des Guten und Bösen sollst du nicht essen. *1. Mose 2, 17*

Der Baum der Erkenntnis des Guten und Bösen steht ebenso wie der Baum des Lebens in der Mitte des Gartens. Aber an den Hinweis auf ihn knüpft sich unmittelbar ein besonderes Wort Gottes, nämlich das Verbot, von ihm zu essen und die Bedrohung mit dem Tod, sobald der Mensch dieses Gebot übertreten würde. Wie soll Adam begreifen, was Tod, was Gut und Böse, ja was überhaupt das Verbot ist, er, der im ungebrochenen Gehorsam gegen den Schöpfer lebt? Gewiß, Adam kann nicht wissen, was Tod, was gut und böse ist, aber Adam versteht in diesen Worten, daß hier Gott ihm gegenübertritt und ihn auf seine Grenze hinweist. Adam wird in dem Verbot auf seine Freiheit und auf seine Geschöpflichkeit hin angeredet. Es heißt nichts anderes als: Adam, du bist der, der du bist, von mir, deinem Schöpfer her; nun sei es auch. Du bist freies Geschöpf, so sei Geschöpf; und dieses „– so sei ..." ist nicht ein zweites neben dem ersten, sondern in dem ersten immer schon mit gegeben, durch das erste gewährleistet. Dieses eigenartige Ineinander, das im Grunde ja nur das Ineinander von Freiheit und Geschaffenheit ist, ist nun in der Bildersprache der Bibel dadurch zum Ausdruck gebracht, daß der Baum der Erkenntnis, der verbotene Baum, der die Grenze des Menschen bezeichnet, in der Mitte steht. Die Grenze des Menschen ist in der Mitte seines Daseins, nicht am Rand; die Grenze, die am Rand des Menschen gesucht wird, ist Grenze seiner Beschaffenheit, Grenze seiner Technik, Grenze seiner Möglichkeit. Die Grenze, die in der Mitte ist, ist die Grenze seiner Wirklichkeit, seines Daseins schlechthin. In der Erkenntnis der Grenze am Rand ist die Möglichkeit innerer Grenzenlosigkeit stets mitgegeben, in der Erkenntnis der Grenze in der Mitte ist das gesamte Dasein, das Menschsein in jeder möglichen Haltung begrenzt.

8. März

DAS BÖSE – UNVERSTÄNDLICH UND UNENTSCHULDBAR

Und die Schlange war listiger als alle Tiere auf dem Felde, die Jahwe Gott gemacht hatte, und sie sprach zu dem Weibe: Ja, sollte Gott gesagt haben: Ihr sollt nicht essen von allerlei Bäumen im Garten? Da sprach das Weib zu der Schlange: Wir essen von den Früchten der Bäume im Garten; aber von den Früchten des Baumes mitten im Garten hat Gott gesagt: Esset nicht davon, rühret's auch nicht an, daß ihr nicht sterbet. *1. Mose 3, 1–3*

Das Verbot, das von Adam als Gnade gehört worden war, wird zum Gesetz, das Zorn anrichtet beim Menschen und bei Gott; das dem Menschen zum Beistand, zur Kraft des Tragens erschaffene Weib wird zur Verführung; die Schlange, ein Geschöpf Gottes unter anderen, wird selbst zum Werkzeug des Bösen. Wie geht das zu? Eben darauf antwortet nun die Bibel nicht, jedenfalls nicht eindeutig-direkt, sondern in eigentümlicher Indirektheit. Das gerade ist das für die biblische Erzählung Charakteristische und Wesentliche, daß das ganze Geschehen sich in der von Gott geschaffenen Welt abspielt und daß gerade keine diaboli ex machina in Bewegung gesetzt werden, um dieses unbegreifliche Geschehen verständlich zu machen und zu dramatisieren. Das Zwielicht, in dem das Geschaffene und das Böse hier erscheinen, ist auf keine Weise aufzulösen, ohne daß das Entscheidende zerstört wird.

Nur so ist das zwiefache Anliegen zu wahren: die Schuld wirklich ganz dem Menschen zu geben und zugleich die Unbegreiflichkeit, Unerklärbarkeit, Unentschuldbarkeit der Schuld zum Ausdruck zu bringen. Die Bibel will nicht über den Ursprung des Bösen Auskunft geben, sondern von seinem Charakter als Schuld und als unendliche Belastung des Menschen zeugen. Es wird darum nie möglich sein, sich einfach auf den Teufel, der einen verführt hat, zu berufen, sondern dieser Teufel wird immer gerade dort sein, wo ich als Geschöpf Gottes in Gottes Welt hätte leben sollen und nicht leben wollte. Es bleibt dann freilich ebenso unmöglich, die Schöpfung als unvollkommen anzuklagen und für mein Böses verantwortlich zu machen. Die Schuld liegt allein auf mir, der ich mitten in der Urständlichkeit der Schöpfung das Böse getan habe.

9. März

DIE FROMME FRAGE

Es ist zunächst nur das Gotteswort selbst, das noch einmal aufgegriffen wird. Die Schlange fragt: Sollte Gott gesagt haben, ihr sollt nicht essen von allerlei Bäumen in diesem Garten? Sie bestreitet dies Wort nicht, aber gibt dem Menschen einen ihm bisher unbekannten Ausblick in eine Tiefe, von der aus der Mensch in der Lage wäre, ein Wort als Gotteswort zu begründen oder zu bestreiten. Die Schlange selbst stellt zunächst nur die Möglichkeit hin, daß vielleicht der Mensch hier falsch gehört habe, da Gott das doch nicht so gemeint haben könne. Gott, der gute Schöpfer, habe doch wohl seinem Geschöpf so etwas nicht auferlegt, das wäre ja eine Begrenzung seiner Liebe.

Es war durchaus eine fromme Frage, die sie stellte. Aber mit der ersten frommen Frage in der Welt ist das Böse auf den Plan getreten. Dort, wo das Böse sich in seiner Gottlosigkeit zeigt, dort ist es ganz machtlos, dort ist es ein Kinderschrecken, dort brauchen wir es nicht zu fürchten, ja dort konzentriert es dann auch gar nicht seine Gewalt, sondern dort lenkt es meist nur ab von dem anderen Ort, an dem es nun erst wirklich durchbrechen will.

„Sollte Gott gesagt haben ...", das ist die gottlose Frage schlechthin. Sollte Gott gesagt haben, daß er die Liebe ist, daß er uns die Sünden vergeben will, daß Christus uns zugut gestorben und auferstanden ist, daß wir das ewige Leben in seinem Reich haben sollen, daß wir nicht mehr allein sind, sondern getragen von der Gnade Gottes, daß einmal alles Leid und Geschrei ein Ende haben soll, sollte Gott gesagt haben: du sollst nicht stehlen, du sollst nicht ehebrechen, du sollst nicht falsch Zeugnis reden ... sollte er dies wirklich mir gesagt haben? Gilt es nicht für mich vielleicht gerade nicht? Sollte Gott gesagt haben, daß er ein zorniger Gott denen ist, die seine Gebote nicht halten? Sollte er das Opfer Christi gefordert haben – er, von dem ich besser weiß, daß er der allgütige, alliebende Vater ist? Das ist die Frage, die so ungefährlich aussieht, aber die Frage, durch die das Böse in uns Gewalt gewinnt, durch die wir Gott ungehorsam werden.

10. März

MIT DEM FALSCHEN DAS RICHTIGE ZU FALL GEBRACHT

Sollte Gott gesagt haben: Ihr sollt nicht essen von allerlei Bäumen im Garten? *Aus 1. Mose 3, 1*

Es ist nun nicht ein Stück Dummheit, sondern geradezu der Gipfel der List der Schlange, daß sie in dieser Frage so derb übertreibt: sollte Gott gesagt haben: Ihr sollt nicht essen von allerlei Bäumen im Garten? Damit hat sie von vornherein die Eva auf ihrer Seite, ja sie zwingt sie geradezu zu dem Geständnis ... nein, das hat Gott natürlich nicht gesagt – und schon dieser Vorgang, daß Eva irgend etwas einschränken muß in Bezug auf ein – wenn auch falsch dargestelltes – Wort Gottes, muß sie in höchste Verwirrung versetzen, ja, es muß sie zum erstenmal den Reiz dieses Urteilens über das Wort Gottes verspüren lassen. Die Schlange wird mit dem offensichtlich Falschen nun auch das Richtige zu Fall bringen. – Seien wir vor solchen listigen Übertreibungen des Gebotes Gottes auf der Hut. In ihnen ist gewiß der Böse. Auf die Frage der Schlange, die sich somit als die teuflische Frage schlechthin, als die Frage, die Gott seine Ehre rauben und den Menschen vom Worte Gottes abbringen will, herausgestellt hat, auf diese Frage, die unter dem Schein der Frömmigkeit Gott als die letzte Voraussetzung alles Daseins angreift, kann sich der Mensch nicht anders wehren als durch ein: „Weiche von mir, Satan." Evas Antwort hält sich noch auf der Ebene der Unwissenheit. Sie weiß nicht um das Böse, sie erkennt es nicht, sie vermag darum nichts anderes als das gegebene Gebot einfach zu wiederholen und richtigzustellen. Und das ist viel; sie hält fest am Gebot. Aber sie läßt sich doch damit auf dieses kluge Gespräch ein. Es hat in ihr irgendwie gezündet. Aber noch ist die alte Ordnung intakt. Hinter Gottes Wort kann der Mensch nicht zurück. Der Baum der Erkenntnis und des Lebens bleiben unberührt.

11. März

DAS ERSTE THEOLOGISCHE GESPRÄCH

Da sprach die Schlange zum Weibe: ihr werdet mit nichten des Todes sterben, sondern Gott weiß, daß welches Tages ihr davon esset, so werden eure Augen aufgetan und werdet sein wie Gott und wissen, was gut und böse ist. *1. Mose 3, 4–5*

Das erste Gespräch über Gott, das erste religiöse, theologische Gespräch. Nicht gemeinsame Anbetung, Anrufung

Gottes, sondern Rede über Gott, über ihn hinweg. Sofern Eva sich auf dieses Gespräch eingelassen hat, kann nun die Schlange den eigentlichen Angriff wagen. Sie spricht über Gott, und zwar aus der Haltung eines tiefen Wissens der Geheimnisse Gottes, d. h. sie redet fromm. Aber die Frömmigkeit demaskiert sich nun im offenen Angriff. Sollte Gott gesagt haben? ... ja, er hat gesagt ... aber warum hat er es gesagt? ... Aus Neid hat er es gesagt ... Gott ist kein guter, sondern ein böser, quälerischer Gott, sei klug, sei klüger als dein Gott und nimm, was er dir nicht gönnt ... er hat es gesagt, jawohl, du hast recht, Eva, aber er hat es gelogen, Gottes Wort ist Lüge ... denn: ihr werdet mit nichten des Todes sterben ... Das ist die letzte Auflehnung, die möglich ist, daß die Lüge die Wahrheit als Lüge ausgibt. Das ist der Abgrund der Lüge, daß sie lebt, weil sie sich selbst als Wahrheit setzt und die Wahrheit als Lüge verurteilt. So hatte es ja der Schöpfer selbst gesagt, daß dieser Baum die Erkenntnis vermitteln würde. Der Gegensatz besteht nur darin, daß der Schöpfer auf dieses Tun den Tod gesetzt hatte, daß die Schlange aber die Verheißung göttlichen Lebens daran knüpft. Was die Schlange verheißt, kann nichts anderes sein, als was der Schöpfer den Tod nennt. Es ist wahr, daß der Mensch wie Gott wird durch den Fall, aber eben dieser Mensch wie Gott kann nicht mehr leben, er ist tot. Das heißt aber, die Schlange kann in all ihrem Versuch, die Wahrheit Gottes als Lüge auszugeben, gar nicht dieser Wahrheit entweichen, sie muß vielmehr noch in ihrer Lüge dieser Wahrheit recht geben, auch sie redet vom Tod des Menschen, nur in anderer Gestalt.

12. März

»WIE GOTT«

Und das Weib schaute an, daß von dem Baum gut zu essen wäre und lieblich anzusehen, daß es ein lustiger Baum wäre, weil er klug mache, und nahm von der Frucht und aß und gab ihrem Manne auch davon, und er aß.

1. Mose 3, 6

Statt jeder Antwort, statt jedes weiteren Theologisierens mit der Schlange – die Tat. Wir fragen: Was ist geschehen? Zunächst dies: die Mitte ist betreten, die Grenze ist überschritten, nun steht der Mensch in der Mitte, nun ist er ohne Grenze. Daß er in der Mitte steht, heißt, daß er nun aus sich selbst lebt und nicht mehr aus der Mitte heraus, daß er grenzenlos ist, heißt, daß er allein ist. In der Mitte sein und allein sein, das heißt wie Gott sein. Der Mensch ist wie Gott. Nun lebt er aus sich selbst, nun schafft er sein Leben selbst, ist er sein eigener Schöpfer. Damit ist seine Geschöpflichkeit für ihn zerstört. Adam ist nicht mehr Geschöpf. Er hat sich seiner Geschöpflichkeit entrissen.

Der Mensch, hinter das gegebene Wort Gottes zurückgehend, hat sich seine eigene Erkenntnis Gottes verschafft. Diese Möglichkeit des Wissens über Gott jenseits seines gegebenen Wortes ist sein „Wie-Gott-Sein"; denn woher sollte der Mensch dies Wissen nehmen, wenn nicht aus den Quellen seines eigenen Lebens und Seins, d. h. der Mensch verzichtet für sein Wissen um Gott auf das immer wieder aus der unbetretbaren Mitte und Grenze des Lebens auf ihn zukommende Wort Gottes, er verzichtet auf das Leben aus diesem Wort und reißt es an sich selbst. Er ist selbst in der Mitte. Es ist also Ungehorsam in Gestalt des Gehorsams, es ist Herrschenwollen in Gestalt des Dienstes, es ist Schöpferseinwollen in Gestalt der Geschöpflichkeit, es ist Totsein in Gestalt des Lebens.

13. März

DER GEGENSCHLAG

Er wurde versucht allenthalben gleichwie wir – doch ohne Sünde. *Hebräer 4, 15*

Die Heilige Schrift erzählt uns nicht wie ein Erbauungsbuch viele Geschichten menschlicher Versuchungen und ihrer Überwindung. Sie berichtet genau genommen überhaupt nur zwei Versuchungsgeschichten, die Versuchung der ersten Menschen und die Versuchung Jesu Christi, d. h. die Versuchung, die zum Fall der Menschen führt, und die Versuchung, die zum Fall des Satans führt. Alles, was sich sonst an Versuchungen im menschlichen Leben zugetragen hat, steht offenbar im Zeichen dieser beiden Versuchungsgeschichten; entweder wir werden versucht in Adam oder wir werden versucht in Christus. Entweder der Adam in uns wird versucht; dann kommen wir zu Fall. Oder der Christus in uns wird versucht; dann muß Satan fallen.

Die Versuchung Christi war schwerer, unaussprechlich schwerer als die Versuchung Adams; denn Adam trug nichts in sich, was dem Versucher ein Recht und Macht an ihm hätte geben können. Christus aber trug die ganze Last des Fleisches unter dem Fluch und der Verdammnis mit sich, und doch sollte seine Versuchung allem Fleisch, das versucht wird, künftig zur Hilfe und zum Heil gereichen.

Das Evangelium berichtet, daß Jesus vom Geist in die Wüste geführt wird, auf daß er vom Teufel versucht würde (Mt 4, 1). Also nicht damit beginnt die Versuchung, daß der Vater den Sohn ausrüstet mit allen Kräften und Waffen, damit er den Kampf bestehe, sondern: der Geist führt Jesus in die Wüste, in die Einsamkeit, in die Verlassenheit. Gott nimmt seinem Sohn alle Hilfe von Menschen und Kreatur. Die Stunde der Versuchung soll

Jesus schwach, einsam und hungrig finden. Gott läßt den Menschen in der Versuchung allein. Im Unterschied von der Versuchung Adams und von allen menschlichen Versuchungen tritt hier der Versucher selbst zu Jesus (Mt 4, 3). Während er sich sonst der Kreatur bedient, muß er hier selbst den Kampf führen. Damit wird deutlich gemacht, daß es in der Versuchung Jesu um das Ganze geht.

14. März

UNTER SONDERRECHT?

Da ward Jesus von dem Geist in die Wüste geführt, auf daß er von dem Teufel versucht würde. Und da er vierzig Tage und vierzig Nächte gefastet hatte, hungerte ihn. Und der Versucher trat zu ihm und sprach: Bist du Gottes Sohn, so sprich, daß diese Steine Brot werden. Und er antwortete und sprach: Es steht geschrieben: „Der Mensch lebt nicht vom Brot allein, sondern von einem jeglichen Wort, das durch den Mund Gottes geht." Matthäus 4, 1–4

Jesus hat vierzig Tage in der Wüste gefastet, und es hungerte ihn. Da trat der Verführer zu ihm. Der Versucher beginnt mit der Anerkennung Jesu als Gottes Sohn. Hier sagt er nicht: Du bist Gottes Sohn – das kann er nicht! Aber er sagt: Bist du Gottes Sohn, so sprich du, der du jetzt Hunger leidest, daß dieser Stein Brot werde. Der Satan versucht Jesus hier in der Schwachheit seines menschlichen Fleisches. Er will seine Gottheit gegen seine Menschheit führen. Er will das Fleisch gegen den Geist rebellisch machen. Der Satan weiß, das Fleisch ist leidensscheu. Warum aber soll der Sohn Gottes am Fleisch leiden? Das Ziel dieser Frage ist klar: Würde Jesus in der Kraft seiner Gottheit sich dem Leiden am Fleisch entziehen, so wäre alles Fleisch verloren. Der Weg des Sohnes Gottes auf Erden wäre zu Ende. Das Fleisch gehörte wieder dem Satan. Die Antwort Jesu mit dem Wort Gottes zeigt zuerst, daß auch der Gottessohn unter Gottes Wort steht und daß er kein eigenes Recht neben diesem Wort haben kann und will. Sie zeigt zweitens, daß Jesus an diesem Wort allein bleiben will. Auch das Fleisch gehört unter Gottes Wort, und wenn es leiden muß, so gilt eben: der Mensch lebt nicht vom Brot allein. Jesus hat seine Menschheit und seinen Leidensweg in der Versuchung bewahrt. Die erste Versuchung ist die Versuchung des Fleisches.

15. März

IM KAMPF UM DAS WORT

Da führte ihn der Teufel mit sich in die heilige Stadt und stellte ihn auf die Zinne des Tempels und sprach zu ihm: Bist du Gottes Sohn, so laß dich hinab; denn es steht geschrieben: „Er wird seinen Engeln über dir Befehl tun, und sie werden dich auf den Händen tragen, auf daß du deinen Fuß nicht an einen Stein stoßest." Jesus sprach zu ihm: Wiederum steht geschrieben: „Du sollst den Herrn, deinen Gott, nicht versuchen." *Matthäus 4, 5–7*

In der zweiten Versuchung beginnt der Satan wie in der ersten: Bist Du Gottes Sohn – aber er steigert seine Versuchung nun noch, indem er selbst Gottes Wort gegen Jesus anführt. Auch der Satan kann Gottes Wort in den Kampf führen. Jesus soll sich seine Gottessohnschaft beglaubigen lassen. Er soll ein Zeichen Gottes fordern. Das ist die Versuchung am Glauben Jesu, die Versuchung am Geist. Soll der Gottessohn schon mit den Menschen leiden, so soll er ein Zeichen der Macht Gottes, die ihn jederzeit retten kann, fordern. Die Antwort Jesu führt Gotteswort gegen Gotteswort, aber so, daß daraus nicht eine heillose Ungewißheit wird, sondern so, daß hier Wahrheit gegen Lüge steht. Jesus nennt diese Versuchung eine Gottesversuchung. Er will allein am Wort seines Vaters bleiben; das genügt ihm. Wollte er mehr als dieses Wort, so hätte er dem Zweifel an Gott in sich Raum gegeben. Der Glaube, der mehr will als das Wort Gottes in Gebot und Zusage, wird zur Gottversuchung. Gott versuchen aber heißt, die Schuld, die Untreue, die Lüge in Gott selbst hineinverlegen statt in den Satan. Gott versuchen ist die höchste geistliche Versuchung.

16. März

DIE SONNE SATANS

Wiederum führte ihn der Teufel mit sich auf einen sehr hohen Berg und zeigte ihm alle Reiche der Welt und ihre Herrlichkeit und sprach zu ihm: Das alles will ich dir geben, so du niederfällst und mich anbetest. Da sprach Jesus zu ihm: Hebe dich weg von mir, Satan! denn es steht geschrieben: „Du sollst anbeten Gott, deinen Herrn, und ihm allein dienen." Da verließ ihn der Teufel; und siehe, da traten die Engel zu ihm und dienten ihm.

Matthäus 4, 8–11

Zum dritten Mal kommt der Satan in seiner ganzen unverhüllten Machtentfaltung als Fürst dieser Welt. Hier ist keine Verschleierung, keine Verstellung mehr. Satan wagt das Letzte. Seine Gabe ist unermeßlich groß und schön und verlockend; und er fordert für diese Gabe – die Anbetung. Er fordert den offenen Abfall von Gott, der keine Rechtfertigung mehr hat als eben die Größe und die Schönheit des Reiches Satans. Die dritte Versuchung geht auf die gesamte leiblich-geistige Existenz des Gottessohnes. „Willst du dich nicht innerlich von mir zerreißen lassen, so gib dich mir ganz – und ich will dich groß machen in dieser Welt, im Haß gegen Gott und in der Macht gegen ihn." Es geht in dieser Versuchung um die in voller Klarheit und Erkenntnis vollzogene endgültige Absage an Gott. Es ist die Versuchung zur Sünde wider den Heiligen Geist.

Weil hier der Satan sich ganz offenbart hat, darum muß er hier von Jesus angeredet, getroffen und verworfen werden: Hebe dich weg von mir, Satan, denn es steht geschrieben: Du sollst anbeten Gott, deinen Herrn, und ihm allein dienen.

Auch die Versuchung Jesu ist nicht jener heldische Kampf des Menschen gegen böse Gewalten, wie wir es gern und leicht verstehen. Auch Jesus ist in der Versuchung aller seiner eigenen Kräfte beraubt, er ist allein gelassen von Gott und Menschen, er ist in das vollkommene Dunkel hineingefallen. Es bleibt ihm nichts als das rettende, haltende, tragende Wort Gottes, das ihn festhält und das für ihn streitet und siegt. Die Nacht der letzten Worte: „Mein Gott, mein Gott, warum hast Du mich verlassen", ist hier angebrochen. „Da verließ ihn der Teufel." Wie ihn anfangs Gott verlassen hatte, so verläßt ihn jetzt der Versucher – „und siehe, da traten die Engel zu ihm und dienten ihm." Das ist das Ende der Versuchung, daß der in alle Schwachheit Gefallene, aber vom Wort Gehaltene Stärkung aller seiner Kräfte des Leibes und der Seele und des Geistes empfängt durch einen Engel Gottes.

17. März

LEBEN AUS GEWONNENEM SIEG

Worin er selber gelitten hat und versucht ist, kann er denen helfen, die versucht werden. *Hebräer 2, 18*

Durch die Versuchung Jesu Christi ist die Versuchung Adams zu Ende gebracht. Wie in der Versuchung Adams alles Fleisch fiel, so ist alles Fleisch in der Versuchung Jesu Christi der Macht Satans entrissen. Weil Christus versucht wurde und überwand, darum beten wir: führe uns nicht in Versuchung! Denn die Versuchung ist ja schon gekommen und überwunden. Er tat es an unserer Stelle. „Sieh auf die Versuchung Deines Sohnes Jesu Christi und führe uns nicht in Versuchung." Der Erhörung dieses Gebetes aber dürfen und sollen wir gewiß sein, wir sollen unser Amen darauf sprechen, denn es ist erhört in Jesus Christus selbst. Von nun an werden wir nicht mehr in Versuchung geführt werden, sondern alle Versuchung, die nun geschieht, ist die Versuchung Jesu Christi in seinen Gliedern, in seiner Gemeinde. Nicht wir werden versucht, Jesus Christus in uns wird versucht.

Weil der Satan den Gottessohn selbst nicht zu Fall bringen konnte, darum verfolgt er ihn nun in seinen Gliedern mit allen Versuchungen. Aber es sind diese letzten Versuchungen doch nur die Ausläufer jener Versuchung Jesu auf Erden; denn die Macht der Versuchung ist gebrochen in der Versuchung Jesu. In dieser Versuchung sollen sich seine Jünger finden lassen, dann ist das Reich ihnen gewiß.

„Denn worin er gelitten hat und versucht ist, darin kann er helfen denen, die versucht werden." Hier ist nicht allein von der Hilfe die Rede, die nur der leisten kann, der die Not und die Leiden des anderen aus eigener Erfahrung kennen gelernt hat, vielmehr ist der eigentliche Sinn der, daß in meinen Versuchungen wirklich nur seine Versuchung meine Hilfe ist; an seiner Versuchung teilzuhaben ist allein Hilfe in meiner Versuchung. So soll ich meine Versuchung nicht anders verstehen denn als Versuchung Jesu Christi. In seiner Versuchung ist meine Hilfe, denn nur hier ist Sieg und Überwindung.

Zwischen Fluch und Verheißung

18. März

FLUCHT IN DAS GEWISSEN

Und Adam versteckte sich mit seinem Weibe vor dem Angesicht Jahwes Gottes unter den Bäumen im Garten.

1. Mose 3, 8

Der um gut und böse wissende, der aus der Einheit in die Entzweiung gestürzte Adam kann nicht mehr vor seinem Schöpfer stehen. Er hat die Grenze überschritten. Aber wie er in der Scham die Grenze des anderen widerwillig anerkennen muß, so gibt er Gott, seinem Schöpfer widerwillig darin recht, daß er vor ihm flieht, daß er sich vor ihm verbirgt. Er tritt ihm nicht frech gegenüber, sondern als er seine Stimme hört, verbirgt er sich vor ihm. Merkwürdige Täuschung des Adam damals und heute, zu meinen, sich vor Gott verbergen zu können, als ob die

Welt dort, wo sie uns verhüllt, verborgen, undurchsichtig erscheint, nachdem wir mit ihr zerfallen sind, auch für Gott undurchsichtig wäre! Der Mensch, der in jähem Sturz von Gott abgefallen ist, ist nun selbst noch auf der Flucht. Diese Flucht, dieses sich vor Gott Verbergen des Adam nennen wir das Gewissen. Vor dem Fall gab es kein Gewissen. Erst durch die Entzweiung mit dem Schöpfer ist der Mensch in sich selbst entzweit. Und zwar ist dies die Funktion des Gewissens, den Menschen in die Flucht vor Gott zu jagen, um damit im Grund wider Willen Gott recht zu geben, und doch andererseits auf dieser Flucht den Menschen sich gesichert fühlen zu lassen im Versteck, d. h. den Menschen darüber zu täuschen, daß er sich wirklich auf der Flucht befindet, ihn vielmehr glauben zu lassen, diese Flucht sei sein Siegeszug, und alle Welt befände sich vor ihm auf der Flucht. Das Gewissen treibt den Menschen von Gott weg, in das gesicherte Versteck. Hier in der Gottesferne spielt er dann selbst den Richter und weicht eben hierdurch dem Gericht Gottes aus. Der Mensch lebt nun wirklich aus seinem eigenen Guten und Bösen, aus seiner innersten Entzweiung mit sich selbst.

19. März

HERAUSGERUFEN

Gott rief Adam und sprach zu ihm: Wo bist du?

1. Mose 3, 9

Adam, wo bist du? ... mit diesem Wort des Schöpfers wird der flüchtende Adam aus seinem Gewissen herausgerufen, er muß vor seinem Schöpfer stehen. Der Mensch darf in seiner Sünde nicht allein bleiben. Gott redet zu ihm, er hält ihn auf der Flucht auf. Heraus aus deinem

Versteck, aus deinen Selbstvorwürfen, aus deiner Verhüllung, aus deiner Heimlichkeit, aus deiner Selbstquälerei, aus deiner eitlen Reue, bekenne dich zu dir selbst! Verliere dich nicht in frommer Verzweiflung, sei du selbst. Adam, wo bist du? Steh vor deinem Schöpfer. Dieser Anruf geht stracks gegen das Gewissen, das Gewissen sagt: Adam, du bist nackt, verbirg dich vor dem Schöpfer, du darfst nicht vor ihm stehen. Gott sagt: Adam, steh vor mir! Der fliehende Adam muß erkennen, daß er vor seinem Schöpfer nicht fliehen kann. Der Traum, den wir alle kennen, daß wir vor etwas Entsetzlichem fliehen wollen und doch nicht fliehen können, ist die dem Unterbewußtsein immer wieder entsteigende Erkenntnis dieser wahren Lage des abgefallenen Menschen. Derselbe Sachverhalt ist nun in der Antwort des Adam ausgedrückt: ich bin nackt, darum verstecke ich mich. Er versucht sich mit etwas zu entschuldigen, das ihn anklagt, er versucht weiter zu fliehen und weiß sich doch schon ergriffen. Ich bin sündig, ich kann nicht vor dir stehen. Als ob man sich mit der Sünde entschuldigen könnte! Unbegreifliche Torheit des Menschen. Gerade weil du Sünder bist, stehe vor mir und fliehe nicht! Aber noch hält Adam nicht stand: „Das Weib, das du mir zugesellt hast, gab mir von dem Baum, und ich aß." Er bekennt seine Sünde, aber indem er sie bekennt, ergreift er schon wieder die Flucht. Das Weib war doch dein Geschöpf, es ist dein eigenes Werk, das mich zu Fall brachte, warum hast du eine unvollkommene Schöpfung hervorgebracht, was kann ich dafür? Also statt sich zu stellen, greift Adam auf jene von der Schlange erlernte Kunst zurück, die Gedanken Gottes zu korrigieren, von dem Schöpfer Gott an einen besseren, anderen Gott zu appellieren, d. h. eben, er entweicht abermals.

20. März

GEZEICHNET MIT NARBEN

Ich will Feindschaft setzen zwischen dir und dem Weibe.
Aus 1. Mose 3, 15

Zu dem gefallenen, unversöhnten, flüchtigen Adam redet Gott in Fluch und Verheißung. In einer Welt zwischen Fluch und Verheißung wird Adam am Leben erhalten, und die letzte Verheißung ist das Zurückkehrendürfen zur Erde, von der Adam genommen ist, ist das Sterbendürfen. Das Paradies ist zerstört. „Weh, weh, du hast sie zerstört, die schöne Welt, mit mächtiger Faust, sie stürzt, sie zerfällt ... Mächtiger der Erdensöhne, prächtiger baue sie wieder, in deinem Busen baue sie auf!" Gerade dies letzte gilt hier nicht. Vielmehr heißt es: nun lebe in dieser zerstörten Welt, ihr kannst du nicht entfliehen, lebe in ihr zwischen Fluch und Verheißung!

Fluch und Verheißung ist zuerst die ewige Feindschaft, in die der Mensch gegen die Schlange, gegen die Macht der frommen Gottlosigkeit gestellt ist. Der Mensch in der zerstörten Welt, zwischen Gottes Fluch und Verheißung ist der angefochtene Mensch. Nicht in Frieden und Ruhe hat er das Wort Gottes, sondern er vernimmt es immer wieder in der Entstellung der frommen Frage; nicht in Frieden, sondern in Feindschaft und Kampf hält er sich zu Gott. Aber in diesem Fluchesschicksal ist die Verheißung des immer neu zu erkämpfenden Sieges gegeben, in dem der Mensch der Schlange den Kopf zertritt; freilich auch er bleibt in diesem Kampf zurück als Verwundeter, als einer, den die besiegte Schlange noch in die Ferse sticht. Der Kampf um das Wort Gottes zeichnet ihn mit Narben. Kein Heros, sondern ein in den Kampf Verbissener, immer neu Siegender und immer neu Verletzter soll der Mensch sein und mit ihm sein ganzes Geschlecht. In diesem Kampf, den er als Fluch und als Verheißung auf sich nimmt und durchkämpft, darf der Mensch leben.

21. März

LUST UND SCHMERZ

Ich will dir viel Schmerzen machen.

Aus 1. Mose 3, 16

Das Neue, das der Baum der Erkenntnis über Adam und Eva gebracht hat, war die Scham und die Sucht. Das sichtbare Zeichen für diese Entzweiung der ursprünglichen Einheit, für die innerste Zerrissenheit der Gemeinschaft von Mann und Weib ist die Not, die das Weib als die Frucht der süchtigen Gemeinschaft mit dem Mann davonträgt. Mit dem Neuen, mit der Lust der Sucht ist der Schmerz unlöslich verbunden. Gutes und Böses, Lustvolles und Leidvolles treten verbrüdert in das menschliche Leben hinein. Das Wissen um das Leid steigert die Lust, und das Wissen um die Lust steigert das Leid. Es ist die Demütigung des Weibes, daß sie mit Schmerzen gebären muß, daß sie Verlangen haben muß nach dem Mann und ihm doch mit Schmerzen dienen muß. Sie hat ihren Willen bekommen, in ihrem Wie-Gott-Sein-Wollen darf sie dem Adam gehören, aber eben dieses Gehören ist nun Fluch und Verheißung in einem. Das neue Wissen des Menschen um gut und böse muß er voll auskosten; aber indem er das tut, darf er leben, lebt er in der zerstörten Welt vor Gott, zwischen Gottes Fluch und Verheißung.

DAS BROT DER TRÄNEN

Verflucht sei der Acker um deinetwillen.

Aus 1. Mose 3, 17–19

In der Feindschaft gegen die Schlange ist das Gottesverhältnis des Menschen unter das Gesetz von Fluch und Verheißung, unter die Entzweiung getreten. In dem Schicksal des Weibes ist von Fluch und Verheißung in der Gemeinschaft von Mann und Weib geredet. Und nun ist drittens in dem an Adam gerichteten Wort die Zerstörung und Entzweiung des ursprünglichen Verhältnisses von Mensch und Natur ausgesprochen. Der Acker, nach dessen Frucht Adam bisher nur mühelos zu greifen hatte, der ihm brachte, was er brauchte, der Boden, die Erde, das Land, sie werden um der Tat Adams willen verflucht; sie werden Adams Sorge, Not, Mühsal, Feind. Gegen das Geschöpf, das meint aus sich selbst heraus leben zu können, erhebt sich die andere Kreatur, sie versagt sich ihm, sie entzieht sich ihm, sie wird ihm stumm, rätselhaft, unfruchtbar. Aber als die Kreatur, die dem Menschen unterworfen war, entzweit sie sich mit dem Fall des Menschen selbst, sie ist herrenlose und darum sich selbst empörende und verzweifelte Natur, Natur unter dem Fluch, verfluchter Acker. Das ist unsere Erde, verflucht aus ihrer Schöpfungsherrlichkeit heraus, aus der eindeutigen Unmittelbarkeit ihrer Sprache und ihres Lobpreises des Schöpfers verworfen in die Zweideutigkeit des schlechthin Fremden, Rätselhaften. So wird die Arbeit des Mannes auf dem verfluchten Acker zum Ausdruck der Entzweiung des gefallenen Menschen mit der Natur, d. h. sie steht unter dem Fluch, und doch zugleich zum Ausdruck eines süchtigen Heimwehs nach der ursprünglichen Einheit, d. h. die Arbeit steht unter der Verheißung, daß der Mensch noch mit der Natur, der er entnommen ist, der er brüderlich zugehört, zusammen leben darf. So wird die Frucht des Ackers zum Brot, das man mit Tränen ißt, und doch auch zum Gnadenbrot des Erhalters, der den Menschen auf dem verfluchten Acker noch leben läßt, den Menschen, der seiner Mutter, der Erde, auch wenn sie unter Gottes Fluch steht, treu bleibt. In der Arbeit lebt der Mensch zwischen Fluch und Verheißung, zwischen Lust und Leid, aber er lebt vor Gott, dem Schöpfer.

23. März

DES TODES TOD

... bis daß du wieder zu Erde werdest.

Aus 1. Mose 3, 19

Das ist veränderte, zerstörte Welt, daß der Mensch nun in der Entzweiung mit Gott, mit dem anderen Menschen, mit der Natur nicht leben kann, daß er aber in dieser Entzweiung von Gut und Böse doch auch nicht ohne Gott, ohne den anderen Menschen, ohne die Natur leben kann, daß er zwar in der Welt des Fluches lebt, aber daß diese Welt, eben weil es Gottes Fluch ist, der auf ihr lastet, nicht gänzlich von Gott verlassene Welt ist, sondern in Gottes Fluch gesegnete, in Feindschaft, Schmerz und Arbeit befriedete Welt der Erhaltung des Lebens. Erhaltung wofür? Zu welchem Ende? Vers 19 sagt es unmißverständlich: „Bis daß du wieder zur Erde wirst, davon du genommen bist. Denn von Erde bist du genommen und zu Erde sollst du wieder werden." Der gefallene Adam lebt auf seinen Tod hin. Sein Leben ist aufs Sterben hin erhaltenes Leben. Warum? Weil Adam mit der Frucht des Baumes der Erkenntnis den Tod in sich hineingenommen hat. Adam ist tot, bevor er stirbt.

Aber dem so in der barmherzigen Erhaltung lebenden Menschen ist nun der Tod, der als letzter furchtbarster Fluch auf dem Menschen lastet, dies Zurückkehrenmüssen zum Staub, eine Verheißung des gnädigen Gottes. Dieser Tod des Staubwerdens muß ja von Adam als der Tod seines jetzigen Totseins verstanden werden. Tod des Todes – das ist der Verheißungscharakter dieses Fluches. Als Zurücksinken in das Nichts, aus dem Gott die Welt schuf, versteht ihn Adam. Wie sollte der aus dem Glauben gefallene Adam auch wissen, daß des Todes wirklicher Tod niemals das Nichts, sondern allein der lebendige Gott ist, daß es dies Nichts ja eben gerade nicht gibt, daß die Verheißung vom Tode des Todes nie das Nichts, sondern allein das Leben, Christus selbst meint? Wie sollte Adam wissen, daß in dieser Verheißung des Todes bereits vom Ende des Todes, von der Auferstehung der Toten geredet war? Wie konnte Adam hören, daß in dem Frieden des Todes, des Zurückkehrens zur Mutter Erde, bereits der Friede angezeigt ist, den Gott noch einmal mit der Erde schließen will, der Friede, den er über einer neuen, gesegneten Erde der Auferstehungswelt aufrichten will?

24. März

WIDER DIE ZERSTÖRUNG DES LEBENS DURCH IDEEN

Tue wohl deinem Knecht, daß ich lebe und dein Wort halte. *Psalm 119, 17*

Ich bitte um Leben wie der Knecht seinen Herrn. Leben ist Wohltat Gottes. Leben ist nicht Mittel zum Zweck, sondern es ist in sich selbst Erfüllung. Gott schuf uns, damit wir leben, er versöhnte und erlöste uns, damit wir leben. Er will nicht Ideen triumphieren sehen über einem Trümmerfeld von Leichnamen. Die Ideen sind um des Lebens willen da, nicht das Leben um der Ideen willen. Wo das Leben selbst zur Idee gemacht wird, dort wird das wirkliche geschaffene und erlöste Leben tiefer zerstört als durch irgendeine andere Idee. Das Leben ist Gottes Ziel mit uns. Wird es Mittel zum Zweck, dann tritt in das Leben ein

Widerspruch, der es zur Qual werden läßt. Dann wird das Ziel, das Gute, jenseits des Lebens gesucht, das nur mit der Lebensverneinung erkauft werden kann. Das ist der Zustand, in dem wir uns vorfinden, bevor wir das Leben in Gott empfangen, und wir sind gelehrt worden, diesen Zustand gut zu nennen. Wir wurden zu Hassern und Verächtern des Lebens und zu Liebhabern und Anbetern der Ideen.

Ich bitte Gott um die Wohltat des Lebens. Nur das Leben, das er gibt, ist Wohltat. Alles andere Leben ist Qual. Nur das Leben aus Gott ist Ziel und Erfüllung, ist Überwindung des Widerspruchs zwischen Sein und Sollen. Leben ist Zeit der Gnade, Tod ist Gericht. Darum ist Leben göttliche Wohltat, weil mir Zeit gegeben ist für die Gnade Gottes. Solche Zeit ist solange vorhanden, als das Wort Gottes bei mir ist. Dieses Wort festzuhalten ist bejahtes Leben aus Gott. Gottes Wort ist nicht jenseits des Lebens, es erniedrigt das Leben nicht zum Mittel zum Zweck, sondern es schützt das Leben vor dem Verfall an den Widerspruch, an die Herrschaft der Ideen. Gottes Wort ist Erfüllung des Lebens, über die hinaus es kein Ziel gibt. Darum bitte ich Gott um die Wohltat des Lebens, das ihm verfallen ist wie das Leben des Knechtes dem Herrn und das erfüllt wird durch das Haben des Wortes Gottes.

25. März

DAS BESSERE AUGENLICHT

Öffne mir die Augen, daß ich sehe die Wunder in deinem Gesetz. *Psalm 119, 18*

Ich muß die Augen meiner Sinne schließen, wenn ich sehen will, was Gott mir zeigt. Gott macht mich blind, wenn er mich sein Wort sehen lassen will. Dem Blinden tut er die Augen auf. Nun sehe ich, was ich sonst nie erkannt hätte, daß Gottes Gesetz voller Wunder ist. Wie könnte ich den langen Weg durch diesen Psalm mitgehen und ihn immer wieder neu beginnen, wie sollte ich dieser unablässigen Wiederholungen nicht müde werden, wenn Gott mir nicht zu erkennen gäbe, daß jedes seiner Worte voll unentdeckter und unergründlicher Wunder ist? Solange ich mit diesen Augen zu sehen meine, habe ich kein Verlangen nach den geöffneten Augen. Bin ich aber blind geworden, hat Gott mich in tiefe Nacht geführt, stecke ich in finsterer Not und Schuld, so daß meine natürlichen Augen nichts mehr zu erkennen und zu begreifen vermögen, so schreie ich nach dem besseren Augenlicht. Nur der Blinde schreit nach geöffneten Augen. Aber ist denn der Beter unseres Psalmes, der Gottes Wort so zu preisen vermag, ein Blinder? Gerade wer einen Blick getan hat in die Wunderwelt des Gesetzes Gottes, weiß, wie blind er noch ist und wie sehr er der geöffneten Augen bedarf, um nicht wieder in völlige Nacht zu versinken. Es ist ein täglich neues Gebet, wenn wir morgens unsere Augen auftun und wenn wir sie des Nachts schließen, daß Gott erleuchtete Augen des Herzens geben wolle, die offen stehen, wenn der Tag unsere natürlichen Augen betrügen will und wenn die Nacht uns bloß Träume vorspiegelt, geöffnete, erleuchtete Augen, die von dem Wunder des Gesetzes Gottes allezeit erfüllt sind.

Wem Gott die Augen für sein Wort geöffnet hat, der sieht in eine Wunderwelt hinein. Was mir bisher tot erschien, ist voller Leben, das Widerspruchsvolle löst sich in höherer Einheit auf, die harte Forderung wird zum gnädigen Gebot. Mitten im Menschenwort höre ich Gottes ewiges Wort, in vergangener Geschichte erkenne ich den gegenwärtigen Gott und sein Wirken mir zum Heil. Der barmherzige Zuspruch wird mir zum neuen Anspruch Gottes, die unerträgliche Last zum sanften Joch. Das große Wunder im Gesetz Gottes ist die Offenbarung des Herrn

Jesus Christus. Durch ihn empfängt das Wort Leben, das Widerspruchsvolle Einheit, das Offenbare unergründliche Tiefe. Herr, öffne mir die Augen.

26. März

RESPEKT VOR DEN GESETZEN DER FREMDE

Ich bin ein Gast auf Erden, verbirg deine Gebote nicht vor mir. *Psalm 119, 19*

Als Gottes Wort mich zum ersten Male traf, da hat es mich zum Fremdling auf dieser Erde gemacht. Es hat mich in die lange Reihe der Väter des Glaubens gestellt, die als Fremdlinge im verheißenen Land wohnten (Hebr 11, 9). Ich bin ein Gast auf Erden. Damit bekenne ich, daß ich hier nicht bleiben kann, daß meine Zeit kurz bemessen ist. Auch habe ich hier kein Anrecht auf Besitz und Haus. Alles Gute, das mir widerfährt, muß ich dankbar empfangen, Unrecht und Gewalttat aber muß ich leiden, ohne daß einer für mich eintritt. Einen festen Halt habe ich weder an Menschen noch an Dingen. Als Gast bin ich den Gesetzen meiner Herberge unterworfen. Die Erde, die mich ernährt, hat ein Recht auf meine Arbeit und meine Kraft. Es kommt mir nicht zu, die Erde, auf der ich mein Leben habe, zu verachten. Treue und Dank bin ich ihr schuldig. Ich darf meinem Los, ein Gast und Fremdling sein zu müssen, und damit dem Ruf Gottes in diese Fremdlingschaft nicht dadurch ausweichen, daß ich mein irdisches Leben in Gedanken an den Himmel verträume. Es gibt ein sehr gottloses Heimweh nach der anderen Welt, dem gewiß keine Heimkehr beschieden ist. Ich soll ein Gast sein mit allem, was das einschließt. Ich soll mein Herz den Aufgaben, Schmerzen und Freuden der Erde nicht teilnahmslos verschließen und ich soll auf die Einlösung der göttlichen Verheißung geduldig warten, aber wirklich warten und sie mir nicht im voraus in Wünschen und Träumen rauben. Über die Heimat selbst ist hier kein Wort gesagt. Ich weiß, daß diese Erde sie nicht sein kann und weiß doch auch, daß die Erde Gottes ist und daß ich auch schon auf dieser Erde nicht nur ein Gast der Erde, sondern Gottes Pilgrim und Beisasse bin (Ps 39, 13). Weil ich aber auf Erden nichts bin als ein Gast, ohne Recht, ohne Halt, ohne Sicherheit, weil Gott selbst mich so schwach und gering gemacht hat, darum hat er mir ein einziges festes Unterpfand für mein Ziel gegeben: sein Wort. Dieses einzig Gewisse wird er mir nicht entziehen, dieses Wort wird er mir halten und an ihm wird er mich seine Kraft spüren lassen. Wo das Wort von zu Hause bei mir ist, finde ich in der Fremde meinen Weg, im Unrecht mein Recht, in der Ungewißheit meinen Halt, in der Arbeit meine Kraft, im Leiden die Geduld.

27. März

GEBET DES PILGERS IM FREMDEN LAND

„Verbirg deine Gebote nicht vor mir." Das ist das Gebet des Pilgers im fremden Land.

Es gibt für den, der nach Gottes Willen und Ruf ein Fremdling auf Erden geworden ist, in Wahrheit nur einen Gedanken, der ihn mit tiefer Angst erfüllen kann, nämlich einmal Gottes Willen nicht mehr zu erkennen. Zwar ist Gott uns in unserer persönlichen Lebensführung oder in seinem geschichtlichen Handeln oft verborgen; nicht das ist beängstigend. Aber daß sich uns das offenbare Gebot Gottes verdunkelt, so daß wir aus dem Wort Gottes nicht mehr erkennen, was wir tun sollen, das ist eine schwere Anfechtung. Mitten in der frohen Gewißheit der Gebote Gottes überfällt uns diese Furcht: wie, wenn Gott mir seine Gebote eines Tages verbergen wollte? Ich müßte in das Nichts stürzen, ich müßte mit dem ersten Schritt zu Fall kommen, ich müßte in der Fremde zugrunde gehen. Oder – so muß ich mich nun wohl auch fragen – lebe ich etwa schon so sehr von dem Gerippe meiner eigenen Grundsätze, daß ich es vielleicht gar nicht mehr spüren würde, wenn Gott mir eines Tages sein lebendiges Gebot entzöge? Vielleicht würde ich dann wie bisher meinen Prinzipien getreu handeln, aber Gottes Gebot wäre nicht mehr bei mir. Habe ich genug an meinen Prinzipien, dann kann ich das Gebet des Psalmisten nicht verstehen. Lasse ich mir aber von Gott selbst den Weg weisen, dann hänge ich ganz an der Gnade, die sich mir offenbart oder versagt.

Der Schrei, Gott möge mir sein Gebot nicht verbergen, kommt nur aus dem Herzen dessen, der Gottes Gebote kennt. Es ist kein Zweifel: Gott hat uns seine Gebote zu wissen gegeben, und wir haben keine Ausflucht, als wüßten wir Gottes Willen nicht. Gott läßt uns nicht in unlösbaren Konflikten leben, er macht unser Leben nicht zu ethischen Tragödien, sondern er gibt uns seinen Willen zu wissen, er fordert seine Erfüllung und straft den Ungehorsam. Die Dinge sind hier viel einfacher als uns lieb ist. Nicht daß wir Gottes Gebote nicht wissen, sondern daß wir sie nicht tun – und dann freilich als Folge solchen Ungehorsams allmählich auch nicht mehr recht erkennen – das ist unsere Not. Nicht daß Gott uns seine Gebote verbirgt, ist hier gesagt, sondern: Gott wird um die Gnade angerufen, seine Gebote nicht zu verbergen. Es steht in Gottes Freiheit und Weisheit, uns die Gnade seines Gebotes zu entziehen. Dann aber gibt es für uns nicht die Resignation, sondern vielmehr das dringende und anhaltende Gebet: verbirg deine Gebote nicht vor mir.

28. März

AUSHARREN AM WORT

Meine Seele ist zermalmt vor Verlangen nach deinen Forderungen allezeit. *Psalm 119, 20*

Das Verlangen nach Gottes Forderungen ist mächtiger als unsere Seele. Die Seele geht überwältigt zugrunde, wenn von Gott her das große Verlangen nach seinem Wort über uns kommt. Nicht die Seele mit ihren mannigfachen Neigungen und Wünschen, sondern das eine, alles andere zum Schweigen bringende Verlangen nach Gottes Wort lebt in mir. Gottes Recht gegenüber den Menschenrechten, Gottes Forderungen gegenüber den Ansprüchen der Menschen zu vernehmen, zu erkennen, zu sehen, darüber muß die Seele alles zum Opfer bringen.

Weil das Verlangen nach Gottes Wort nicht aus der Seele geboren ist, darum geht es auch nicht wie eine seelische Bewegung oder Erschütterung in einer Stunde oder einem Tag vorüber. Es ist dem Verlangen der Seele nach einem geliebten Menschen nicht zu vergleichen; denn dieses währt eine Zeitlang, das Verlangen nach Gott, das die Seele zermalmt, währt „allezeit". Das kann nicht anders sein, wenn es von Gott selbst über uns kommt. Mit einer plötzlichen Aufwallung, mit einer einmaligen Hingabe des Herzens an Gottes Wort hat es darum so gut wie nichts zu tun. An dem „allezeit" entscheidet es sich. Nicht die Hitze der Frömmigkeit, sondern das Ausharren am Wort bis ans Ende kennzeichnet das Verlangen nach Gottes Wort.

Eben darum wäre es falsch, dieses Verlangen mit religiösen Hochgefühlen zu verwechseln. Es ist ja auch im Gegenteil gerade die Erfahrung der Zermalmung unter der Last dieses Verlangens, von der hier die Rede ist. Das angemaßte Recht der Menschen triumphieren sehen und trotzdem auf Gottes Rechte hoffen und sich verlassen, in der Fremde leben und doch die Heimat nicht vergessen können, in Elend, Not und Schuld von Gott nicht mehr los können, ihn suchen müssen, wo Verstand und Erfahrung ihn verwerfen, zu ihm rufen müssen, wenn alle Kräfte im Tode versinken, Gottes Wort als eine Gewalt über unser Leben erfahren, die uns keinen Augenblick mehr freigibt, darin mag dieses Verlangen eher bestehen als in der Wonne religiöser Überschwenglichkeit. So jedenfalls wird das „allezeit" nicht zu einer Übertreibung, sondern als Wirklichkeit verständlich.

29. März

GEFAHR FÜR ALLEN STOLZ

Du hast den Stolzen gedroht, verflucht sind, die von deinen Geboten abweichen. *Psalm 119, 21*

Gott haßt die Stolzen, die an sich selbst genug haben, nach keinem göttlichen und menschlichen Recht fragen, bei denen Barmherzigkeit nichts gilt, die Verächter des Wortes Gottes und der Gläubigen. Stolz vor Gott ist die Wurzel alles Ungehorsams, aller Gewalttat, aller Leichtfertigkeit. Stolz ist der Ursprung aller Empörung, alles Aufruhrs, aller Zerstörung. Über allem Stolz aber steht eine furchtbare Bedrohung, von der die Stolzen selbst zwar nichts begreifen, aber die Gläubigen erkennen sie: das Evangelium. „Gott widersteht den Hoffärtigen, aber den Demütigen gibt er Gnade" (1. Petr 5, 5). Daß Gott mit den Schwachen und Demütigen ist, in einem Wort: das Kreuz Jesu Christi ist die Drohung Gottes an die Stolzen. An Gott werden sie zuschanden werden, wenn sie auch über alle Menschen den Sieg davontragen. Wer das Evangelium glaubt, der sieht das Schwert Gottes über den Stolzen dieser Erde. Die Predigt des Wortes Gottes ist die einzige ernsthafte Bedrohung einer stolz gewordenen Menschheit. Aber zu seinem Wort hat Gott auch die Zeichen seiner Kraft gegeben. Mitten in der Geschichte schon kommt hier und dort die Drohung Gottes zum Vollzug, und die Gemeinde sieht staunend und schaudernd schon in dieser Zeit Stolze fallen und zugrunde gehen. Vor pharisäischer Sicherheit aber wird sie bewahrt, weil sie erkennen muß, daß immer mit den Stolzen auch Unschuldige umkommen, und so bleiben die sichtbaren Gerichte Gottes auch den Glaubenden verborgen und dunkel. Unwidersprechlich klar bleibt allein das Wort, das die Ankündigung des Fluches über die Gottlosen enthält. „Verflucht sind, die von deinen Geboten abweichen." Können wir dieses Wort aussprechen, ohne uns selbst von ihm getroffen zu wissen? Sollte es nur den andern und nicht auch uns gelten? Der Fluch über die Übertreter des Gesetzes Gottes ist Gottes Recht und ...[1]

[1]Hier bricht das Manuskript der Meditation des Psalm 119 ab.

In der Sünder Hände

30. März

NICHT VON AUSSEN GESCHIEHT DAS FURCHTBARSTE

Siehe, die Stunde ist hier, daß des Menschen Sohn in der Sünder Hände überantwortet wird. Steht auf, laßt uns gehen; siehe, er ist da, der mich verrät. Und als er noch redete, siehe, da kam Judas, der Zwölf einer, und mit ihm eine große Schar, mit Schwertern und mit Stangen, von den Hohenpriestern und Ältesten des Volks. Und der Verräter hatte ihnen ein Zeichen gegeben und gesagt: Welchen ich küssen werde, der ist's; den greift. Und alsbald trat er zu Jesus und sprach: Gegrüßet seist du, Rabbi! und küßte ihn. Jesus aber sprach zu ihm: Mein Freund, warum bist du gekommen? Da traten sie hinzu und legten die Hände an Jesus und griffen ihn. Matthäus 26, 45b–50

Ein Geheimnis hatte Jesus seinen Jüngern bis zum letzten Abendmahl verborgen. Zwar hatte er sie nicht im Unklaren gelassen über seinen Leidensweg. Aber das tiefste Geheimnis hatte er ihnen noch nicht offenbart. Erst in der Stunde letzter Gemeinschaft beim heiligen Abendmahl konnte er es ihnen sagen: des Menschen Sohn wird überantwortet in die Hände der Sünder – durch Verrat. „Einer unter euch wird mich verraten."

Die Feinde allein können keine Macht über ihn gewinnen. Es gehört ein Freund dazu; ein nächster Freund, der ihn preisgibt; ein Jünger, der ihn verrät. Nicht von außen geschieht das Furchtbarste, sondern von innen. Der Weg Jesu nach Golgatha nimmt seinen Anfang mit Jüngerverrat. Die einen schlafen jenen unbegreiflichen Schlaf in Gethsemane, einer verrät ihn, zum Schluß „verließen ihn alle Jünger und flohen."

Die Nacht von Gethsemane vollendet sich. „Siehe, die Stunde ist hier" – jene Stunde, die Jesus vorhergesagt hatte, von der die Jünger seit langem wußten und vor deren Eintreten sie bebten, jene Stunde, auf die sich Jesus so ganz bereitet und für die die Jünger so ganz und gar unbereitet waren, die Stunde, die nun mit keinem Mittel der Welt mehr hinauszuschieben war. – „Siehe, die Stunde ist hier, da des Menschen Sohn in der Sünder Hände überantwortet wird."

„Überantwortet", sagt Jesus, das heißt, es ist nicht die Welt, die über ihn Macht gewinnt, sondern jetzt wird Jesus von den Seinen selbst ausgeliefert, preisgegeben, aufgegeben. Der Schutz wird ihm aufgesagt. Man will sich nicht weiter mit ihm belasten: Laßt ihn den andern. Das ist es, Jesus wird weggeworfen, die schützenden Hände der Freunde sinken. Mögen nun die Hände der Sünder mit ihm tun, was sie wollen. Mögen sie ihn antasten, deren unheilige Hände ihn nie berühren durften. Mögen sie mit ihm spielen, ihn verspotten und schlagen. Wir können nichts mehr daran ändern. Das heißt Jesus überantworten: Nicht mehr für ihn eintreten, ihn dem Spott und der Macht der Öffentlichkeit preisgeben, die Welt mit ihm umgehen lassen nach ihrem Mutwillen. Das ist sein Tod.

31. März

DER ZWÖLF EINER

Und als er noch redete, siehe, da kam Judas, der Zwölf einer, und mit ihm eine große Schar, mit Schwertern und Stangen. *Matthäus 26, 47*

Wer ist Judas? Das ist die Frage. Es ist eine der ganz alten und grüblerischen Fragen der Christenheit. Halten wir uns zunächst an das, was der Evangelist uns selbst dazu sagt: „Judas, der Zwölf einer." Ob wir etwas spüren von dem Grauen, mit dem der Evangelist dieses kleine Satzteilchen geschrieben hat? Judas, der Zwölf einer – was war hier mehr zu sagen? Und war hiermit nicht auch wirklich alles gesagt? Das ganze dunkle Geheimnis des Judas und zugleich das tiefste Entsetzen vor seiner Tat? Judas, der Zwölf einer, das heißt doch: es war unmöglich, daß dies geschah, es war ganz unmöglich, und es geschah doch. Nein, hier ist nichts mehr zu erklären und zu verstehen. Judas, der Zwölf einer, das heißt ja nicht nur: er war einer, der Tag und Nacht um Jesus war, einer, der Jesus nachgefolgt war, der es sich etwas hatte kosten lassen, der alles verlassen hatte, um mit Jesus zu sein. Es hieß ja noch etwas viel Unbegreiflicheres: Jesus selbst hatte Judas berufen und erwählt! Das ist das eigentliche Geheimnis, denn Jesus wußte, wer ihn verraten würde, von Anfang an. Judas, der Zwölf einer – dabei muß ja nun der Leser nicht nur auf Judas, sondern vielmehr in großer Bestürzung auf den Herren schauen, der ihn erwählte. Und die er erwählte, die hat er geliebt. Er hat ihnen Anteil gegeben an seinem ganzen Leben, an dem Geheimnis seiner Person, er hat sie in gleicher Weise ausgesandt zur Predigt des Evangeliums. Er hat ihnen die Vollmacht der Teufelsaustreibung und Heilung gegeben – und Judas war mitten unter ihnen. Nirgends eine Andeutung davon, daß Jesus den Judas im Geheimen gehaßt hätte. Judas, der Zwölf einer, von Jesus erwählt, von Jesus in seine Gemeinschaft gezogen, geliebt – heißt dies, daß Jesus auch seinem Verräter seine ganze Liebe zeigen und erweisen will? Heißt es, daß er auch wissen soll, daß es an Jesus im Grunde gar nichts zu verraten gibt? Heißt es auch dies, daß Jesus in tiefer Liebe den Willen Gottes liebt, der sich in seinem Leidensweg vollzieht; daß er auch den liebt, durch dessen Verrat der Weg frei wird, ja, der nun Jesu Geschick für einen Augenblick in seiner Hand trägt? Heißt es, daß er ihn liebt als den Vollstrecker des göttlichen Willens und doch weiß: Wehe dem, durch welchen es geschieht? Es ist ein großes, unerforschliches Geheimnis – „Judas, der Zwölf einer."

1. April

DER DUNKLE DRANG, ÜBER GOTT MACHT ZU GEWINNEN

Welchen ich küssen werde, der ist's, den greift.

Matthäus 26, 48b

Aber es ist ja auch ein Geheimnis von seiten des Judas her. Was will Judas bei Jesus? Es muß dieses sein, daß der Böse vom Unschuldigen, vom Reinen nicht loskommt. Er haßt ihn, und indem er doch nicht von ihm lassen kann, liebt er ihn eben auch mit der dunklen, leidenschaftlichen Liebe, mit der auch der Böse, der Teufel, noch um seinen Ursprung in Gott, im Reinen weiß. Der Böse will der Jünger des Guten sein. Der Böse ist der leidenschaftlichste

Jünger des Guten – bis er ihn verrät. Der Böse weiß, daß er Gott dienen muß, und liebt Gott um seiner Macht willen, die er selbst nicht hat, und hat doch nur einen Drang, über Gott Macht zu gewinnen. So ist er der Jünger und muß seinen Herrn doch verraten. Jesus erwählt den Judas, Judas kann nicht von Jesus lassen. Jesus und Judas gehören zusammen von Anfang an. Keiner läßt den andern los.

Und nun sehen wir dies in der Geschichte selbst: Jesus und Judas verbunden durch einen Kuß. Hört das Ungeheuerliche: „Und der Verräter hatte ihnen ein Zeichen gegeben und gesagt: Welchen ich küssen werde, der ist's, den greift. Und alsbald trat er zu Jesus und sprach: Gegrüßet seist du, Rabbi! und küßte ihn." „Judas, verrätst du des Menschen Sohn durch einen Kuß?" Noch einmal packt uns die Frage: Wer ist Judas, der des Menschen Sohn mit einem Kuß verrät? Es ist gewiß oberflächlich, zu sagen, der Kuß sei eben die übliche Begrüßungsform gewesen. Dieser Kuß war mehr als das! Dieser Kuß war die Vollendung des Weges des Judas, der tiefste Ausdruck für die Gemeinschaft und für die abgrundtiefe Trennung zwischen Jesus und Judas.

2. April

OHNE STOLZ UND ÜBERHEBLICHKEIT

Mein Freund, warum bist du gekommen?

Aus Matthäus 26, 50

Hört ihr, wie Jesus den Judas noch liebt, wie er ihn noch in dieser Stunde seinen Freund nennt? Jesus will den Judas noch jetzt nicht loslassen. Er läßt sich von ihm küssen. Er stößt ihn nicht zurück. Nein, Judas muß ihn küssen. Seine Gemeinschaft mit Jesus muß sich vollenden. Warum bist du gekommen? Jesus weiß es wohl, warum Judas gekommen ist, und dennoch: Warum bist du gekommen? Und: Judas, verrätst du des Menschen Sohn mit einem Kuß? Ein letzter Ausdruck der Jüngertreue, vereint mit Verrat. Ein letztes Zeichen der leidenschaftlichen Liebe, gepaart mit dem viel leidenschaftlicheren Haß. Ein letzter Genuß an einer unterwürfigen Geste im Bewußtsein der Übermacht des davongetragenen Sieges über Jesus. Ein bis ins Tiefste hinein entzweites Tun, dieser Judaskuß! Von Christus nicht lassen können und ihn doch preisgeben.

Wer ist Judas? Sollten wir hier nicht auch des Namens gedenken, den er trug? „Judas", steht er nicht hier für das im tiefsten entzweite Volk, aus dem Jesus stammte, für das erwählte Volk, das die Verheißung des Messias empfangen hatte und ihn doch verwarf? Für das Volk Juda, das den Messias liebte und doch so nicht lieben konnte?

„Da traten sie hinzu und legten die Hände an Jesum und griffen ihn." „Ich bin's, ich sollte büßen an Händen und an Füßen, gebunden in der Höll'. Die Geißel und die Banden und was du ausgestanden, das hat verdienet meine Seel'." Laßt uns noch das letzte Ende ansehen! Zu derselben Stunde, als Jesus Christus sein Erlösungsleiden am Kreuz in Golgatha vollbringt, ist Judas hingegangen und hat sich erhängt, hat sich in fruchtloser Reue selbst verdammt. Furchtbare Gemeinschaft!

Die Christenheit hat in Judas immer wieder das dunkle Geheimnis der göttlichen Verwerfung und ewigen Verdammung gesehen. Sie hat mit Schrecken den Ernst und das Gericht Gottes an dem Verräter erkannt und bezeugt. Sie hat aber gerade darum nie mit Stolz und Überheblichkeit auf ihn gesehen, sondern sie hat in Zittern und Erkenntnis der eigenen übergroßen Sünde gesungen: O du armer Judas, was hast du getan! So wollen auch wir nichts anderes sagen als dies: O du armer Judas, was hast du getan! und wollen Zuflucht nehmen zu dem, der um unserer aller Sünde willen am Kreuz gehangen und für uns die Erlösung vollbracht hat.

Könnt ihr nicht eine Stunde mit mir wachen?

3. April

WIDERFAHRNIS UND LEIDEN

Zum zweiten Male erlebe ich die Passionszeit hier im Gefängnis. Ich wehre mich innerlich dagegen, wenn ich in Briefen ... Wendungen lese, die von meinem „Leiden" sprechen. Mir kommt das wie eine Profanierung vor. Man darf diese Dinge nicht dramatisieren. Ob ich mehr „leide" als die meisten Menschen heute überhaupt, ist mir mehr als fraglich. Natürlich ist vieles scheußlich, aber wo ist es das nicht? Vielleicht haben wir an diesem Punkt überhaupt manches zu wichtig und feierlich genommen. Ich habe mich früher manchmal darüber gewundert, wie lautlos die Katholiken über diese Fälle hinweggehen. Sollte das aber doch vielleicht die größere Kraft sein? Vielleicht wissen sie aus ihrer Geschichte besser, was wirklich Leiden und

Martyrium ist, und schweigen zu geringfügigen Belästigungen und Hemmungen. Ich glaube z. B., daß zum „Leiden" entscheidend auch das körperliche Leiden hinzugehört, wirkliche Schmerzen usw. Wir betonen so gern das seelische Leiden; gerade dieses aber sollte uns Christus abgenommen haben, und ich finde im Neuen Testament oder auch in den altchristlichen Märtyrerakten nichts davon. Es ist doch wohl ein großer Unterschied, ob die „Kirche leidet" oder ob einem ihrer Diener dieses oder jenes widerfährt. Ich glaube, hier müßte manches korrigiert werden; ja, offen gestanden, ich schäme mich manchmal fast, wie viel wir von unseren eigenen Leiden gesprochen haben. Nein, Leiden muß etwas ganz anderes sein, eine ganz andere Dimension haben, als was ich bisher erlebt habe.

4. April

TEILNEHMEN AM LEIDEN GOTTES

„Könnt ihr nicht eine Stunde mit mir wachen?", fragt Jesus in Gethsemane. Das ist die Umkehrung von allem, was der religiöse Mensch von Gott erwartet. Der Mensch wird aufgerufen, das Leiden Gottes an der gottlosen Welt mitzuleiden.

Er muß also wirklich in der gottlosen Welt leben und darf nicht den Versuch machen, ihre Gottlosigkeit irgendwie religiös zu verdecken, zu verklären; er muß „weltlich" leben und nimmt eben darin an dem Leiden Gottes teil; er darf „weltlich" leben, d. h. er ist befreit von den falschen religiösen Bindungen und Hemmungen. Christsein heißt nicht, in einer bestimmten Weise religiös sein, auf Grund irgendeiner Methodik etwas aus sich machen (einen Sünder, Büßer oder einen Heiligen), sondern es heißt Menschsein. Nicht einen Menschentypus, sondern den Menschen schafft Christus in uns. Nicht der religiöse Akt macht den Christen, sondern das Teilnehmen am Leiden Gottes im weltlichen Leben.

Das ist die „Umkehr“, nicht zuerst an die eigenen Nöte, Fragen, Sünden, Ängste denken, sondern sich in den Weg Jesu Christi mithineinreißen lassen, in das messianische Ereignis, daß Jesaja 53 nun erfüllt wird! Dieses Hineingerissenwerden in das messianische Leiden Gottes in Jesus Christus geschieht im Neuen Testament in verschiedener Weise: durch den Ruf der Jünger in die Nachfolge, durch die Tischgemeinschaft mit den Sündern, durch „Bekehrungen“ im engeren Sinne des Wortes, durch das (ohne jedes Sündenbekenntnis sich vollziehende) Tun der großen Sünderin (Luk 7), durch die Heilung der Kranken, durch die Annahme der Kinder. Nathanael ist ein „Israelit ohne Falsch“ (Joh 1, 47); schließlich Joseph von Arimathia, die Frauen am Grabe. Das einzige ihnen allen Gemeinsame ist das Teilhaben am Leiden Gottes in Christus. Das ist ihr „Glaube“.

5. April

DER GOTT, DER UNS VERLÄSST

Wir können nicht redlich sein, ohne zu erkennen, daß wir in der Welt leben müssen – „wie wenn es Gott nicht gäbe“. Und eben dies erkennen wir – vor Gott! Gott selbst zwingt uns zu dieser Erkenntnis. So führt uns unser Mündigwerden zu einer wahrhaftigen Erkenntnis unserer Lage vor Gott. Gott gibt uns zu wissen, daß wir leben müssen als solche, die mit dem Leben ohne Gott fertig werden. Der

Gott, der mit uns ist, ist der Gott, der uns verläßt (Mark 15, 34)! Der Gott, der uns in der Welt leben läßt ohne die Arbeitshypothese Gott, ist der Gott, vor dem wir dauernd stehen. Vor und mit Gott leben wir ohne Gott. Gott läßt sich aus der Welt herausdrängen ans Kreuz, Gott ist ohnmächtig und schwach in der Welt und gerade und nur so ist er bei uns und hilft uns. Es ist in Matthäus 8, 17 („Er hat unsere Schwachheit auf sich genommen und unsere Krankheit hat er getragen") ganz deutlich, daß Christus nicht hilft kraft seiner Allmacht, sondern kraft seiner Schwachheit, seines Leidens!

Hier liegt der entscheidende Unterschied zu allen Religionen. Die Religiosität des Menschen weist ihn in seiner Not an die Macht Gottes in der Welt, Gott ist der, der für jede Verlegenheit herbeizitiert werden kann. Die Bibel weist den Menschen an die Ohnmacht und das Leiden Gottes; nur der leidende Gott kann helfen. Insofern kann man sagen, daß die Entwicklung zur Mündigkeit der Welt, durch die mit einer falschen Gottesvorstellung aufgeräumt wird, den Blick freimacht für den Gott der Bibel, der durch seine Ohnmacht in der Welt Macht und Raum gewinnt.

6. April

CHRISTEN UND HEIDEN

Menschen gehen zu Gott in ihrer Not,
flehen um Hilfe, bitten um Glück und Brot,
um Errettung aus Krankheit, Schuld und Tod.
So tun sie alle, alle, Christen und Heiden.

Menschen gehen zu Gott in seiner Not,
finden ihn arm, geschmäht, ohne Obdach und Brot,

sehn ihn verschlungen von Sünde, Schwachheit und Tod.
Christen stehen bei Gott in seinen Leiden.

Gott geht zu allen Menschen in ihrer Not,
sättigt den Leib und die Seele mit seinem Brot,
stirbt für Christen und Heiden den Kreuzestod
und vergibt ihnen beiden.

---

7. April

ECCE HOMO

Ecce homo – sehet welch ein Mensch! In ihm geschah die Versöhnung der Welt mit Gott. Nicht durch Zertrümmerung, sondern durch Versöhnung wird die Welt überwunden. Nicht Ideale, Programme, nicht Gewissen, Pflicht, Verantwortung, Tugend, sondern ganz allein die vollkommene Liebe Gottes vermag der Wirklichkeit zu begegnen und sie zu überwinden. Diese Liebe Gottes zur Welt zieht sich nicht aus der Wirklichkeit zurück in weltentrückte edle Seelen, sondern sie erfährt und erleidet die Wirklichkeit der Welt aufs härteste. Am Leibe Jesu Christi tobt sich die Welt aus. Der Gemarterte aber vergibt der Welt ihre Sünde. So geschieht die Versöhnung. Ecce homo.

Die Gestalt des Versöhners, des Gottmenschen Jesus Christus, tritt in die Mitte zwischen Gott und Welt, tritt in den Mittelpunkt alles Geschehens. An ihr enthüllt sich das Geheimnis der Welt, wie sich in ihr das Geheimnis Gottes offenbart. Kein Abgrund des Bösen kann dem, durch den die Welt mit Gott versöhnt wird, verborgen bleiben. Aber der Abgrund der Liebe Gottes umfaßt auch noch die abgründigste Gottlosigkeit der Welt. In unbegreiflicher Umkehrung alles gerechten und frommen Denkens erklärt Gott sich selbst für schuldig an der Welt und löscht damit die Schuld der Welt aus; tritt Gott selbst den demütigenden Versöhnungsgang an und spricht damit die Welt frei; will Gott schuld sein an unserer Schuld, nimmt er Strafe und Leiden, die die Schuld über uns gebracht hat, auf sich. Gott steht ein für die Gottlosigkeit, die Liebe für den Haß, der Heilige für den Sünder. Nun gibt es keine Gottlosigkeit, keinen Haß, keine Sünde mehr, die Gott nicht auf sich selbst genommen, erlitten und abgebüßt hätte. Nun gibt es keine Wirklichkeit, keine Welt mehr, die nicht mit Gott versöhnt und in Frieden wäre. Das tat Gott in seinem lieben Sohn Jesus Christus. Ecce homo!

8. April

ERFOLGSDENKEN AUSSER KRAFT GESETZT

Die Gestalt des Gerichteten und Gekreuzigten bleibt einer Welt, in der der Erfolg das Maß und die Rechtfertigung aller Dinge ist, fremd und im besten Falle bemitleidenswert. Die Welt will und muß durch den Erfolg überwunden werden. Nicht Ideen oder Gesinnungen, sondern die Taten entscheiden. Die Gestalt des Gekreuzigten setzt alles am Erfolg ausgerichtete Denken außer Kraft; denn es ist eine Verleugnung des Gerichtes. Weder der Triumph der Erfolgreichen noch auch der bittere Haß der Gescheiterten gegen die Erfolgreichen wird zuletzt mit der Welt fertig. Jesus ist gewiß kein Anwalt der Erfolgreichen in der Geschichte, aber er führt auch nicht den Aufstand der gescheiterten Existenzen gegen die Erfolgreichen. Es geht bei ihm nicht um Erfolg oder Mißerfolg, sondern um das willige Annehmen des Gerichtes Gottes. Nur im Gericht gibt es Versöhnung mit Gott und unter den Menschen.

Allem um Erfolg und Mißerfolg kreisenden Denken stellt Christus den von Gott gerichteten Menschen, den Erfolgreichen wie den Erfolglosen, gegenüber. Weil Gott den Menschen vor sich bestehen lassen will aus lauter Liebe, darum richtet er ihn. Es ist ein Gericht der Gnade, das Gott in Christus über den Menschen bringt. Dem Erfolgreichen gegenüber erweist Gott im Kreuz Christi die Heiligung des Schmerzes, der Niedrigkeit, des Scheiterns, der Armut, der Einsamkeit, der Verzweiflung. Nicht als hätte das alles einen Wert in sich selbst. Aber es empfängt seine Heiligung durch die Liebe Gottes, die das alles als Gericht auf sich nimmt. Das Ja Gottes zum Kreuz ist das Gericht über den Erfolgreichen. Der Erfolglose aber muß erkennen, daß nicht seine Erfolglosigkeit, nicht seine Pariastellung als solche, sondern allein die Annahme des Gerichtes der göttlichen Liebe ihn vor Gott bestehen läßt. Allein im Kreuz Christi, und das heißt als gerichtete, kommt die Menschheit zu ihrer wahren Gestalt.

Der Auferstandene

9. April

GEGEN DIE TODESVERGÖTZUNG

Ecce homo – sehet den Auferstandenen! Gottes Ja zum Menschen hat sein Ziel gefunden durch Gericht und Tod hindurch. Gottes Liebe zum Menschen war stärker als der Tod. Ein neuer Mensch, ein neues Leben, eine neue Kreatur ist durch Gottes Wunder geschaffen. „Das Leben behielt den Sieg, es hat den Tod bezwungen." Die Liebe Gottes wurde des Todes Tod und des Menschen Leben. In Jesus Christus, dem Gekreuzigten und Auferstandenen, ist die Menschheit neu geworden. Was an Christus geschah, ist an allen geschehen, denn er war der Mensch. Der neue Mensch ist geschaffen.

Das Wunder der Auferstehung Christi hebt die Vergötzung des Todes, wie sie unter uns herrscht, aus den

Angeln. Wo der Tod das Letzte ist, dort verbindet sich die Furcht vor ihm mit dem Trotz. Wo der Tod das Letzte ist, dort ist das irdische Leben alles oder nichts. Das Trotzen auf irdische Ewigkeiten gehört dann zusammen mit einem leichtfertigen Spiel mit dem Leben, krampfhafte Lebensbejahung mit gleichgültiger Lebensverachtung. Nichts verrät die Vergötzung des Todes deutlicher, als wenn eine Zeit für die Ewigkeit zu bauen beansprucht und doch in ihr das Leben nichts gilt, wenn man große Worte spricht über einen neuen Menschen, eine neue Welt, eine neue Gesellschaft, die heraufgeführt werden soll, und wenn dieses Neue alles nur in einer Vernichtung dieses vorhandenen Lebens besteht. Aber alles erraffen oder alles wegwerfen, das ist die Haltung dessen, der fanatisch an den Tod glaubt.

Wo aber erkannt wird, daß die Macht des Todes gebrochen ist, wo das Wunder der Auferstehung und des neuen Lebens mitten in die Todeswelt hineinleuchtet, dort verlangt man vom Leben keine Ewigkeiten, dort nimmt man vom Leben, was es gibt, nicht Alles oder Nichts, sondern Gutes und Böses, Wichtiges und Unwichtiges, Freude und Schmerz, dort hält man das Leben nicht krampfhaft fest, aber man wirft es auch nicht leichtsinnig fort, dort begnügt man sich mit der bemessenen Zeit und spricht nicht irdischen Dingen Ewigkeit zu, dort läßt man dem Tod das begrenzte Recht, das er noch hat. Den neuen Menschen und die neue Welt aber erwartet man allein von jenseits des Todes her, von der Macht, die den Tod überwunden hat.

Der auferstandene Christus trägt die neue Menschheit in sich, das letzte herrliche Ja Gottes zum neuen Menschen. Zwar lebt die Menschheit noch im Alten, aber sie ist schon über das Alte hinaus, zwar lebt sie noch in einer Welt des Todes, aber sie ist schon über den Tod hinaus, zwar lebt sie noch in einer Welt der Sünde, aber sie ist schon über die Sünde hinaus. Die Nacht ist noch nicht vorüber, aber es tagt schon.

[In Flossenbürg aber vollzog sich in der grauen Dämmerung dieses Montags, dem 9. April 1945, die Hinrichtung derer, die unter keinen Umständen überleben sollten. Der Lagerarzt sah Bonhoeffer in der Vorbereitungszelle knien und inbrünstig beten. Die Bibel und ein Band Goethe hat Philipp von Hessen später in seiner Zelle gehabt und Dietrich Bonhoeffers Namen darin gelesen.]

10. April

TROTZ VERSCHLOSSENER TÜREN

Am Abend aber desselben ersten Tages der Woche, da die Jünger versammelt und die Türen verschlossen waren aus Furcht vor den Juden, kam Jesus und trat mitten ein und spricht zu ihnen: Friede sei mit euch! Und als er das gesagt hatte, zeigte er ihnen die Hände und seine Seite. Da wurden die Jünger froh, daß sie den Herrn sahen. Da sprach Jesus abermals zu ihnen: Friede sei mit euch! Gleichwie mich der Vater gesandt hat, so sende ich euch. Und da er das gesagt hatte, blies er sie an und spricht zu ihnen: Nehmt hin den Heiligen Geist! Welchen ihr die Sünden erlaßt, denen sind sie erlassen; und welchen ihr sie behaltet, denen sind sie behalten. Thomas aber, der Zwölf einer, der da heißt Zwilling, war nicht bei ihnen, da Jesus kam. Da sagten die andern Jünger zu ihm: Wir haben den Herrn gesehen. Er aber sprach zu ihnen: Es sei denn, daß ich in seinen Händen sehe die Nägelmale und lege meine Hand in seine Seite, will ich's nicht glauben. Und über acht Tage waren abermals seine Jünger drinnen und Thomas mit ihnen. Kommt Jesus, da die Türen verschlossen waren, und tritt mitten ein und spricht: Friede sei mit euch! Danach spricht er zu Thomas: Reiche deinen Finger her und siehe meine Hände und reiche deine Hand her und lege sie in meine Seite und sei nicht ungläubig, sondern gläubig. Thomas antwortete und sprach zu ihm: Mein Herr und mein Gott! Spricht Jesus zu ihm: Dieweil du mich gesehen hast, Thomas, so glaubst du. Selig sind, die nicht sehen und doch glauben! Auch viele andere Zeichen tat Jesus vor seinen Jüngern, die nicht geschrieben sind in diesem Buch. Diese aber sind geschrieben, daß ihr glaubt, Jesus sei Christus, der Sohn Gottes, und daß ihr durch den Glauben das Leben habt in seinem Namen.

Johannes 20, 19–31

Am Morgen war das Wunder geschehen. Am Abend sind die Jünger zusammen, und als sich mit der hereinbrechenden Nacht die Schatten der Unruhe auf die Jünger legen wollen, als man vorsichtig die Türen verschließt, um vor den erregten Juden sicher zu sein – ohne freilich daran zu denken, daß man damit dem Herrn die Türe verschließen könnte –, „kam Jesus und trat mitten unter sie." Seltsam, daß wir immer wieder in der Stunde, in der wir Jesu Gegenwart am sehnlichsten erhoffen, ihm aus Furcht vor allerlei andern Dingen die Türe verschließen. Aber weit wunderbarer, daß Jesus sich durch diese verschlossenen Türen nicht hindern läßt. Der Auferstandene läßt sich durch die Menschen auf seinem Weg zu den Menschen nicht mehr aufhalten. Sein neuer Leib behindert und beschränkt ihn nicht mehr, wie unser Leib es tut, sondern Jesu Leib ist nun das vollkommene Werkzeug seines Geistes geworden. Der Auferstandene tritt unter seine furchtsamen Jünger. Er spricht: „Friede mit euch." Gewiß, damals der alltägliche Gruß und ein guter Gruß dazu; denn es ist in ihm alles enthalten, was Menschen einander zum Gruß sagen können. Aber es ist ja schon bei uns ein Unterschied, wer einen Gruß ausspricht. Der fromme Gruß einer Mutter, eines altgewordenen Christen hat ein anderes Gewicht, als wenn irgendeiner ihn formelhaft gebraucht. „Friede mit euch", das heißt im Munde des Auferstandenen: Ende aller eurer Furcht, Ende der Herrschaft der Sünde und des Todes über euch, ihr habt nun Frieden mit Gott, mit den Menschen und darum mit euch selbst. So spricht der, der selbst für uns diesen Frieden errungen hat, und wie zum sichtbaren Zeichen der geschlagenen Schlacht und des gewonnenen Sieges zeigt er seine durchbohrten Hände und seine verwundete Seite. „Friede mit euch" – das heißt: Er, der selber dieser Friede ist, Jesus Christus, ist mit euch, der Gekreuzigte und Auferstandene. Wort und Zeichen des lebendigen Herrn machen die Jünger froh. Die Gemeinschaft mit dem Herrn ist nach bangen, dunklen Tagen wiedergefunden.

11. April

FRIEDE ALS KRAFT DES DIENSTES

Ich sende euch. *Aus Johannes 20, 21*

Es gibt aber keine Gemeinschaft mit Jesus, die nicht sogleich in den Dienst stellt. Nur im Dienst Jesu erfüllt sich die Gemeinschaft mit ihm. „Ich sende euch." Die Sendung der Jünger durch Jesus gleicht der Sendung Jesu durch den Vater. Jesus legt sein Werk in die Hände seiner Jünger, bevor er zum Vater geht. Derselbe Friede, der den Jüngern geschenkt ist, soll die Kraft ihres Dienstes sein. Darum spricht Jesus „abermals" zu ihnen: „Friede mit euch." Auch hier tritt zum Wort das Zeichen. Jesus tut an seinen Jüngern, was der Schöpfer am ersten Menschen tat. Der Hauch des neuen Lebens und der neuen Sendung, der Hauch der Auferstehung, berührt, erfüllt die Jünger. Der mit Sünde und Tod gerungen hat, der vom gewonnenen Sieg, vom Auferstehungsmorgen herkommt, vermag es, den Jüngern zu bringen, was kein Mensch erwerben konnte: den Heiligen Geist. „Empfanget den Heiligen Geist." Das Werk Jesu kann nur im Besitz des Heiligen

Geistes getan werden. Es heißt: Sünden vergeben und behalten in göttlicher Vollmacht. Das war Jesu Tun auf Erden, das ist der Auftrag der Jünger und mit ihnen aller Gläubigen. Was nur der durfte, der den Fluch der Sünde am eigenen Leibe trug und doch ohne Sünde war, das tun von nun an in seinem Namen und Geist die Jünger. Weil aber Vergebung der Sünden ein Geschenk der freien und reinen Gnade Gottes ist, darum muß dort, wo um der Verstockung des Herzens willen die Sünde nicht vergeben werden darf, die Sünde behalten, d. h. Gottes Gericht verkündigt werden. Sünden vergeben, aber nicht Sünden behalten wollen macht aus der göttlichen Vergebung ein menschliches Werk, eine Spielerei mit der Sünde. Die Verschleuderung der Gnade entehrt Gott und tut dem Menschen Schaden. Dennoch dient die Verkündigung des Gerichtes der Verkündigung der Gnade, das Behalten der Sünde der zukünftigen Buße, der Bekehrung und Vergebung. Sünden vergeben und Sünden behalten soll der Jünger im Auftrag Christi mit großer Gewißheit und Freudigkeit; denn es ist das Werk seines Herrn, das ihm anvertraut ist. Er darf davor nicht zurückschrecken. Beides wird sich vollziehen in der öffentlichen Verkündigung des Wortes und in der persönlichen Beichte. Beides ist durchweht von dem Hauch des Auferstandenen. Weil Christus lebt und uns den Heiligen Geist gegeben hat, gibt es vollmächtige Predigt und Beichte.

12. April

VERHEISSUNGSVOLLER ZWEIFEL

Werde nicht ungläubig, sondern gläubig.

Aus Johannes 20, 27

Was hilft mir die Botschaft von dem herrlichsten Wunder, wenn ich es selbst nicht erfahren und prüfen kann? Tot ist tot und leichtgläubig macht der Wunsch die Menschen. So spricht der Zweifel zu jeder Zeit, und so denkt Thomas, der Jünger Jesu. „Ich werde es nicht glauben", sagt er hart, als ihn die Botschaft durch die andern Jünger erreicht, „ehe ich es selbst gesehen und betastet habe." Thomas hat recht, wenn er seinen Glauben entweder selbst finden oder gar nicht glauben will. Trotz seiner Weigerung zu glauben kommt Thomas am folgenden Sonntagabend in den Jüngerkreis. Das ist wichtig; denn es zeigt die Bereitwilligkeit des Thomas, sich überzeugen zu lassen, zeigt die Aufrichtigkeit seines Zweifels. Es ist dennoch die freie Gnade des Auferstandenen, die nun auch dem Einzelnen nachgeht, den Zweifelnden überwindet und in ihm den Osterglauben schafft. Jesus kommt, wiederum trotz verschlossener Türen. Er spricht den Friedensgruß, der allen, aber diesmal wohl besonders dem friedlosen Herzen des Thomas, gilt. Jesus kommt um seines zweifelnden Jüngers willen. Er weiß alles, was in ihm vorgegangen ist, er kennt ihn durch und durch. Das geht aus seinem ersten Wort an Thomas hervor. Unbegreifliche Herablassung des Herrn zu seinem zweifelnden Jünger, sich von ihm auf die Probe stellen zu lassen. „Werde nicht ungläubig, sondern gläubig" – Christus wirbt um seinen Jünger, noch ist die letzte Entscheidung nicht gefallen, wenn auch in bedrohlicher Nähe. Aber indem Jesus den Jünger als noch nicht gegen ihn Entschiedenen anspricht, gibt er ihm Freiheit zur Umkehr. Ob Thomas seine Hand auszustrecken gewagt hat, bleibt unausgesprochen. Es ist nicht wichtig. Wichtig ist, daß in Thomas der Osterglaube durchbricht: „Mein Herr und mein Gott." Das ist das ganze Osterbekenntnis. So hatte vor diesem Zweifler noch keiner gesprochen. Die Überwindung ist vollständig. Die Antwort Jesu preist nicht den Zweifel, nicht das Schauen und Tasten, sondern allein den Glauben selig. Auf dem, was wir sehen, kann der Glaube nicht ruhen und gewiß werden, sondern allein auf dem Worte Gottes. Millionen von Zweiflern werden nach Thomas kommen. Ihr Zweifel wird nicht durch Sehen und Tasten überwunden werden, sondern durch das Zeugnis von dem lebendigen Christus.

13. April

ZU WENIG ZUM GLAUBEN?

Diese aber sind geschrieben, daß ihr glaubet, Jesus sei der Christus, der Sohn Gottes, und daß ihr durch den Glauben das Leben habet in seinem Namen. *Johannes 20, 31*

Ist uns weniger gegeben als den Jüngern, als Thomas? Macht uns Jesus den Zugang zu sich schwerer? Sind es nicht nur Bruchstücke der Taten Christi, die uns überliefert sind, so daß uns der volle Reichtum seiner Wunder, wie ihn die Jünger erfuhren, entgeht? Johannes sagt: Zwar tat Jesus unendlich viel mehr, als wir Heutigen wissen, aber es ist genug, was uns aufgeschrieben ist, genug im Hinblick auf das Eine, worauf es ankommt: daß wir glauben, Jesus sei der Christus, Gottes Sohn, und wir haben in seinem Namen das ewige Leben. Um uns zu diesem Glauben zu helfen, setzt er uns Wort und Zeichen, Predigt und Sakrament. Mehr empfingen die Jünger auch nicht, auch Thomas nicht. Was sie sahen, Jesus in seiner Armut, seinem Tod und seiner verklärten Gestalt, war dem Zweifel nicht weniger ausgesetzt, als was wir sehen. Nur indem sie ihm selbst glaubten, hatten sie ihn zum Herrn. Nur auf ihn, wie sie ihm glaubten und ihn nicht sahen, nämlich als den Christus, den Sohn Gottes, nicht aber auf ihn als irgendeine überirdische Erscheinung, konnten sie ihr Leben gründen und so in seinem Namen ewiges Leben haben. Eben dazu aber ist auch uns Wort und Sakrament geschenkt, daß wir glaubend und nicht sehend selig werden.

Die Gnade sichtbarer Gemeinschaft

14. April

DER CHRIST UNTER FREMDEN

„Siehe, wie fein und lieblich ist es, daß Brüder einträchtig beieinander wohnen" (Ps 133, 1). Wir wollen im Folgenden einige Weisungen und Regeln betrachten, die uns die Heilige Schrift für das gemeinsame Leben unter dem Wort gibt.

Es ist nichts Selbstverständliches für den Christen, daß er unter Christen leben darf. Jesus Christus lebte mitten unter seinen Feinden. Zuletzt verließen ihn alle Jünger. Am Kreuz war er ganz allein, umgeben von Übeltätern und Spöttern. Dazu war er gekommen, daß er den Feinden Gottes den Frieden brächte. So gehört auch der Christ nicht in die Abgeschiedenheit eines klösterlichen Lebens, sondern mitten unter die Feinde. Dort hat er seinen Auftrag, seine Arbeit. In fernen Landen, unter den Ungläubigen muß Gottes Volk leben, aber es wird der Same des Reiches Gottes in aller Welt sein.

„Und ich will sie sammeln, denn ich will sie erlösen", „sie sollen wiederkommen" (Sach 10, 8. 9). Wann wird das geschehen? Es ist geschehen in Jesus Christus, der starb, daß „er zusammenbrächte die Kinder Gottes, die zerstreut waren" (Joh 11, 52), und es wird zuletzt sichtbar geschehen am Ende der Zeit, wenn die Engel Gottes die Auserwählten sammeln werden von den vier Winden, von einem Ende des Himmels bis zum andern (Mt 24, 31). Bis dahin bleibt Gottes Volk in der Zerstreuung, zusammengehalten allein in Jesus Christus, eins geworden darin, daß sie, ausgesät unter die Ungläubigen, in fernen Landen seiner gedenken.

So ist es in der Zeit zwischen dem Tod Christi und dem Jüngsten Tag nur wie eine gnädige Vorwegnahme der letzten Dinge, wenn Christen schon hier in sichtbarer Gemeinschaft mit andern Christen leben dürfen. Es ist Gottes Gnade, daß sich eine Gemeinde in dieser Welt sichtbar um Gottes Wort und Sakrament versammeln darf. Nicht alle Christen haben an dieser Gnade teil. Die Gefangenen, die Kranken, die Einsamen in der Zerstreuung, die Verkündiger des Evangeliums in heidnischem Lande stehen allein. Sie wissen, daß sichtbare Gemeinschaft Gnade ist.

15. April

GEMEINSCHAFT ALS QUELLE DER FREUDE

Die leibliche Gegenwart anderer Christen ist dem Gläubigen eine Quelle unvergleichlicher Freude und Stärkung. Es bedeutet keine Beschämung für den Gläubigen, als sei er noch zu sehr im Fleische, wenn es ihn nach dem leiblichen Antlitz anderer Christen verlangt. Als Leib ist der Mensch erschaffen, im Leibe erschien der Sohn Gottes um unsertwillen auf Erden, im Leibe wurde er auferweckt, im Leibe empfängt der Gläubige den Herrn Christus im Sakrament, und die Auferstehung der Toten wird die vollendete Gemeinschaft der geist-leiblichen Geschöpfe Gottes herbeiführen. Über der leiblichen Gegenwart des Bruders preist darum der Gläubige den Schöpfer, den Versöhner und den Erlöser, Gott Vater, Sohn und Heiligen Geist. Der Gefangene, der Kranke, der Christ in der Zerstreuung erkennt in der Nähe des christlichen Bruders ein leibliches Gnadenzeichen der Gegenwart des dreieinigen Gottes. Besucher und Besuchter erkennen in der Einsamkeit aneinander den Christus, der im Leibe gegenwärtig ist, sie empfangen und begegnen einander, wie man dem Herrn begegnet, in Ehrfurcht, in Demut und Freude. Sie nehmen von einander den Segen als den Segen des Herrn Jesus Christus. Liegt aber schon so viel Seligkeit in einer einzigen Begegnung des Bruders mit dem Bruder, welch unerschöpflicher Reichtum muß sich dann für die auftun, die nach Gottes Willen in täglicher Gemeinschaft des Lebens mit andern Christen zu leben gewürdigt sind! Freilich, was für den Einsamen unaussprechliche Gnade Gottes ist, wird von dem täglich Beschenkten leicht mißachtet und zertreten. Es wird leicht vergessen, daß die Gemeinschaft christlicher Brüder ein Gnadengeschenk aus dem Reiche Gottes ist, das uns täglich genommen werden kann. Darum, wer bis zur Stunde ein gemeinsames christliches Leben mit andern Christen führen darf, der preise Gottes Gnade aus tiefstem Herzen.

16. April

DER ANDERE SPRICHT DAS ERLÖSENDE WORT

Christ ist der Mensch, der sein Heil, seine Rettung, seine Gerechtigkeit nicht mehr bei sich selbst sucht, sondern bei Jesus Christus allein. Er ist nach außen, auf das auf ihn zukommende Wort ausgerichtet. Der Christ lebt ganz von der Wahrheit des Wortes Gottes in Jesus Christus. Wird er gefragt: wo ist dein Heil, deine Seligkeit, deine Gerechtigkeit?, so kann er niemals auf sich selbst zeigen, sondern er weist auf das Wort Gottes in Jesus Christus, das ihm Heil, Seligkeit, Gerechtigkeit zuspricht. Nach diesem Worte hält er Ausschau, wo er nur kann. Weil es ihn täglich hungert und dürstet nach der Gerechtigkeit, darum verlangt er immer wieder nach dem erlösenden Worte. Nur von außen kann es kommen. In sich selbst ist er arm und tot. Von außen muß die Hilfe kommen und sie ist gekommen und kommt täglich neu in dem Wort von Jesus Christus, das uns Erlösung, Gerechtigkeit, Unschuld und Seligkeit bringt. Dieses Wort aber hat Gott in den Mund von Menschen gegeben, damit es weitergesagt werde unter den Menschen. Wo einer von ihm getroffen ist, da sagt er es dem andern. Gott hat gewollt, daß wir sein lebendiges Wort suchen und finden sollen im Zeugnis des Bruders, in Menschenmund. Darum braucht der Christ den Christen, der ihm Gottes Wort sagt, er braucht ihn immer wieder, wenn er ungewiß und verzagt wird; denn aus sich selbst kann er sich nicht helfen, ohne sich um die Wahrheit zu betrügen. Er braucht den Bruder als Träger und Verkündiger des göttlichen Heilswortes. Er braucht den Bruder allein um Jesu Christi willen. Der Christus im eigenen Herzen ist schwächer als der Christus im Worte des Bruders; jener ist ungewiß, dieser ist gewiß. Damit ist zugleich das Ziel aller Gemeinschaft der Christen deutlich: sie begegnen einander als Bringer der Heilsbotschaft. Als solche läßt Gott sie zusammenkommen und schenkt ihnen Gemeinschaft. Allein durch Jesus Christus und die „fremde Gerechtigkeit" ist ihre Gemeinschaft begründet.

17. April

DER WEG ZUM BRUDER

Ein Christ kommt zum andern nur durch Jesus Christus. Unter den Menschen ist Streit. „Er ist unser Friede" (Eph 2, 14), sagt Paulus von Jesus Christus, in dem die alte zerrissene Menschheit eins geworden ist. Ohne Christus ist Unfriede zwischen Gott und den Menschen und zwischen Mensch und Mensch. Christus ist der Mittler geworden und hat Frieden gemacht mit Gott und unter den Menschen. Ohne Christus kennten wir Gott nicht, könnten wir ihn nicht anrufen, nicht zu ihm kommen. Ohne Christus aber kennten wir auch den Bruder nicht und könnten nicht zu ihm kommen. Der Weg ist versperrt durch das eigene Ich. Christus hat den Weg zu Gott und zum Bruder freigemacht. Nun können Christen miteinander in Frieden leben, sie können einander lieben und dienen, sie können eins werden. Aber sie können es auch fortan nur durch Jesus Christus hindurch. Nur in Jesus Christus sind wir eins, nur durch ihn sind wir miteinander verbunden. Er bleibt in Ewigkeit der einzige Mittler.

18. April

UNTERRICHT IN DER BRÜDERLICHEN LIEBE

„Von der brüderlichen Liebe aber ist nicht not, euch zu schreiben; denn ihr seid selbst von Gott gelehrt, euch untereinander zu lieben ... wir ermahnen euch aber, liebe Brüder, daß ihr noch völliger werdet" (1. Thess 4, 9 f.). Den Unterricht in der brüderlichen Liebe hat Gott selbst übernommen; alles, was hier noch von Menschen hinzugefügt werden kann, ist die Erinnerung an jene göttliche Unterweisung und die Ermahnung, noch völliger darin zu bestehen. Als Gott uns barmherzig wurde, als er uns Jesus Christus als den Bruder offenbarte, als er uns das Herz durch seine Liebe abgewann, da begann zu gleicher Zeit der Unterricht in der brüderlichen Liebe. War Gott uns barmherzig, so lernten wir zugleich die Barmherzigkeit mit unsern Brüdern. Empfingen wir Vergebung statt Gericht, so waren wir zur brüderlichen Vergebung bereit gemacht. Was Gott an uns tat, das waren wir nun unserm Bruder schuldig. Je mehr wir empfangen hatten, desto mehr konnten wir geben, und je ärmer unsere Bruderliebe, desto weniger lebten wir offenbar aus Gottes Barmherzigkeit und Liebe. So lehrte uns Gott selbst, einander so zu begegnen, wie Gott uns in Christus begegnet ist. „Nehmet euch untereinander auf, gleich wie euch Christus aufgenommen hat zu Gottes Lobe" (Röm 15, 7).

19. April

DER TRAGENDE GRUND ALLER BRUDERSCHAFT

„Brüder im Herrn" nennt Paulus seine Gemeinde (Phil 1, 14). Bruder ist einer dem andern allein durch Jesus Christus. Ich bin dem andern ein Bruder durch das, was Jesus Christus für mich und an mir getan hat; der andere ist mir zum Bruder geworden durch das, was Jesus Christus für ihn und an ihm getan hat. Daß wir allein durch Jesus Christus Brüder sind, das ist eine Tatsache von unermeßlicher Bedeutung. Also nicht der ernste, nach Bruderschaft verlangende, fromme Andere, der mir gegenübertritt, ist der Bruder, mit dem ich es in der Gemeinschaft zu tun bekomme; sondern Bruder ist der von Christus erlöste, von seiner Sünde freigesprochene, zum Glauben und zum ewigen Leben berufene Andere. Was einer als Christ in sich ist, in aller Innerlichkeit und Frömmigkeit, vermag unsere Gemeinschaft nicht zu begründen, sondern was einer von Christus her ist, ist für unsere Bruderschaft bestimmend. Unsere Gemeinschaft besteht allein in dem, was Christus an uns beiden getan hat, und das ist nicht nur im Anfang so, so daß im Laufe der Zeit noch etwas anderes zu dieser unserer Gemeinschaft hinzukäme, sondern es bleibt so in alle Zukunft und in alle Ewigkeit. Gemeinschaft mit dem andern habe ich und werde ich haben allein durch Jesus Christus. Je echter und tiefer unsere Gemeinschaft wird, desto mehr wird alles andere zwischen uns zurücktreten, desto klarer und reiner wird zwischen uns einzig und allein Jesus Christus und sein Werk lebendig werden. Wir haben einander nur durch Christus, aber durch Christus haben wir einander wirklich, haben uns ganz für alle Ewigkeit.

Das gibt allem trüben Verlangen nach mehr von vornherein den Abschied. Wer mehr haben will als das, was Christus zwischen uns gestiftet hat, der will nicht christliche Bruderschaft, der sucht irgend welche außerordentlichen Gemeinschaftserlebnisse, die ihm anderswo versagt blieben, der trägt in die christliche Bruderschaft unklare und unreine Wünsche hinein.

20. April

NICHT GEMEINSCHAFTSERLEBNIS – GLAUBE HÄLT ZUSAMMEN

Es gibt wohl keinen Christen, dem Gott nicht einmal in seinem Leben die beseligende Erfahrung echter christlicher Gemeinschaft schenkt. Aber solche Erfahrung bleibt in dieser Welt nichts als gnädige Zugabe über das tägliche Brot christlichen Gemeinschaftslebens hinaus. Wir haben keinen Anspruch auf solche Erfahrungen und wir leben nicht mit andern Christen zusammen um solcher Erfahrungen willen. Nicht die Erfahrung der christlichen Bruderschaft, sondern der feste und gewisse Glaube an die Bruderschaft hält uns zusammen. Daß Gott an uns allen gehandelt hat und an uns allen handeln will, das ergreifen wir im Glauben als Gottes größtes Geschenk, das macht uns froh und selig, das macht uns aber auch bereit, auf alle Erfahrungen zu verzichten, wenn Gott sie uns zu Zeiten nicht gewähren will. Im Glauben sind wir verbunden, nicht in der Erfahrung.

„Siehe, wie fein und lieblich ist es, wenn Brüder einträchtig beieinander wohnen" (Ps 133, 1), das ist der Lobpreis der Heiligen Schrift auf ein gemeinsames Leben unter dem Wort. In rechter Auslegung des Wortes „einträchtig" aber darf es nun heißen: „wenn Brüder durch Christus beieinander wohnen"; denn Jesus Christus allein ist unsere Eintracht. „Er ist unser Friede" (Eph 2, 14). Durch ihn allein haben wir Zugang zueinander, Freude aneinander, Gemeinschaft miteinander.

Der gute Hirte

21. April

DAS BILD LEBT GANZ VON DER PERSON

Ich bin der gute Hirte. Der gute Hirte läßt sein Leben für die Schafe. Der Mietling aber, der nicht Hirte ist, des die Schafe nicht eigen sind, sieht den Wolf kommen und verläßt die Schafe und flieht; und der Wolf erhascht und zerstreut die Schafe. Der Mietling aber flieht; denn er ist ein Mietling und achtet der Schafe nicht. Ich bin der gute Hirte und erkenne die Meinen und bin bekannt den Meinen, wie mich mein Vater kennt und ich kenne den Vater. Und ich lasse mein Leben für die Schafe. Und ich habe noch andere Schafe, die sind nicht aus diesem Stalle; und dieselben muß ich herführen, und sie werden meine Stimme hören, und wird eine Herde und ein Hirte werden.

Johannes 10, 12–16

Jesus, der gute Hirte – das hat mit allgemeinen Hirtenidyllen und Schäferpoesie nichts zu tun. Alles derartige verdirbt den Text. – „Ich bin" – damit wird deutlich, daß nicht von Hirten und ihrer Arbeit im allgemeinen die Rede sein soll, sondern von Jesus Christus allein. Ich bin der gute Hirte – nicht ein guter Hirte, so daß Jesus sich mit andern guten Hirten vergliche und von ihnen lernte, was ein guter Hirte sei. Was ein guter Hirte ist, das ist zu erfahren allein von dem guten Hirten, neben dem es keinen andern gibt, von dem „Ich" her, von Jesus her. Alles übrige Hirtenamt in der Kirche Jesu Christi setzt nicht neben den guten Hirten einen zweiten und dritten, sondern läßt allein Jesus den guten Hirten der Gemeinde sein. Er ist der „Erzhirte" (1. Petr 5, 4), es ist sein Hirtenamt, an dem die „Pastoren" teilnehmen, oder sie verderben das Amt und die Herde. Daß es sich hier um den guten Hirten schlechthin handelt und nicht um einen Hirten unter anderen, wird sofort an dem ungewöhnlichen Tun deutlich, das dieser sich zuschreibt. Nicht von Weiden, Tränken, Helfen wird gesprochen, sondern „der gute Hirte gibt sein Leben für die Schafe". Das gilt allein von dem guten Hirten. Von Jesus her verstanden gewinnt dieser Satz aber eine noch viel reichere Bedeutung: Erstens, wenn Jesus von der Hingabe seines Lebens als etwas Gegenwärtigem spricht, dann dürfen wir mit Bengel sagen: „Jenes ganze Leben war ein Gehen zum Tode." Zweitens, wenn Jesus seinem Tode die Bedeutung „für die Schafe" gibt, dann ist in diesem Sterben die eine, endgültige, rettende Tat für die Herde zu sehen, und zwar als frei dargebrachtes, nicht erzwungenes Tun. Drittens, wenn das Sterben des Hirten den Schafen zugute kommt, so ist damit zwar nicht bestritten, daß Jesus für alle Menschen starb, aber es ist darauf hingewiesen, daß nur die Schafe seiner Herde an der Frucht dieses Sterbens teilhaben werden. Der Blick fällt nicht auf die Welt, sondern allein auf die Wohltat Jesu an seiner Gemeinde. Der gute Hirte und seine Gemeinde gehören zuzammen.

22. April

DER MIETLING

Der Mietling aber flieht. *Aus Johannes 10, 12–13*

„Der Mietling aber" – was unterscheidet ihn vom Hirten? Daß die Schafe nicht sein eigen sind. Sie gehören ja dem guten Hirten allein. Weil sie sein Eigentum sind, an dem sein Hirtenleben hängt, darum läßt er sich von ihnen niemals trennen, sondern rettet sie noch durch seinen Tod. Der Mietling aber dient nur um des Soldes willen, darum verläßt er die Herde in der Stunde der Gefahr und flieht. Es kann lange Zeit ein Mietling dem Hirten täuschend ähnlich sehen. Aber in der Stunde der Gefahr muß es an den Tag kommen. Warum sollte auch der Mietling bei der Herde bleiben? Nichts kann ihn halten, wenn er seinen Gewinn gefährdet sieht. Was geht es ihn an, daß der Wolf in die Herde einbricht, die einen raubt und tötet, die andern zerstreut, daß sie nicht mehr zueinander finden und einsam, elend und schutzlos untergehen müssen? So wird es der Wolf, der Feind der Gemeinde Jesu, immer tun. Einzelne packt er, die andern zerstreuen sich – aber was geht das den Mietling an, dem ja nicht die Herde, sondern nur sein eigenes Leben und sein Sold gehören. Er flieht – „denn er ist ein Mietling". Ist jeder, der flieht, ein Mietling? Nein, auch die Propheten und Apostel flohen, auch Jesus befahl seinen Jüngern die Flucht, wenn sie um des rechten Dienstes willen nötig wurde. Nicht jeder, der flieht, ist ein Mietling, aber gewiß ist es, daß jeder Mietling flieht. Auch das ist Flucht, wenn man schweigt, wo man reden sollte, wenn man unterläßt, was man tun sollte. So gewiß der gute Hirte für seine Schafe stirbt, so gewiß flieht der Mietling. Auch der treueste Pastor ist nicht der gute Hirte, aber weil er weiß, daß „seine" Gemeinde nicht seine, sondern des Herrn Jesu eigene Gemeinde ist und daß

Jesus für diese Gemeinde gestorben ist und allein ihr guter Hirte ist, so läßt er Jesus weiter allein den guten Hirten seiner Gemeinde sein und flieht nicht. Der Pastor aber, dem sein Amt, der sich selbst, dem sein Gewinn wichtiger ist als die Gemeinde des guten Hirten, der ist ein Mietling und flieht, manchmal vielleicht gerade, indem er bei „seiner" Gemeinde, die er für sein Eigentum hält, bleibt.

23. April

ERKENNEN HEISST LIEBEN

Ich kenne die Meinen und bin bekannt den Meinen.

Aus Johannes 10, 14–15

Das Zweite, was Jesus, der gute Hirte, von sich sagt, ist, daß er die Seinen kennt. Das scheint etwas Geringes und ist doch das Allergrößte. Das ermessen wir, wenn wir bedenken, was es hieße, wenn Jesus uns nicht kennte, wenn er zu uns spräche: „Ich habe euch noch nie erkannt." Das wäre unser Ende, unsere Verdammnis, unsere ewige Trennung von ihm. Darum bedeutet von Jesus erkannt sein unsere Seligkeit und Gemeinschaft mit ihm. Jesus erkennt nur die, die er liebt, die zu ihm gehören, die Seinen. Er erkennt uns als die Verlorenen, als die Sünder, die seine Gnade brauchen und empfangen, und indem er uns erkennt als die begnadigten Sünder, die er zu seinem Eigentum gemacht hat, indem wir uns von ihm und von ihm allein erkannt wissen, gibt er sich uns zu erkennen und erkennen wir ihn als den, dem wir allein gehören in Ewigkeit. Der gute Hirte erkennt seine Schafe und nur sie; denn sie gehören ihm. Der gute Hirte und nur er erkennt seine Schafe; denn nur er weiß, wer in Ewigkeit zu ihm gehört. Die Schafe erkennen den guten Hirten und nur sie; denn sie allein wissen, wie gut er ist. Nur ihn erkennen sie als den guten Hirten; denn nur ihm gehören sie. Christus erkennen heißt seinen Willen für uns und mit uns erkennen und tun, heißt Gott lieben und die Brüder. Es ist die Seligkeit des Vaters, wenn er den Sohn als Sohn erkennt, und es ist die Seligkeit des Sohnes, daß er den Vater als Vater erkennt. Dieses gegenseitige Erkennen ist Liebe und Gemeinschaft. So ist es die Seligkeit des Heilandes, wenn er den Sünder als sein erworbenes Eigentum erkennt, und es ist die Seligkeit des Sünders, wenn er Jesus als seinen Heiland erkennt. Weil Jesus mit dem Vater (und den Seinen) in solcher Gemeinschaft der Liebe und des gegenseitigen Erkennens verbunden ist, darum kann der gute Hirte sein Leben lassen für die Schafe und sich so die Herde zum ewigen Eigentum erwerben.

24. April

DAS EINZIGE, WAS ALLE VEREINT

Ich habe noch andere Schafe. *Aus Johannes 10, 16*

Weil Jesus allein die Seinen kennt, darum kann er allein es sagen, daß er Schafe seiner Herde hat mitten in der Heidenwelt. – Nicht nur dem erwählten Volk gilt die Liebe und das Sterben des guten Hirten. Jesus, der gute Hirte, hat die Seinen auch dort, wo wir es am wenigsten meinen, wo bisher nichts ist als Gottesleugnung und Götzendienst. Jesus gehört nicht nur uns, und er ist nicht auf uns angewiesen. Das ist der Kirche zur Warnung vor Überhebung und zum Trost gesagt. Es gehört zum Auftrag des guten Hirten, daß er auch jene andern Schafe „führt"; es heißt wörtlich nicht „herführt", also nach Israel, sondern er muß sie führen, d. h. erretten aus der Vereinzelung und

Führerlosigkeit ihres Daseins. Der gute Hirte muß alle seine Schafe führen, damit sie den rechten Weg wissen und vor Gefahr und Schaden bewahrt werden. Es wird die Vollendung der Gemeinde Jesu sein, wenn sie alle seine Stimme hören. Keine andere Stimme wird dann etwas gelten, wird es vermögen, die Schafe in die Irre zu führen, keinem einzigen wird die Stimme des guten Hirten verborgen bleiben, von ihrem Befehl, ihrer Weisung, ihrem Trost werden sie alle leben. Die Stimme des guten Hirten wird das einzige sein, was alle vereint. Das Wort Gottes wird die Einheit der Kirche auf Erden sein. Nicht in Organisationen, nicht in Dogmen, nicht in Liturgien, nicht in frommen Herzen wird die Einheit der Kirche bestehen, sondern im Worte Gottes, in der Stimme Jesu Christi, des guten Hirten seiner Schafe. So wird die Hoffnung aller Gläubigen erfüllt werden. Alle Spaltung der Christenheit wird ein Ende haben, wenn sie alle seine und nur seine Stimme hören, wenn alles hinfällt, was neben dieser einen Stimme auch noch gehört sein und Beachtung fordern will. So werden sie alle eine Herde sein unter einem Hirten. Dann wird das Werk des guten Hirten auf Erden vollendet sein.

Die Boten

25. April

ERNTEARBEIT VERTRÄGT KEINEN AUFSCHUB

Die Ernte ist groß. *Aus Matthäus 9, 35–38*

Der Blick des Heilandes fällt erbarmend auf sein Volk, auf Gottes Volk. Es konnte ihm nicht genug sein, daß einige wenige seinen Ruf gehört hatten und ihm nachfolgten. Sein Evangelium vom Reiche Gottes und seine Heilandskraft gehörte den Armen und Kranken, wo er sie in seinem Volke fand. Der Anblick der Volksmenge, der in seinen Jüngern vielleicht Widerwillen, Zorn oder Verachtung erregte, erfüllte Jesu Herz mit tiefem Erbarmen. Kein Vorwurf, keine Anklage! Gottes liebes Volk lag mißhandelt am Boden, und die Schuld daran traf die, die an ihm den Dienst Gottes versehen sollten. Fragen, aber keine Antwort, Not, aber keine Hilfe, Gewissensangst, aber keine

Befreiung, Tränen, aber kein Trost, Sünde, aber keine Vergebung! Wo war der gute Hirte, den dieses Volk brauchte? Was half es hier, daß da Schriftgelehrte waren, die das Volk mit hartem Zwang in die Schulen trieben, daß die Gesetzeseiferer die Sünder hart verurteilten, ohne ihnen zu helfen, was halfen da selbst die rechtgläubigsten Prediger und Ausleger des Wortes Gottes, wenn nicht das ganze Erbarmen und der ganze Jammer über das mißbrauchte und mißhandelte Volk Gottes sie erfüllte? Was sind Schriftgelehrte, Gesetzesfromme, Prediger, wenn die Hirten der Gemeinde fehlen?

Das greift ihm ans Herz. Sein göttliches Erbarmen umfaßt diese verlassene Herde. Menschlich gesehen ist es ein hoffnungsloses Bild. Aber nicht so für Jesus. Er sieht hier, wo Gottes Volk mißhandelt, elend und armselig vor ihm steht, das reife Erntefeld Gottes. „Die Ernte ist groß!" Die Stunde ist gekommen, daß diese Armen und Elenden heimgebracht werden ins Reich Gottes.

Nun ist keine Zeit zu verlieren. Erntearbeit leidet keinen Verzug. „Aber wenige sind der Arbeiter." Ist das ein Wunder, da ja so wenigen dieser barmherzige Blick Jesu geschenkt ist? Wer könnte auch in diese Arbeit eintreten als der, der am Herzen Jesu Anteil genommen hat, der durch ihn sehende Augen empfangen hat?

Jesus sucht Hilfe. Er kann das Werk nicht allein tun. Wer sind die Mitarbeiter, die ihm helfen? Gott allein kennt sie und muß sie seinem Sohn geben. Wer dürfte sich auch von sich aus dazu anbieten, Jesu Helfer zu sein? Selbst die Jünger dürfen es nicht. Sie sollen den Herrn der Ernte bitten, Arbeiter zu senden zur rechten Stunde; denn es ist Zeit.

26. April

MACHT ENTSCHEIDET

Und er gab ihnen Macht. *Aus Matthäus 10, 1–4*

Das Gebet ist erhört. Der Vater hat dem Sohne seinen Willen offenbart. Jesus Christus ruft seine zwölf Jünger und sendet sie in die Ernte. Er macht sie zu „Aposteln", zu seinen Boten und Mitarbeitern. „Und er gab ihnen Macht." Um diese Macht geht es in der Tat. Nicht nur ein Wort, nicht nur eine Lehre, sondern wirksame Macht empfangen die Apostel. Wie sollen sie auch ihre Arbeit tun ohne diese Macht? Es muß eine Macht sein, die größer ist als die Macht dessen, der auf Erden herrscht, des Teufels. Daß der Teufel Macht hat, wissen die Jünger, obwohl es gerade die List des Teufels ist, seine Macht zu verleugnen, den Menschen vorzuspiegeln, er existiere gar nicht. Gerade diese gefährlichste Ausübung seiner Macht muß getroffen werden. Der Teufel muß ans Licht und muß besiegt werden durch die Christusmacht. Damit treten die Apostel neben Jesus Christus selbst. Sein Werk sollen sie ihm ja tun helfen. So versagt ihnen Jesus zu diesem Auftrag auch nicht die höchste Gabe, nämlich teilzuhaben an seiner Kraft über die unsauberen Geister, über den Teufel, der von der Menschheit Besitz ergriffen hat. In diesem Auftrag sind die Apostel Christus gleich geworden. Sie tun Christuswerke.

Die Namen dieser ersten Boten werden der Welt aufbewahrt bis zum letzten Tag. Es ist allein der erwählende Ruf Jesu, der die Zwölf vereint: Simon, den Felsenmann, Matthäus, den Zöllner, Simon, den Zeloten, den Eiferer um Recht und Gesetz gegen heidnische Bedrückung, Johannes, den Jesus lieb hatte, und die anderen, von denen uns nur der Name blieb, und schließlich Judas Ischarioth, der ihn verriet. Nichts auf der Welt hätte diese Männer zu demselben Werk zu verbinden vermocht als der Ruf Jesu. Hier war alle frühere Entzweiung überwunden, und neue, feste Gemeinschaft war in Jesus begründet. Daß auch Judas ausging, um das Christuswerk zu tun, bleibt ein dunkles Rätsel und eine furchtbare Warnung.

27. April

NICHT OHNE AUFTRAG

Gehet nicht auf der Heiden Straße.

Aus Matthäus 10, 5–6

Als Gehilfen Jesu stehen die Jünger in ihrer Wirksamkeit unter dem klaren Befehl ihres Herrn. Es ist ihnen nicht freigestellt, wie sie ihre Arbeit anfassen und auffassen wollen. Gleich das erste Wort legt den Boten eine Beschränkung ihrer Arbeit auf. Sie dürfen sich das Arbeitsfeld nicht selbst wählen. Nicht wohin es sie in ihrem Herzen drängt, sondern wohin sie gesandt werden, ist entscheidend. Damit wird es ganz deutlich, daß sie nicht ein eigenes Werk, sondern Gottes Werk treiben sollen. Hätte es nicht nahe gelegen, gerade zu den Heiden und den Samaritern zu gehen, weil sie doch der frohen Botschaft besonders bedürftig waren? Mag es auch so sein, es ist doch kein Auftrag dazu gegeben. Gottes Werke aber können nicht ohne Auftrag getan werden; sie wären sonst ohne Verheißung getan. Gilt denn aber die Verheißung und der Auftrag zur Predigt des Evangeliums nicht überall? Beides gilt allein dort, wo Gott den Auftrag dazu gegeben hat. Ist es aber nicht gerade die Liebe Christi, die uns drängt, unbegrenzt die Botschaft auszurichten? Die Liebe Christi unterscheidet sich von dem Überschwang und dem Eifer des eigenen Herzens dadurch, daß sie sich an den

Auftrag hält. Nicht um unserer noch so großen Liebe zu unseren Brüdern im Volk oder zu den Heiden in fremden Ländern willen bringen wir ihnen das Heil des Evangeliums, sondern um des Auftrags des Herrn willen, den er im Missionsbefehl gegeben hat. Allein der Auftrag zeigt uns den Ort, an dem die Verheißung liegt. Allein wo das Wort Christi ist, sollen die Apostel sich finden lassen.

Wir, die wir zu den Heiden gehörten, waren einstmals ausgeschlossen von der Botschaft. Erst mußte Israel die Christusbotschaft hören und verwerfen, damit sie zu den Heiden komme und eine Gemeinde der Heidenchristen geschaffen würde nach dem Auftrag Jesu Christi. Erst der Auferstandene gibt den Missionsbefehl. So wurde die Beschränkung des Auftrages, die die Jünger wohl nicht begreifen konnten, gerade zur Gnade für die Heiden, die die Botschaft des Gekreuzigten und Auferstandenen empfingen. Das ist Gottes Weg und Weisheit. Uns bleibt nur der Auftrag.

28. April

IN DEN BOTEN GEHT DER KÖNIG SELBST DURCHS LAND

Geht aber und predigt und sprecht: Das Himmelreich ist nahe herbeigekommen. Macht die Kranken gesund, reinigt die Aussätzigen, weckt die Toten auf, treibt die Teufel aus. Umsonst habt ihr's empfangen, umsonst gebt es auch.

Matthäus 10, 7–8

Die Botschaft und die Wirksamkeit der Boten ist von der Jesu Christi selbst in nichts unterschieden. Sie haben teilbekommen an seiner Macht. Jesus befiehlt die Verkündigung des Anbruchs des Himmelreiches und er befiehlt die Zeichen, die diese Botschaft bekräftigen. Jesus befiehlt, Kranke zu heilen, Aussätzige zu reinigen, Tote aufzuerwecken, die Teufel auszutreiben! Verkündigung wird zum Geschehnis, und das Geschehnis bezeugt die Verkündigung. Reich Gottes, Jesus Christus, Vergebung der Sünden, Rechtfertigung des Sünders aus Glauben, das alles ist nichts anderes als Vernichtung der Teufelsmacht, Heilung, Totenauferweckung. Als das Wort des allmächtigen Gottes ist es Tat, Ereignis, Wunder. Der eine Jesus Christus geht in seinen zwölf Boten durch das Land und tut sein Werk. Die königliche Gnade, mit der die Jünger ausgestattet werden, ist das schöpferische und erlösende Wort Gottes.

29. April

IM DIENSTKLEID DER ARMUT

Umsonst habt ihr's empfangen, umsonst gebt es auch.

Aus Matthäus 10, 8b–10

Weil der Auftrag und die Kraft der Boten allein im Worte Jesu bestehen, darum soll an Jesu Boten nichts gesehen werden, was diese königliche Sendung undeutlich oder unglaubwürdig macht. In königlicher Armut sollen die Boten Zeugnis ablegen von dem Reichtum ihres Herrn. Was sie von Jesus empfangen haben, ist kein eigener Besitz, mit dem sie andere Güter einhandeln könnten. „Umsonst habt ihr es empfangen." Jesu Bote zu sein verleiht keinerlei persönliches Recht, keinen Anspruch auf Ehrung oder Macht. Auch wo aus dem freien Boten Jesu der beamtete Pfarrer geworden ist, ist das nicht anders. Die Rechte des studierten Mannes, die gesellschaftlichen Ansprüche eines Standes haben für den, der Jesu Bote geworden ist, keine Geltung mehr. Oder war es doch nicht allein

Jesu Ruf, der uns unverdient in seinen Dienst zog? „Umsonst gebt es auch!" Laßt es deutlich werden, daß ihr mit allem Reichtum, den ihr zu vergeben habt, nichts für euch begehrt, nicht Besitz, aber auch nicht Ansehen, Anerkennung, ja, auch nicht einmal Dankbarkeit! Woher hättet ihr auch einen Anspruch darauf? Alles, was an Ehrung auf uns fallen soll, rauben wir ja dem, dem es in Wahrheit gehört, dem Herrn, der uns gesandt hat.

Die Freiheit der Boten Jesu soll sich in ihrer Armut erweisen. Nicht als Bettler, nicht mit zerrissenen Kleidern sollen sie sich auffällig machen und den anderen als Parasiten zur Last fallen. Aber in dem Dienstkleid der Armut sollen sie einhergehen. Sie sollen so wenig bei sich haben wie der, der über Land geht und gewiß ist, daß er abends bei Freunden das Haus findet, das ihn beherbergt und ihn mit der nötigen Nahrung versorgt. Solches Vertrauen sollen sie zwar nicht auf Menschen setzen, sondern auf den, der sie gesandt hat, und auf den himmlischen Vater, der für sie sorgen wird. Damit werden sie die Botschaft glaubwürdig machen, die sie verkündigen, nämlich die anbrechende Herrschaft Gottes auf Erden. In derselben Freiheit, in der sie ihren Dienst tun, sollen sie auch Herberge und Nahrung annehmen, nicht als Bettelbrot, sondern als die Speise, deren ein Arbeiter wert ist. „Arbeiter" nennt Jesus seine Boten. Trägheit allerdings ist nicht der Speise wert. Aber was ist Arbeit, wenn nicht dieser Kampf mit den Mächten des Satans, dieser Kampf um die Herzen der Menschen, dieser Verzicht auf eigenen Ruhm, auf die Güter und Freuden der Welt, um des Dienstes an den Armen, Mißhandelten, Elenden willen?

30. April

DIE ZEIT IST KOSTBAR UND KURZ

Wenn es das Haus wert ist, wird euer Friede auf sie kommen. *Aus Matthäus 10, 11–15*

Die Arbeit in der Gemeinde wird ihren Ausgangspunkt nehmen von den Häusern, „die es wert sind", Jesu Boten zu beherbergen. Gott hat noch überall eine betende und wartende Gemeinde. Hier werden die Jünger im Namen ihres Herrn demütig und willig aufgenommen. Hier wird ihre Arbeit im Gebet mitgetragen werden, hier ist eine kleine Schar, die stellvertretend für die ganze Gemeinde dasteht. Unverzüglich kommen die Boten beim Betreten eines Hauses und einer Stadt zur Sache. Die Zeit ist kostbar und kurz. Noch viele warten auf die Botschaft. Die Verkündigung der Boten ist kurz und klar. Sie melden den Anbruch des Gottesreiches, sie rufen zur Umkehr und zum Glauben. Ein Befehl wird ausgerichtet und ein Angebot wird gemacht in höchster Autorisierung. Damit ist alles geschehen. Weil alles von größter Einfachheit und Klarheit ist und weil die Sache keinen Aufschub leidet, darum bedarf es keiner weiteren Vorbereitung, Diskussion, Werbung. Ein König steht vor der Tür, jeden Augenblick kann er kommen: Wollt ihr euch unterwerfen und ihn demütig empfangen oder wollt ihr, daß er euch in seinem Zorn vernichte und töte? Wer hören will, der hat hier alles gehört; der kann auch den Boten nicht aufhalten wollen, denn der muß weiter in die nächste Stadt. Wer aber nicht hören will, für den ist die Gnadenzeit vorüber, er hat sich selbst das Gericht gesprochen. Das ist evangelische Predigt. Ist das unbarmherzige Hast? Nichts ist unbarmherziger als den Menschen vorzuspiegeln, daß sie noch Zeit hätten zur Umkehr. Nichts ist barmherziger, nichts ist frohere Botschaft als dies, daß die Sache eilt, daß das Reich sehr nahe ist. Der Bote kann nicht warten, bis es jedem immer wieder und jedem in seiner Sprache gesagt ist. Gottes Sprache ist klar genug. Der Bote verfügt auch nicht darüber, wer hören wird und wer nicht. Gott allein kennt die, „die es wert sind". Diese aber werden das Wort hören, so wie es von den Jüngern gesagt wird.

1. Mai

KLUGHEIT UND EINFALT ZUGLEICH

Ich sende euch wie Schafe mitten unter die Wölfe. Darum seid klug wie die Schlangen und ohne Falsch wie die Tauben. *Matthäus 10, 16*

Erfolglosigkeit und Feindschaft können den Boten nicht daran irre werden lassen, daß er von Jesus gesandt ist. Als starken Halt und Trost wiederholt es Jesus: „Siehe, ich sende euch!" Damit verheißt der Herr, daß er bei seinen Boten bleiben wird, wenn sie wie Schafe unter den Wölfen sein werden, wehrlos, ohnmächtig, geängstigt und in großer Gefahr. Es wird ihnen nichts widerfahren, was Jesus nicht weiß. „Darum seid klug wie die Schlangen und ohne Falsch wie die Tauben." Wie oft haben Diener Jesu diesen Satz mißbraucht! Wie schwer ist es auch für den willigen Boten Jesu, hier recht zu verstehen und im Gehorsam zu bleiben! Wer vermag denn geistliche Klugheit von weltlicher Schlauheit immer zu unterscheiden? Weil hier keines Menschen Herz sich in sich selbst auskennt und weil Jesus seine Jünger niemals in die Ungewißheit, sondern immer in die höchste Gewißheit rief, darum kann diese Mahnung Jesu den Jünger zu nichts anderem rufen als zum Bleiben am Wort. Wo das Wort ist, dort soll der Jünger auch sein, das ist seine rechte Klugheit und seine rechte Einfalt. Muß das Wort weichen, weil die Verwerfung offenbar geworden ist, so weiche der Jünger mit dem Wort; bleibt das Wort im offenen Kampf, so bleibe auch der Jünger. Er wird in beidem klug und einfältig zugleich handeln. Niemals aber gehe der Jünger aus „Klugheit" einen Weg, der vor dem Wort Jesu nicht bestehen kann. Niemals rechtfertige er einen Weg, der dem Wort nicht entspricht, mit „geistlicher Klugheit". Allein die Wahrheit des Wortes wird ihn erkennen lehren, was klug ist. Niemals aber kann es „klug" sein, der Wahrheit auch nur den geringsten Teil abzubrechen um irgendeiner menschlichen Aussicht oder Hoffnung willen. Klug kann es immer nur sein, bei der Wahrheit Gottes zu bleiben. Hier allein ist die Verheißung auf Gottes Treue und Hilfe.

2. Mai

NÜCHTERN GEWORDEN

Hütet euch aber vor den Menschen.

Aus Matthäus 10, 17–22

Vom Wort her werden die Boten auch die rechte Kenntnis der Menschen gewinnen. Nicht Furcht vor den Menschen, nicht böses Mißtrauen, vor allem nicht Menschenhaß, aber auch nicht leichtsinnige Vertrauensseligkeit, Glaube an das Gute in allen Menschen, sondern rechtes Wissen um das Verhältnis des Wortes zum Menschen und des Menschen zum Wort sollen die Jünger zeigen. Sind sie hier nüchtern geworden, dann können sie es auch ertragen, wenn Jesus ihnen vorhersagt, daß ihr Weg unter den Menschen ein Leidensweg sein wird. Aber eine wunderbare Kraft wohnt dem Leiden der Jünger inne. Durch Leiden wird die Botschaft vorangetragen werden. Weil das Gottes Plan und Jesu Wille ist, darum wird auch in der Stunde der Verantwortung vor Gerichten und Thronen den Jüngern die Kraft gegeben werden zu einem guten Bekenntnis, zu einem furchtlosen Zeugnis. Der Heilige Geist selbst wird ihnen beistehen. Er wird sie unüberwindlich machen. Er wird ihnen eine „Weisheit geben, welcher nicht sollen widersprechen können noch widerstehen alle eure Widersacher" (Lk 21, 15). Weil die Jünger im Leiden am Worte bleiben, darum wird das Wort auch bei ihnen bleiben. Gesuchtes Martyrium hätte diese Verheißung nicht. Aber das Leiden mit dem Wort ist ihrer ganz gewiß.

Der Haß gegen das Wort der Boten Jesu wird bleiben bis ans Ende. Er wird die Jünger schuldig sprechen an aller Entzweiung, die über Städte und Häuser kommen wird. Jesus und seine Jünger werden als die Zerstörer der Familie, als die Verführer des Volkes, als wahnsinnige Schwärmer und Aufrührer von allen verurteilt werden. Jetzt ist die Versuchung zum Abfall nahe an den Jünger herangetreten. Aber nahe ist auch das Ende. Bis dahin noch gilt es treu zu bleiben, durchzuhalten, zu beharren. Selig wird allein der sein, der bis zuletzt bei Jesus und seinem Worte bleibt.

3. Mai

DIE GRENZEN DER MACHT

Fürchtet euch nicht vor denen, die den Leib töten!

Aus Matthäus 10, 26–33

Der Bote bleibt beim Wort und das Wort bleibt beim Boten, jetzt und in Ewigkeit. Dreimal stärkt Jesus seine Boten mit dem Ruf: „Fürchtet euch nicht!" Was ihnen jetzt im Verborgenen widerfährt, wird nicht verborgen bleiben, sondern offenbar werden vor Gott und den Menschen. Das heimlichste Leiden, das man ihnen zufügt, hat die

Verheißung, einst an den Tag zu kommen, zum Gericht über die Verfolger, zur Verherrlichung der Boten.

Aber auch das Zeugnis der Boten soll nicht im Dunkeln bleiben, sondern ein öffentliches Zeugnis werden. Nicht heimliche Sektiererei, sondern öffentliche Predigt soll das Evangelium sein. Auch wenn es heute noch hier und da in Winkeln leben muß, in der letzten Zeit wird diese Predigt den ganzen Erdkreis erfüllen zum Heil und zur Verwerfung.

Nicht die Menschen sind zu fürchten. Sie vermögen den Jüngern Jesu nicht viel anzuhaben. Ihre Macht hört mit dem leiblichen Tode auf. Todesfurcht aber sollen die Jünger überwinden durch Gottesfurcht. Nicht das Gericht der Menschen, sondern Gottes Gericht, nicht das Verderben des Leibes, sondern das ewige Verderben des Leibes und der Seele bringt dem Jünger Gefahr. Wer die Menschen noch fürchtet, der fürchtet Gott nicht. Wer Gott fürchtet, der fürchtet die Menschen nicht mehr.

Die Macht, die den Menschen für kurze Zeit auf dieser Erde gegeben ist, ist nicht ohne Gottes Wissen und Willen. Fallen wir in der Menschen Hände, trifft uns Leiden und Tod durch menschliche Gewalt, so sind wir doch dessen gewiß, daß alles von Gott kommt. Er, der keinen Sperling zum Boden fallen läßt ohne sein Wollen und Wissen, er läßt den Seinen nichts geschehen, als was ihnen und der Sache, für die sie stehen, gut und nützlich ist. Wir sind in Gottes Händen. Darum „fürchtet euch nicht!"

Die Zeit ist kurz. Die Ewigkeit ist lang. Es ist Entscheidungszeit. Wer hier am Worte und am Bekenntnis bleibt, bei dem wird in der Stunde des Gerichts Jesus Christus stehen. Er wird ihn kennen und sich zu ihm stellen, wenn der Verkläger sein Recht fordern wird. Wer sich aber dieses Herrn und dieses Namens schämt, wer ihn verleugnet, dessen wird sich auch Jesus in der Ewigkeit schämen, den wird er verleugnen.

4. Mai

NICHT MIT LEEREN HÄNDEN

Wer euch aufnimmt, der nimmt mich auf.

Aus Matthäus 10, 40–42

Die Träger des Wortes Jesu empfangen ein letztes verheißendes Wort für ihr Werk. Sie sind Christi Mitarbeiter und Gehilfen geworden, sie sollen Christus gleich sein in allen Stücken, so sollen sie auch für die Menschen, zu denen sie gehen, „wie Christus" sein. Mit ihnen betritt Jesus Christus selbst das Haus, das sie aufnimmt. Sie sind Träger seiner Gegenwart. Sie bringen den Menschen das kostbarste Geschenk, Jesus Christus, und mit ihm Gott, den Vater, und das heißt ja Vergebung, Heil, Leben, Seligkeit. Das ist der Lohn und die Frucht ihrer Arbeit und ihres Leidens. Jeder Dienst, den man ihnen tun wird, ist an Jesus Christus selbst getan. Das ist in gleicher Weise Gnade für die Gemeinde und für die Boten. Die Gemeinde wird den Boten um so williger Gutes erweisen, sie ehren und ihnen dienen; denn mit ihnen ist ja der Herr selbst bei ihnen eingekehrt. Die Jünger aber dürfen wissen, daß ihr Eintritt in ein Haus nicht vergeblich und leer bleibt, sondern daß sie eine unvergleichliche Gabe bringen. Es ist ein Gesetz im Reiche Gottes, daß jeder der Gabe teilhaftig wird, die er willig als von Gott gekommen empfängt. Wer den Propheten aufnimmt im Wissen darum, was er tut, der wird seiner Sache, seiner Gabe und seines Lohnes teilhaftig. Wer einen Gerechten aufnimmt, der wird den Lohn eines Gerechten empfangen, denn er hat an seiner Gerechtigkeit teilgenommen. Wer aber einem dieser Geringsten, dieser Ärmsten, denen kein Ehrenname zukommt, dieser Boten Jesu Christi nur einen Becher Wasser reicht, der hat Jesus Christus selbst gedient, und der Lohn Jesu Christi wird ihm zufallen.

So wird der letzte Gedanke der Boten nicht auf den eigenen Weg, auf das eigene Leiden und auf den eigenen Lohn gerichtet, sondern auf das Ziel ihrer Arbeit, auf das Heil der Gemeinde.

Singet dem Herrn ein neues Lied

5. Mai

KEINES SCHMUCKES BEDÜRFTIG

Singet dem Herrn ein neues Lied. *Psalm 98, 1*

Von dem großen italienischen Dichter der Renaissance, Petrarca, wird erzählt, daß er einst von einem der oberitalienischen Berge hinabgeschaut habe ins blühende Land und daß er überwältigt worden sei von dem Gefühl: Gott, wie schön, wie schön ist diese Welt. Aber schon im nächsten Augenblick habe er das Kreuz über sich geschlagen und sein Brevier gefaßt, um daraus zu beten. Das ist der Mensch, der vor der Schönheit der Welt erschrickt, der ihr angstvoll entflieht. Er will ja nicht diese Welt mit ihrer Herrlichkeit mehr lieben als den, der sie schuf; er will nicht das Geschöpf mehr lieben als den Schöpfer.

Wer einmal in der Peterskirche in Rom den Sixtinischen

Chor gehört hat, ahnt etwas von der Gefahr, über diesen himmlischen Stimmen die wahrhaftige Stimme Gottes in der Schlichtheit der biblischen Sprache als gering anzusehen und weniger zu lieben. Es kann an Gotteslästerung grenzen, Jesus Christus mit einem reichen, glanzvollen Werk menschlicher Kunst so zu feiern, daß darüber die Armut und Niedrigkeit seiner Person, die Klarheit und Sachlichkeit seines Wortes vergessen wird.

Das Wort Gottes, wie es in der Bibel und in der Verkündigung seines Evangeliums an uns ergeht, bedarf keines Schmuckes. Es ist sein eigener Schmuck, seine eigene Herrlichkeit, seine eigene Schönheit; das ist gewiß mehr als alles Fremde! Dennoch will sich dieses Wort dem Schmuck derer nicht entziehen, die es lieb haben. Es ist aber wie bei jedem Schmuck wahrer Schönheit: Er kann nur dazu dienen, daß die Schönheit des Wortes Gottes um so herrlicher erstrahle. Nichts Fremdes, nichts Falsches, nichts Unechtes, nicht glitzernder Tand und nicht Schminke, nichts, was die eigene Schönheit verdeckt, sondern nur, was sie offenbart und sichtbar macht, darf Schmuck des Wortes Gottes sein.

6. Mai

ZUR EHRE GOTTES – ODER DER MENSCHEN?

Die das Wort Gottes lieben, haben es sich nie nehmen lassen, ihr Schönstes zu seinem Schmuck herbeizutragen. Das konnte gar nichts anderes sein als ein gehorsames Herz; aber aus diesem gehorsamen Herzen wuchs dann das sichtbare Werk, das hörbare Lied hervor zur Ehre Gottes und Jesu Christi. Es gibt unechte, mißlungene, aber auch unvergleichlich edle Töne. Wie gewinnen wir einen

Schlüssel, das Echte und Gute von dem Unechten und Mißlungenen zu unterscheiden? Um mit einem Gleichnis zu antworten: Des Menschen Seele ist eine Harfe, und das Wort Gottes, das diese Seele trifft, ist der Harfner. Je reiner und unverstimmter die Saiten der Harfe sind, desto reiner und klarer klingt das Lied. Wie oft sind die Saiten verstimmt, wie oft gibt es einen Mißklang, wie oft klingt es aus unserem Mund, als seien die Saiten alle geborsten und nur ein wildes, leidendes, gequältes, mißtönendes Geschrei kommt von unseren Lippen.

Es kann auch sein, daß irgendein Sturm über die Saiten dahinfegt und sie zum Klingen bringt; ein Sturm der Leidenschaft, ein Sturm des Aufruhrs, der Empörung gegen das Schicksal, vielleicht auch ein leises Klagen und Weinen, und dann wird, was da laut wird, ein Lied zur Verherrlichung unseres Selbst, unserer Leidenschaft, unserer Liebe, unseres Hasses, unserer Verzweiflung, unserer Trauer und unseres Kraftgefühls.

Der große Unterschied ist, ob Gott selbst der Harfner ist oder ob es unsere Leiden und Leidenschaften sind; ob unser Singen und Musizieren allein die Ehre Gottes und Jesu Christi verkündigen will, oder ob der Mensch ihr Maß und Mittelpunkt ist. Bach hat über all seine Werke geschrieben: Soli Deo Gloria; und es ist, als ob seine Musik nichts anderes wäre als ein unermüdlicher Lobpreis dieses Gottes. Beethovens Musik dagegen erscheint als der unvergängliche Ausdruck menschlichen Leidens und menschlicher Leidenschaften. Bach können wir im Gottesdienst hören, Beethoven nicht.

Tolstoi hat einmal gesagt, der Zar müsse verbieten, daß Beethoven vor guten Menschen gespielt werde; er errege die Leidenschaften zutiefst und gefährde die Menschen. Luther hat andererseits oft gesagt, daß die Musik nächst dem Wort Gottes das Beste sei, was der Mensch habe. Sie haben beide etwas Verschiedenes im Auge: Tolstoi jene Musik zur Ehre des Menschen, Luther diese Musik zur Ehre Gottes. Von ihr wußte Luther, daß sie unendlich viel

Tränen getrocknet, Bedrückte fröhlich gemacht, Begierden niedergeschlagen, Niedergeschlagene aufgerichtet, Angefochtene gestärkt hat, daß sie auch manchem verstockten Herzen wieder die Tränen abgezwungen und manche großen Sünder zur Buße vor Gottes Güte getrieben hat.

7. Mai

DAS LIED, DAS UNS NEU MACHT

„Singet dem Herrn ein neues Lied." Neu ist dasjenige Lied, das den Menschen neu macht, das aus Dunkelheit und Sorgen und Angst hervorbricht zu neuer Hoffnung, neuem Glauben, neuem Vertrauen. Neu ist das Lied, das Gott selbst neu in uns erweckt – und ob es ein uraltes Lied wäre –, der Gott, der „sich Lobgesänge schafft mitten in der Nacht." Der Lobgesang in der Nacht unseres Lebens, unseres Leidens und unserer Furcht, in der Nacht unseres Todes – das ist das neue Lied. Das Lied, das den Leichtsinnigen zur Einkehr ruft, den Heimatlosen zur Heimkehr, den Verstockten zum Weinen und den Weinenden zur Freude; das Lied, das den Säugling in der Taufe zu Gott ruft, den Jungen und das Mädchen bei der Konfirmation zum Bekenntnis, Eheleute zum Gehorsam und zur Treue, das über dem Totenbett und dem offenen Grab die Hoffnung der Auferstehung verkündigt – das ist das neue Lied von Christus, dem Herrn und Erlöser.

„Singet dem Herrn ein neues Lied" – und doch sind alle unsere Lieder nur ein Abglanz von dem Lied, das die Ewigkeit singt vor dem Thron Jesu Christi. Die christliche Hoffnung aller Zeiten hat sich diese Ewigkeit Gottes nicht anders vorstellen können als erfüllt von einem Meer der Töne und Gesänge. Bilder sind Bilder – und haben doch ihr Recht. Warum sollen wir uns nicht schon hier freuen auf das neue Lied, das uns hinauftragen wird, wenn wir die Augen zutun, das reinste, das süßeste, das härteste und das gewaltigste aller Lieder? „Singet dem Herrn ein neues Lied" – ja, Herr, wir kommen mit Liedern auf den Lippen, laß dein Lied stark werden, wenn unsere Lieder verstummen; laß über unserem Totenbett das Lied, das kein Sterblicher hören kann, laut erklingen. Jesu juva, Jesus hilf!

Herr, lehre uns beten

8. Mai

HINEINGENOMMEN IN DAS GEBET JESU

„Herr, lehre uns beten!" So sprachen die Jünger zu Jesus. Sie bekannten damit, daß sie von sich aus nicht zu beten vermochten. Sie müssen es lernen. Beten lernen, das klingt uns widerspruchsvoll. Entweder ist das Herz so übervoll, daß es von selbst zu beten anfängt, sagen wir, oder es wird nie beten lernen. Das ist aber ein gefährlicher Irrtum, der heute freilich weit in der Christenheit verbreitet ist, als könne das Herz von Natur aus beten. Wir verwechseln dann Wünschen, Hoffen, Seufzen, Klagen, Jubeln – das alles kann das Herz ja von sich aus – mit Beten. Damit aber verwechseln wir Erde und Himmel, Mensch und Gott. Beten heißt ja nicht einfach das Herz ausschütten, sondern es heißt, mit seinem erfüllten oder auch leeren Herzen den

Weg zu Gott finden und mit ihm reden. Das kann kein Mensch von sich aus, dazu braucht er Jesus Christus.

Die Jünger wollen beten, aber sie wissen nicht, wie sie es tun sollen. Das kann eine große Qual werden, mit Gott reden wollen und es nicht können, vor Gott stumm sein müssen, spüren, daß alles Rufen im eigenen Ich verhallt, daß Herz und Mund eine verkehrte Sprache sprechen, die Gott nicht hören will. In solcher Not suchen wir Menschen, die uns helfen können, die etwas vom Beten wissen. Wenn uns einer, der beten kann, in sein Gebet mit hineinnähme, wenn wir sein Gebet mitbeten dürften, dann wäre uns geholfen! Gewiß können uns erfahrene Christen hier viel helfen, aber sie können es auch nur durch den, der ihnen selbst helfen muß und zu dem sie uns weisen, wenn sie rechte Lehrer im Beten sind, durch Jesus Christus. Wenn er uns mit in sein Gebet hineinnimmt, wenn wir sein Gebet mitbeten dürfen, wenn er uns auf seinem Wege zu Gott mit hinaufführt und uns beten lehrt, dann sind wir von der Qual der Gebetslosigkeit befreit. Das aber will Jesus Christus. Er will mit uns beten, wir beten sein Gebet mit und dürfen darum gewiß und froh sein, daß Gott uns hört. Wenn unser Wille, unser ganzes Herz eingeht in das Gebet Christi, dann beten wir recht. Nur in Jesus Christus können wir beten, mit ihm werden auch wir erhört.

9. Mai

ANSEHNLICHE DEMONSTRATION IM KÄMMERLEIN

Und wenn du betest, sollst du nicht sein wie die Heuchler, die da gerne stehen und beten in den Schulen und an den Ecken auf den Gassen, auf daß sie von den Leuten gesehen werden. Wahrlich ich sage euch: Sie haben ihren Lohn da-

hin. Wenn du aber betest, so gehe in dein Kämmerlein und schließe die Tür zu und bete zu deinem Vater im Verborgenen; und dein Vater, der in das Verborgene sieht, wird dir's vergelten öffentlich. Und wenn ihr betet, sollt ihr nicht viel plappern wie die Heiden; denn sie meinen, sie werden erhört, wenn sie viel Worte machen. Darum sollt ihr euch ihnen nicht gleichstellen. Euer Vater weiß, was ihr bedürfet, ehe denn ihr ihn bittet. Matthäus 6, 5–8

Das Gebet ist das schlechthin Verborgene. Wer betet, kennt sich selbst nicht mehr, sondern nur noch Gott, den er anruft. Weil das Gebet allein auf Gott gerichtet ist, ist es das undemonstrativste Handeln schlechthin.

Freilich gibt es auch hier die Verkehrung des Gebetes in die Demonstration, in der das Verborgene ans Licht gebracht wird. Das geschieht nicht nur durch das öffentliche Gebet, das zum Geplapper wird. Es wird heute sehr selten so geschehen. Es ist aber kein Unterschied, ja viel verderblicher, wenn ich mich selbst zum Zuschauer meines Gebetes mache, wenn ich vor mir selbst bete. Die Öffentlichkeit der Straße ist nur eine naivere Form der Öffentlichkeit, die ich mir selbst bereite. Ich kann mir auch in meinem Kämmerlein eine ansehnliche Demonstration veranstalten. Die Öffentlichkeit, die ich mir suche, besteht dann darin, daß ich zugleich der bin, der betet, wie auch der, der hört. Ich höre mich selbst an, ich erhöre mich selbst. Weil ich auf die Erhörung Gottes nicht warten will, weil ich mir nicht dermaleinst die Erhörung meines Gebets von Gott zeigen lassen will, schaffe ich mir selbst meine Erhörung. Ich stelle fest, daß ich fromm gebetet habe, und in dieser Feststellung liegt die Befriedigung der Erhörung. Mein Gebet ist erhört. Ich habe meinen Lohn dahin. Weil ich mich selbst erhört habe, wird mich Gott nicht erhören, weil ich mir selbst den Lohn der Öffentlichkeit bereitet habe, wird Gott mir keinen Lohn mehr bereiten.

Was ist das Kämmerlein, von dem Jesus redet, wenn ich vor mir selbst nicht sicher bin? Wie soll ich es so fest zuschließen, daß kein Zuhörer die Verborgenheit des Gebetes zerstört und mir den Lohn des verborgenen Gebetes raubt? Wie soll ich mich vor mir selbst schützen? vor meiner Reflexion? Mein eigner Wille, mit meinem Gebet irgendwie mich selbst durchzusetzen, muß sterben, getötet werden. Dann kann ich beten, daß der Wille dessen geschehe, der weiß, was ich bedarf, ehe ich bitte.

10. Mai

DER NAME ÜBER ALLE NAMEN

Jesus hat seinen Jüngern nicht nur gesagt, wie sie beten sollen, sondern auch was sie beten sollen. Das Vaterunser ist nicht ein Beispiel für das Gebet der Jünger, sondern so soll gebetet werden, wie es Jesus sie gelehrt hat. Mit diesem Gebet werden sie von Gott erhört werden, das ist gewiß. Das Vaterunser ist das Gebet schlechthin. Alles Beten der Jünger hat in ihm sein Wesen und seine Grenze. Jesus läßt seine Jünger auch hier nicht im Ungewissen, er führt sie mit dem Vaterunser in die vollkommene Klarheit des Gebetes.

„Vater unser, der du bist im Himmel." – Gemeinsam rufen die Nachfolgenden ihren himmlischen Vater an, der schon alles weiß, was seine lieben Kinder bedürfen. Zu Brüdern sind sie gemacht durch den Ruf Jesu, der sie verbindet. In Jesus haben sie die Freundlichkeit des Vaters erkannt. Im Namen des Sohnes Gottes dürfen sie Gott ihren Vater nennen. Sie sind auf Erden und ihr Vater ist im Himmel. Er sieht herab auf sie, sie heben ihre Augen auf zu ihm.

„Geheiligt werde dein Name." – Gottes väterlicher Name, wie er den Nachfolgenden in Jesus Christus offenbart ist, soll heilig gehalten sein unter den Jüngern; denn in diesem Namen ist das ganze Evangelium beschlossen. Gott wolle es nicht zulassen, daß sein heiliges Evangelium verdunkelt und verdorben wird durch falsche Lehre und unheiliges Leben. Gott wolle den Jüngern fort und fort seinen heiligen Namen in Jesus Christus offenbar werden lassen. Er leite alle Prediger zur lauteren Verkündigung des seligmachenden Evangeliums. Er wehre den Verführern und bekehre die Feinde seines Namens.

11. Mai

DAS KOMMENDE REICH UND DER WILLE DES HERRSCHERS

„Dein Reich komme." – In Jesus Christus haben die Nachfolgenden den Anbruch des Reiches Gottes auf Erden erfahren. Hier ist der Satan überwunden, die Macht der Welt, der Sünde und des Todes gebrochen. Noch steht Gottes Reich im Leiden und im Kampf. Die kleine Gemeinde der Herausgerufenen hat daran teilbekommen. Sie stehen unter der Königsherrschaft Gottes in neuer Gerechtigkeit, aber mitten unter Verfolgung. Gott wolle das Reich Jesu Christi auf Erden in seiner Gemeinde wachsen lassen, er wolle den Reichen dieser Welt bald ein Ende bereiten und sein Reich mit Macht und Herrlichkeit herbeiführen.

„Dein Wille geschehe auf Erden wie im Himmel." – In der Gemeinschaft Jesu Christi haben die Nachfolgenden ihren Willen ganz an Gottes Willen hingegeben. Sie beten darum, daß Gottes Wille auf der ganzen Erde geschehen möge. Kein Geschöpf soll ihm widerstreben. Weil aber auch in den Nachfolgenden noch der böse Wille lebt, der sie aus der Gemeinschaft Jesu herausreißen will, darum beten sie auch, daß Gottes Wille in ihnen täglich mehr zur Herrschaft komme und allen Trotz breche. Zuletzt aber soll alle Welt sich dem Willen Gottes beugen, ihn dankbar anbeten in Not und in Freude. Himmel und Erde sollen Gott unterworfen sein.

Um Gottes Namen, um Gottes Reich, um Gottes Willen sollen die Jünger Jesu vor allem beten. Zwar bedarf Gott dieses Gebetes nicht, aber durch dieses Gebet sollen die Jünger selbst teilbekommen an den himmlischen Gütern, um die sie bitten. Auch dürfen sie durch solches Gebet das Ende schneller herbeiführen helfen.

12. Mai

BROT UND SCHULD

„Unser täglich Brot gib uns heute." Solange die Jünger auf Erden sind, sollen sie sich nicht schämen, von ihrem himmlischen Vater die Güter des leiblichen Lebens zu erbitten. Der die Menschen auf Erden erschaffen hat, will ihren Leib erhalten und behüten. Er will nicht, daß seine Schöpfung verächtlich gemacht werde. Es ist ein gemeinsames Brot, um das die Jünger bitten. Keiner soll es für sich allein haben. Sie bitten auch, daß Gott allen seinen Kindern auf der ganzen Erde das tägliche Brot gebe; denn sie sind ihre Brüder nach dem Leib. Die Jünger wissen, daß das Brot, das aus der Erde wächst, von oben herabkommt und Gottes Gabe allein ist. Darum nehmen sie sich nicht das Brot, sondern sie erbitten es. Weil es Brot von Gott ist, darum kommt es täglich neu. Nicht um Vorrat bitten die Nachfolgenden, sondern um die tägliche Gabe Gottes heute, durch die sie ihr Leben in der Gemeinschaft Jesu fristen können und über dem sie Gottes milde Güte preisen. In dieser Bitte erprobt sich der Glaube der Jünger an das lebendige Wirken Gottes auf Erden zu ihrem Besten.

„Vergib uns unsere Schuld, wie wir unseren Schuldigern vergeben." Die Erkenntnis ihrer Schuld ist die tägliche Klage der Nachfolgenden. Die in der Gemeinschaft Jesu ohne Sünde leben dürften, sündigen täglich durch allerlei Unglauben, Trägheit zum Gebet, Zuchtlosigkeit des Leibes, durch allerlei Selbstgefälligkeit, Neid, Haß und Ehrgeiz. Darum sollen sie täglich um Gottes Vergebung bitten. Gott aber will ihre Bitte nur erhören, wenn sie auch einander brüderlich und willig ihre Schuld vergeben. So tragen sie gemeinsam ihre Schuld vor Gott und bitten gemeinsam um Gnade. Gott wolle nicht nur mir meine Schuld, sondern uns unsere Schuld vergeben.

13. Mai

VERSUCHUNG UND HERRLICHKEIT

„Führe uns nicht in Versuchung." Vielfältig sind die Versuchungen der Nachfolgenden. Von allen Seiten greift sie der Satan an und will sie zu Fall bringen. Falsche Sicherheit und gottloser Zweifel ficht sie hart an. Die Jünger, die um ihre Schwachheit wissen, fordern die Versuchungen nicht heraus, um an ihnen die Kraft ihres Glaubens zu erweisen. Sie bitten Gott, ihren schwachen Glauben nicht zu versuchen und sie in der Stunde der Anfechtung zu bewahren.

„Sondern erlöse uns von dem Übel." Als letztes sollen die Jünger bitten, von dieser argen Welt einmal erlöst zu werden und das himmlische Reich zu ererben. Es ist die Bitte um ein seliges Ende und um die Rettung der Gemeinde in den letzten Zeiten dieser Welt.

„Denn dein ist das Reich . . ." Diese Gewißheit empfangen die Jünger täglich neu aus der Gemeinschaft mit

Jesus Christus, in dem die Erfüllung aller ihrer Bitten liegt. In ihm wird Gottes Name geheiligt, in ihm kommt Gottes Reich, in ihm geschieht Gottes Wille. Um seinetwillen wird das leibliche Leben der Jünger erhalten, um seinetwillen empfangen sie Vergebung ihrer Schuld, in seiner Kraft werden sie bewahrt in der Anfechtung, in seiner Kraft werden sie errettet zu ewigem Leben. Sein ist das Reich und die Kraft und die Herrlichkeit in Ewigkeit in der Gemeinschaft des Vaters. Des sind die Jünger gewiß.

Wie zur Zusammenfassung des Gebetes sagt Jesus noch einmal, daß alles daran hängt, daß sie Vergebung empfangen, und daß diese Vergebung ihnen nur zuteil wird als der Bruderschaft der Sünder.

14. Mai

HEIMATLOS UND DOCH DAHEIM

Euer Leben ist mit Christus verborgen in Gott.

Aus Kolosser 3, 1–4

„Ihr seid gestorben und euer Leben ist mit Christus verborgen in Gott." Das ist die eine leuchtende Verheißung, die uns gegeben ist. Es mag mit unserem sichtbaren Leben stehen wie immer es will: ob es noch dahinfährt und reiche Ernte einführt an Anerkennung, Ehre und Ruhm, ob es schmählich unten durch muß und zusammenbricht unter der Überlast von Not und Schuld, ob es heldenhaft und edel und groß ist oder kleinlich, töricht und stumpf, ob das Gewissen jubelt in seliger Freude oder hämmert in furchtbarer Anklage: dies Leben soll von uns Menschen nicht verherrlicht und nicht in den Himmel gehoben werden. Wollten wir dieses tun, wir könnten nur zuschanden werden vor Gott; aber gerade zuschanden werden müssen wir nicht, stehe es mit unserem sichtbaren Leben, wie immer es wolle, wenn wir es denn preisgeben, vor Gott preisgeben, wenn wir es denn verlieren, um Christi willen verlieren, dieses ganze zugleich erhebende und trostlose Leben.

Dicht neben uns in jener majestätischen Verborgenheit, da Gott ist alles in allem, da der Sohn thront zur Rechten des Vaters – da ist, o Wunder aller Wunder, unser wahres Leben bereitet. Unser Leben ist mit Christus verborgen in Gott; wir selbst sind schon daheim mitten in unserer Heimatlosigkeit.

Unser sichtbares Leben rinnt dahin wie ein Traum oder wie ein Fluch. Von Dämonien beherrscht, in Krisen verwickelt, von Schuld überhäuft – dies Leben ist ein gestorbenes Leben. Es geht seine dunkeln Wege, aber all das ist aufgehoben in Gott. Als das dem Tod verfallene ist es von Gott dem Tod entrissen, als das verlorene ist es von Gott gerettet.

Gott hätte sehr wohl die Macht, uns sündige Menschen zu vernichten und neue Menschen zu schaffen. Er hätte sehr wohl die Macht, unser Leben auszulöschen und hernach ein völlig neues, erlöstes Leben für uns bereit zu halten. Aber nein: so wie es ist, unser Leben, so hebt er es empor in seine majestätische Verborgenheit; so wie es ist, wird es verherrlicht in seine überschwengliche Herrlichkeit. Unser sichtbares Leben mit seinen Freuden und Erfolgen, mit seinen Sorgen, Kummer und Ungehorsam: heilig und unsträflich und vollkommen steht es um Jesu Christi willen in jener verborgenen Gotteswelt vor den Augen des Allmächtigen, jetzt, morgen und in alle Ewigkeit. Und keine Träne rinnt umsonst und kein Seufzen wird überhört, kein Schmerz wird verachtet und kein Jubel ist verloren. Die sichtbare Welt schreitet über all das hinweg: Aber aus Gnade und Barmherzigkeit und großer Güte sammelt Gott unser brennendes, glühendes Leben; verherrlicht er es um Jesu Christi willen; baut er es neu und gut in jener verborgenen Welt, da die Todeslinie, die uns von Gott scheidet, hinweggetan ist. Verborgen ist unser wahres Leben – aber es ist fest gegründet in Ewigkeit. „Wenn aber Christus euer Leben sich offenbaren wird, dann werdet ihr auch offenbar werden mit ihm in der Herrlichkeit.“

Meine Seele dürstet nach Gott

15. Mai

RUF, DER NICHT IM LEEREN VERHALLT

Wie der Hirsch schreit nach frischem Wasser, so schreit meine Seele, Gott, zu dir. *Psalm 42, 2*

Hast du in einer kalten Herbstnacht im Walde das durchdringende Schreien eines Hirsches gehört? Der ganze Wald erschauert unter dem Schrei des Verlangens. So schreit hier eine menschliche Seele, nicht nach einem irdischen Gut, sondern nach Gott. Ein Frommer, dem Gott ferne gerückt ist, verlangt nach dem Gott des Heils und der Gnade. Er kennt den Gott, zu dem er schreit. Er ist nicht der Sucher nach dem unbekannten Gott, der nie etwas finden wird. Er hat Gottes Hilfe und Nähe einst erfahren. Darum braucht er nicht ins Leere zu rufen. Er ruft seinen Gott an.

Wir können Gott nur recht suchen, wenn er sich uns schon offenbart hat, wenn wir schon einmal gefunden haben.

Herr Gott, erwecke in meiner Seele das große Verlangen nach dir. Du kennst mich und ich kenne dich. Hilf mir, dich suchen und finden. Amen.

Hilf Helfer, hilf in Angst und Not,
erbarm dich mein, du treuer Gott!
Ich bin ja doch dein liebes Kind
trotz Teufel, Welt und aller Sünd.

16. Mai

DURST

Meine Seele dürstet nach Gott, nach dem lebendigen Gott. Wann werde ich dahin kommen, daß ich Gottes Angesicht schaue? *Psalm 42, 3*

Durst nach Gott. Wir kennen den leiblichen Durst, wenn kein Wasser da ist, wir kennen den Durst der Leidenschaft nach Glück und Leben. Kennen wir auch den Durst der Seele nach Gott? Ein Gott, der nur ein Gedanke oder ein Ideal ist, kann diesen Durst nicht stillen. Nach dem lebendigen Gott, dem Gott und Ursprung alles wahren Lebens, dürstet unsere Seele. Wann wird er unseren Durst stillen? Wann werden wir dahin kommen, daß wir sein Angesicht schauen? Gottes Angesicht schauen, das ist das Ziel alles Lebens und das ewige Leben. Wir sehen es in Jesus Christus, dem Gekreuzigten. Haben wir es hier gefunden, dann dürsten wir danach, es in aller Klarheit in Ewigkeit zu schauen.

Jesus spricht: „Wen da dürstet, der komme zu mir und trinke" (Joh 7, 37).

Herr, uns verlangt, dich zu schauen von Angesicht zu Angesicht. Amen.

Süßes Licht, süßes Licht,
Sonne, die durch Wolken bricht!
O wann werd ich dahin kommen,
daß ich dort mit allen Frommen
schau dein holdes Angesicht!

17. Mai

»AUF DIESEN MANN SOLLST DU ZEIGEN«

Meine Tränen sind meine Speise Tag und Nacht, weil man täglich zu mir sagt: Wo ist nun dein Gott? Psalm 42, 4

Wo ist dein Gott? So fragt man uns unruhig, zweifelnd oder höhnisch. Tod, Sünde, Not und Krieg, auch Tapferkeit, Macht und Ehre – das sieht man. Aber wo ist dein Gott? Der Tränen, die darüber fließen, daß wir Gott noch nicht sehen, daß wir ihn unsern Brüdern nicht beweisen können, braucht sich keiner zu schämen. Es sind Tränen, die um Gottes willen geweint werden und die er zählt (Ps 56, 9). Wo ist dein Gott? Was können wir antworten als auf den Mann zeigen, der sich in Leben, Sterben und Auferstehen als Gottes echter Sohn erwies, Jesus Christus? Er ist im Tode unser Leben, in Sünde unsere Vergebung, in Not unser Helfer, in Krieg unser Friede. „Auf diesen Menschen sollst du zeigen und sprechen: das ist Gott" (Luther).

Herr Jesus, wenn ich angefochten bin, weil ich Gott und seine Macht und Liebe nicht sehen kann in dieser Welt, so laß mich fest auf dich blicken, denn du bist mein Herr und mein Gott. Amen.

Such, wer da will, ein ander Ziel,
die Seligkeit zu finden;
mein Herz allein bedacht soll sein,
auf Christum sich zu gründen;
sein Wort ist wahr, sein Werk sind klar,
sein heiliger Mund hat Kraft und Grund,
all Feind zu überwinden.

18. Mai

WER NACH GOTT RUFT, RUFT NACH DER KIRCHE

Wenn ich denn des innewerde, so schütte ich mein Herz aus bei mir selbst; denn ich wollte gerne hingehen mit dem Haufen und mit ihnen wallen zum Hause Gottes mit Frohlocken und Danken unter dem Haufen derer, die da feiern.
Psalm 42, 5

Ich bin allein. Da ist keiner, dem ich mein Herz ausschütten kann. So tue ich es vor mir selbst und vor dem Gott, zu dem ich schreie. Es ist gut, sein Herz auszuschütten in der Einsamkeit und den Kummer nicht in sich hineinzufressen. Aber je einsamer ich bin, desto größer wird in mir das Verlangen nach der Gemeinschaft mit anderen Christen, nach gemeinsamem Gottesdienst, gemeinsamem Beten und Singen, Loben, Danken und Feiern. Ich erinnere mich an sie, und die Liebe zu ihr wird groß in mir. Wer nach Gott ruft, ruft nach Jesus Christus, wer nach Jesus Christus ruft, ruft nach der Kirche.

Gott Heiliger Geist, schenke mir Brüder, mit denen ich im Glauben und Gebet Gemeinschaft habe, mit denen ich alles tragen kann, was mir auferlegt ist. Führe mich zurück in deine Kirche, zu deinem Wort und zum Heiligen Abendmahl. Amen.

Herz und Herz vereint zusammen
sucht in Gottes Herzen Ruh.
Lasset eure Liebesflammen
lodern auf den Heiland zu.
Er das Haupt, wir seine Glieder,
er das Licht und wir der Schein,
er der Meister, wir die Brüder,
er ist unser, wir sind sein.

19. Mai

LOHNENDES SELBSTGESPRÄCH

Was betrübst du dich, meine Seele, und bist so unruhig in mir? Harre auf Gott! Denn ich werde ihm noch danken, daß er mir hilft mit seinem Angesicht. *Psalm 42, 6*

Betrübnis und Unruhe währen nur eine kurze Zeit. Sie sollen mein Herz nicht gefangen nehmen. Sprich auch du zu deiner Seele, laß es ihr nicht zu, daß sie sich quält und Sorgen macht. Sag zu ihr: Harre auf Gott! Harre nicht auf plötzliche glückliche Wendungen aller Dinge, sondern harre auf Gott! Sein Angesicht, das ist Jesus Christus, wird mir gewiß helfen, und ich werde ihm gewiß dafür danken. Ist Jesus Christus bei dir, dann kannst du nur noch danken.

Dreieiniger Gott, mache mein Herz fest und gründe es allein auf dich und deine Hilfe. Dann ist mir geholfen und ich will dir in Ewigkeit danken. Amen.

Warum sollt ich mich denn grämen?
Hab ich doch Christum noch,
wer will mir den nehmen?

Wer will mir den Himmel rauben,
den mir schon Gottes Sohn
beigelegt im Glauben?

20. Mai

DAS TROTZIGE UND VERZAGTE HERZ

Mein Gott, betrübt ist meine Seele in mir; darum gedenke ich an dich im Lande am Jordan und Hermonim, auf dem kleinen Berge. *Psalm 42, 7*

Warum dieser Rückfall? Muß denn auf Trost immer wieder Traurigkeit folgen? Das ist das menschliche Herz, das sich nicht trösten lassen will, das von einer Betrübnis in die andere fällt und nur durch Gott festgehalten werden kann. Fern vom Tempel in Jerusalem, fern von der Kirche und der Gemeinschaft der Gläubigen bleibt die Sehnsucht ungestillt und wach. Die Gedanken gehen zu der geistlichen Heimat, in der Friede und Freude sein wird und das Herz bei Gott einkehrt. Wann werde ich sie wiedersehen?

Vater, wenn du mich in die Fremde schickst, dann erhalte mir die heilsame Sehnsucht nach meiner geistlichen Heimat, und richte meine Gedanken auf die ewige Heimat, in der du uns trösten wirst. Amen.

Jerusalem, du hochgebaute Stadt,
wollt Gott, ich wär in dir!
Mein sehnlich Herz so groß Verlangen hat
und ist nicht mehr bei mir;
weit über Berg und Tale,
weit über blaches Feld
schwingt es sich über alle
und eilt aus dieser Welt.

WIE EIN ERTRINKENDER

Deine Fluten rauschen daher, daß hier eine Tiefe und da eine Tiefe brausen; alle deine Wasserwogen und Wellen gehen über mich. *Psalm 42, 8*

Fluten, Tiefen, Wogen und Wellen – hörst du, wie das Meer der Welt über den Frommen hereinbricht? Es will ihn verschlingen, er ist wie ein Ertrinkender, der keinen Grund mehr findet und dessen Kräfte versagen. So kann die Welt Macht über uns gewinnen. Kennen wir aber auch den, dem Wind und Meer gehorsam sind (Mt 8, 23–27), der zu seiner Zeit aufsteht und das Meer bedroht, und es wird ganz stille?

Herr Jesus Christus, laß mich nicht versinken! Sprich dein starkes Wort und errette mich! Du allein kannst es. Amen.

Einst in meiner letzten Not
laß mich nicht versinken.
Soll ich von dem bittern Tod
Well auf Welle trinken,
reiche mir dann liebentbrannt,
Herr, Herr, deine Glaubenshand!
Christ Kyrie, komm zu uns auf die See!

22. Mai

DIE NACHT LEUCHTET WIE DER TAG

Der Herr hat des Tages verheißen seine Güte, und des Nachts singe ich ihm und bete zu dem Gott meines Lebens.

Psalm 42, 9

Tag und Nacht, wie endlos lang und trostlos sind sie, wenn wir ohne Gott sind. Aber wie fröhlich wird der böseste Tag, wenn ich Gottes Güte darin festhalte und glaube, wenn ich weiß, daß denen, die Gott lieben, alle Dinge zum Besten dienen müssen; und wie still und erlösend wird die tiefste Nacht, wenn ich in ihr zu Gott singe und bete, zu dem Gott, der nicht meinen Tod, sondern mein Leben will, zu dem Gott meines Lebens. Gottes Verheißungen gelten und erfüllen Tag und Nacht, Woche um Woche, Jahr um Jahr. Wenn ich sie nur ergreife!

Gott, Heiliger Geist, mache alle deine Verheißungen wahr an mir. Ich bin bereit Tag und Nacht. Erfülle du mich ganz. Amen.

Sollt ich meinem Gott nicht singen?
Sollt ich ihm nicht dankbar sein?
Denn ich seh in allen Dingen,
wie so gut er's mit mir mein.
Ist's doch nichts als lauter Lieben,
das sein treues Herze regt,
das ohn Ende hebt und trägt,
die in seinem Dienst sich üben.
Alles Ding währt seine Zeit,
Gottes Lieb in Ewigkeit.

EIN WARUM, DAS ANTWORT FINDET

Ich sage zu Gott, meinem Fels: Warum hast du mein vergessen? Warum muß ich so traurig gehen, wenn mein Feind mich drängt? *Psalm 42, 10*

Warum hast du mein vergessen? Jedem Christen kommt einmal diese Frage über die Lippen, wenn alles gegen ihn steht, wenn ihm alle irdische Hoffnung zerbricht, wenn er sich in dem Lauf der großen Weltereignisse gänzlich verloren fühlt, wenn alle Lebensziele scheitern und alles sinnlos scheint. Dann aber kommt es darauf an, an wen er diese Frage richtet. Nicht an ein dunkles Schicksal, sondern an den Gott, der mein Fels ist und bleibt, der ewige Grund, auf dem mein Leben ruht. Ich gerate in Zweifel, Gott bleibt fest wie ein Fels; ich schwanke, Gott steht unerschütterlich; ich werde untreu, Gott bleibt treu, Gott mein Fels.

Herr, mein Gott, sei mir ein fester Grund, auf den ich in dieser und in jener Zeit bauen kann. Amen.

Laß mich dein sein und bleiben,
du treuer Gott und Herr,
von dir laß mich nichts treiben,
halt mich bei deiner Lehr.
Herr, laß mich nur nicht wanken,
gib mir Beständigkeit;
dafür will ich dir danken
in alle Ewigkeit.

24. Mai

WUNDERLICHE VERBORGENHEIT GOTTES

Es ist wie ein Mord in meinen Gebeinen, daß mich meine Feinde schmähen, wenn sie täglich zu mir sagen: Wo ist nun dein Gott? *Psalm 42, 11*

Schmach dulden und zum Gespött werden um des Glaubens willen, das ist eine Auszeichnung der Frommen seit Jahrtausenden. Es tut Leib und Seele weh, wenn kein Tag vergeht, ohne daß der Name Gottes angezweifelt und gelästert wird. Wo ist nun dein Gott? Ich bekenne ihn vor der Welt und vor allen Feinden Gottes, wenn ich in tiefster Not an Gottes Güte, in Schuld an die Vergebung, im Tod an das Leben, in der Niederlage an den Sieg, in der Verlassenheit an Gottes gnädige Gegenwart glaube. Wer Gott im Kreuze Jesu Christi gefunden hat, weiß, wie wunderlich sich Gott in dieser Welt verbirgt und wie er gerade dort am nächsten ist, wo wir ihn am fernsten glauben. Wer Gott im Kreuz gefunden hat, der vergibt auch allen seinen Feinden, weil Gott ihm vergeben hat.

Gott, verlaß mich nicht, wenn ich Schmach leiden muß; vergib allen Gottlosen, weil du mir vergeben hast, und bringe uns alle endlich durch das Kreuz deines lieben Sohnes zu dir. Amen.

Herr, unser Gott, laß nicht zuschanden werden,
die, so in ihren Nöten und Beschwerden
bei Tag und Nacht auf deine Güte hoffen
und zu dir rufen.

25. Mai

HILFE VOR DER TÜR

Was betrübst du dich, meine Seele, und bist so unruhig in mir? Harre auf Gott! denn ich werde ihm noch danken, daß er meines Angesichts Hilfe und mein Gott ist.

Psalm 42, 12

So laß nun allen Kummer fahren und warte! Gott weiß die Stunde der Hilfe und die wird kommen, so wahr Gott Gott ist. Er wird deines Angesichts Hilfe sein; denn er kennt dich und hat dich geliebt, ehe er dich schuf. Er will dich nicht fallen lassen. Du bist in seinen Händen. Zuletzt wirst du für alles, was dir widerfuhr, nur danken können, denn du hast gelernt, daß der allmächtige Gott dein Gott ist. Dein Heil heißt Jesus Christus.

Dreieiniger Gott, ich danke dir, daß du mich erwählt und geliebt hast. Ich danke dir für alle Wege, die du mich führst. Ich danke dir, daß du mein Gott bist. Amen.

Weicht, ihr Trauergeister,
denn mein Freudenmeister,
Jesus, tritt herein.
Denen, die Gott lieben,
muß auch ihr Betrüben
lauter Freude sein.
Duld ich schon
hier Spott und Hohn,
dennoch bleibst du auch im Leide,
Jesu, meine Freude.

Wir werden Wohnung bei ihm machen

26. Mai

PFINGSTEN IM GEFÄNGNIS

Nun feiern wir also auch Pfingsten noch getrennt, und es ist doch in besonderer Weise ein Fest der Gemeinschaft. Als die Glocken heute früh läuteten, hatte ich große Sehnsucht nach einem Gottesdienst, aber dann habe ich es gemacht wie Johannes auf Patmos und für mich allein einen so schönen Gottesdienst gehalten, daß die Einsamkeit gar nicht zu spüren war, so sehr wart Ihr alle dabei und auch die Gemeinden, in denen ich schon Pfingsten gefeiert habe. Das P. Gerhardtsche Pfingstlied mit den schönen Versen: „Du bist ein Geist der Freude" und „Gib Freudigkeit und Stärke . . .", sage ich mir seit gestern abend alle paar Stunden auf und freue mich daran. Die seltsame Geschichte vom Sprachenwunder hat mich auch wieder sehr beschäftigt. Daß die babylonische Sprachenverwirrung, durch die die Menschen einander nicht mehr verstehen können, weil jeder seine eigene Sprache spricht, ein Ende haben und überwunden sein soll durch die Sprache Gottes, die jeder Mensch versteht und durch die allein die Menschen sich auch wieder untereinander verstehen können, und daß die Kirche der Ort sein soll, an dem das geschieht, das sind doch alles sehr große und wichtige Gedanken. Leibniz hat sich sein Leben lang mit der Idee einer Universalschrift, die nicht in Worten, sondern in evidenten Zeichen alle Begriffe zur Darstellung bringen sollte, herumgeschlagen – ein Ausdruck seines Verlangens, die damals so zerrissene Welt zu heilen –, ein philosophischer Reflex zur Pfingstgeschichte. – Es ist wieder völlige Stille im Haus, nur die Schritte der in ihren Zellen auf- und abgehenden Gefangenen hört man, und wieviel trostlose und unpfingstliche Gedanken mögen da mit herumgetragen werden. Wenn ich Gefängnispfarrer wäre, dann würde ich an solchen Tagen von frühmorgens bis abends durch die Zellen gehen; da würde sich manches ereignen ... Eben wird völlig unerwartet Euer Pfingstpäckchen abgegeben. Es ist wirklich nicht zu beschreiben, wie einen so etwas freut. Bei aller Gewißheit der geistigen Verbindung zwischen Euch allen und mir hat der Geist doch offenbar immer ein ungestilltes Verlangen nach Sichtbarmachung dieser Verbindung der Liebe und des Gedenkens, und die materiellen Dinge werden dann Träger geistiger Realitäten. Ich glaube, das ist etwas Analoges zu dem Verlangen aller Religionen nach dem Sichtbarwerden des Geistes im Sakrament.

27. Mai

NUR EIN NOTQUARTIER?

Jesus antwortete und sprach zu ihm: Wer mich liebt, der wird mein Wort halten; und mein Vater wird ihn lieben, und wir werden zu ihm kommen und Wohnung bei ihm machen. Wer aber mich nicht liebt, der hält meine Worte nicht. Und das Wort, das ihr hört, ist nicht mein, sondern des Vaters, der mich gesandt hat. *Johannes 14, 23–24*

Pfingsten wird es bei denen, die Jesus Christus lieben und sein Wort halten. Wie einst die Jünger einmütig beieinander waren, bevor das Brausen vom Himmel geschah, so wird es auch heute Pfingsten überall, wo Liebe zu Jesus Christus ist. Wo man ihn aber liebt, dort wird auch sein ganzes Wort, Verheißung und Gebot, bewahrt und festgehalten.

Was heißt Jesus lieben? Ihm, der uns sein Wort gegeben und gehalten hat, allein gehören wollen, die Gemeinschaft mit ihm mehr als alles andere suchen, seine Gegenwart begehren. Wer so liebt, hält das Wort des Geliebten fest, klammert sich daran, läßt es nicht los, tut es, wo er nur kann. Solche Liebe zu Jesus aber soll die vollkommenste Erfüllung erfahren: Gott und Jesus Christus kommen zu ihm und machen Wohnung in ihm. Hier darf nichts abgeschwächt oder weggedeutet werden. Nicht ist es wie das Bild eines geliebten Menschen, das von uns Besitz ergreift, nicht wie eine neue Kraft, die uns erfüllt, sondern es ist der persönliche Gott und Christus selbst, die in uns wohnen. Gott und Christus sind nicht nur mit uns, bei uns, um uns, über uns, sondern – in uns. Es sind nicht die Gaben Gottes und Christi, die wir empfangen, sondern wir werden Gottes und Christi selbst teilhaftig, wir tragen sie als das höchste Heiligtum in uns. Weit über das hinaus, was die Jünger an Jesus in seinen Erdentagen hatten, geht diese

Verheißung, die allen gilt, die ihn lieben. Nicht weniger, sondern unvergleichlich mehr gibt Jesus den Seinen, als er von ihnen geht.

Wenn Gott und Christus in uns Wohnung machen, dann müssen alle anderen Herren, denen wir Raum in unserm Herzen gegeben haben, weichen. Christus selbst lebt und regiert jetzt in uns. Aber freilich, nur dann wird das alles wahr, wenn wir den Herrn Christus lieben und sein Wort halten. Je mehr wir unser ganzes Heil bei ihm und nicht in uns suchen, je mehr wir ihn den Herrn über uns sein lassen, desto völliger wird er in uns sein und von uns Besitz ergreifen. Wer ihn aber nicht liebt, sondern sich selbst, wer Christus wohl genießen, aber ihm nicht dienen und gehorchen will, der hält auch seine Worte nicht, dem wird darum auch nichts von all dem widerfahren.

28. Mai

LEHREN UND ERINNERN

Aber der Tröster, der Heilige Geist, welchen mein Vater senden wird in meinem Namen, der wird euch alles lehren und euch erinnern alles des, das ich euch gesagt habe.

Johannes 14, 26

Mit dieser Verheißung der Einwohnung sagt Jesus, daß er bei seinen Jüngern bleibt trotz seines Hinganges. Das aber geschieht so, daß der Vater im Namen Jesu den Beistand, den Heiligen Geist, senden wird. Der Paraklet (der „Herbeigerufene" und der „Fürsprecher" = advocatus), der Beistand, kommt zur Gemeinde. Der Heilige Geist ist nicht eine neutrische Kraft, sondern Person wie der Vater und der Sohn. Er leistet der Gemeinde Beistand und ist so auch ihr „Tröster". Zweifach ist das Amt des Heiligen Geistes:

lehren und erinnern. Die Gemeinde bedarf auf ihrem Wege durch die Welt immer neu der Weisung und der Erkenntnis. Neuen Feinden, neuen Fragen, neuen Nöten gegenüber hat die Gemeinde am Heiligen Geist ihren Lehrer, der sie „alles lehrt". In keinem Stücke, das für sie wichtig ist, wird sie ohne Weisung und Erkenntnis bleiben und sie darf dieser Erkenntnis gewiß werden, weil der Heilige Geist und nicht Menschenvernunft ihr Lehrer ist. So wird die Kirche im Laufe ihrer Geschichte auch neue Erkenntnisse empfangen, sie wird nicht aufhören zu lernen und auf den Heiligen Geist zu hören. Der Heilige Geist ist nicht toter Buchstabe, sondern der lebendige Gott. So darf sich die Gemeinde in jeder Entscheidung dem Heiligen Geist anvertrauen und fest glauben, daß er gegenwärtig an ihr und in ihr wirkt und uns nicht im Dunkeln tappen lassen wird, wenn wir nur ernstlich seine Lehre hören wollen. Alle Lehre des Heiligen Geistes aber bleibt gebunden an das Wort Jesu. Das Neue steht fest auf dem Alten. So tritt zur Lehre das Erinnern. Wäre nur Erinnerung in der Kirche, so verfiele sie einer toten Vergangenheit, wäre nur Lehre da ohne Erinnerung, so wäre die Kirche der Schwärmerei ausgeliefert. So übt der Heilige Geist als der rechte Beistand der Gemeinde beides, er führt die Kirche vorwärts und er hält sie zugleich fest bei Jesus.

29. Mai

DIE ZURÜCKGELASSENEN GABEN

Den Frieden lasse ich euch, meinen Frieden gebe ich euch. Nicht gebe ich euch, wie die Welt gibt. Euer Herz erschrecke nicht und fürchte sich nicht. Ihr habt gehört, daß ich euch gesagt habe: Ich gehe hin und komme wieder zu euch.

Hättet ihr mich lieb, so würdet ihr euch freuen, daß ich gesagt habe: „Ich gehe zum Vater"; denn der Vater ist größer als ich. Und nun habe ich es euch gesagt, ehe denn es geschieht, auf daß, wenn es nun geschehen wird, ihr glaubt. *Johannes 14, 27–29*

Zu der Einwohnung des Vaters und Sohnes und der Sendung des Heiligen Geistes kommen nun die Gaben, die Christus den Jüngern gibt, als er sie verläßt. Zuerst der Friede. Damit die Jünger wissen, was hier gemeint ist, sagt Jesus es in deutlicher Wiederholung, daß es sein Friede ist, den er den Seinen gibt. Wie leicht konnte sonst hier Täuschung und falsche Hoffnung entstehen! Es ist der Friede dessen, der auf Erden nicht hatte, da er sein Haupt hinlegte, und der ans Kreuz mußte. Es ist der Friede mit Gott und den Menschen auch dort, wo Gottes und der Menschen Zorn uns zu vernichten drohen. Nur dieser Christusfriede hat Bestand. Was die Welt anbietet, kann nur ein Traum sein, aus dem wir voll Verwirrung und Furcht aufwachen müssen. Wer aber den Frieden Jesu Christi empfängt, der braucht sich nicht mehr verwirren und Furcht einjagen zu lassen, wenn die friedlose Welt in Aufruhr gerät. Die zweite Gabe ist die Freude. Indem Jesus zum Vater geht, gibt er denen, die ihn liebhaben, Freude; denn nun wird ihr Herr selbst verklärt und verherrlicht. Ist das Herz der Jünger wirklich bei Christus, so nehmen sie in anbetendem Jubel an seiner Verherrlichung teil; denn sie wissen auch, daß der Verklärte wiederkommt und bei ihnen bleiben wird. Das ist die Christusfreude der Gemeinde. – Die Verheißung Jesu schenkt den Seinen die Kraft des Glaubens. Das ist die dritte Gabe. Es geschieht nichts, als was der Herr vorhergesagt hat. Es geht alles nach seinem Wort. Der Fürst dieser Welt wird kommen, aber er wird nichts gegen ihn vermögen, weil er an Jesus keine Sünde finden wird. In dem allem aber weiß die Gemeinde durch das Wort Jesu, daß ihr Herr zu seinem Vater geht und wiederkommt. Sie glaubt seinem Wort und wartet auf seine Verheißung. In diesem Christusglauben aber und in ihm allein hat die Gemeinde den Christusfrieden und die Christusfreude. Im Glauben ist sie der Sendung des Heiligen Geistes gewiß und empfängt sie den Vater und den Sohn, der in denen Wohnung machen wird, die Jesus Christus lieben und sein Wort halten.

Gemeinschaft der Heiligen

30. Mai

GEMEINSCHAFT DER FROMMEN SEELEN?

Weil christliche Gemeinschaft allein auf Jesus Christus begründet ist, darum ist sie eine pneumatische und nicht eine psychische Wirklichkeit. Sie unterscheidet sich darin von allen andern Gemeinschaften schlechthin. Pneumatisch, d. h. „geistlich" nennt die Heilige Schrift, was allein der Heilige Geist schafft, der uns Jesus Christus als Herrn und Heiland ins Herz gibt. Psychisch, d. h. „seelisch" nennt die Schrift, was aus den natürlichen Trieben, Kräften und Anlagen der menschlichen Seele kommt.

Der Grund aller pneumatischen Wirklichkeit ist das klare, offene Wort Gottes in Jesus Christus. Der Grund aller psychischen Wirklichkeit ist das dunkle, undurchsichtige Treiben und Verlangen der menschlichen Seele.

Der Grund geistlicher Gemeinschaft ist die Wahrheit, der Grund seelischer Gemeinschaft ist das Begehren. Das Wesen geistlicher Gemeinschaft ist das Licht – „so wir im Lichte wandeln, wie er im Lichte ist, so haben wir Gemeinschaft untereinander" (1. Joh 1, 7). Das Wesen seelischer Gemeinschaft ist Finsternis – „denn von innen, aus dem Herzen des Menschen, gehen heraus böse Gedanken" (Mark 7, 21). Geistliche Gemeinschaft ist die Gemeinschaft der von Christus Berufenen, seelisch ist die Gemeinschaft der frommen Seelen. In der geistlichen Gemeinschaft lebt die helle Liebe des brüderlichen Dienstes, die Agape, in der seelischen Gemeinschaft glüht die dunkle Liebe des frommen-unfrommen Triebes, der Eros, dort die demütige Unterwerfung unter den Bruder, hier die demütig-hochmütige Unterwerfung des Bruders unter das eigene Verlangen. In der geistlichen Gemeinschaft regiert allein das Wort Gottes, in der seelischen Gemeinschaft regiert neben dem Wort noch der mit besonderen Kräften, Erfahrungen, suggestiv-magischen Anlagen ausgestattete Mensch. Dort bindet allein Gottes Wort, hier binden außerdem noch Menschen an sich selbst. Innerhalb der geistlichen Gemeinschaft gibt es niemals und in keiner Weise ein „unmittelbares" Verhältnis des einen zum andern, während in der seelischen Gemeinschaft ein tiefes, ursprüngliches seelisches Verlangen nach Gemeinschaft, nach unmittelbarer Berührung mit andern menschlichen Seelen lebt. Dies Begehren der menschlichen Seele sucht die völlige Verschmelzung von Ich und Du. Hier lebt der seelisch Starke sich aus und schafft sich die Bewunderung, die Liebe oder die Furcht des Schwachen.

31. Mai

NICHT BEGEHREN, SONDERN DIENEN

Seelische Liebe liebt den anderen um seiner selbst willen, geistliche Liebe liebt den andern um Christi willen. Darum sucht seelische Liebe die unmittelbare Berührung mit dem andern, sie liebt ihn nicht in seiner Freiheit, sondern als den an sie Gebundenen, sie will mit allen Mitteln gewinnen, erobern, sie will unwiderstehlich sein, sie will herrschen. Seelische Liebe hält nicht viel von der Wahrheit, sie relativiert sie, weil nichts, auch nicht die Wahrheit störend zwischen sie und den geliebten Menschen treten darf. Seelische Liebe begehrt den andern, seine Gemeinschaft, seine Gegenliebe, aber sie dient ihm nicht. Vielmehr begehrt sie auch dort noch, wo sie zu dienen scheint. Seelische Liebe kann den Feind nicht lieben, den nämlich, der sich ihr ernstlich und hartnäckig widersetzt. Wo sie für ihr Begehren keine Erfüllung mehr erwarten kann, dort ist sie am Ende. Hier schlägt sie um in Haß, Verachtung und Verleumdung.

Eben hier aber ist der Ort, an dem die geistliche Liebe anfängt. Seelische Liebe macht sich selbst zum Selbstzweck, zum Werk, zum Götzen, den sie anbetet, dem sie alles unterwerfen muß. Sie pflegt, sie kultiviert, sie liebt sich selbst und sonst nichts auf der Welt. Geistliche Liebe aber kommt von Jesus Christus her, sie dient ihm allein. Was Liebe zum andern heißt, weiß ich nicht schon im voraus aus dem allgemeinen Begriff von Liebe, der aus meinem seelischen Verlangen erwachsen ist; was Liebe ist, wird mir allein Christus in seinem Wort sagen. Gegen alle eigenen Meinungen und Überzeugungen wird Jesus Christus mir sagen, wie Liebe zum Bruder in Wahrheit aussieht. Darum ist geistliche Liebe allein an das Wort Jesu Christi gebunden. Wo Christus mich um der Liebe willen

Gemeinschaft halten heißt, will ich sie halten, wo seine Wahrheit um der Liebe willen mir Aufhebung der Gemeinschaft befiehlt, dort hebe ich sie auf, allen Protesten meiner seelischen Liebe zum Trotz. Weil geistliche Liebe nicht begehrt, sondern dient, darum liebt sie den Feind wie den Bruder. Sie entspringt ja weder am Bruder noch am Feind, sondern an Christus und seinem Wort.

1. Juni

MIT CHRISTUS VOM BRUDER SPRECHEN

Weil Christus zwischen mir und dem andern steht, darum darf ich nicht nach unmittelbarer Gemeinschaft mit ihm verlangen. Wie nur Christus so zu mir sprechen konnte, daß mir geholfen war, so kann auch dem andern nur von Christus selbst geholfen werden. Das bedeutet aber, daß ich den andern freigeben muß von allen Versuchen, ihn mit meiner Liebe zu bestimmen, zu zwingen, zu beherrschen. In seiner Freiheit von mir will der andere geliebt sein als der, der er ist, nämlich als der, für den Christus Mensch wurde, starb und auferstand, für den Christus die Vergebung der Sünde erwarb und ein ewiges Leben bereitet hat. Weil Christus an meinem Bruder schon längst entscheidend gehandelt hat, bevor ich anfangen konnte zu handeln, darum soll ich den Bruder freigeben für Christus, er soll mir nur noch als der begegnen, der er für Christus schon ist. Seelische Liebe macht sich ein eigenes Bild vom andern, von dem, was er ist, und von dem, was er werden soll. Sie nimmt das Leben des andern in die eigenen Hände. Geistliche Liebe erkennt das wahre Bild des andern von Jesus Christus her, es ist das Bild, das Jesus Christus geprägt hat und prägen will.

Darum wird geistliche Liebe sich darin bewähren, daß sie den andern in allem, was sie spricht und tut, Christus befiehlt. Sie wird nicht die seelische Erschütterung des andern zu bewirken suchen durch allzupersönliche, unmittelbare Einwirkung, durch den unreinen Eingriff in das Leben des andern, sie wird nicht Freude haben an frommer, seelischer Überhitzung und Erregung, sondern sie wird dem andern mit dem klaren Worte Gottes begegnen und bereit sein, ihn mit diesem Wort lange Zeit allein zu lassen, ihn wieder frei zu geben, damit Christus mit ihm handle. So wird sie mehr mit Christus von dem Bruder sprechen als mit dem Bruder von Christus. Sie weiß, daß der nächste Weg zum andern immer durch das Gebet zu Christus führt und daß die Liebe zum andern ganz an die Wahrheit in Christus gebunden ist.

2. Juni

UNSERE WUNSCHBILDER UND GOTTES WIRKLICHKEIT

Unzählige Male ist eine ganze christliche Gemeinschaft daran zerbrochen, daß sie aus einem Wunschbild heraus lebte. Gerade der ernsthafte Christ, der zum ersten Male in eine christliche Lebensgemeinschaft gestellt ist, wird oft ein sehr bestimmtes Bild von der Art des christlichen Zusammenlebens mitbringen und zu verwirklichen bestrebt sein. Es ist aber Gottes Gnade, die alle derartigen Träume rasch zum Scheitern bringt. Die große Enttäuschung über die andern, über die Christen im allgemeinen und, wenn es gut geht, auch über uns selbst, muß uns überwältigen, so gewiß Gott uns zur Erkenntnis echter christlicher Gemeinschaft führen will. Gott läßt es aus lauter Gnade nicht zu, daß wir auch nur wenige Wochen in einem Traumbild leben, uns jenen beseligenden Erfahrungen und jener beglückenden Hochgestimmtheit hingeben, die wie ein Rausch über uns kommt. Denn Gott ist nicht ein Gott der Gemütserregungen, sondern der Wahrheit. Erst die Gemeinschaft, die in die große Enttäuschung hineingerät mit all ihren unerfreulichen und bösen Erscheinungen, fängt an zu sein, was sie vor Gott sein soll, fängt an, die ihr gegebene Verheißung im Glauben zu ergreifen. Je bälder die Stunde dieser Enttäuschung über den Einzelnen und über die Gemeinschaft kommt, desto besser für beide. Eine Gemeinschaft aber, die eine solche Enttäuschung nicht ertragen und nicht überleben würde, die also an dem Wunschbild festhält, wenn es ihr zerschlagen werden soll, verliert zur selben Stunde die Verheißung christlicher Gemeinschaft auf Bestand, sie muß früher oder später zerbrechen. Jedes menschliche Wunschbild, das in die christliche Gemeinschaft mit eingebracht wird, hindert die echte Gemeinschaft und muß zerbrochen werden, damit die echte Gemeinschaft leben kann. Wer seinen Traum von einer christlichen Gemeinschaft mehr liebt als die christliche Gemeinschaft selbst, der wird zum Zerstörer jeder christlichen Gemeinschaft, und ob er es persönlich noch so ehrlich, noch so ernsthaft und hingebend meinte.

3. Juni

ANSPRÜCHE STELLEN ODER DANKEN

Gott haßt die Träumerei; denn sie macht stolz und anspruchsvoll. Wer sich das Bild einer Gemeinschaft erträumt, der fordert von Gott, von dem andern und von sich selbst die Erfüllung. Er tritt als Fordernder in die Gemeinschaft der Christen, richtet ein eigenes Gesetz auf und richtet danach die Brüder und Gott selbst. Er steht hart und wie ein lebendiger Vorwurf für alle andern im Kreis der Brüder. Er tut, als habe er erst die christliche Gemeinschaft zu schaffen, als solle sein Traumbild die Menschen verbinden. Was nicht nach seinem Willen geht, nennt er Versagen. Wo sein Bild zunichte wird, sieht er die Gemeinschaft zerbrechen. So wird er erst zum Verkläger seiner Brüder, dann zum Verkläger Gottes und zuletzt zu dem verzweifelten Verkläger seiner selbst. Weil Gott den einzigen Grund unserer Gemeinschaft schon gelegt hat, weil Gott uns längst, bevor wir in das gemeinsame Leben mit anderen Christen eintraten, mit diesen zu einem Leibe zusammengeschlossen hat in Jesus Christus, darum treten wir nicht als die Fordernden, sondern als die Dankenden und Empfangenden in das gemeinsame Leben mit andern Christen ein. Wir danken Gott für das, was er an uns getan hat. Wir danken Gott, daß er uns Brüder gibt, die unter seinem Ruf, unter seiner Vergebung, unter seiner Verheißung leben. Wir beschweren uns nicht über das, was Gott uns nicht gibt, sondern wir danken Gott für das, was er uns täglich gibt. Und ist es nicht genug, was uns gegeben ist: Brüder, die in Sünde und Not mit uns unter dem Segen seiner Gnade dahingehen und leben sollen? Ist denn die Gabe Gottes an irgend einem Tage, auch in den schwierigen, notvollen Tagen einer christlichen Bruderschaft, weniger als dies unbegreiflich Große? Wo die Frühnebel der Traumbilder fallen, dort bricht der helle Tag christlicher Gemeinschaft an. Es geht in der christlichen Gemeinschaft mit dem Danken, wie sonst im christlichen Leben. Nur wer für das Geringe dankt, empfängt auch das Große. Danken wir nicht täglich für die christliche Gemeinschaft, in die wir gestellt sind, auch dort, wo keine große Erfahrung, kein spürbarer Reichtum, sondern wo viel Schwäche, Kleinglauben, Schwierigkeit ist, beklagen wir uns vielmehr bei Gott immer nur darüber, daß alles noch so armselig, so gering ist, so gar nicht dem entspricht, was wir erwartet haben, so hindern wir Gott, unsere Gemeinschaft wachsen zu lassen nach dem Maß und Reichtum, der in Jesus Christus für uns alle bereit liegt.

Das Geheimnis Gottes

4. Juni

OHNE RESPEKT VOR DEM GEHEIMNIS

Wir reden von der heimlichen, verborgenen Weisheit Gottes, welche Gott verordnet hat vor der Welt zu unserer Herrlichkeit, welche keiner von den Obersten dieser Welt erkannt hat; denn wo sie die erkannt hätten, hätten sie den Herrn der Herrlichkeit nicht gekreuzigt. Sondern wie geschrieben steht: Was kein Auge gesehen hat und kein Ohr gehört hat und in keines Menschen Herz gekommen ist, was Gott bereitet hat denen, die ihn lieben. Uns aber hat es Gott offenbart durch seinen Geist; denn der Geist erforscht alle Dinge, auch die Tiefe der Gottheit.

1. Korinther 2, 7–10

Die Geheimnislosigkeit unseres modernen Lebens ist unser Verfall und unsere Armut. Ein menschliches Leben ist so viel wert, als es Respekt behält vor dem Geheimnis. Darum haben die Kinder so offene, erwachende Augen, weil sie wissen, daß sie umgeben sind vom Geheimnis. Sie sind mit dieser Welt noch nicht fertig geworden, sie wissen sich noch nicht so durchzuschlagen und die Geheimnisse zu umgehen wie wir. Wir zerstören das Geheimnis, weil wir spüren, daß wir hier an eine Grenze unseres Seins geraten; weil wir über alles verfügen und Herr sein wollen, und eben das können wir mit dem Geheimnis nicht. Das Geheimnis ist uns unheimlich, weil wir nicht bei ihm daheim sind, weil es von einem anderen Daheimsein redet als dem unseren. Geheimnislos leben heißt von dem Geheimnis unseres eigenen Lebens, von dem Geheimnis des anderen Menschen, von dem Geheimnis der Welt nichts wissen; heißt an der Wirklichkeit unserer selbst, des anderen Menschen und der Welt vorübergehen; heißt an der Oberfläche bleiben.

Ohne Respekt vor dem Geheimnis nehmen wir die Welt nur so weit ernst, als sie verrechnet und ausgenutzt werden kann. Das bedeutet aber, daß wir die entscheidenden Vorgänge des Lebens gar nicht sehen oder sogar ableugnen. Daß die Wurzeln des Baumes im Dunkeln des Erdreiches liegen, daß alles, was im Licht lebt, aus dem Dunkel und der Verborgenheit des Mutterschoßes herkommt, daß alle unsere Gedanken, daß unser ganzes geistiges Leben so aus dem verborgenen, heimlichen Dunkel kommt wie unsere Liebe, wie alles Leben, das wollen wir nicht wissen. Daß das Geheimnis die Wurzel alles Begreiflichen und Klaren und Offenbaren ist, das wollen wir nicht hören. Und wenn wir es hören, so wollen wir diesem Geheimnis zu Leibe, wollen es errechnen und erklären, wollen es sezieren; und der Erfolg ist, daß wir das Leben dabei töten und das Geheimnis nicht entdecken. Es entzieht sich unserem Zugriff.

5. Juni

NICHT DAS FERNSTE, DAS NÄCHSTE IST VOLLER GEHEIMNIS

Geheimnis heißt nun aber nicht einfach, etwas nicht wissen. Nicht der fernste Stern ist das größte Geheimnis. Im Gegenteil, je näher uns etwas kommt, je besser wir etwas wissen, desto geheimnisvoller wird es uns. Nicht der fernste Mensch ist uns das größte Geheimnis, sondern gerade der nächste. Und sein Geheimnis wird dadurch nicht geringer, daß wir immerfort von ihm wissen; sondern gerade in seiner Nähe wird er uns immer geheimnisvoller. Es ist die letzte Tiefe alles Geheimnisvollen, wenn zwei Menschen einander so nahe kommen, daß sie einander lieben. Nirgends in der Welt spürt der Mensch die Macht des Geheimnisses und seine Herrlichkeit so stark wie hier. Wo zwei Menschen alles voneinander wissen, wird das Geheimnis ihrer Liebe zwischen ihnen unendlich groß. Und erst in dieser Liebe verstehen sie einander, wissen sie ganz voneinander, erkennen sie einander ganz. Und doch, je mehr sie einander lieben und in der Liebe voneinander wissen, desto tiefer erkennen sie das Geheimnis ihrer Liebe. Das Wissen hebt das Geheimnis nicht auf, sondern vertieft es. Daß der andere mir so nahe ist, das ist das größte Geheimnis.

Ohne Wissen um die Kraft des Geheimnisses gibt es keinen Zugang zum Verständnis der Wirklichkeit des dreieinigen Gottes. „Wir reden von der heimlichen, verborgenen Weisheit Gottes." Gottes Gedanken liegen nicht auf der Hand. Gott läßt sich nicht einfach fassen, wo wir ihn gerade fassen wollen. Gott lebt im Geheimnis. Seine Wirklichkeit ist uns Geheimnis von Ewigkeit her und zu Ewigkeit hin. Und das darum, weil hier von einer Heimat geredet wird, in der wir noch nicht oder nicht mehr daheim sind. Alle Gedanken, die wir über Gott denken, dürfen nie dazu dienen, dies Geheimnis aufzuheben, Gott zu etwas allgemein Begreiflichem, Geheimnislosem zu machen. Vielmehr muß alles Denken über Gott nur dazu dienen, sein uns gänzlich überlegenes Geheimnis sichtbar zu machen, seine verborgene Weisheit und ihre Heiligkeit, auf daß vielleicht durch dies Geheimnis die Heimat sichtbar würde, aus der es kommt.

6. Juni

DER UNBEGREIFLICH NAHE GOTT

Die Welt ist gegen dieses Geheimnis Gottes blind. Sie will einen Gott, den sie verrechnen und ausnutzen kann oder sie will gar keinen Gott. Das Geheimnis Gottes bleibt ihr verborgen. Sie will es nicht. Sie macht sich Götter nach ihrem Wunsch, aber den nahen, heimlichen, verborgenen Gott erkennt sie nicht. „Welche keiner von den Obersten dieser Welt erkannt hat ...". Die Obersten dieser Welt leben vom Rechnen und vom Ausnutzen. Dadurch werden sie groß in der Welt – aber das Geheimnis begreifen sie nicht. Das begreifen nur die Kinder. Die Welt trägt ein untrügliches Zeichen ihrer Blindheit gegen das Geheimnis Gottes: das Kreuz Jesu Christi. Hätten sie ihn erkannt, „so hätten sie den Herrn der Herrlichkeit nicht gekreuzigt". Das also ist das unerkannte Geheimnis Gottes in dieser Welt, Jesus Christus. Daß dieser Jesus von Nazareth, der Zimmermann, der Herr der Herrlichkeit selbst war, das war das Geheimnis Gottes. Geheimnis darum, weil Gott hier arm, niedrig, gering und schwach wurde aus Liebe zu den Menschen; weil Gott ein Mensch wurde wie wir, damit wir göttlich würden; weil er zu uns kam, damit wir zu ihm kämen. Gott als der um unseretwillen niedrig

Gewordene, Gott in Jesus von Nazareth, das ist die heimliche, verborgene Weisheit, die kein Auge gesehen, kein Ohr gehört und in keines Menschen Herz gekommen ist. Gottes Liebe zu den Menschen, seine unendliche Nähe zu ihnen, das ist das Geheimnis Gottes, das er denen bereitet hat, die ihn lieben. Es gibt in der ganzen Welt kein größeres Geheimnis als dies, daß Gott uns liebt und daß wir ihn lieben dürfen, unvergleichlich mit jeder menschlichen Liebe, wie der Schöpfer unvergleichlich ist mit dem Geschöpf. Von Gott geliebt werden aber heißt „Jesus Christus", und Gott lieben kann nichts anderes heißen als „Heiliger Geist". Gottes Geheimnis also heißt „Heilige Dreieinigkeit".

7. Juni

SCHWACHER LOBPREIS AUF DAS UNGESTÜM DER LIEBE

Daß es der eine Gott ist, der Vater und Schöpfer der Welt, der in Jesus Christus uns geliebt hat bis zum Tod, der im Heiligen Geist unser Herz zu ihm auftut, daß wir ihn lieben, daß es nicht drei Götter sind, sondern daß es einer ist, der die Welt vom Anfang bis zum Ende schafft, umfängt und erlöst; und daß er doch jedesmal ganz Gott ist als der Schöpfer und Vater, als Jesus Christus und als der Heilige Geist, das ist die Tiefe der Gottheit, die wir als Geheimnis anbeten und als Geheimnis begreifen.

Und nun kann all unser Reden hiervon nichts anderes sein als der Hinweis auf Gottes Liebe in Jesus Christus, für die der Heilige Geist uns das Herz aufschließt. Wenn die Kirche seit Jahrhunderten von dem dreieinigen Gott lehrt, so ist das alles andere als rationalistische Verhärtung der Religion, sondern gerade umgekehrt ein dauerndes Offenhalten des Geheimnisses des lebendigen Gottes.

Der Sinn der Dreieinigkeitslehre ist ungeheuer einfach, so daß jedes Kind sie verstehen kann: Es ist wahrhaftig nur ein Gott, aber dieser Gott ist die vollkommene Liebe und als solcher ist er Jesus Christus und der Heilige Geist. Die Dreieinigkeitslehre ist nichts als der schwache Lobpreis der Menschen auf das Ungestüm der Liebe Gottes, in der er sich selbst verherrlicht und in der er die ganze Welt umfaßt; ist Aufruf zur Anbetung, zur Ehrfurcht, zur Liebe, die sich in Gott versenkt. Dem Vater und dem Sohn und dem Heiligen Geist sei allein die Ehre von nun an bis in Ewigkeit.

Gleichgestaltet dem Ebenbild seines Sohnes

8. Juni

ÜBERDRÜSSIG ALLER CHRISTLICHEN PROGRAMME

Das Wort „Gestaltung" erregt unseren Argwohn. Wir sind der christlichen Programme überdrüssig, überdrüssig auch der gedankenlosen, oberflächlichen Parole eines sog. praktischen Christentums anstelle eines sog. dogmatischen Christentums. Wir haben gesehen, daß die gestaltenden Kräfte in der Welt von ganz anderer Seite her kommen als vom Christentum, und daß das sog. praktische Christentum in der Welt mindestens ebenso versagt wie das sog. dogmatische. Es muß also unter „Gestaltung" etwas ganz anderes verstanden werden als wir gewöhnt sind. Nicht um Weltgestaltung durch Planung und Programme geht es in erster Linie, sondern es geht bei aller Gestaltung allein um die eine Gestalt, die die Welt überwunden hat, um die

Gestalt Jesu Christi. Gestaltung gibt es nur von ihr aus, und nun wiederum nicht so, daß die Lehre Christi oder die sog. christlichen Prinzipien in direkter Weise auf die Welt angewendet und die Welt nach ihnen gestaltet werden sollte. Gestaltung gibt es vielmehr allein als Hineingezogenwerden in die Gestalt Jesu Christi, als Gleichgestaltung mit der einzigen Gestalt des Menschgewordenen, Gekreuzigten und Auferstandenen.

Das geschieht nicht durch Anstrengungen, „Jesus ähnlich zu werden", wie wir es auszudeuten pflegen, sondern dadurch, daß die Gestalt Jesu Christi von sich aus so auf uns einwirkt, daß sie unsere Gestalt nach ihrer eigenen prägt (Gal 4, 19). Christus bleibt der einzige Gestalter. Nicht christliche Menschen gestalten mit ihren Ideen die Welt, sondern Christus gestaltet die Menschen zur Gleichgestalt mit sich selbst. Wie aber die Gestalt Christi dort verkannt wird, wo er wesentlich als der Lehrer für ein frommes und gutes Leben verstanden wird, so wäre auch die Gestaltung des Menschen falsch verstanden, wo man in ihr nur die Anweisung zu einem frommen und guten Leben sähe.

9. Juni

WIRKLICHER MENSCH WERDEN

Der Mensch soll und darf Mensch sein. Alles Übermenschentum, alles Bemühen, über den Menschen in sich hinauszuwachsen, alles Heldentum, alles halbgöttliche Wesen fällt für den Menschen ab; denn es ist unwahr. Der wirkliche Mensch ist weder ein Gegenstand der Verachtung noch der Vergötterung, sondern ein Gegenstand der Liebe Gottes. Die Mannigfaltigkeit des Schöpferreichtums Gottes wird hier nicht durch falsche Uniformität, durch Zwingen der Menschen unter ein Ideal, einen Typus, unter ein bestimmtes Menschenbild vergewaltigt. Der wirkliche Mensch darf in Freiheit das Geschöpf seines Schöpfers sein. Gleichgestaltet sein mit dem Menschgewordenen bedeutet, der Mensch sein dürfen, der man in Wirklichkeit ist; Schein, Heuchelei, Krampf, Zwang, etwas anderes, Besseres, Idealeres zu sein, als man ist, ist hier abgetan. Gott liebt den wirklichen Menschen. Gott wurde wirklicher Mensch.

Der Mensch trägt das Todesurteil Gottes, das Sterbenmüssen vor Gott um der Sünde willen täglich mit sich herum. Er bezeugt es mit seinem Leben, daß vor Gott nichts bestehen kann, es sei denn im Gericht und in der Gnade. Der Mensch stirbt täglich den Tod des Sünders. Er trägt die Narben, die Wundmale, die die Sünde ihm schlägt, demütig an Leib und Seele. Er kann sich über keinen anderen Menschen erheben oder sich ihm zum Vorbild setzen, denn er erkennt sich als den größten aller Sünder. Alles ihm auferlegte Leiden trägt er in der Erkenntnis, daß es ihm dazu dient, mit seinem eigenen Willen zu sterben und Gott über sich rechthaben zu lassen. Allein indem er Gott über sich und gegen sich Recht gibt, ist er vor Gott recht. „Unter Leiden prägt der Meister in die Herzen, in die Geister sein allgeltend Bildnis ein" (K. F. Hartmann).

Der Mensch lebt mitten im Tod, er ist gerecht mitten in der Sünde, er ist neu mitten im Alten. Sein Geheimnis bleibt der Welt verborgen. Der neue Mensch lebt in der Welt wie jeder andere; er unterscheidet sich oft nur in wenigem von den anderen Menschen. Er legt es auch nicht darauf an, sich herauszuheben, sondern allein Christus herauszuheben um seiner Brüder willen. Verklärt in die Gestalt des Auferstandenen, trägt er hier nur das Zeichen des Kreuzes und des Gerichtes. Indem er es willig trägt, erweist er sich als der, der den Heiligen Geist empfangen hat und mit Jesus Christus in unvergleichlicher Liebe und Gemeinschaft geeint ist.

10. Juni

LEIB CHRISTI – KIRCHE – MENSCHHEIT

In Christus war die Gestalt des Menschen vor Gott neu geschaffen. Es war keine Sache des Ortes, der Zeit, des Klimas, der Rasse, des Einzelnen, der Gesellschaft, der Religion oder des Geschmacks, sondern die Sache des Lebens der Menschheit schlechthin, daß sie hier ihr Bild und ihre Hoffnung erkannte. Was an Christus geschah, war an der Menschheit geschehen. Es ist ein Geheimnis, für das es keine Erklärung gibt, daß nur ein Teil der Menschheit die Gestalt ihres Erlösers erkennt. Das Verlangen des Menschgewordenen, in allen Menschen Gestalt zu gewinnen, bleibt bis zur Stunde ungestillt. Er, der die Gestalt des Menschen trug, kann nur in einer kleinen Schar Gestalt gewinnen: das ist seine Kirche.

In tiefer und klarer Bezeichnung der Sache selbst nennt das Neue Testament die Kirche den Leib Christi. So ist die Kirche nicht eine Religionsgemeinschaft von Christusverehrern, sondern der unter Menschen Gestalt gewordene Christus. Leib Christi aber darf die Kirche heißen, weil im Leibe Jesu Christi wirklich der Mensch und also alle Menschen angenommen sind. Die Kirche trägt nun die Gestalt, die in Wahrheit der ganzen Menschheit gilt. Das Bild, nach dem sie gestaltet wird, ist das Bild der Menschheit. Was sich in ihr ereignet, geschieht vorbildlich und stellvertretend für alle Menschen. Die Kirche ist nichts als das Stück der Menschheit, in dem Christus wirklich Gestalt gewonnen hat. Es geht ganz und gar um die Gestalt Jesu Christi und um keine Gestalt neben ihm. Die Kirche ist der menschgewordene, gerichtete, zu neuem Leben erweckte Mensch in Christus. Sie hat es also zunächst gar nicht wesentlich mit den sog. religiösen Funktionen des Menschen zu tun, sondern mit dem ganzen Menschen in seinem Dasein in der Welt mit allen seinen Beziehungen. Es geht in der Kirche nicht um Religion, sondern um die Gestalt Christi und ihr Gestaltwerden unter einer Schar von Menschen.

11. Juni

SALZ DER ERDE

Ihr seid das Salz der Erde. Wo nun das Salz dumm wird, womit soll man's salzen? Es ist hinfort zu nichts nütze, denn daß man es hinausschütte und lasse es die Leute zertreten. *Matthäus 5, 13*

Die Jünger werden mit dem Sinnbild des auf Erden unentbehrlichsten Gutes bezeichnet. Sie sind das Salz der Erde. Sie sind das edelste Gut, der höchste Wert, den die Erde besitzt. Ohne sie kann die Erde nicht länger leben. Durch das Salz wird die Erde erhalten, um eben dieser Armen, Unedlen, Schwachen willen, die die Welt verwirft, lebt die Erde. Sie vernichtet ihr eigenes Leben, indem sie die Jünger ausstößt und – o Wunder! – gerade um dieser Verstoßenen willen darf die Erde weiterleben. So sind die Jünger nicht nur aufs Himmelreich gerichtet, sondern an ihre Erdensendung erinnert. Als die an Jesus allein Gebundenen werden sie an die Erde gewiesen.

Wenn Jesus nicht sich selbst, sondern seine Jünger das Salz nennt, so überträgt er ihnen die Wirksamkeit auf der Erde. Er zieht sie in seine Arbeit hinein. Er bleibt im Volke Israel, den Jüngern aber überträgt er die ganze Erde. Allein dadurch, daß das Salz Salz bleibt, die reinigende, würzende Kraft des Salzes bewahrt, wird die Erde erhalten werden können. Um seiner selbst wie um der Erde willen muß Salz Salz bleiben, muß die Gemeinde der Jünger bleiben, was sie durch Christi Ruf ist. Darin wird ihre wahre Wirksamkeit auf Erden liegen und ihre erhaltende Kraft.

„Ihr seid das Salz" – nicht, ihr sollt das Salz sein! Es ist den Jüngern nicht in ihren Willen gestellt, ob sie Salz sein wollen oder nicht. Es wird auch nicht ein Appell an sie gerichtet, Salz der Erde zu werden. Sondern sie sind es, ob sie wollen oder nicht, in der Kraft des Rufes, der sie getroffen hat. Ihre ganze Existenz ist gemeint. Wer vom Ruf Jesu getroffen in seiner Nachfolge steht, ist durch diesen Ruf in seiner ganzen Existenz Salz der Erde.

Die andere Möglichkeit allerdings besteht darin, daß das Salz dumm wird, aufhört Salz zu sein. Es hört auf zu wirken. Dann freilich ist es in der Tat zu nichts mehr gut, als daß es weggeworfen wird. Das ist das drohende Gericht, das über der Jüngergemeinde steht. Die Erde soll durch die Gemeinde gerettet werden, nur die Gemeinde selbst, die aufhört zu sein, was sie ist, ist rettungslos verloren.

12. Juni

JETZT DEM NÄCHSTEN HELFEN, EIN MENSCH VOR GOTT ZU SEIN

Die Gestalt Christi ist eine und dieselbe zu allen Zeiten und an allen Orten. Auch die Kirche Christi ist eine über alle Menschengeschlechter hinweg. Dennoch ist Christus nicht Verkündiger eines Systems dessen, was heute, hier und zu allen Zeiten gut wäre. Christus lehrt keine abstrakte Ethik, die, koste es was es wolle, durchgesetzt werden müßte. Christus war nicht wesentlich Lehrer, Gesetzgeber, sondern Mensch, wirklicher Mensch wie wir. Er will darum auch nicht, daß wir in unserer Zeit Schüler, Vertreter und Verfechter einer bestimmten Lehre seien, sondern Menschen, wirkliche Menschen vor Gott. Christus liebte nicht wie ein Ethiker eine Theorie über das Gute, sondern er liebte den wirklichen Menschen. Er hatte nicht wie ein Philosoph Interesse an dem „Allgemeingültigen", sondern an dem, was dem konkreten wirklichen Menschen dient. Nicht ob „die Maxime meines Handelns zum Prinzip einer allgemeinen Gesetzgebung" (Kant) werden könnte, kümmerte ihn, sondern ob mein Handeln jetzt dem Nächsten dazu helfe, ein Mensch vor Gott zu sein. Es heißt ja nicht: Gott wurde eine Idee, ein Prinzip, ein Programm, eine Allgemeingültigkeit, ein Gesetz, sondern Gott wurde Mensch. Das bedeutet, daß die Gestalt Christi, so gewiß sie eine und dieselbe ist und bleibt, doch im wirklichen Menschen und das heißt in ganz verschiedener Weise Gestalt gewinnen will. Christus hebt die menschliche Wirklichkeit nicht auf zugunsten einer Idee, die Verwirklichung gegen alles Wirkliche fordert, sondern Christus setzt die Wirklichkeit gerade in Kraft, er bejaht sie, ja er selbst ist ja der wirkliche Mensch und so der Grund aller menschlichen Wirklichkeit. Gestaltung nach der Gestalt Christi schließt also das Doppelte ein: daß die Gestalt Christi eine und dieselbe bleibt, nicht als allgemeine Idee, sondern als die sie einmalig ist, der menschgewordene, gekreuzigte und auferstandene Gott, und daß gerade um der Gestalt Christi willen die Gestalt des wirklichen Menschen gewahrt bleibe und daß so der wirkliche Mensch die Gestalt Christi empfange.

Ich aber sage euch

13. Juni

DER ERFÜLLER DES GESETZES

Ihr sollt nicht wähnen, daß ich gekommen bin, das Gesetz oder die Propheten aufzulösen; ich bin nicht gekommen aufzulösen, sondern zu erfüllen. *Matthäus 5, 17*

Jesus gibt seine völlige Einheit mit dem Willen Gottes im Alten Testament, in Gesetz und Propheten zu erkennen. Er hat den Geboten Gottes in der Tat nichts hinzuzufügen, er hält sie – das ist das einzige, was er hinzufügt. Er erfüllt das Gesetz, das sagt er von sich selbst. Indem er es aber erfüllt, ist alles geschehen, was zur Erfüllung des Gesetzes zu geschehen hat. Jesus wird tun, was das Gesetz fordert, darum wird er den Tod leiden müssen; denn er allein versteht das Gesetz als Gottes Gesetz; d. h. weder ist das Gesetz selbst Gott, noch ist Gott selbst das Gesetz, so daß an die Stelle Gottes das Gesetz getreten wäre. So hatte Israel das Gesetz mißverstanden. Vergottung des Gesetzes und Vergesetzlichung Gottes war die Sünde Israels. Umgekehrt wäre die Entgottung des Gesetzes und Trennung Gottes von seinem Gesetz das sündige Mißverständnis der Jünger gewesen. Gott und Gesetz waren in beiden Fällen voneinander gelöst bzw. identifiziert, was auf dasselbe herauskommt. Jesus, der Sohn Gottes, der allein in der vollen Gottesgemeinschaft steht, setzt das Gesetz neu in Kraft, indem er kommt, das Gesetz des Alten Bundes zu erfüllen. Weil er der Einzige war, der es tat, konnte er allein das Gesetz und die Gesetzeserfüllung recht lehren. Das mußten die Jünger wissen und begreifen, als er es sagte, weil sie wußten, wer er war. Das konnten die Juden solange nicht begreifen, als sie ihm nicht glaubten. Darum mußten sie seine Lehre vom Gesetz als Lästerung Gottes, nämlich des Gesetzes Gottes verwerfen. So muß Jesus um des wahren Gesetzes Gottes willen von den Anwälten des falschen Gesetzes leiden. Jesus stirbt als Gotteslästerer, als Gesetzesübertreter am Kreuz, weil er das wahre Gesetz gegen das mißverstandene, falsche Gesetz in Kraft gesetzt hatte.

Die Erfüllung des Gesetzes, von der Jesus spricht, kann mithin nicht anders geschehen, als daß Jesus als Sünder ans Kreuz geschlagen wird. Er selbst als der Gekreuzigte ist die vollkommene Erfüllung des Gesetzes.

14. Juni

TEILHAFTIG DER GERECHTIGKEIT CHRISTI

Denn ich sage euch: Es sei denn eure Gerechtigkeit besser denn der Schriftgelehrten und Pharisäer, so werdet ihr nicht in das Himmelreich kommen. *Matthäus 5, 20*

Nicht das Gesetz unterscheidet den Jünger vom Juden, sondern die „bessere Gerechtigkeit". Die Gerechtigkeit der Jünger „ragt hinaus" über die der Schriftgelehrten. Sie übertrifft sie, sie ist etwas Außerordentliches, Sonderliches. Der Vorzug der Gerechtigkeit des Jüngers besteht darin, daß zwischen ihm und dem Gesetz derjenige steht, der das Gesetz vollkommen erfüllt hat und in dessen Gemeinschaft er war. Er sah sich nicht einem unerfüllten, sondern einem bereits erfüllten Gesetz gegenüber. Ehe er anfängt, dem Gesetz zu gehorchen, ist das Gesetz schon erfüllt, ist seiner Forderung schon genug getan. Die Gerechtigkeit, die das Gesetz fordert, ist schon da; es ist die Gerechtigkeit Jesu, der ans Kreuz geht um des Gesetzes willen. Durch seinen Ruf hat Jesus seinen Jüngern teilgegeben an sich selbst. Er hat ihnen seine Gemeinschaft geschenkt. So hat er sie teilhaftig werden lassen seiner Gerechtigkeit. Sie bleibt freilich in strengem Sinne geschenkte Gerechtigkeit, geschenkt durch den Ruf in die Nachfolge. Es ist die Gerechtigkeit, die eben in der Nachfolge besteht und schon in den Seligpreisungen die Verheißung des Himmelreiches empfängt. Die Gerechtigkeit der Jünger ist Gerechtigkeit unter dem Kreuz. Es ist die Gerechtigkeit der Armen, Angefochtenen, Hungrigen, Sanftmütigen, Friedfertigen, Verfolgten – um des Rufes Jesu willen, die sichtbare Gerechtigkeit derer, die eben darin das Licht der Welt und die Stadt auf dem Berge sind – um des Rufes Jesu willen. Darin ist der Jünger Gerechtigkeit „besser" als die der Pharisäer, daß sie allein auf dem Ruf in die Gemeinschaft dessen beruht, der allein das Gesetz erfüllt; darin ist der Jünger Gerechtigkeit wirkliche Gerechtigkeit, daß sie nun selbst den Willen Gottes tun, das Gesetz erfüllen. Auch Christi Gerechtigkeit soll nicht nur gelehrt, sondern eben getan werden. Sonst ist sie nicht besser als das Gesetz, das nur gelehrt, aber nicht getan wird.

15. Juni

GOTT LÄSST SICH VON UNSEREM BRUDER NICHT TRENNEN

Wer mit seinem Bruder zürnt, der ist des Gerichts schuldig.
Aus Matthäus 5, 21–26

Das Gesetz, an das Jesus seine Nachfolger zuerst verweist, verbietet ihnen den Mord und befiehlt ihnen den Bruder. Das Leben des Bruders ist von Gott gesetzt und in Gottes Hand, allein Gott hat Gewalt über Leben und Tod. Der Mörder kann in der Gemeinde Gottes keinen Raum haben. Er verfällt dem Gericht, das er selbst übt. Daß der Bruder, der so unter den Schutz des göttlichen Gebotes gestellt wird, nicht nur der Bruder in der Gemeinde ist, ergibt sich unzweifelhaft daraus, daß der Nachfolger Jesu sich in seinem Handeln nicht dadurch bestimmen lassen kann, wer der andere ist, sondern allein durch den, dem er im Gehorsam folgt. Das Leben des Bruders ist dem Nachfolger Jesu zur Grenze gesetzt, die nicht durchbrochen werden darf. Eine solche Durchbrechung geschieht aber schon durch den Zorn, sie geschieht erst recht durch ein böses Wort, das uns entfährt („Racha"), sie geschieht schließlich durch die wissentliche Schmähung des anderen („du Narr"). Jeder Zorn richtet sich gegen das Leben des anderen, er gönnt ihm das Leben nicht, er trachtet nach seiner Vernichtung. Das schnell entfahrene Wort, das wir so leicht nehmen, offenbart, daß wir den anderen nicht ehren, uns über ihn erheben und also unser Leben höher einschätzen als das seine. Dieses Wort ist ein Schlag nach dem Bruder, ein Stoß nach seinem Herzen. Es soll treffen, verletzen, vernichten. Das wissentliche Schmähwort aber raubt dem Bruder auch in der Öffentlichkeit seine Ehre, will ihn auch bei anderen verächtlich machen, zielt im Haß auf die Vernichtung seiner inneren und äußeren Existenz. Ich vollstrecke Gericht an ihm. Das ist Mord. Der Mörder verfällt dem Gericht.

Verachtung des Bruders macht den Gottesdienst unwahr und nimmt ihm jede göttliche Verheißung. So prüfe sich die Gemeinde Jesu heute, ob nicht in dem Augenblick, in dem sie zum Gebet und Gottesdienst vor Gott tritt, viele Stimmen anklagend zwischen sie und Gott treten und ihr Gebet verhindern. So prüfe sich die Gemeinde Jesu, ob sie den von der Welt Geschmähten und Entehrten ein Zeichen gegeben hat von der Liebe Jesu, die Leben erhalten, tragen, schützen will. Sonst möchte der korrekteste Gottesdienst, das frömmste Gebet, das tapferste Bekenntnis ihr nicht helfen, sondern müßte gegen sie zeugen. Gott will sich von unserem Bruder nicht trennen lassen. Er will nicht geehrt sein, wenn ein Bruder entehrt wird.

16. Juni

SUCHT IST UNGLAUBE

Wer ein Weib ansieht, ihrer zu begehren, der hat schon mit ihr die Ehe gebrochen in seinem Herzen.

Aus Matthäus 5, 27–32

Die Bindung an Jesus Christus gibt keine Lust frei, die ohne Liebe ist. Weil Nachfolge Selbstverleugnung und ganze Bindung an Jesus ist, darum kann nicht an irgendeiner Stelle der eigene, lustbeherrschte Wille des Jüngers freien Lauf bekommen. Solche Begierde, und läge sie nur in einem einzigen Blick, trennt von der Nachfolge. Der Mensch glaubt dem nicht, der ihm hundertfältig Freude vergelten kann für versagte Lust. Er traut nicht aufs Unsichtbare, sondern ergreift die sichtbare Frucht der Lust. So stürzt er vom Weg der Nachfolge ab und ist von Jesus getrennt. Begierde ist Unglaube. Darum allein ist sie verwerflich. Der Gewinn, den die Lust bringt, ist gering gegen den Schaden – du gewinnst die Lust des Auges und der Hand für einen Augenblick, und du verlierst den Leib in Ewigkeit. Dein Auge, das der unreinen Begierde dient, kann Gott nicht schauen.

Muß nicht an dieser Stelle die Frage zur Entscheidung kommen, ob Jesus sein Gebot („Ärgert dich aber dein rechtes Auge, so reiß es aus“) wörtlich gemeint habe oder in übertragenem Sinn? Hängt nicht von einer klaren Antwort auf diese Frage unser ganzes Leben ab? Aber diese Frage selbst ist falsch und böse. Sie kann keine Antwort finden. Würde nämlich gesagt, natürlich sei das nicht wörtlich gemeint, so wären wir bereits dem Ernst des Gebotes entwichen; würde aber gesagt, natürlich sei es wörtlich zu verstehen, so wäre die grundsätzliche Absurdität der christlichen Existenz offenbar gemacht und damit das Gebot außer Kraft gesetzt. Gerade darin, daß uns diese grundsätzliche Frage nicht beantwortet wird, werden wir erst ganz und gar in Jesu Gebot gefangen genommen. Wir können nach keiner Seite ausweichen. Wir sind gestellt und müssen gehorchen. Jesus zwingt seine Jünger nicht in einen unmenschlichen Krampf, er verbietet ihnen nicht den Blick, aber er lenkt den Blick des Jüngers auf sich und weiß, daß hier der Blick rein bleibt, auch wenn er sich nun auf die Frau richtet. So legt er seinen Jüngern nicht ein unerträgliches Joch des Gesetzes auf, sondern er hilft ihnen barmherzig durch das Evangelium.

17. Juni

MIT ALLEN WORTEN VOR DEM ANGESICHT GOTTES

Ich aber sage euch, daß ihr überhaupt nicht schwören sollt.
Aus Matthäus 5, 33–37

Die Auslegung dieser Verse ist in der christlichen Kirche bis zur Stunde außerordentlich unsicher. Von der rigorosen Verwerfung jedes Eides als Sünde bis zu der milderen Ablehnung des leichtsinnigen Eides und Meineides gehen die Ausleger seit der Alten Kirche auseinander. Was ist der Eid? Er ist die öffentliche Anrufung Gottes als Zeugen für eine Ausage, die ich über etwas Vergangenes, Gegenwärtiges oder Zukünftiges mache. Gott, der Allwissende, soll die Unwahrheit rächen. Wie kann dieser Eid von Jesus Sünde, ja „vom Bösen", „satanisch" genannt werden? Weil es Jesus um die völlige Wahrhaftigkeit geht.

Der Eid ist der Beweis für die Lüge in der Welt. Könnte der Mensch nicht lügen, so wäre kein Eid notwendig. So ist der Eid zwar ein Damm gegen die Lüge. Aber eben darin fördert er sie auch; denn dort, wo allein der Eid letzte Wahrhaftigkeit beansprucht, ist zugleich der Lüge im Leben Raum gegeben, ist ihr ein gewisses Lebensrecht zugestanden. Das alttestamentliche Gesetz verwirft die Lüge durch den Eid. Jesus aber verwirft die Lüge durch das Verbot des Eides. Es geht hier wie dort um das Eine und Ganze, die Vernichtung der Unwahrheit im Leben der Glaubenden. Der Eid, den das Alte Testament gegen die Lüge stellte, wurde von der Lüge selbst ergriffen und in den Dienst gestellt. Sie vermochte sich noch durch den Eid zu sichern und Recht zu verschaffen. So muß die Lüge von Jesus dort gefaßt werden, wohin sie sich flüchtet, im Eid. Darum muß der Eid fallen, weil er zum Schutz der Lüge geworden ist.

Eure Rede sei ja, ja und nein, nein. Hierdurch wird das

Wort des Jüngers nicht etwa der Verantwortlichkeit vor dem allwissenden Gott entzogen. Vielmehr ist gerade dadurch, daß der Name Gottes nicht ausdrücklich angerufen wird, schlechthin jedes Wort des Jüngers unter die selbstverständliche Gegenwart des allwissenden Gottes gestellt. Jedes seiner Worte soll nichts als Wahrheit sein, so daß keines der Bestätigung durch den Schwur bedarf. Der Schwur stellt ja alle seine anderen Worte ins Dunkel des Zweifelhaften. Darum ist er „vom Bösen". Der Jünger aber soll mit allen seinen Worten Licht sein.

18. Juni

WANN IST EIN EID ZUMUTBAR?

Ist der Eid damit abgelehnt, so ist doch zugleich deutlich, daß es dabei allein um das Ziel der Wahrhaftigkeit geht. Die Verweigerung des Eides darf nicht der Verhüllung der Wahrheit dienen. Wo dies der Fall ist, d. h. wo gerade um der Wahrhaftigkeit willen der Eid zu leisten wäre, ist nicht generell zu entscheiden. Die reformatorischen Kirchen sind der Meinung, daß jeder Eid, der von der weltlichen Obrigkeit gefordert wird, diesen Fall schaffe. Ob diese allgemeine Entscheidung möglich ist, muß fraglich bleiben.

Unfraglich aber ist, daß der Eid nur geleistet werden kann, wo erstens völlige Klarheit und Durchsichtigkeit darüber herrscht, was inhaltlich in den Eid eingeschlossen ist; zweitens ist zu unterscheiden zwischen Eidesleistungen, die sich auf vergangene oder gegenwärtige Tatbestände beziehen, die uns bekannt sind, und solchen, die den Charakter eines Gelübdes tragen. Da der Christ in der Kenntnis des Vergangenen niemals irrtumsfrei ist, wird die Anrufung des allwissenden Gottes für ihn nicht der Bestätigung der dem Irrtum unterworfenen Aussage, sondern der Reinheit seines Wissens und Gewissens dienen. Da aber der Christ auch niemals über seine Zukunft verfügt, ist ein eidliches Gelübde, z. B. ein Treueid, für ihn von vornherein von größten Gefahren bedroht. Denn nicht nur seine eigene Zukunft hat der Christ nicht in der Hand, sondern erst recht nicht die Zukunft dessen, der ihn mit dem Treueid bindet. Es ist also um der Wahrhaftigkeit und der Nachfolge Jesu willen unmöglich, einen solchen Eid zu leisten, ohne ihn unter den Vorbehalt des Wissens Gottes zu stellen. Es gibt für den Christen keine absolute irdische Bindung. Ein Treueid, der den Christen absolut binden will, wird ihm zur Lüge, ist „vom Bösen". Die Anrufung des Namens Gottes kann in einem solchen Eid niemals die Bestätigung des Gelübdes, sondern einzig und allein die Bezeugung dessen sein, daß wir in der Nachfolge Jesu allein an Gottes Willen gebunden sind, daß jegliche andere Bindung um Jesu willen unter diesem Vorbehalt steht. Wird dieser Vorbehalt in Fällen des Zweifels nicht ausgesprochen oder wird er nicht anerkannt, so kann der Eid nicht geleistet werden, weil ich eben mit diesem Eid den irreführe, der ihn mir abnimmt. Es sei aber eure Rede ja, ja und nein, nein.

19. Juni

LEBEN IN DER AUFGEDECKTEN WAHRHEIT

Eure Rede sei ja, ja; nein, nein. Was darüber ist, das ist vom Übel. *Matthäus 5, 37*

Das Gebot der völligen Wahrhaftigkeit ist nur ein anderes Wort für die Ganzheit der Nachfolge. Nur wer ein in der Nachfolge Jesu Gebundener ist, steht in der völligen Wahrhaftigkeit. Er hat vor seinem Herrn nichts zu verbergen. Er lebt aufgedeckt vor ihm. Er ist von Jesus erkannt, in die Wahrheit gestellt. Er ist als Sünder vor Jesus offenbar. Nicht er hat sich Jesus offenbart, sondern als Jesus sich ihm offenbarte in seinem Ruf, da wußte er sich von Jesus in seiner Sünde offenbart. Völlige Wahrhaftigkeit gibt es nur aus der aufgedeckten Sünde heraus, die auch von Jesus vergeben ist. Wer im Bekenntnis seiner Sünde vor Jesus in der Wahrheit steht, der allein schämt sich nicht der Wahrheit, wo auch immer sie gesagt werden muß. Die Wahrhaftigkeit, die Jesus von seinem Jünger fordert, besteht in der Selbstverleugnung, die die Sünde nicht verdeckt. Es ist alles offenbar und licht.

Weil es in der Wahrhaftigkeit zuletzt und zuerst um die Aufdeckung des Menschen in seinem ganzen Sein, in seinem Bösen vor Gott geht, darum erregt diese Wahrhaftigkeit den Widerspruch der Sünder, darum wird sie verfolgt und gekreuzigt. Die Wahrhaftigkeit des Jüngers hat ihren einzigen Grund in der Nachfolge Jesu, in der er uns am Kreuz unsere Sünde offenbart. Allein das Kreuz als die Wahrheit Gottes über uns macht uns wahrhaftig. Wer das Kreuz kennt, scheut andere Wahrheit nicht mehr.

Es gibt keine Wahrheit Jesus gegenüber ohne Wahrheit den Menschen gegenüber. Die Lüge zerstört die Gemeinschaft. Wahrheit aber zerschneidet falsche Gemeinschaft und begründet echte Bruderschaft. Es gibt keine Nachfolge Jesu ohne das Leben in der aufgedeckten Wahrheit vor Gott und den Menschen.

Was heißt: die Wahrheit sagen?

20. Juni

DAS JEWEILS RECHTE WORT

„Die Wahrheit sagen" bedeutet je nach dem Ort, an dem man sich befindet, etwas Verschiedenes. Wie das Wort zwischen Eltern und Kindern deren Wesen gemäß ein anderes ist als das zwischen Mann und Frau, zwischen Freund und Freund, zwischen Lehrer und Schüler, zwischen Obrigkeit und Untertan, zwischen Freund und Feind, ebenso ist die in diesen Worten enthaltene Wahrheit eine verschiedene. „Die Wahrheit sagen" ist also nicht nur eine Sache der Gesinnung, sondern auch der richtigen Erkenntnis und des ernsthaften Bedenkens der wirklichen Verhältnisse. Je mannigfaltiger die Lebensverhältnisse eines Menschen sind, desto verantwortlicher und schwerer wird es für ihn, „die Wahrheit zu sagen".

Die Wahrheit zu sagen muß also gelernt werden. Das klingt für denjenigen greulich, der meint, allein die Gesinnung müsse es machen, und wenn diese untadelig sei, sei alles andere ein Kinderspiel. Da es aber nun einmal so ist, daß das Ethische nicht von der Wirklichkeit gelöst werden kann, ist die immer bessere Erkenntnis der Wirklichkeit ein notwendiger Bestandteil des ethischen Handelns. Das jeweils rechte Wort" zu finden ist eine Sache langer, ernster und immer fortschreitender Bemühung auf Grund von Erfahrung und Erkenntnis des Wirklichen.

Es ist oberflächlich, dieses Problem der wahrheitsgemäßen Rede auf einzelne Konfliktsfälle zu beschränken. Jedes Wort, das ich überhaupt rede, steht unter der Bestimmung, wahr zu sein; ganz abgesehen von der Wahrheitsgemäßheit seines Inhaltes ist schon das in ihm ausgedrückte Verhältnis von mir zu einem anderen Menschen wahr oder unwahr. Ich kann schmeicheln, ich kann mich überheben oder ich kann heucheln, ohne eine materielle Unwahrheit auszusprechen, und mein Wort ist doch unwahr, weil ich die Wirklichkeit des Verhältnisses von Mann und Frau oder Vorgesetzten und Untergebenen etc. zerstöre und zersetze. Das einzelne Wort ist immer Teil eines Wirklichkeitsganzen, das im Wort zum Ausdruck kommen will. Je nach dem, zu wem ich spreche, von wem ich gefragt bin, worüber ich spreche, muß mein Wort, wenn es wahrheitsgemäß sein will, ein verschiedenes sein. Das wahrheitsgemäße Wort ist nicht eine in sich konstante Größe, sondern ist so lebendig wie das Leben selbst. Wo es sich vom Leben und von der Beziehung zum konkreten anderen Menschen löst, wo die „Wahrheit gesagt wird" ohne Beachtung dessen, zu wem ich sie sage, dort hat sie nur den Schein, aber nicht das Wesen der Wahrheit.

21. Juni

DIE ZYNISCHE UND DIE GÖTTLICHE WAHRHEIT

Es ist der Zyniker, der unter dem Anspruch, überall und jederzeit und jedem Menschen in gleicher Weise „die Wahrheit zu sagen", nur ein totes Götzenbild der Wahrheit zur Schau stellt. Indem er sich den Nimbus des Wahrheitsfanatikers gibt, der auf menschliche Schwachheiten keine Rücksicht nehmen kann, zerstört er die lebendige Wahrheit zwischen den Menschen. Er verletzt die Scham, entheiligt das Geheimnis, bricht das Vertrauen, verrät die Gemeinschaft, in der er lebt, und lächelt hochmütig über das Trümmerfeld, das er angerichtet hat, über die menschliche Schwäche, die „die Wahrheit nicht ertragen kann". Er fühlt sich wie ein Gott über den schwachen Kreaturen und weiß nicht, daß er dem Satan dient.

Es gibt eine Satanswahrheit. Ihr Wesen ist, daß sie unter dem Schein der Wahrheit alles leugnet, was wirklich ist. Sie lebt von dem Haß gegen das Wirkliche, gegen die Welt, die von Gott geschaffen und geliebt ist. Sie gibt sich den Anschein, als vollzöge sie das Gericht Gottes über den Sündenfall des Wirklichen. Aber Gottes Wahrheit richtet das Geschaffene aus Liebe, die Satanswahrheit richtet es aus Neid und Haß. Gottes Wahrheit ist Fleisch geworden in der Welt, ist lebendig im Wirklichen, die Satanswahrheit ist der Tod alles Wirklichen.

Der Begriff der lebendigen Wahrheit ist gefährlich und erweckt den Verdacht, die Wahrheit könne und dürfe der jeweiligen Situation angepaßt werden, wobei sich dann der Begriff der Wahrheit gänzlich auflöst und Lüge und Wahrheit einander ununterscheidbar naherücken. Es ist wichtig, diese Gefahr im Auge zu behalten. Die Möglichkeit, ihr zu begegnen, kann jedoch in nichts anderem bestehen als eben in der aufmerksamen Erkenntnis der jeweiligen Inhalte und Grenzen, die das Wirkliche selbst der Aussage vorschreibt, um sie zu einer wahrheitsgemäßen zu machen. Niemals aber darf man um der Gefahren willen, die in dem Begriff der lebendigen Wahrheit liegen, diesen zugunsten des formalen, zynischen Wahrheitsbegriffes aufgeben.

22. Juni

WENN DIE WORTE HEIMATLOS WERDEN

Jedes Wort lebt und ist beheimatet in einem bestimmten Umkreis. Das Wort in der Familie ist ein anderes als das Wort im Büro oder in der Öffentlichkeit. Das Wort, das in der Wärme persönlicher Beziehung geboren ist, erfriert in der kalten Luft der Öffentlichkeit. Das Wort des Befehls, das aus dem öffentlichen Dienst kommt, würde in der Familie die Bande des Vertrauens zerschneiden. Jedes Wort soll seinen Ort haben und behalten. Wenn aber die Grenzen der verschiedenen Worte sich verwischen, wenn die Worte wurzellos, heimatlos werden, dann verliert das Wort an Wahrheit, ja dann entsteht fast zwangsläufig die Lüge. Wenn die verschiedenen Ordnungen des Lebens sich nicht mehr gegenseitig achten, dann werden die Worte unwahr.

Ein Beispiel: ein Kind wird von seinem Lehrer vor der Klasse gefragt, ob es wahr sei, daß sein Vater oft betrunken nach Hause komme. Es ist wahr, aber das Kind verneint es. Es empfindet, daß hier ein unberechtigter Einbruch in die Ordnung der Familie erfolgt, den es abwehren muß. Was in der Familie vorgeht, gehört nicht vor die Ohren der Schulklasse. Der Lehrer hat die Wirklichkeit dieser Ordnung mißachtet. Das Kind müßte nun in seiner Antwort einen Weg finden, auf dem die Ordnung der Familie und der Schule in gleicher Weise gewahrt bliebe. Es kann das noch nicht, es fehlt ihm die Erfahrung, die Erkenntnis und die Fähigkeit des rechten Ausdrucks. Indem es die Frage des Lehrers einfach verneint, wird die Antwort zwar unwahr, aber sie gibt doch zugleich der Wahrheit Ausdruck, daß die Familie eine Ordnung ist, in die der Lehrer nicht berechtigt war, einzudringen. Man kann nun zwar die Antwort des Kindes eine Lüge nennen; trotzdem enthält diese Lüge mehr Wahrheit, d. h. sie ist der Wirklichkeit gemäßer, als wenn das Kind die Schwäche seines Vaters vor der Schulklasse preisgegeben hätte. Dem Maße seiner Erkenntnis nach hat das Kind richtig gehandelt. Die Schuld an der Lüge fällt allein auf den Lehrer zurück. Es ist daher fraglich, ob es sinnvoll ist, den Begriff der Lüge, die als etwas schlechthin Verwerfliches verstanden wird und werden soll, so zu verallgemeinern und auszudehnen, daß er mit dem Begriff der formalen wahrheitswidrigen Aussage zusammenfällt.

23. Juni

LÜGE IST LEUGNUNG VON GOTTES WIRKLICHKEIT

Die übliche Definition, der gemäß der bewußte Widerspruch zwischen Denken und Sagen Lüge sei, ist völlig unzulänglich. Hierunter würde z. B. der harmloseste Aprilscherz fallen. Sagt man nun, Lüge sei die bewußte Täuschung des andern zu dessen Schaden, so würde hierunter z. B. auch die notwendige Täuschung des Gegners im Kriege oder in analogen Situationen fallen. (Kant hat freilich erklärt, er sei zu stolz, um jemals eine Unwahrheit zu sagen, und hat allerdings zugleich unfreiwillig diesen Satz ad absurdum geführt, indem er erklärte, er würde sich selbst einem Verbrecher gegenüber, der einen bei ihm sich verborgen haltenden Freund suche, zu wahrheitsgemäßer Auskunft verpflichtet fühlen).

Daraus geht zunächst hervor, daß Lüge nicht formal durch den Widerspruch zwischen Denken und Sagen zu definieren ist. Dieser Widerspruch ist nicht einmal ein notwendiger Bestandteil der Lüge. Es gibt ein in dieser Hinsicht durchaus korrektes, unanfechtbares Reden, das doch Lüge ist; so etwa, wenn ein notorischer Lügner zur Irreführung einmal „die Wahrheit" sagt. Auch ein bewußtes Verschweigen kann Lüge sein, so wenig es andererseits Lüge sein muß.

Diese Überlegungen führen zu der Erkenntnis, daß das Wesen der Lüge viel tiefer steckt als in dem Widerspruch zwischen Denken und Sagen. „Wer ist ein Lügner, wenn nicht der, der leugnet, daß Jesus der Christus ist?" (1. Joh 2, 22). Lüge ist Widerspruch gegen das Wort Gottes, wie er es in Christus gesprochen hat und in dem die Schöpfung beruht. Lüge ist demzufolge die Verneinung, Leugnung und wissentliche und willentliche Zerstörung der Wirklichkeit, wie sie von Gott geschaffen ist und in Gott besteht. Unser Wort hat die Bestimmung, in der Einheit mit Gottes Wort das Wirkliche, wie es in Gott ist, auszusagen. Das menschliche Wort, wenn es wahr sein soll, darf ebensowenig den Sündenfall verleugnen wie das schöpferische und versöhnende Wort Gottes, in dem alle Entzweiung überwunden ist. Der Zyniker will sein Wort dadurch wahrmachen, daß er jeweils das Einzelne, das er zu erkennen glaubt, unter Nichtbeachtung des Wirklichkeitsganzen ausspricht, und gerade dadurch zerstört er das Wirkliche völlig und sein Wort wird, auch wenn es den oberflächlichen Schein der Richtigkeit hat, unwahr.

Im Anfang schuf Gott

24. Juni

WO DER ANFANG ANFÄNGT, HÖRT UNSER DENKEN AUF

Am Anfang schuf Gott Himmel und Erde. *1. Mose 1, 1*

Daß die Bibel vom Anfang redet, das bringt die Welt, das bringt uns auf. Denn wir können nicht vom Anfang reden. Wo der Anfang anfängt, hört unser Denken auf, ist es am Ende. Und doch ist es die innerste Leidenschaft unseres Denkens, ist es das, was jeder echten Frage letzten Endes Existenz verleiht, daß wir nach dem Anfang fragen wollen. Wir wissen, daß wir dauernd nach dem Anfang fragen müssen und daß wir doch nie nach ihm fragen können. Warum nicht? Weil wir den Anfang nur als ein Endliches, also gerade als das Anfanglose denken können. Weil der Anfang die Freiheit ist und wir die Freiheit immer nur in der Notwendigkeit denken können, also als das eine unter anderem, aber nie als das Eine schlechthin vor allem anderen. Fragen wir, warum dies so sei, daß wir immer vom Anfang her und in bezug auf ihn hin denken und ihn doch nie denken, ja nicht einmal erfragen können, so ist dieses Warum wieder nur der Ausdruck für eine Reihe, die ins Endlose zurückgetrieben werden könnte und doch den Anfang nicht erreichte. Das Denken kann sein eigenes letztes Warum nie beantworten, weil auch diese Antwort wieder ein Warum gebären würde. Das „Warum" ist vielmehr der Ausdruck für das anfanglose Denken.

25. Juni

AUSDRUCK UNSERER ANGST ODER GOTTES SELBSTZEUGNIS?

So beginnt die Bibel mit der freien Selbstbestätigung, Selbstbezeugung, Offenbarung Gottes: im Anfang schuf Gott ... Was heißt es, daß im Anfang Gott ist? Welcher Gott? Dein Gott, den du dir machst aus der eigenen Not, weil du nicht leben magst ohne den Anfang, ohne das Ende, weil dir die Mitte Angst macht? Woher weißt du, Unbekannter, der du diesen Satz schriebst, vom Anfang, hast du es gesehen, warst du am Anfang dabei? Spricht nicht dein Gott selbst zu dir: „Wo warst du, da ich die Erde gründete? sage an, bist du so klug!" (Hiob 38,4). Also was ist es mit diesen ersten Worten der Schrift? Gaukelei der feigen Phantasie eines Menschen, der nicht in der Mitte stolz oder resigniert zu leben vermag, eines Menschen also, der wir selbst alle auch sind, die wir aus Feigheit unseres anfangs- und endlosen Lebens zu einem Gott schreien, der unser eigenes Ich ist? Wie sollten wir auf diesen Vorwurf entgegnen können? Es ist ja wahr, der vom Anfang redet,

redet von seiner Angst im Ringe des Lebens, auch der, der die Bibel schrieb. Oder aber nicht er redet, sondern es redet eben Gott selbst, der schlechthin Anfängliche, der schlechthin vor unserem Leben, Denken und seiner Angst Seiende, der allein von sich selbst sagt, daß er am Anfang ist, der sich durch nichts bezeugt als durch dies Wort, das eben als Wort eines Buches, als Wort eines frommen Menschen ganz Wort aus der Mitte und nicht aus dem Anfang ist.

„Am Anfang – Gott." Das ist wahr, wenn er uns hier in der Mitte mit diesem Wort lebendig ist, nicht als der ferne, ruhende, ewig seiende, sondern als der schaffende Gott. Vom Anfang im eigentlichen Sinn können wir nur wissen, indem wir in der Mitte zwischen Anfang und Ende vom Anfang hören; sonst wäre es nicht der Anfang schlechthin, der eben auch unser Anfang ist. Von Gott als dem Anfang wissen wir hier in der Mitte des verlorenen Anfangs und des verlorenen Endes allein – als von dem Schöpfer.

26. Juni

HINTER DEN SCHAFFENDEN GOTT KANN KEINE FRAGE ZURÜCK

Nicht war er erst und dann schuf er, sondern am Anfang schuf Gott.

Es entsteht die doppelte Frage: Ist dieser Anfang Gottes Anfang oder ist es der Anfang Gottes mit der Welt? Aber schon das Entstehen dieser Frage beweist, daß wir nicht mehr wissen, was Anfang heißt. Wenn über den Anfang nur geredet werden kann von dem, der in der Mitte sich ängstet um den Anfang und das Ende, von dem, der an seinen eigenen Ketten reißt, von dem, der nur in seiner Sünde um seine Geschaffenheit von Gott her weiß – dann kann doch nicht mehr gefragt werden, ob dieser Anfang

Gottes Anfang oder Gottes Anfang mit der Welt ist, da eben für uns Gott als der Anfang kein anderer ist, als der am Anfang die Welt schuf und uns schuf, und weil wir eben von diesem Gott gar nicht anders wissen können als von dem Schöpfer unserer Welt. Wenn Luther auf die Frage, was Gott vor der Erschaffung der Welt getan habe, antwortete, er habe Ruten geschnitzt für Leute, die solche unnützen Fragen stellen, so schlägt er damit nicht nur dem Frager seine Frage ab, sondern er sagt zugleich, daß Gott eben dort, wo er nicht als der gnädige Schöpfer erkannt wird, nur als der zornige Richter gewußt werden muß. Es gibt keine mögliche Frage, die hinter diesen am Anfang schaffenden Gott zurückgehen könnte. Es gibt also auch nicht die Frage nach dem Warum der Schöpfung, nach dem Weltplan Gottes, nach der Notwendigkeit der Schöpfung – eben diese Fragen werden endgültig erledigt und als gottlose Fragen aufgedeckt durch den Satz: Am Anfang schuf Gott Himmel und Erde. Nicht: am Anfang hatte Gott diesen oder jenen Gedanken über das Ziel der Welt, Gedanken, die wir nun weiter aufzufinden hätten, sondern am Anfang schuf Gott.

Daraus ergibt sich, daß der Anfang keine zeitliche Bestimmung ist. Hinter den zeitlichen Anfang kann man immer zurück. Aber es ist das schlechthin Einmalige, das den Anfang qualifiziert, einmalig nun auch nicht im Sinn der Zahl, sondern im qualitativen Sinne, d. h. als das schlechthin Unwiederholbare, als das ganz Freie.

27. Juni

IN GOTTES SPRECHEN HAT DIE WELT IHR LEBEN

Und Gott sprach. *1. Mose 1, 3*

Im Unterschied von allen Schöpfungsmythen, in denen die Schöpfung als ein Sichentfalten, Sichgestalten, Gebären der Gottheit verstanden wird ,in denen also die Schöpfung selbst ein Stück der Natur Gottes ist – im Gegensatz zu all dem bleibt der Gott der Bibel ganz Gott, ganz Schöpfer, ganz der Herr, und sein Geschöpf bleibt ganz das unterworfene, gehorsame, ihn als den Herrn lobpreisende, anbetende. Er ist nie die Schöpfung. Er ist immer der Schöpfer. Er ist nicht die Substanz der Natur; es ist kein Kontinuum da, das ihn mit seinem Werk verbände, vereinigte – es sei denn sein Wort. Gott sprach . . .; die einzige Kontinuität zwischen ihm und dem Werk ist das Wort. Ist das Wort nicht da, so stürzt die Welt ins Bodenlose. Dies Wort Gottes ist nicht seine Natur, auch nicht sein Wesen, sondern sein Gebot, in dem er sich selbst uns gibt, wie er will. Daß Gott im Wort schafft, heißt, daß Schöpfung Befehl, Geheiß Gottes ist und daß dieser Befehl frei ist. Gott spricht, d. h. er schafft ganz frei und bleibt auch in seinem Schaffen seinem Werk gegenüber noch ganz frei. Er ist nicht an das Werk gebunden, aber er bindet sein Werk an sich. Er ist als Wort in der Welt, weil er der schlechthin Jenseitige ist, und er ist der schlechhin Jenseitige, weil er im Wort in der Welt ist. Nur im Wort der Schöpfung kennen wir den Schöpfer. Also nicht „aus" den Werken erkennen wir den Schöpfer, als ob die Substanz, die Natur, das Wesen des Werkes letztlich doch identisch wäre mit der Natur Gottes, als ob es irgendein Kontinuum, etwa das von Ursache und Wirkung gäbe, sondern allein weil Gott durch sein Wort sich zu diesen Werken bekennt und wir dieses Wort über diese Werke glauben, darum glauben wir ihn als den Schöpfer.

28. Juni

IM GEGENÜBER FREIER ANBETUNG

Es werde Licht und es ward Licht. *1. Mose 1, 3*

Daß Gott spricht und sprechend schafft, sagt die Bibel seltsamer Weise erst dort, wo es um die Schaffung der Gestalt, um das Entreißen der Form aus dem Gestaltlosen geht. Dem Wort entspricht die Gestalt. Das Wort hebt heraus, umreißt, begrenzt das Einzelne, das Wirkliche, das Ganze. Das Wort ruft das Seiende aus dem Nichtsein, daß es sei. Es ist ein durchaus dunkler, gänzlich unzugänglicher Hintergrund, der sich hier hinter dem Schöpfungswort auftut.

„Es werde Licht, und es ward Licht." Weil es finster war auf der gestaltlosen Tiefe, darum muß das Licht die Gestalt schaffen. Wie die gestaltlose Nacht durch das Licht des Morgens zur Gestalt wird, wie das Licht die Gestalt enthüllt und schafft, so mußte jenes Urlicht das Chaos ordnen, die Gestalt enthüllen und schaffen. Das Licht erweckt die Finsternis zum eigenen Sein, zum freien Lobpreis des Schöpfers. Ohne das Licht wären wir nicht – denn ohne das Licht gibt es kein Gegenüber, weil es keine Gestalt gibt. Ohne Gegenüber aber gibt es keine freie Anbetung Gottes. Die unterworfene Tiefe betete Gott an in unterworfener, dumpfer, unfreier Gegenüberlosigkeit, die Gestalt im Licht vernimmt das Gegenübersein als ihr eigenes Sein und dankt es ganz dem Schöpfer. Die vom Licht gespendete Durchsichtigkeit, Klarheit und Unbeschwertheit des eigenen Seins im Gegenüber-sein mit der anderen geschaffenen Gestalt und mit dem Schöpfer ist das Werk des ersten Wortes des Schöpfers. In seinem geschaffenen Licht sieht die Schöpfung sein Licht.

29. Juni

GUT DURCH GOTTES ANSEHEN

Und Gott sah, daß das Licht gut war. 1. Mose 1, 4

Daß Gott sein Werk ansieht und sein Wohlgefallen an ihm hat, weil es gut ist, das heißt, daß Gott sein Werk liebt und darum erhalten will. Schaffen und Erhalten, das sind zwei Seiten des einen Tuns Gottes; es kann ja nicht anders sein, als daß das Werk Gottes gut ist und daß er das Werk nicht verwirft, vernichtet, sondern liebt und erhält. Im Blicke Gottes kommt sein Werk zur Ruhe, vernimmt es sein Wohlgefallen. Der Blick Gottes bewahrt die Welt vor dem Zurückstürzen ins Nichts, vor der gänzlichen Vernichtung. Der Blick Gottes sieht die Welt als gute, als geschaffene – auch wo sie gefallene Welt ist –, und um des Blickes Gottes willen, mit dem er sein Werk umfängt und nicht läßt, leben wir. Daß Gottes Werk gut ist, heißt keinesfalls, daß die Welt die beste aller denkbaren Welten ist, sondern es heißt, daß sie ganz vor Gott lebt, daß sie von ihm her und auf ihn hin lebt und daß er ihr Herr ist. Es ist das vom Bösen ununterschiedene Gute, das hier gemeint ist, das darin besteht, daß es unter der Herrschaft Gottes ist. Es ist also das Werk selbst, das gut ist, die Schöpfung ist das gute Werk Gottes, das er für sich selbst tut. Daß das Werk gut ist und sein soll und nicht allein der Wille, das ist biblische gegen kantische Einsicht. Daß das Getane, der Zustand, die Verleiblichung des Willens, daß die Welt gut ist, daß Gottes Reich auf Erden sei, daß sein Wille auf der Erde geschehe, Tat werde, darum geht es in der ganzen Bibel. Weil die Welt Gottes ist, darum ist sie gut. Gott will eine gute Welt, ein gutes Werk, er, der Schöpfer und Herr der Welt ist. Die Flucht aus dem geschaffenen Werk in den leiblosen Geist, in die Gesinnung ist untersagt. Gott will sein Werk ansehen, lieben, gut nennen und erhalten.

30. Juni

DER GROSSE RHYTHMUS DER SCHÖPFUNG

Und Gott schied das Licht von der Finsternis und nannte das Licht Tag und die Finsternis Nacht. So ward aus Abend und Morgen der erste Tag. *1. Mose 1, 5*

Das erste vollendete Werk Gottes ist der Tag. Gott schafft am Anfang den Tag. Der Tag trägt alles andere, im Wechsel des Tages lebt die Welt. Der Tag hat eigenes Sein, eigene Gestalt, eigene Macht. Er ist nicht der physikalisch verständliche Umlauf der Erde um die Sonne, der berechenbare Wechsel von Dunkel und Licht, er ist über all das hinaus etwas, das das Wesen der Welt und unserer Existenz bestimmt. Uns ist der Tag in seiner Geschöpflichkeit und Wunderbarkeit ganz versunken. Wir haben uns seiner Macht entzogen. Wir lassen uns durch ihn nicht mehr bestimmen. Wir berechnen und verrechnen ihn, wir leben ihn nicht. Heute weniger denn je; die Technik ist der Kriegszug gegen den Tag. Auch die Bibel redet von ihm schon so, wie wir – rechenhaft – von ihm reden. Aber sie weiß eben auch noch, daß der Tag nicht dieser rechenhafte Tag des Erdumlaufes ist, sondern daß er der große Rhythmus, die natürliche Dialektik der Schöpfung ist. Daß das Ungestaltete am Morgen zur Gestalt wird und des Abends ins Gestaltlose zurücksinkt, daß das helle Gegenüber des Lichtes sich auflöst zur Einheit im Dunkel, daß der lebendige Lärm im Schweigen der Nacht verstummt, daß dem gespannten Wachen im Licht der Schlaf folgt, daß es Zeiten des Wachens und des Schlummerns in der Natur, in der Geschichte, in den Völkern gibt – das alles ist es, was die Bibel meint, wenn sie von der Schöpfung des Tages redet, von dem menschenlosen Tag, der alles, auch das Menschenlos, trägt. Der Rhythmus, der Ruhe und Bewegung in einem ist, der schenkt und nimmt und wieder schenkt und wieder nimmt, der so der ewige Hinweis auf Gottes Schenken und Nehmen ist, auf Gottes Freiheit jenseits von Ruhe und Bewegung – das ist der Tag.

1. Juli

RUHE HEISST VOLLENDUNG

Und Gott ruhte am siebten Tag von allem seinem Werk.
Aus 1. Mose 2, 1–3

Ruhe heißt in der Bibel wirklich mehr als Ausruhen, es heißt Ruhe nach der Vollendung, es heißt Vollendung, heißt Friede Gottes, in dem die Welt liegt, heißt Verklärung, heißt den Blick ganz auf Gottes Gott-sein, auf seine Anbetung lenken. Es ist doch nie die Ruhe eines lethargischen Gottes, sondern die Ruhe des Schöpfers, es ist kein Loslassen der Welt, sondern die letzte Verherrlichung der Welt, die auf den Schöpfer blickt. Gott muß ja auch in seiner Ruhe der Schöpfer bleiben: „mein Vater wirkt bisher, und ich wirke auch". Gott bleibt der Schöpfer, aber nun als der, der sein Werk vollendet hat; Gottes Ruhe verstehen wir nun so, daß es zugleich die Ruhe seiner Schöpfung ist. Seine Ruhe ist unsere Ruhe (wie seine Freiheit unsere Freiheit, sein Gutsein unser Gutsein ist). Darum heiligt Gott den Tag seiner Ruhe auch für Adam und für uns, deren Herz unruhig ist, bis es Ruhe findet in Gottes Ruhe. Uns ist diese Ruhe ganz Verheißung, die dem Volke Gottes gegeben ist. Es ist gleichermaßen glaubensloser Übermut, die Ruhe Gottes hier voreilig an sich reißen zu wollen in frommem Quietismus, wie über die Langeweile der paradiesischen Ruhe frech zu räsonieren und die Unruhe und den Kampf damit zu verherrlichen. Diese laute Freude an der eigenen Vitalität könnte vor dem „lebendigen" Gott sehr schnell verstummen müssen.

Es ist derselbe Tag, der im Neuen Testament der Tag der Auferstehung des Herrn ist. Tag der Ruhe, Tag des Sieges, der Herrschaft, der Vollendung, der Verklärung, Tag der Anbetung für uns, Tag der Hoffnung, des Ausblickes auf den Tag der letzten Ruhe bei Gott, auf die „Ruhe des Volkes". Alle Tage der Woche sind eigentlich nur um seinetwillen geschaffen. Du sollst den Feiertag heiligen und nicht verschlafen. Um des letzen Friedens willen, um des Tages der Auferstehung Jesu Christi, um des Tages der letzten Auferstehung und der Ruhe des Schöpfers mit seinen Geschöpfen willen, ist das Werk geschaffen, sind wir geschaffen, „daß sie ruhen von ihrer Arbeit und ihre Werke folgen ihnen nach"! (Apk 14, 13).

Frühe wache ich zu Dir

2. Juli

ÜBER JEDEM NEUEN TAG STEHT DER HERR

Die Frühe des Morgens gehört der Gemeinde des auferstandenen Christus. Beim Anbruch des Lichtes gedenkt sie des Morgens, an dem Tod, Teufel und Sünde bezwungen darniederlagen und neues Leben und Heil den Menschen geschenkt ward.

Was wissen wir Heutigen, die wir Furcht und Ehrfurcht vor der Nacht nicht mehr kennen, noch von der großen Freude unserer Väter und der alten Christenheit an der morgendlichen Wiederkehr des Lichtes? Wollen wir wieder etwas lernen von dem Lobpreis, der am frühen Morgen dem dreieinigen Gott gebührt, Gott, dem Vater und Schöpfer, der unser Leben bewahrt hat in der finsteren Nacht und uns aufgeweckt hat zu einem neuen Tag, Gott, dem Sohn und Weltheiland, der für uns Grab und Hölle überwand und als der Sieger mitten unter uns ist, Gott, dem Heiligen Geist, der uns in der Frühe des Morgens Gottes Wort als einen hellen Schein in unser Herz gibt, alle Finsternis und Sünde vertreibt und uns recht beten lehrt, – so werden wir auch ahnen, was für Freude es bedeutet, wenn sich nach vergangener Nacht die Brüder, die einträchtig beieinander wohnen, am frühen Morgen wieder zusammenfinden zum gemeinsamen Lobpreis ihres Gottes, zum gemeinsamen Hören des Wortes und zum gemeinsamen Gebet. Der Morgen gehört nicht dem Einzelnen, er gehört der Gemeinde des dreieinigen Gottes, er gehört der christlichen Hausgemeinschaft, der Bruderschaft. Die Hausgemeinschaft versammelt sich zu Lob und Dank, Schriftlesung und Gebet. Die tiefe morgendliche Stille wird erst durch das Gebet und Lied der Gemeinde durchbrochen. Nach dem Schweigen der Nacht und des ersten Morgens wird Lied und Wort Gottes um so vernehmlicher werden. Die Heilige Schrift sagt dazu, daß der erste Gedanke und das erste Wort des Tages Gott gehöre: „Frühe wollest du meine Stimme hören, frühe will ich mich zu dir schicken" (Ps 5, 4); „mein Gebet kommt frühe vor dich" (Ps 88, 14).

3. Juli

MEHR ALS »BROT FÜR DEN TAG«

„Halte an mit lesen" (1. Tim 4, 13). Wir sind fast alle mit der Meinung groß geworden, es handle sich in der Schriftlesung allein darum, das Gotteswort für den heutigen Tag zu hören. Darum besteht die Schriftlesung bei vielen nur aus einigen kurzen, ausgewählten Versen, die das Leitwort des Tages ausmachen sollen. Es ist nun kein

Zweifel, daß etwa auf den Losungen der Brüdergemeinde für alle, die sie gebrauchen, bis zur Stunde ein wirklicher Segen liegt. Aber es kann ebensowenig ein Zweifel darüber bestehen, daß kurze Leit- und Losungsworte nicht an die Stelle der Schriftlesung überhaupt treten können und dürfen. Die Heilige Schrift ist mehr als Losung. Sie ist auch mehr als „Brot für den Tag". Sie ist Gottes Offenbarungswort für alle Menschen, für alle Zeiten. Die Heilige Schrift besteht nicht aus einzelnen Sprüchen, sondern sie ist ein Ganzes, das als solches zur Geltung kommen will. Als Ganzes ist die Schrift Gottes Offenbarungswort. Erst in der Unendlichkeit ihrer inneren Beziehungen, in dem Zusammenhang von Altem und Neuem Testament, von Verheißung und Erfüllung, von Gesetz und Evangelium, von Kreuz und Auferstehung, von Glauben und Gehorchen, von Haben und Hoffen wird das volle Zeugnis von Jesus Christus, dem Herrn, vernehmlich. Eine christliche Hausgemeinschaft sollte wohl imstande sein, morgens und abends je ein Kapitel aus dem Alten Testament und mindestens je ein halbes Kapitel aus dem Neuen Testament zu hören und zu lesen.

Man wird einwenden, es sei nicht möglich, eine so große Fülle von Gedanken und Zusammenhängen wirklich aufzunehmen und zu behalten, es sei sogar eine Mißachtung des göttlichen Wortes, mehr zu lesen, als man ernstlich verarbeiten könne. In Wahrheit aber liegt hier eine schwere Schuld verborgen. Verhält es sich wirklich so, daß es uns als erwachsenen Christen schon schwer ist, ein Kapitel des Alten Testaments im Zusammenhang aufzunehmen, so kann uns das nur selbst mit tiefster Beschämung erfüllen. Darf nun diese Schuld unserer eigenen Unkenntnis des Wortes Gottes eine andere Folge haben, als daß wir das Versäumte ernstlich und treu nachholen?

4. Juli

MITTEN IN GOTTES GESCHICHTE

Die fortlaufende Lesung biblischer Bücher zwingt jeden, der hören will, sich dorthin zu begeben, wo Gott zum Heil der Menschen ein für allemal gehandelt hat. Die gläubige Gemeinde wird hineingezogen in die Weihnachtsgeschichte, in die Taufe, in Wunder und Reden, in Leiden, Sterben und Auferstehen Jesu Christi, sie nimmt teil an dem, was einmal zum Heil aller Welt auf dieser Erde geschah, und sie empfängt hier und in alledem selbst das Heil in Jesus Christus. Gerade im gottesdienstlichen Lesen werden uns die geschichtlichen Bücher der Heiligen Schrift ganz neu. Wir bekommen teil an dem, was einst zu unserm Heil geschah, wir ziehen, uns selbst vergessend und verlierend, mit durch das Rote Meer, durch die Wüste, über den Jordan ins gelobte Land, wir fallen mit Israel in Zweifel und Unglauben und erfahren durch Strafe und Buße wieder Gottes Hilfe und Treue; und das alles ist nicht Träumerei, sondern heilige, göttliche Wirklichkeit. Wir werden aus unserer eigenen Existenz herausgerissen und mitten hineinversetzt in die heilige Geschichte Gottes auf Erden. Dort hat Gott an uns gehandelt, und dort handelt er noch heute an uns, an unsern Nöten und Sünden durch Zorn und Gnade. Nicht daß Gott der Zuschauer und Teilnehmer unseres heutigen Lebens ist, sondern daß wir die andächtigen Zuhörer und Teilnehmer an Gottes Handeln in der heiligen Geschichte, an der Geschichte des Christus auf Erden sind, ist wichtig, und nur sofern wir dort dabei sind, ist Gott auch heute bei uns. Eine völlige Umkehrung tritt hier ein. Nicht in unserm Leben muß sich Gottes Hilfe und Gegenwart erst noch erweisen, sondern im Leben Jesu Christi hat sich Gottes Gegenwart und Hilfe für uns erwiesen. Es ist in der Tat wichtiger für uns zu wissen, was Gott an Israel, was er an seinem Sohn Jesus Christus tat, als zu erforschen, was Gott heute mit mir vorhat. Daß Jesus Christus starb, ist wichtiger, als daß ich sterbe, und daß Jesus Christus von den Toten auferweckt wurde, ist der einzige Grund meiner Hoffnung, daß auch ich auferweckt werde am Jüngsten Tag. Unser Heil ist „außerhalb unser selbst". Nicht in meiner Lebensgeschichte, sondern allein in der Geschichte Jesu Christi finde ich es. Nur wer sich in Jesus Christus finden läßt, in seiner Menschwerdung, seinem Kreuz und seiner Auferstehung, der ist bei Gott und Gott bei ihm.

5. Juli

UNSERE GESPROCHENEN WORTE REICHEN NICHT HIN

„Redet untereinander in Psalmen und Lobgesängen und geistlichen Liedern" (Eph 5, 19). Unser Lied ist Rede. Es ist gesungenes Wort. Warum singen die Christen, wenn sie beieinander sind? Zunächst ganz einfach darum, weil es ihnen im gemeinsamen Singen möglich ist, dasselbe Wort zu gleicher Zeit zu sagen und zu beten, also um der Vereinigung im Worte willen. Alle Andacht, alle Sammlung gilt dem Worte im Lied. Daß wir es nicht gemeinsam sprechen, sondern singen, bringt nur die Tatsache zum Ausdruck, daß unsere gesprochenen Worte nicht hinreichen, das auszusprechen, was wir sagen wollen, daß der Gegenstand unseres Singens weit über alle menschlichen Worte hinausgeht. So steht das Musikalische ganz im Dienst des Wortes. Es verdeutlicht es in seiner Unbegreiflichkeit.

Weil ganz ans Wort gebunden, darum ist das gottesdienstliche Lied der Gemeinde wesentlich einstimmiges

Lied. Hier verbinden sich Wort und Ton in einzigartiger Weise. Der freischwebende Ton des einstimmigen Gesanges hat seinen einzigen und wesentlichen inneren Halt an dem Wort, das gesungen wird, und bedarf darum keiner musikalischen Stützung durch weitere Stimmen. „Singen wir heut mit einem Mund, in Eintracht und aus Herzensgrund" – sangen die Böhmischen Brüder. Die Reinheit des einstimmigen Singens, unberührt von fremden Motiven musikalischer Schwelgerei, die Klarheit, ungetrübt von dunklem Verlangen, dem Musikalischen ein Eigenrecht neben dem Worte zu verleihen, die Schlichtheit und Nüchternheit, die Menschlichkeit und Wärme dieses Singens ist das Wesen des irdischen Gemeindegesanges überhaupt. Freilich erschließt es sich unserm verbildeten Ohr nur langsam und in geduldiger Übung. Es wird eine Frage der geistlichen Urteilskraft sein, ob eine Gemeinschaft zum rechten einstimmigen Singen kommt. Hier wird von Herzen gesungen, hier wird dem Herrn gesungen, hier wird das Wort gesungen, hier wird in Eintracht gesungen.

Und hätte der Liebe nicht

6. Juli

NOTWENDIGE FRAGE AN DIE KIRCHE DER »REINEN LEHRE«

Wenn ich mit Menschen- und mit Engelzungen redete, und hätte der Liebe nicht, so wäre ich ein tönend Erz oder eine klingende Schelle. Und wenn ich weissagen könnte und wüßte alle Geheimnisse und alle Erkenntnis und hätte allen Glauben, also daß ich Berge versetzte und hätte der Liebe nicht, so wäre ich nichts. Und wenn ich alle meine Habe den Armen gäbe und ließe meinen Leib brennen, und hätte der Liebe nicht, so wäre mir's nichts nütze.

1. Korinther 13, 1–3

Die protestantische Kirche hat es vermocht, unvergleichlich zuversichtlich den Sieg und die Kraft des Glaubens an den Herrn Jesus Christus allein zu verkündigen und sie hat damit die Botschaft der Bibel in ihrer Reinheit wieder in der Welt hörbar gemacht. Aber wer hört dieses Wort vom Glauben noch so, wie es gehört werden soll? So nämlich, daß es nichts anderes heißt, als daß Gott über alles geliebt werden soll? Gott lieben, das heißt ja nicht nur, daß wir dort, wo es uns einmal schlecht geht, sagen: Gott wird schon wieder helfen! Das wäre ein armer Glaube. Gott lieben, das heißt, sich an ihm freuen, gern an ihn denken, gern zu ihm beten, gern vor ihm und mit ihm allein sein, voll Ungeduld auf ihn warten, auf jedes Wort, jede Bitte; ihn nicht betrüben, sondern sich an ihm freuen, einfach weil er es ist, und weil wir ihn kennen und mit ihm reden und leben dürfen. Gott lieben – und aus Liebe zu ihm die Brüder lieben– versuchen wir das noch in der ernüchterten protestantischen Kirche? Können wir das noch hören, ohne sogleich zu sagen: Das ist ja Pietismus? Steht nicht auch über der protestantischen Kirche, die vom Glauben allein predigt, immer wieder dies Wort: „Und hätte der Liebe nicht, so wäre ich nichts"?

7. Juli

NICHTS IST LEBENSWERT OHNE LIEBE

Es ist zunächst etwas sehr Einfältiges, was hier gesagt ist, nämlich, daß ein Leben Sinn und Wert nur hat, sofern Liebe in ihm ist, und daß ein Leben nichts, gar nichts ist und keinen Sinn und Wert hat, wenn keine Liebe in ihm ist. Alles andere ist gleichgültig, unwichtig, alles „Große" und alles „Kleine" außerhalb der Liebe ist unwichtig – wir sind nur nach einem gefragt, ob wir Liebe haben oder nicht.

Wir haben vielleicht schon einmal am Grab von Menschen gestanden, über die es unsererseits nichts, schlechterdings gar nichts zu sagen gab; wo uns nur das eine furchtbare Gefühl niederdrückte: welch namenlose Armut, welche Sinnlosigkeit. Er hatte niemand, den er liebte; er hatte niemand, der ihn liebte. Stumpf, ohne Tränen, ohne Schmerz sehen wir zu, wie dieses Leben zur letzten Ruhe getragen wird, die es sich selbst vielleicht ersehnte. Er war ein Geizhals, er war ein Eifersüchtiger, er war ein Tyrann, er kannte und suchte und wollte nur sich selbst. Er haßte die anderen. Jeder war ihm im Wege zu seinem Glück, das er doch nie fand. Er blieb allein, einsam. Ob er auch in Ewigkeit allein bleiben muß? Eine ganz einfältige, aber ganz lebendige Predigt über das Wort: Und hätte der Liebe nicht, so wäre ich nichts.

Und wir kennen die Gräber, an denen wir einer Mutter, einem treuen Vater, einem glücklichen Kind nachblickten, und darum herum stehen alle die, die Liebe von diesem Menschen erfahren haben, und unser Mund tut sich auf und will nicht schweigen, die Liebe zu preisen, die in diesem Leben sich verherrlichte.

Von solchen Lebenserfahrungen her beginnen wir zu begreifen, warum Paulus mit solcher Ausschließlichkeit die Liebe preist. Nichts, wirklich gar nichts ist lebenswert ohne Liebe; aller Sinn des Lebens ist erfüllt, wo Liebe ist. Dieser Liebe gegenüber wird dann alles andere ganz gleichgültig. Was heißt Glück und Unglück, was Armut und Reichtum, was Ehre und Schande, was Heimat und Fremde, was heißt Leben und Tod, wo Menschen in der Liebe leben? Sie wissen es nicht, sie unterscheiden es nicht; sie wissen nur, daß ihnen Glück wie Unglück, Armut wie Reichtum, Ehre wie Schande, Heimat wie Fremde, Leben wie Sterben nur dazu dienen, umso stärker, umso reiner, umso völliger zu lieben. Sie ist das Eine jenseits aller Unterschiede, vor allen Unterschieden, in allen Unterschieden. Die Liebe ist stark wie der Tod.

8. Juli

STURZ AUS DER HÖHE

Es stehen aus unserem Text Menschenbilder vor uns auf, die in ihrem Ernst, ihrer Kraft, ihrer Hingabe, ihrem Eifer um die Frömmigkeit zu denen gehören, auf die wir stolz sind; ja von denen wir meinen, der Schöpfer selbst dürfe stolz auf sie sein; zu denen wir aufsehen in Ehrfurcht und Verehrung; vor denen wir uns bedingungslos beugen – Menschen, an die sich kein Wort unserer Kritik heranwagen würde; Menschen in einsamer Hoheit und Größe. Und nun geschieht hier das ungeheure Schauspiel, daß diese Menschen der Höhe, des von uns unerreichten Ernstes und der Frömmigkeit angegriffen werden und zu Fall kommen durch ein einziges Wort: „Und hätte der Liebe nicht" – wie sie zu nichts werden, die uns alles zu sein schienen, zu nichts vor Gott, der das Licht der Wahrheit über sie ausgießt und vor dem es nicht verborgen bleibt, daß sie in aller Hoheit und Kraft ein kaltes, steinernes Herz in ihrer Brust tragen.

„Und wenn ich mit Menschen- und mit Engelzungen redete." Wovon? Nun, wohl von dem, was mir heilig ist und wichtig und ernst im Leben. Zu wem? Zu dem wohl, dem ich diese Dinge nahebringen möchte, den ich gewinnen möchte für die heilige Sache. Gesetzt also, es wäre uns die einzigartige Gabe mitgegeben, zu sagen, in Worte zu fassen, was wir empfinden und was andere in sich herumtragen müssen, gesetzt, wir täten das in aller Aufrichtigkeit, Hingabe – „und hätte der Liebe nicht, so wäre ich ein tönend Erz und eine klingende Schelle". Das fährt wie ein lähmender und zerstörender Blitz hinein. Das ist die Möglichkeit, mit der wir nicht gerechnet haben, daß auch unsere heiligsten Worte unheilig, gottlos, gemein werden können, wenn ihnen das Herz fehlt, wenn sie ohne Liebe sind. Das also ist möglich, daß das Wort, uns Menschen gegeben um unserer innersten Gemeinschaft willen, entheiligt wird, indem es von der Liebe losgerissen sich selbst dient, sich selbst liebt. Ein hohles Getön, ein leeres Geplapper ohne Herz, ohne Seele, das können unsere Worte werden, das sind unsere heiligsten, ernstesten, ehrlichsten Beteuerungen, selbst wenn sie Beteuerungen unserer Liebe sind – wenn sie nicht selbst die Liebe sind.

9. Juli

WAHRHEIT OHNE LIEBE IST LÜGE

Tiefer als das Wort liegt die Erkenntnis, das Wissen um die Geheimnisse dieser und jener Welt, die Hingabe und die Andacht, die Versenkung in Gottes Geheimnisse, in Gegenwärtiges, Vergangenes und Zukünftiges. Ist nicht auch dies eine Gestalt des frommen Lebens, vor der wir fast erschauern? Wieviel Opfer und Entsagung verlangt die Wahrheit, die Erkenntnis, bis man sie erringt! „Und wenn ich weissagen könnte und wüßte alle Geheimnisse und alle Erkenntnis": Wen packt bei solchen Worten nicht die leidenschaftliche Sehnsucht? Ja, hätte ich sie nur, dann wäre mein Durst gestillt! Wenn ich wüßte, warum ich diesen Weg und warum jener jenen Weg gehen muß, wenn ich die dunklen Wege Gottes schon hier erkennen könnte – wäre das nicht die Seligkeit? Und abermals heißt es: „Und hätte der Liebe nicht, so wäre ich nichts." Erkenntnis, Wissen, Wahrheit ohne Liebe ist nichts, sie ist nicht Wahrheit – denn Wahrheit ist Gott und Gott ist Liebe. Darum ist Wahrheit ohne Liebe Lüge, nichts! „Sagt die Wahrheit in der Liebe", sagt Paulus an einer anderen Stelle. Wahrheit für sich selbst, Wahrheit in der Feindschaft, im Haß gesagt, ist nicht Wahrheit, sondern Lüge. Denn Wahrheit stellt vor Gott und Gott ist Liebe. Wahrheit ist Klarheit der Liebe, sonst nichts.

10. Juli

GLAUBE OHNE LIEBE

Ein kleines Sätzchen haben wir bisher ausgelassen, und darin ist ein furchtbares Rätsel vor uns enthüllt. „Und hätte allen Glauben, daß ich Berge versetzte, und hätte der Liebe nicht, so wäre ich nichts." Was könnte es Größeres geben als dies, allen Glauben, alle Zuversicht, alle Gewißheit zu haben, daß ich bei Gott bin und Gott bei mir, in allen Sorgen und Ängsten meines Lebens, so daß ich mich nicht mehr fürchte vor dem morgigen Tag – ist es nicht das, worum wir täglich bitten? Woran wir gerne genug hätten, woran wir uns halten würden bis an unser Ende? Und nun schlägt es auch hier ein, dieses: „und hätte der Liebe nicht." Was ist das für ein rätselhaftes Ding, ein Mensch, der allen Glauben hat – und doch nicht liebt, Gott nicht liebt und seinen Bruder nicht liebt? – Was ist das für ein dunkler Abgrund, in den wir da hineinsehen müssen! Ein Glaube, der im tiefsten Grund selbstherrlich und selbstsüchtig ist, ein gottloser Glaube, der nicht um Gottes willen, sondern um meinetwillen glaubt! Gott behüte uns vor diesem Abgrund, vor solchem Aberglauben, der uns täuscht, als wären wir bei ihm, und wir sind ihm doch fern. Gott, wer hilft uns aus solcher Not?

11. Juli

DER LETZTE ABGRUND

Und nun ist kein Halten mehr: zu dem Glauben ohne Gott, ohne Liebe, tritt die Tat, die doch ohne Liebe ist; das Werk, das dem Schein nach der Liebe gleich ist, und ihr doch gänzlich fremd. „Und wenn ich alle meine Habe den Armen gäbe“, wenn ich entsagte und opferte, wie es nur die Liebe kann, „und hätte der Liebe nicht“, sondern solches Opfer käme aus der Selbstsucht und Eitelkeit meines Herzens, solches Opfer würde Gott und den Nächsten betrügen und mein Herz, „so wäre mir's nichts nütze“.
Was kann der Fromme zuletzt noch geben als sein nacktes Leben selbst? „Und wenn ich meinen Leib verbrennen ließe“, wenn ich selbst im Tod meinen Ernst, meine Frömmigkeit bewiese und besiegelte, wenn ich Märtyrer würde um Gottes Sache willen, „und hätte der Liebe nicht“, so wäre mir's wahrhaftig nichts nütze. Wenn ich Gott zu lieben schiene bis in den Opfertod, und liebte ihn doch nicht, sondern liebte nur mich selbst und meinen Märtyrereifer und Märtyrertraum, so wäre auch dem Märtyrer das Gericht gesprochen. Die Liebe stürzt ihn ins Nichts herab.

Wer begreift das noch? Oder auch: wer begreift das nicht? Wer weiß nicht, daß wir in allen Stücken die sind, die reden und Erkenntnis haben und glauben und Taten tun und sich opfern – um unserer selbst willen, ohne Liebe, ohne Gott? Und wer begreift nicht, daß über solches Tun Gottes Urteil ergehen muß, weil Gott die Liebe ist und unsere ganze, ungeteilte Liebe will – und sonst nichts? Was ist diese Liebe, diese Liebe zu Gott und den Menschen? Sie ist nicht Wort, nicht Erkenntnis, nicht Glaube, nicht Liebestat und Liebesopfer in unserem Sinn. Haben wir sie? Ist auch über uns schon das Gericht gesprochen? Nun, wir rufen zu ihr, daß sie von Gott selbst herkomme und uns rette und uns dem Abgrund der Vernichtung entreiße. – O Gott aller Liebe, komm du in unser verirrtes Herz und rette uns aus Liebe, durch Liebe.

Wer hält stand?

12. Juli

DAS BÖSE IN DER GESTALT DES LICHTES

Heute gibt es wieder Bösewichter und Heilige, und zwar in aller Öffentlichkeit. Aus dem Grau in Grau des Regentages ist die schwarze Wolke und der helle Blitz des Gewitters geworden. Die Konturen sind überscharf. Die Wirklichkeit enthüllt sich. Die Gestalten Shakespeares gehen um. Der Bösewicht und der Heilige aber haben wenig oder nichts mit ethischen Programmen zu tun, sie steigen aus Urgründen empor, sie reißen mit ihrem Erscheinen den höllischen und den göttlichen Abgrund auf, aus dem sie kommen, und lassen uns in nie geahnte Geheimnisse kurze Blicke tun. Schlimmer als die böse Tat ist das Böse-sein. Schlimmer ist es, wenn ein Lügner die Wahrheit sagt, als wenn ein Liebhaber der Wahrheit lügt; schlimmer, wenn ein

Menschenhasser Bruderliebe übt, als wenn ein Liebhaber der Menschen einmal vom Haß überwältigt wird. Besser als die Wahrheit im Munde des Lügners ist noch die Lüge, besser als die Tat der Bruderliebe des Menschenfeindes ist der Haß. Es ist also nicht die eine Sünde wie die andere. Sie haben verschiedenes Gewicht. Es gibt schwerere und leichtere Sünden. Der Abfall wiegt unendlich viel schwerer als der Fall. Die glänzendsten Tugenden des Abgefallenen sind nachtschwarz gegen die dunkelsten Schwächen der Treuen.

Daß das Böse in der Gestalt des Lichtes, der Wohltat, der Treue, der Erneuerung, daß es in der Gestalt des geschichtlich Notwendigen, des sozial Gerechten erscheint, ist für den schlicht Erkennenden eine klare Bestätigung seiner abgründigen Bosheit. Den ethischen Theoretiker dagegen macht es blind. Mit seinen vorgefaßten Begriffen vermag er das Wirkliche nicht aufzunehmen, geschweige, daß er dem ernstlich begegnen könnte, dessen Wesen und Kraft er gar nicht erkennt. Der einem ethischen Programm Verschriebene muß seine Energien sinnlos verpuffen und selbst sein Martyrium wird für seine Sache kein Quell der Kraft noch für die Bösen eine Bedrohung sein. Aber merkwürdig genug, nicht nur der ethische Theoretiker und Programmatiker verfehlt seinen Gegner, sondern auch der Böse selbst vermag seinen Nebenbuhler kaum zu erkennen. Gegenseitig gehen sie einander in die Falle. Nicht Gerissenheit, Bescheidwissen über die Schliche, sondern allein schlichtes Stehen in der Wahrheit Gottes und ein im Blick auf sie einfältig und klug gewordenes Auge erfährt und erkennt die ethische Wirklichkeit.

13. Juli

DAS VERSAGEN DER VERNÜNFTIGEN UND DER FANATIKER

Erschütternd ist das Versagen der Vernünftigen, die weder den Abgrund des Bösen noch den Abgrund des Heiligen zu sehen vermögen, die in bester Absicht mit etwas Vernunft das aus den Fugen gehende Gebälk wieder zusammenbringen zu können glauben. In ihrem mangelnden Sehvermögen wollen sie beiden Seiten Recht widerfahren lassen und werden so zwischen den aufeinanderprallenden Gewalten zerrieben, ohne das Geringste ausgerichtet zu haben. Bitter enttäuscht über die Unvernünftigkeit der Welt, sehen sie sich zur Unfruchtbarkeit verurteilt, treten resigniert zur Seite oder verfallen haltlos den Stärkeren.

Erschütternder noch ist das Scheitern alles ethischen Fanatismus. Mit der Reinheit seines Wollens und seines Prinzips glaubt der Fanatiker der Macht des Bösen entgegentreten zu können. Aber weil es zum Wesen des Fanatismus gehört, daß er das Ganze des Bösen aus den Augen verliert und wie der Stier auf das rote Tuch statt auf dessen Träger zustößt, muß er schließlich ermüden und unterliegen. Der Fanatiker verfehlt sein Ziel. Ob sein Fanatismus auch den hohen Gütern der Wahrheit oder der Gerechtigkeit dient, so verfängt er sich früher oder später im Unwesentlichen, Kleinen und geht dem klügeren Gegner ins Netz.

Einsam erwehrt sich der Mann des Gewissens der Übermacht der Entscheidung fordernden Zwangslagen. Aber das Ausmaß der Konflikte, in denen er zu wählen hat – durch nichts beraten und getragen als durch sein eigenstes Gewissen –, zereißt ihn. Die unzähligen ehrbaren und verführerischen Verkleidungen und Masken, in denen das Böse sich ihm nähert, machen sein Gewissen ängstlich und unsicher, bis er sich schließlich damit begnügt, statt eines guten Gewissens ein salviertes Gewissen zu haben, bis er also sein eigenes Gewissen belügt, um nicht zu verzweifeln; denn daß ein böses Gewissen heilsamer und stärker sein kann als ein betrogenes Gewissen, das vermag der Mann, dessen einziger Halt sein Gewissen ist, nie zu fassen.

14. Juli

FLUCHT IN PFLICHTERFÜLLUNG

Aus der verwirrenden Fülle der möglichen Entscheidungen scheint der sichere Weg der Pflicht herauszuführen. Hier wird das Befohlene als das Gewisseste ergriffen, die Verantwortung für den Befehl trägt der Befehlsgeber, nicht der Ausführende. In der Begrenzung auf das Pflichtgemäße aber kommt es niemals zu dem Wagnis der freien, auf eigenste Verantwortung hin geschehenden Tat, die allein das Böse im Zentrum zu treffen und zu überwinden vermag. Der Mann der Pflicht wird schließlich auch dem Teufel gegenüber noch seine Pflicht erfüllen müssen.

Wer es aber unternimmt, in eigenster Freiheit in der Welt seinen Mann zu stehen, wer die notwendige Tat höher schätzt als die Unbeflecktheit seines eigenen Gewissens und Rufes, wer dem fruchtbaren Kompromiß ein unfruchtbares Prinzip oder auch dem fruchtbaren Radikalismus eine unfruchtbare Weisheit des Mittelmaßes zu opfern bereit ist, der hüte sich, daß ihn nicht gerade seine vermeintliche Freiheit schließlich zu Fall bringe. Er wird leicht in das Schlimme willigen, um das Schlimmere zu verhüten, wohl wissend, daß es schlimm ist, und er wird dabei nicht mehr zu erkennen vermögen, daß gerade das Schlimmere, das er vermeiden will, das Bessere sein kann. Hier liegt ein Urstoff des Tragischen.

Auf der Flucht vor der öffentlichen Auseinandersetzung erreicht dieser und jener die Freistatt einer privaten Tugendhaftigkeit. Er stiehlt nicht, er mordet nicht, er bricht nicht die Ehe, er tut nach seinen Kräften Gutes. Aber in seinem freiwilligen Verzicht auf Öffentlichkeit weiß er die erlaubten Grenzen, die ihn vor dem Konflikt bewahren, genau einzuhalten. So muß er sein Auge und Ohr verschließen vor dem Unrecht um sich herum. Nur auf Kosten eines Selbstbetruges kann er seine private Tadellosigkeit vor der Befleckung durch verantwortliches Handeln in der Welt erhalten. Bei allem, was er tut, wird ihn das, was er unterläßt, nicht zur Ruhe kommen lassen. Er wird entweder an dieser Unruhe zugrunde gehen oder zum heuchlerischsten aller Pharisäer werden.

15. Juli

DER BEFREITE BLICK

Einfältig ist, wer in der Verkehrung, Verwirrung und Verdrehung aller Begriffe allein die schlichte Wahrheit Gottes im Auge behält, wer nicht ein Mann zweier Seelen (Jak 1, 8) ist, sondern der Mann des ungeteilten Herzens. Weil er Gott kennt und hat, darum hängt er an den Geboten, an dem Gericht und an der Barmherzigkeit, die täglich neu aus Gottes Mund gehen. Nicht gefesselt durch Prinzipien, sondern gebunden durch die Liebe zu Gott, ist er frei geworden von den Problemen und Konflikten der ethischen Entscheidung. Sie bedrängen ihn nicht mehr. Er gehört ganz allein Gott und Gottes Willen. Weil der Einfältige nicht neben Gott auch auf die Welt schielt, darum ist er imstande, frei und unbefangen auf die Wirklichkeit der Welt zu schauen. So wird die Einfalt zur Klugheit. Klug ist, wer die Wirklichkeit sieht, wie sie ist, wer auf den Grund der Dinge sieht. Klug ist darum allein, wer die Wirklichkeit in Gott sieht. Erkenntnis der Wirklichkeit ist nicht dasselbe wie Kenntnis der äußeren Vorgänge, sondern das Erschauen des Wesens der Dinge. Nicht der Bestinformierte ist der Klügste. Gerade er steht in Gefahr, über dem Vierlerlei das Wesentliche zu verkennen. Andererseits vermittelt oftmals die Kenntnis einer scheinbar geringfügigen Einzelheit den Blick in die Tiefe der Dinge. So wird der Kluge sich das bestmögliche Wissen um die Vorgänge zu verschaffen suchen, ohne doch davon abhängig zu werden. In dem Tatsächlichen das Bezeichnende zu erkennen ist Klugheit. Der Kluge kennt die begrenzte Empfänglichkeit der Wirklichkeit für Prinzipien; denn er weiß, daß die Wirklichkeit nicht auf Prinzipien aufgebaut ist, sondern in dem lebendigen, schaffenden Gott ruht. So weiß er auch, daß der Wirklichkeit nicht mit den reinsten Prinzipien, aber auch nicht mit dem besten Wollen zu helfen ist, sondern nur mit dem lebendigen Gott. Prinzipien sind nur Werkzeuge in der Hand Gottes, die bald als untauglich weggeworfen werden. Der befreite Blick auf Gott und auf die Wirklichkeit, wie sie in Gott allein Bestand hat, vereinigt Einfalt und Klugheit. Es gibt keine rechte Einfalt ohne Klugheit und keine Klugheit ohne Einfalt.

Verantwortlich

16. Juli

ICH BIN DAS LEBEN

Seit Jesus Christus von sich sagte: „Ich bin das Leben" (Joh 14, 6; 11, 25), kommt kein Denken mehr an diesem Anspruch und der in ihm enthaltenen Wirklichkeit vorbei. Diese Selbstaussage Jesu erklärt jeden Versuch, das Wesen des Lebens an sich auszusprechen, für vergeblich und schon gescheitert. Wie sollten wir, solange wir leben und die Grenze unseres Lebens, den Tod, nicht kennen, sagen können, was das Leben an sich sei? Wir können das Leben nur leben, aber nicht definieren. Das Wort Jesu bindet jeden Gedanken über das Leben an seine Person. Ich bin das Leben. Hinter das „Ich bin" kommt keine Frage nach dem Leben zurück. Aus der Frage, was das Leben sei, wird hier die Antwort, wer das Leben sei. Das Leben ist nicht ein

Ding, ein Wesen, ein Begriff, sondern eine Person, und zwar eine bestimmte und einzige Person. Er sagt nicht: ich habe, sondern ich bin das Leben. So läßt sich das Leben niemals mehr von dem Ich, von der Person Jesu trennen. Indem Jesus dies verkündigt, sagt er, daß er nicht nur das Leben – d. h. irgendein möglicherweise auch mich betreffender metaphysischer Geist – ist, sondern gerade mein Leben, unser Leben, ein Sachverhalt, den Paulus mit den Worten: „Christus ist mein Leben" (Phil 1, 21) und „Christus, unser Leben" (Kol 3, 4) höchst sachlich und paradox zugleich ausspricht. Mein Leben ist außerhalb meiner selbst, außerhalb meiner Verfügung, mein Leben ist ein anderer, ein Fremder, Jesus Christus, und das nicht in dem übertragenen Sinn, daß mein Leben nicht lebenswert wäre ohne jenen anderen, also daß Christus meinem Leben eine besondere Qualität, einen besonderen Wert verliehe, wobei doch das Leben selbst seinen eigenen Bestand hätte, sondern das Leben selbst ist Jesus Christus. Was so von meinem Leben gilt, das gilt von allem Geschaffenen. „Was da geworden ist – in dem war Er das Leben" (Joh 1, 4).

17. Juli

ZUR STELLVERTRETUNG BESTIMMT

Weil Jesus als der menschgewordene Sohn Gottes stellvertretend für uns gelebt hat, darum ist alles menschliche Leben durch ihn wesentlich stellvertretendes Leben. Jesus war nicht der Einzelne, der zu einer eigenen Vollkommenheit gelangen wollte, sondern er lebte nur als der, der in sich das Ich aller Menschen aufgenommen hat und trägt. Sein gesamtes Leben, Handeln und Sterben war Stellvertretung. Was die Menschen leben, handeln und leiden sollten, erfüllt sich an ihm. In dieser realen Stellvertretung, die seine menschliche Existenz ausmacht, ist er der Verantwortliche schlechthin. Weil er das Leben ist, ist durch ihn alles Leben zur Stellvertretung bestimmt. Ob es sich auch dagegen wehrt, so bleibt es doch stellvertretend, zum Leben oder zum Tode, wie der Vater Vater bleibt, zum Guten oder zum Bösen.

Stellvertretung und also Verantwortlichkeit gibt es nur in der vollkommenen Hingabe des eigenen Lebens an den anderen Menschen. Nur der Selbstlose lebt verantwortlich, und das heißt, nur der Selbstlose lebt. Die Selbstlosigkeit in der Verantwortung ist eine so restlose, daß hier das Goethesche Wort von dem Handelnden, der immer gewissenlos ist, seinen rechten Ort bekommt. Ein Mißbrauch des stellvertretenden Lebens droht von zwei Seiten: durch die Absolutsetzung des eigenen Ich wie durch die Absolutsetzung des anderen Menschen. Im ersten Fall führt das Verhältnis der Verantwortung zur Vergewaltigung und Tyrannei. Dabei ist verkannt, daß nur der Selbstlose verantwortlich handeln kann. Im zweiten Fall wird das Wohl des andern Menschen, dem ich verantwortlich bin, unter Mißachtung aller anderen Verantwortlichkeiten absolut gesetzt, und es entsteht eine Willkür des Handelns, die der Verantwortung vor Gott, der in Jesus Christus aller Menschen Gott ist, spottet. In beiden Fällen ist Ursprung, Wesen und Ziel des verantwortlichen Lebens in Jesus Christus geleugnet und die Verantwortung zu einem selbstgemachten abstrakten Götzen geworden.

18. Juli

AM GEGEBENEN ORT DAS NOTWENDIGE TUN

Unsere Verantwortung ist nicht eine unendliche, sondern eine begrenzte. Innerhalb dieser Grenze freilich umfaßt sie das Ganze der Wirklichkeit. Sie fragt nicht nur nach dem guten Willen, sondern auch nach dem guten Gelingen des Handelns, nicht nur nach dem Motiv, sondern auch nach dem Gegenstand, sie sucht das gegebene Wirklichkeitsganze in seinem Ursprung, Wesen und Ziel zu erkennen. Weil es nicht um die Durchführung irgendeines grenzenlosen Prinzips geht, darum muß in der gegebenen Situation beobachtet, abgewogen, gewertet, entschieden werden, alles in der Begrenzung menschlicher Erkenntnis überhaupt. Es muß der Blick in die nächste Zukunft gewagt, es müssen die Folgen des Handelns ernstlich bedacht werden, ebenso wie eine Prüfung der eigenen Motive, des eigenen Herzens versucht werden muß. Nicht die Welt aus den Angeln zu heben, sondern an gegebenem Ort das im Blick auf die Wirklichkeit Notwendige zu tun, kann die Aufgabe sein. Es muß dabei auch die Frage nach dem Möglichen gestellt, es kann nicht immer sofort der letzte Schritt getan werden. Verantwortliches Handeln darf nicht blind sein wollen. Während alles ideologische Handeln seine Rechtfertigung immer schon in seinem Prinzip bei sich selbst hat, verzichtet verantwortliches Handeln auf das Wissen um seine letzte Gerechtigkeit. Die Tat, die unter verantwortlicher Abwägung aller persönlichen und sachlichen Umstände im Blick auf die Menschwerdung Gottes geschieht, wird im Augenblick ihres Vollzuges allein Gott ausgeliefert. Das letzte Nichtwissen des eigenen Guten und Bösen und damit das Angewiesensein auf Gnade gehört wesenlich zum verantwortlichen geschichtlichen Handeln. Der ideologisch Handelnde sieht sich in seiner Idee gerechtfertigt, der Verantwortliche legt sein Handeln in die Hände Gottes und lebt von Gottes Gnade und Gunst.

19. Juli

ULTIMA RATIO

Dort, wo die sachliche Befolgung des formalen Gesetzes eines Staates, eines geschäftlichen Unternehmens, einer Familie durch den Verlauf des geschichtlichen Lebens zusammenprallt mit den nackten Lebensnotwendigkeiten von Menschen, tritt verantwortliches sachgemäßes Handeln aus dem Bereich des Prinzipiell-Gesetzlichen, des Normalen, des Regulären vor die durch kein Gesetz mehr zu regelnde, außerordentliche Situation letzter Notwendigkeiten. Es kann kein Zweifel darüber bestehen, daß es solche Notwendigkeiten gibt. Sie zu leugnen, bedeutet Verzicht auf wirklichkeitsgemäßes Handeln. Ebenso aber ist gewiß, daß diese Notwendigkeiten als Urtatsache des Lebens selbst durch kein Gesetz mehr erfaßt und selbst niemals zum Gesetz werden können. Sie appellieren unmittelbar an die durch kein Gesetz gebundene freie Verantwortung des Handelnden. Sie schaffen eine außerordentliche Situation, sie sind ihrem Wesen nach Grenzfälle. Sie lassen der menschlichen ratio nicht mehr eine Mehrzahl von Auswegen, sondern sie stellen vor die Frage der ultima ratio. Im politischen Bereich heißt diese ultima ratio Krieg, aber auch Betrug, Vertragsbruch um der eigenen Lebensnotwendigkeit willen. Im wirtschaftlichen Leben bedeutet sie Vernichtung menschlicher Existenzen um geschäftlicher Notwendigkeiten willen. Die außerordentliche Notwendigkeit appelliert an die Freiheit der Verantwortlichen. Es gibt kein Gesetz, hinter dem der

Verantwortliche hier Deckung suchen könnte. Es gibt daher auch kein Gesetz, das den Verantwortlichen angesichts solcher Notwendigkeiten zu dieser oder jener Entscheidung zu zwingen vermöchte. Es gibt vielmehr angesichts dieser Situation nur den völligen Verzicht auf jedes Gesetz, verbunden mit dem Wissen darum, hier im freien Wagnis entscheiden zu müssen, verbunden auch mit dem offenen Eingeständnis, daß hier das Gesetz verletzt, durchbrochen wird, daß hier Not das Gebot bricht, verbunden also mit der gerade in dieser Durchbrechung anerkannten Gültigkeit des Gesetzes, und es gibt dann schließlich in diesem Verzicht auf jedes Gesetz, und so ganz allein, das Ausliefern der eigenen getroffenen Entscheidung und Tat an die göttliche Lenkung der Geschichte.

20. Juli

IN DER GEMEINSCHAFT FREMDER SCHULD

Indem wir unseren Blick wieder auf den Ursprung aller Verantwortlichkeit richten, wird uns deutlich, was unter Schuldübernahme zu verstehen ist. Weil es Jesus nicht um die Proklamation und Verwirklichung neuer ethischer Ideale, also auch nicht um sein eigenes Gutsein (Mt 19, 17), sondern allein um die Liebe zum wirklichen Menschen geht, darum kann er in die Gemeinschaft ihrer Schuld eintreten, sich mit ihrer Schuld belasten lassen. Jesus will nicht auf Kosten der Menschen als der einzig Vollkommene gelten, will nicht als der einzig Schuldlose auf die unter ihrer Schuld zugrundegehende Menschheit herabsehen, will nicht über den Trümmern einer an ihrer Schuld gescheiterten Menschheit irgendeine Idee eines neuen Menschen triumphieren lassen. Er will sich nicht von der

Schuld freisprechen, unter der die Menschen sterben. Eine Liebe, die den Menschen in seiner Schuld allein ließe, hätte nicht den wirklichen Menschen zum Gegenstand. Als im geschichtlichen Dasein der Menschen verantwortlich Handelnder wird Jesus schuldig. Es ist – wohl gemerkt – allein seine Liebe, die ihn schuldig werden läßt. Aus seiner selbstlosen Liebe, aus seiner Sündlosigkeit heraus tritt Jesus in die Schuld der Menschen ein, nimmt sie auf sich. Sündlosigkeit und Schuldfrage gehören in ihm unlösbar zusammen. Als der Sündlose nimmt Jesus die Schuld seiner Brüder auf sich und unter der Last dieser Schuld erweist er sich als der Sündlose. In diesem sündlos-schuldigen Jesus Christus hat nun jedes stellvertretend verantwortliche Handeln seinen Ursprung. Gerade weil und wenn es verantwortlich ist, weil und wenn es in ihm ganz um den anderen Menschen geht, weil und wenn es aus selbstloser Liebe zum wirklichen menschlichen Bruder hervorgeht, kann es sich der Gemeinschaft der menschlichen Schuld nicht entziehen wollen. Weil Jesus die Schuld aller Menschen auf sich nahm, darum wird jeder verantwortlich Handelnde schuldig. Wer sich in der Verantwortung der Schuld entziehen will, löst sich aus der letzten Wirklichkeit des menschlichen Daseins, löst sich aber auch aus dem erlösenden Geheimnis des sündlosen Schuldtragens Jesu Christi und hat keinen Anteil an der göttlichen Rechtfertigung, die über diesem Ereignis liegt. Er stellt seine persönliche Unschuld über die Verantwortung für die Menschen, und er ist blind für die heillosere Schuld, die er gerade damit auf sich lädt, blind auch dafür, daß sich die wirkliche Unschuld gerade darin erweist, daß sie um der anderen Menschen willen in die Gemeinschaft ihrer Schuld eingeht. Daß der Sündlose als selbstlos Liebender schuldig wird, gehört durch Jesus Christus zum Wesen verantwortlichen Handelns.

21. Juli

DAS BEFREITE GEWISSEN

Gegen dies alles gibt es einen Widerspruch von unbestreitbarer Erhabenheit. Er kommt aus der hohen Instanz des Gewissens, das sich weigert, seine Unversehrtheit irgendeinem anderen Gut zu opfern, das sich weigert, um eines anderen Menschen willen schuldig zu werden. Die Verantwortung für den Nächsten hat hier ihre Grenze in der Unantastbarkeit des Gewissensrufes. Richtig ist, daß es niemals geraten sein kann, wider das eigene Gewissen zu handeln. Die Mißachtung des Gewissensrufes muß eine Zerstörung, nicht etwa eine sinnvolle Hingabe des eigenen Seins, einen Zerfall der menschlichen Existenz zur Folge haben.

Die große Veränderung tritt in dem Augenblick ein, in dem die Einheit der menschlichen Existenz nicht mehr in ihrer Autonomie besteht, sondern – durch das Wunder des Glaubens – jenseits des eigenen Ich und seines Gesetzes in Jesus Christus gefunden wird.

Wo Christus, wahrer Gott und wahrer Mensch, zum Einheitspunkt meiner Existenz geworden ist, dort bleibt zwar das Gewissen – formal – immer noch der Ruf aus meinem eigentlichen Sein zur Einheit mit mir selbst, diese Einheit kann aber nicht mehr verwirklicht werden in der Rückkehr zu meiner aus dem Gesetz lebenden Autonomie, sondern in der Gemeinschaft mit Jesus Christus. Das natürliche – und sei es das rigoroseste – Gewissen erweist sich nun als die gottloseste Selbstrechtfertigung, es wird überwunden durch das in Jesus Christus befreite Gewissen, das zur Einheit mit mir selbst in Jesus Christus ruft. Jesus Christus ist mein Gewissen geworden. Das bedeutet, daß ich die Einheit mit mir selbst nur noch in der Hingabe meines Ich an Gott und die Menschen finden kann. Nicht ein Gesetz, sondern der lebendige Gott und der lebendige Mensch, wie er mir in Jesus Christus begegnet, ist Ursprung und Ziel meines Gewissens.

Das vom Gesetz befreite Gewissen wird das Eintreten in fremde Schuld um des anderen Menschen willen nicht scheuen, es wird sich vielmehr gerade so in seiner Reinheit erweisen. Das befreite Gewissen ist nicht ängstlich, wie das an das Gesetz gebundene, sondern weit geöffnet für den Nächsten und seine konkrete Not. So einigt es sich mit der in Christus begründeten Verantwortung, um des Nächsten willen Schuld zu tragen.

22. Juli

FREIHEIT UND GEHORSAM

Jesus steht vor Gott als der Gehorsame und als der Freie. Als der Gehorsame tut er den Willen des Vaters in blinder Befolgung des ihm befohlenen Gesetzes. Als der Freie bejaht er den Willen aus eigenster Erkenntnis mit offenen Augen und freudigem Herzen, schafft er ihn gleichsam aus sich selbst heraus aufs neue. Gehorsam ohne Freiheit ist Sklaverei, Freiheit ohne Gehorsam ist Willkür. Der Gehorsam bindet die Freiheit, die Freiheit adelt den Gehorsam. Der Gehorsam bindet das Geschöpf an den Schöpfer, die Freiheit stellt das Geschöpf in seiner Ebenbildlichkeit dem Schöpfer gegenüber. Der Gehorsam zeigt dem Menschen, daß er sich sagen lassen muß, was gut ist und was Gott von ihm fordert (Micha 6, 8), die Freiheit läßt den Menschen das Gute selbst schaffen. Gehorsam weiß, was gut ist, und tut es, die Freiheit wagt zu handeln und stellt das Urteil über Gut und Böse Gott anheim. Gehorsam folgt blind, Freiheit hat offene Augen. Gehorsam handelt, ohne zu fragen, Freiheit fragt nach dem Sinn. Gehorsam hat gebundene Hände, Freiheit ist schöpferisch. Im Gehorsam befolgt der Mensch den Dekalog Gottes, in der Freiheit schafft der Mensch neue Dekaloge (Luther).

23. Juli

STATIONEN AUF DEM WEGE ZUR FREIHEIT

Zucht.

Ziehst du aus, die Freiheit zu suchen, so lerne vor allem / Zucht der Sinne und Deiner Seele, daß die Begierden / und deine Glieder dich nicht bald hierin, bald dorthin führen. / Keusch sei dein Geist und dein Leib, gänzlich dir selbst unterworfen, / und gehorsam, das Ziel zu suchen, das ihm gesetzt ist. / Niemand erfährt das Geheimnis der Freiheit, es sei denn durch Zucht.

Tat.

Nicht das Beliebige, sondern das Rechte tun und wagen, / nicht im Möglichen schweben, das Wirkliche tapfer ergreifen, / nicht in der Flucht der Gedanken, allein in der Tat ist die Freiheit.
Tritt aus ängstlichem Zögern heraus in den Sturm des Geschehens, / nur von Gottes Gebot und deinem Glauben getragen, / und die Freiheit wird deinen Geist jauchzend umfangen.

Leiden.

Wunderbare Verwandlung. Die starken tätigen Hände / sind dir gebunden. Ohnmächtig einsam siehst du das Ende / deiner Tat. Doch atmest du auf und legst das Rechte / still und getrost in stärkere Hand und gibst dich zufrieden. / Nur einen Augenblick berührtest du selig die Freiheit, / dann übergabst du sie Gott, damit er sie herrlich vollende.

Tod.

Komm nun, höchstes Fest auf dem Wege zur ewigen Freiheit, / Tod, leg nieder beschwerliche Ketten und Mauern / unsres vergänglichen Leibes und unsrer verblendeten Seele, / daß wir endlich erblicken, was hier uns zu sehen mißgönnt ist. / Freiheit, dich suchten wir lange in Zucht und in Tat und in Leiden. / Sterbend erkennen wir nun im Angesicht Gottes dich selbst.

Herr, du bist mir zu stark geworden

24. Juli

DER GEFANGENE GOTTES

Herr, du hast mich überredet und ich habe mich überreden lassen. Du bist mir zu stark gewesen und hast gewonnen.
Jeremia 20, 7

Jeremia hat sich nicht dazu gedrängt, Prophet Gottes zu werden. Er ist zurückgeschaudert, als ihn plötzlich der Ruf traf. Er hat sich gewehrt, er wollte ausweichen – nein, er wollte dieses Gottes Prophet und Zeuge nicht sein – aber auf der Flucht packt ihn, ergreift ihn das Wort, der Ruf. Er kann sich nicht mehr entziehen, es ist um ihn geschehen. Gott hat sein Opfer, oder wie es einmal heißt, der Pfeil des allmächtigen Gottes hat das gehetzte Wild. Jeremia ist sein Prophet.

Von außen her kommt es über den Menschen, nicht aus

der Sehnsucht seines Herzens, nicht aus seinen verborgensten Wünschen und Hoffnungen steigt es herauf. Das Wort, das den Menschen stellt, packt, gefangen nimmt, bindet, kommt nicht aus den Tiefen unserer Seele, sondern es ist das fremde, unbekannte, unerwartete, gewalttätige, überwältigende Wort des Herrn, der in seinen Dienst ruft, wen und wann er will. Da hilft kein Widerstreben, sondern da heißt Gottes Antwort: „Ich kannte dich, ehe ich dich im Mutterleib bereitete, du bist mein. Fürchte dich nicht! Ich bin dein Gott, der dich hält." Und dann ist dies fremde, ferne, unbekannte, gewalttätige Wort auf einmal das uns schon so unheimlich wohlbekannte, unheimlich nahe, überredende, betörende, verführende Wort der Liebe des Herrn, den es nach seinem Geschöpf verlangt. Dem Menschen ist ein Lasso über den Kopf geworfen, und nun kommt er nicht mehr los. Versucht er zu widerstreben, so spürt er erst recht, wie unmöglich das ist; denn das Lasso zieht sich immer enger und schmerzhafter zusammen und erinnert ihn daran, daß er ein Gefangener ist. Er ist Gefangener, er muß folgen. Der Weg ist vorgeschrieben. Es ist der Weg des Menschen, den Gott nicht mehr losläßt, der Gott nicht mehr los wird, d. h. aber auch der Weg des Menschen, der nie mehr – im Guten oder Bösen – gottlos wird.

25. Juli

KONNTEN WIR WISSEN, DASS DEINE LIEBE SO WEH TUT?

Dieser Weg führt mitten in die tiefste menschliche Schwachheit hinein. Ein verlachter, verachteter, für verrückt erklärter, aber für Ruhe und Frieden der Menschen um so gefährlicherer Narr, den man schlägt, einsperrt, foltert und am liebsten gleich umbringt – das ist dieser Jeremia, eben weil er Gott nicht mehr loswerden kann. Phantast, Querkopf, Friedensstörer, Volksfeind hat man ihn gescholten, hat man zu allen Zeiten bis heute die gescholten, denen Gott zu stark geworden war. Wie gern hätte Jeremia mit den anderen „Friede“ und „Heil“ geschrien, wo doch Unfriede und Unheil war! Wie gern hätte er geschwiegen, den anderen Recht gegeben, aber er konnte einfach nicht, es lag wie ein Zwang auf ihm, es war, als säße ihm einer im Nacken und triebe ihn von einer Wahrheit zur anderen, von einem Leiden zum anderen. Er war nicht mehr sein eigener Herr, er war seiner selbst nicht mehr mächtig. Ein anderer war seiner mächtig geworden.

Und Jeremia war doch von unserem Fleisch und Blut, er war ein Mensch wie wir. Er leidet unter den dauernden Erniedrigungen, dem Spott, der Gewalt, der Brutalität der anderen, und so weicht er denn nach einer qualvollen Folterung, die eine ganze Nacht währt, in dieses Gebet aus: „Herr, du hast mich überredet und ich habe mich überreden lassen. Du bist mir zu stark geworden und hast gewonnen.“

Gott, du hast es mit mir angefangen. Du hast mir nachgestellt, bist mir immer wieder hier und dort plötzlich in den Weg getreten, hast mich gelockt und betört, hast dir mein Herz gefügig und willig gemacht, hast zu mir geredet von deiner Sehnsucht und ewigen Liebe, von deiner Treue und Stärke. Als ich Kraft suchte, stärktest du mich; als ich Halt suchte, hieltst du mich; als ich Vergebung suchte, vergabst du mir die Schuld. Ich hatte nicht gewollt, aber du überwandest meinen Willen, meinen Widerstand, mein Herz; Gott, du verführtest mich unwiderstehlich, daß ich mich dir hingab. Wie einen Ahnungslosen hast du mich gefaßt – und nun kann ich nicht mehr von dir los, nun schleppst du mich davon als deine Beute, bindest uns an deinen Siegeswagen und schleifst uns hinter dir her, daß wir geschunden und zermartert an deinem Triumphzug teilnehmen. Konnten wir es wissen, daß deine Liebe so weh tut, daß deine Gnade so hart ist? Du bist mir zu stark geworden und hast gewonnen. Als der Gedanke an dich in mir stark wurde, da wurde ich schwach. Als du dich über mich gewandt, da war ich verloren; da war mein Wille gebrochen, da war meine Kraft zu gering, da mußte ich den Weg des Leidens gehen, da konnte ich nicht mehr zurück, da war die Entscheidung über mein Leben gefallen. Nicht ich habe entschieden, du hast entschieden. Du hast mich an dich gebunden, auf Gedeih und Verderb. Gott, warum bist du uns so furchtbar nahe?

26. Juli

DIE FETZEN UNSERER KLEIDER SIND LOBPREIS AUF IHN

Von Gott nicht mehr loskommen können, das ist die beklemmende Beunruhigung jedes christlichen Lebens. Wer sich einmal auf ihn einließ, der kommt nicht mehr los; wie ein Kind nicht loskommt von seiner Mutter, wie ein Mann nicht mehr loskommt von der Frau, die er liebt. Zu wem er einmal geredet hat, der kann ihn nicht mehr ganz vergessen, den begleitet er immerfort im Guten und im Bösen, den verfolgt er wie der Schatten den Menschen. Und diese dauernde Nähe Gottes wird dem Menschen zu viel, zu groß, geht ihm über seine Kraft, und er denkt wohl manchmal: „Hätte ich es nie mit Gott angefangen; er ist zu schwer für mich; er zerstört mir den Frieden meiner Seele und mein Glück." Aber das alles nützt ihm nichts mehr. Er kann nicht mehr los. Und nun muß er hindurch, mit Gott, es komme, was da wolle. Und wenn er meint, er könne es nicht mehr ertragen, dann weiß er doch auch wieder, daß er in seinen Händen bleibt als sein Opfer.

Aber eben hier, wo einer meint, den Weg mit Gott nicht mehr länger gehen zu können, weil er zu schwer ist, da wird uns Gottes Nähe, Gottes Treue, Gottes Stärke zum

Trost und zur Hilfe, da erst erkennen wir Gott und den Sinn unseres Lebens recht. Von Gott nicht mehr loskommen, das bedeutet viel Angst, viel Verzagtheit, viel Trübsal, aber bedeutet doch auch, daß Gott mit uns ist auf allen unseren Wegen, im Glauben und in der Sünde, in Verfolgung, Verspottung und Tod. Was liegt an uns, an unserem Glück, an unserem Frieden? Wenn nur das Wort, der Wille und die Kraft Gottes an unserem schwachen, sterblichen, sündigen Leben verherrlicht wird, wenn nur unsere Schwachheit ein Gefäß der göttlichen Macht ist! Gefangene tragen keine stolzen Kleider, sondern Ketten. Aber diese Ketten verherrlichen den, der als der Sieger durch die Welt und die Menschheit zieht.

Unsere Ketten und die Fetzen unserer Kleider und die Narben, die wir tragen müssen, sind der Lobpreis auf ihn. Der Siegeszug der Wahrheit und der Gerechtigkeit, der Siegeszug Gottes und seines Evangeliums durch diese Welt schleift hinter dem Siegeswagen die Gebundenen und Gefangenen mit sich her. Daß er uns endlich an seinen Siegeswagen bände, daß wir, wenn auch gebunden und geschunden, an seinem Siege teilhätten! Er hat uns überredet. Er ist uns zu stark geworden. Er läßt uns nicht mehr los. Was kümmern uns die Fesseln und die Bürde, was kümmern uns Sünde und Leiden und Tod! Er hält uns fest. Er läßt uns nicht mehr. Herr, überrede uns immer neu und werde stark über uns, damit wir deinen Sieg schauen.

27. Juli

IN DER VOLLEN DIESSEITIGKEIT GLAUBEN

Ich habe in den letzten Jahren mehr und mehr die tiefe Diesseitigkeit des Christentums kennen und verstehen gelernt. Nicht ein homo religiosus, sondern ein Mensch schlechthin ist der Christ, wie Jesus Mensch war. Nicht die platte und banale Diesseitigkeit der Aufgeklärten, der Betriebsamen, der Bequemen oder der Lasziven, sondern die tiefe Diesseitigkeit, die voller Zucht ist, und in der die Erkenntnis des Todes und der Auferstehung immer gegenwärtig ist, meine ich. Ich glaube, daß Luther in dieser Diesseitigkeit gelebt hat.

Ich erinnere mich eines Gespräches, das ich vor 13 Jahren in A. mit einem französischen jungen Pfarrer hatte. Wir hatten uns ganz einfach die Frage gestellt, was wir mit unserem Leben eigentlich wollten. Da sagte er: ich möchte ein Heiliger werden (– und ich halte für möglich, daß er es geworden ist –); das beeindruckte mich damals sehr. Trotzdem widersprach ich ihm und sagte ungefähr: ich möchte glauben lernen. Lange Zeit habe ich die Tiefe dieses Gegensatzes nicht verstanden. Ich dachte, ich könnte glauben lernen, indem ich selbst so etwas wie ein heiliges Leben zu führen versuchte.

Später erfuhr ich und ich erfahre es bis zur Stunde, daß man erst in der vollen Diesseitigkeit des Lebens glauben lernt. Wenn man völlig darauf verzichtet hat, aus sich selbst etwas zu machen – sei es einen Heiligen oder einen bekehrten Sünder oder einen Kirchenmann (eine sogenannte priesterliche Gestalt!), einen Gerechten oder Ungerechten, einen Kranken oder einen Gesunden – und dies nenne ich Diesseitigkeit, nämlich in der Fülle der Aufgaben, Fragen, Erfolge und Mißerfolge, Erfahrungen und Ratlosigkeiten leben, – dann wirft man sich Gott ganz in die Arme, dann nimmt man nicht mehr die eigenen Leiden, sondern das Leiden Gottes in der Welt ernst, dann wacht man mit Christus in Gethsemane, und ich denke, das ist Glaube, das ist „Buße"; und so wird man ein Mensch, ein Christ. Wie sollte man bei Erfolgen übermütig oder an Mißerfolgen irre werden, wenn man im diesseitigen Leben Gottes Leiden mitleidet?

28. Juli

DAS FRAGMENT UNSERES LEBENS

Je länger wir aus unserem eigentlichen beruflichen und persönlichen Lebensbereich herausgerissen sind, desto mehr empfinden wir, daß unser Leben – im Unterschied zu dem unserer Eltern – fragmentarischen Charakter hat. Die Darstellung der großen Gelehrtengestalten in Harnacks „Geschichte der Akademie" macht mir das besonders deutlich und stimmt einen fast etwas wehmütig. Wo gibt es heute noch ein geistiges „Lebenswerk"? Wo gibt es das Sammeln, Verarbeiten und Entfalten, aus dem ein solches entsteht? Wo gibt es noch die schöne Zwecklosigkeit und doch die große Planung, die zu einem solchen Leben gehört? Ich glaube, auch bei Technikern und Naturwissenschaftlern, die als einzige noch frei arbeiten können, existiert so etwas nicht mehr. Unsere geistige Existenz aber bleibt dabei ein Torso. Es kommt wohl nur darauf an, ob man dem Fragment unseres Lebens noch ansieht, wie das Ganze eigentlich angelegt und gedacht war und aus welchem Material es besteht. Es gibt schließlich Fragmente, die nur noch auf den Kehrichthaufen gehören (selbst eine anständige „Hölle" ist noch zu gut für sie) und solche, die bedeutsam sind auf Jahrhunderte hinaus, weil ihre Vollendung nur eine göttliche Sache sein kann, also Fragmente, die Fragmente sein müssen – ich denke z. B. an die „Kunst der Fuge". Wenn unser Leben auch nur ein entferntester Abglanz eines solchen Fragments ist, in dem wenigstens eine kurze Zeitlang die sich immer stärker häufenden verschiedenen Themata zusammenstimmen und in dem der große Kontrapunkt von Anfang bis zum Ende durchgehalten wird, so daß schließlich nach dem Abbrechen höchstens noch der Choral: „Vor Deinen Thron tret' ich allhier" intoniert werden kann, dann wollen wir uns auch über unser fragmentarisches Leben nicht beklagen, sondern daran sogar froh werden.

29. Juli

NICHTS ZU BEANSPRUCHEN, ABER ALLES ZU ERBITTEN

Alle Gottesverheißungen sind Ja in ihm und sind Amen in ihm, Gott zu Lobe durch uns. *2. Korinther 1, 20*

Es kommt wohl alles auf das „in ihm" an. Alles, was wir mit Recht von Gott erwarten, erbitten dürfen, ist in Jesus Christus zu finden. Was ein Gott, so wie wir ihn uns denken, alles tun müßte und könnte, damit hat der Gott Jesu Christi nichts zu tun. Wir müssen uns immer wieder sehr lange und sehr ruhig in das Leben, Sprechen, Handeln, Leiden und Sterben Jesu versenken, um zu erkennen, was Gott verheißt und was er erfüllt. Gewiß ist, daß wir immer in der Nähe und unter der Gegenwart Gottes leben dürfen und daß dieses Leben für uns ein ganz neues Leben ist; daß es für uns nichts Unmögliches mehr gibt, weil es für Gott nichts Unmögliches gibt; daß keine irdische Macht uns anrühren kann ohne Gottes Willen und daß Gefahr und Not uns nur näher zu Gott treiben; gewiß ist, daß wir nichts zu beanspruchen haben und doch alles erbitten dürfen; gewiß ist, daß im Leiden unsere Freude, im Sterben unser Leben verborgen ist; gewiß ist, daß wir in dem allen in einer Gemeinschaft stehen, die uns trägt. Zu all dem hat Gott in Jesus Ja und Amen gesagt. Dieses Ja und Amen ist der feste Boden, auf dem wir stehen. Immer wieder in dieser turbulenten Zeit verlieren wir aus dem Auge, warum es sich eigentlich zu leben lohnt. Wir meinen, weil dieser oder jener Mensch lebt, habe es auch für uns Sinn zu leben. In Wahrheit aber ist es doch so: Wenn die Erde gewürdigt wurde, den Menschen Jesus Christus zu tragen, wenn ein Mensch wie Jesus gelebt hat, dann und nur dann hat es für uns Menschen einen Sinn zu leben. Hätte Jesus nicht gelebt, dann wäre unser Leben trotz aller anderen Menschen, die wir kennen, verehren und lieben, sinnlos. Vielleicht entschwindet uns jetzt manchmal die Bedeutung und Aufgabe unseres Berufes. Aber kann man sie nicht in einfachster Form so aussprechen? Der unbiblische Begriff des „Sinnes" ist ja nur eine Übersetzung dessen, was die Bibel „Verheißung "nennt.

30. Juli

HEILEN – LEITEN – TRÖSTEN

Da ich ihre Wege ansah, heilte ich sie und leitete sie und gab ihnen wieder Trost. *Jesaja 57, 18*

Weil ihr denn Kinder seid, hat Gott gesandt den Geist seines Sohnes in eure Herzen, der schreit: Abba, lieber Vater! *Galater 4, 6*

Heilen, leiten, trösten – das ist Gottes Tun. Gott sieht unsere Wege an; es ist Gnade, wenn er das tut; er kann uns auch unserer Wege gehen lassen, ohne sie anzusehen. Aber er hat sie angesehen – und er sah uns verwundet, verirrt, verängstigt.

Nun ist er dabei, uns zu heilen. Er berührt die Wunden, die uns die Vergangenheit geschlagen hat, und sie vernarben; sie tun nicht mehr weh; sie können unserer Seele nicht mehr schaden. Erinnerungen quälen uns nicht mehr; alle Schmerzen versinken ins Nichts, in Vergangenheit, wie in der Nähe eines geliebten Menschen. Gott ist uns näher als das Vergangene.

Gott will uns leiten. Nicht alle Wege der Menschen sind Gottes Führung; wir können oft lange auf eigenen Wegen gehen; auf ihnen sind wir ein Spielball des Zufalls, ob er uns Glück oder Unglück bringt. Die eigenen Wege führen im Kreise immer zu uns selbst zurück. Aber wenn Gott unsere Wege leitet, dann führen sie zu ihm. Gottes Wege führen zu Gott. Gott leitet uns durch Glück und Unglück – immer nur zu Gott. Daran erkennen wir Gottes Wege.

Gott will uns trösten. Gott tröstet nur, wenn Grund genug dafür vorhanden ist; wenn Menschen nicht aus noch ein wissen; wenn die Sinnlosigkeit des Lebens sie ängstigt. Die Welt, wie sie in Wirklichkeit ist, macht uns immer Angst. Aber wer getröstet wird, sieht und hat mehr als die Welt, er hat das Leben mit Gott. Nichts ist zerstört, verloren, sinnlos, wenn Gott tröstet.

„Ich heilte, ich leitete, ich tröstete – da ich ihre Wege ansah", – hat Gott es nicht unzählige Male in unserem Leben getan? Hat er nicht die Seinen oftmals durch große Not und Gefahr geführt? Wie heilt, wie leitet, wie tröstet Gott? Allein dadurch, daß er eine Stimme in uns gibt, die sagt, betet, ruft, schreit: „lieber Vater!"

VOM VOLLEN REICHTUM GOTTES

Wohl dem, den du, Herr, züchtigst und lehrst ihn durch dein Gesetz, daß er Geduld habe, wenn's übel geht.

Psalm 94, 12. 13

Die Frucht des Geistes ist Liebe, Freude, Friede, Geduld, Freundlichkeit, Gütigkeit, Glaube, Sanftmut, Keuschheit.

Galater 5, 22

„Geduld zu haben, wenn's übel geht" – darauf konzentriert sich in letzter Zeit fast unser ganzes inneres Bemühen. Wie erreichen wir es? Indem wir uns Gottes Schläge und Gottes Gesetze gefallen lassen und sagen: Wohl dem, dem das widerfährt! So muß sprechen, wer zu Gott „lieber Vater" sagt. Wen Gott durch schwere Lebenserfahrung, durch Krieg und Entbehrung züchtigt, der lernt, daß er von Gott nichts zu verlangen hat und so wartet er geduldig und demütig, bis Gott sich wieder freundlich zu ihm kehrt, und er weiß, daß diese Stunde kommt. Wem Gott sein Gesetz in seiner ganzen Härte auferlegt, der erkennt an seinem Versagen, daß er mitschuldig ist an dem Versagen aller Menschen und er übt sich in Geduld, im Gehorsam und fordert nichts, sondern wartet und bittet. Im Ertragen der Züchtigung und im Gehorsam gegen Gottes Gesetz wissen wir uns in der Erziehung Gottes und erkennen die Hand des lieben Vaters und sagen: wohl dem, dem das widerfährt.

Es besteht für uns die Gefahr, daß uns heute die Geduld als die einzige und wichtigste christliche Haltung erscheint und daß wir damit den Reichtum Gottes sehr verkürzen. Mitten in den Zeiten der Züchtigung will die ganze Fülle des Heiligen Geistes zur Entfaltung und zur Reife kommen, und wir sollen ihr in uns vollen Raum geben, um Gottes willen, um der Menschen willen und um unseretwillen. Die ganze Welt Gottes, des lieben Vaters, will in uns geboren werden, wachsen und reifen. Liebe – wo nur Mißtrauen und Feindschaft herrscht; Freude – statt Verbitterung und Schmerz; Friede – mitten in innerem und äußerem Streit; Geduld – wo Ungeduld uns zu überwältigen droht; Freundlichkeit – wo nur rohe und harte Worte sich Geltung zu verschaffen scheinen; Gütigkeit – wo Verstehen und Mitgefühl als Schwäche gelten; Glaube, das heißt hier Treue – wo lange Trennungen und große Veränderungen aller Verhältnisse auch das Beständige ins Wanken bringen wollen; Sanftmut – wo Rücksichtslosigkeit und Eigensucht allein zum Ziel zu führen scheinen; Keuschheit – wo kurzer Lebensgenuß das einzig Sinnvolle zu sein scheint und alle Bindungen sich lösen wollen. Ist dies alles phantastische Illusion? Ist es unmöglich? Es wäre dies, wenn es nicht die ganz von selbst wachsende Frucht des Geistes wäre, dem wir uns anvertraut haben und der dies alles in uns vollbringen will, während wir ihn staunend und anbetend wirken lassen.

1. August

MIT GLÜCK UND UNGLÜCK VERBÜNDET

Der Herr war mit Joseph, und was er tat, dazu gab der Herr Glück. 1. Mose 39, 23

Wer seine Gebote hält, der bleibt in ihm und er in ihm. Und daran erkennen wir, daß er in uns bleibt, an dem Geist, den er uns gegeben hat. 1. Johannes 3, 24

Einige seiner Kinder segnet Gott mit Glück; er läßt ihnen alles gelingen, was sie angreifen; er ist mit ihnen, schenkt ihnen das Wohlwollen der Menschen, Erfolg und Anerkennung in ihrem Tun; ja er gibt ihnen große Macht über andere Menschen und läßt durch sie sein Werk vollbringen. Zwar müssen auch sie meist durch Zeiten des Leides und der Prüfung hindurch, aber was Menschen ihnen auch Böses zu tun versuchen, immer läßt es ihnen Gott zum Guten ausschlagen. Andere seiner Kinder segnet Gott mit Leiden bis zum Martyrium. Gott verbündet sich mit Glück und Unglück, um Menschen auf seinen Weg zu seinem Ziel zu führen. Der Weg heißt: Halten der Gebote Gottes; und das Ziel heißt: wir bleiben in Gott und Gott bleibt in uns. Glück und Unglück kommen zu ihrer Erfüllung in der Seligkeit dieses Zieles: wir in Gott, Gott in uns; und der Weg zu diesem Ziel, das Gehen in den Geboten Gottes, ist schon der Beginn dieser Seligkeit. Woran erkennen wir, daß wir – durch Glück oder Unglück – dieser Seligkeit entgegengehen? Daran, daß in uns eine unwiderstehliche Liebe zu diesem Weg und zu diesem Ziel wachgeworden ist, auch wenn wir oftmals auf dem Wege zu Fall kommen und das Ziel zu verfehlen drohen. Diese Liebe stammt von Gott. Sie ist der Heilige Geist, den Gott uns gegeben hat.

Der Heilig Geist auch ob uns halt
mit seinen Gaben mannigfalt.
Er tröst' und stärk' uns in der Not
und führ uns wieder heim zu Gott.
Kyrieleis.

2. August

SEI GESEGNET, DU VON GOTT GESCHAFFENE WELT

Der Gerechte muß viel leiden; aber der Herr hilft ihm aus dem allem. Psalm 34, 20

Vergeltet nicht Böses mit Bösem oder Scheltwort mit Scheltwort, sondern dagegen segnet und wisset, daß ihr dazu berufen seid, daß ihr den Segen erbet. 1. Petrus 3, 9

Der Gerechte leidet unter der Welt, der Ungerechte nicht. Der Gerechte leidet unter der Ungerechtigkeit, unter der Sinnlosigkeit und Verkehrtheit des Weltgeschehens, er leidet unter der Zerstörung der göttlichen Ordnung der Ehe und Familie. Er leidet darunter nicht nur, weil es für ihn eine Entbehrung bedeutet, sondern weil er etwas Ungöttliches darin erkennt. Die Welt sagt: das ist nun einmal so, wird immer so sein und muß so sein. Der Gerechte sagt: es sollte nicht so sein, es ist gegen Gott. Daran vor allem wird man den Gerechten erkennen, daß er in dieser Weise leidet. Er bringt gewissermaßen das Sensorium Gottes in die Welt; darum leidet er, so wie Gott unter der Welt leidet. – „Aber der Herr hilft ihm" – nicht in jedem Leiden der Menschen ist Gottes Hilfe. Aber in dem Leiden des Gerechten ist immer Gottes Hilfe, weil er ja mit Gott leidet. Gott ist immer dabei. Der Gerechte weiß, daß Gott ihn so leiden läßt, damit er Gott um seiner selbst willen lieben lernt. Im Leiden findet der Gerechte Gott. Das ist seine Hilfe.

Die Antwort des Gerechten auf die Leiden, die ihm die Welt zufügt, heißt: segnen. Das war die Antwort Gottes auf die Welt, die Christus ans Kreuz schlug. Gott vergilt nicht Gleiches mit Gleichem, und so soll es auch der Gerechte nicht tun. Nicht verurteilen, nicht schelten, sondern segnen. Die Welt hätte keine Hoffnung, wenn dies nicht wäre. Vom Segen Gottes und der Gerechten lebt die

Welt und hat sie eine Zukunft. Segnen, d. h. die Hand auf etwas legen und sagen: du gehörst trotz allem Gott. So tun wir es mit der Welt, die uns solches Leiden zufügt. Wir verlassen sie nicht, wir verwerfen, verachten, verdammen sie nicht, sondern wir rufen sie zu Gott, wir geben ihr Hoffnung, wir legen die Hand auf sie und sagen: Gottes Segen komme über dich, er erneuere dich, sei gesegnet, du von Gott geschaffene Welt, die du deinem Schöpfer und Erlöser gehörst. Wir haben Gottes Segen empfangen in Glück und im Leiden. Wer aber selbst gesegnet wurde, der kann nicht mehr anders als diesen Segen weitergeben, ja er muß dort, wo er ist, ein Segen sein. Nur aus dem Unmöglichen kann die Welt erneuert werden; dieses Unmögliche ist der Segen Gottes.

Unter der Geduld Gottes

3. August

IN TROTZ UND ÜBERMUT

Und Adam hieß sein Weib Eva, darum daß sie eine Mutter ist alles Lebendigen. *1. Mose 3, 20*

Es ist wilder Jubel, Trotz, Übermut und Sieg, wenn Adam seinem Weib, über das eben der Fluch ergangen ist, den Namen der Mutter alles Lebendigen gibt. Es ist, als ob er auf den Raub, den er an seinem Schöpfer begangen hat, wie Prometheus pochte und sich nun mit seiner Beute, mit seinem Weib, mit dem er nun in neuer Weise verbunden ist, dem Fluchverhängnis, das von nun an auf ihnen beiden lasten soll, zum Trotz vom Schöpfer lossagt. Die gefallene Eva ist die alte Menschenmutter, mit der alle Lust und alles Leid seinen Anfang nahm, sie ist die erste Wissende, auf die alle ihre Kinder, die Wissenden, die von Lust und Leid Gequälten, zurückblicken, voll Dank und voll Vorwurf – sie ist dem Adam das Sinnbild für das neue, dem Schöpfer entrissene, in Leidenschaft dahingelebte Leben. Aber das nun erst ist das Ungeheuerliche, daß in Adams Worten doch fast etwas wie tiefer Dank mitklingt, den er dem Schöpfer für seinen Fluch darbringt. Seltsamer Widerspruch – Dank an den Schöpfer, daß der Mensch in der gottfremden Welt am Leben erhalten wird, Dank an den Schöpfer, daß der Mensch „wie Gott" sein darf, Dank an den Schöpfer – eben weil auch dieser Mensch in Trotz und Übermut von seinem Schöpfer nicht loskommt. Eva, die gefallene, kluge Menschenmutter – das ist der eine Anfang, Maria, die unschuldige, unwissende Gottesmutter – das ist der zweite Anfang.

4. August

OHNE BLOSSTELLUNG VOREINANDER

Und Jahwe Gott machte Adam und seinem Weibe Röcke von Fell und zog sie ihnen an. *1. Mose 3, 21*

Der Schöpfer ist nun der Erhalter, die geschaffene Welt ist nun die gefallene erhaltene Welt. In der Welt zwischen Fluch und Verheißung, zwischen Gut und Böse handelt Gott mit dem Menschen auf seine Weise. „Er machte ihnen Röcke", sagt die Bibel. Das heißt, er nimmt die Menschen als die, die sie als gefallene sind. Er bejaht sie als gefallene. Er stellt sie nicht in ihrer Nacktheit voreinander bloß, sondern er selbst verhüllt sie. Gottes Handeln geht mit dem Menschen mit; aber das ist das Entscheidende: sein Handeln ist jetzt ordnendes, bändigendes Handeln. Es ist nicht Durchbrechung der neuen Erden- und Menschengesetze, es ist Eingehen in sie, aber es ist zugleich, indem es in sie eingeht, ihre Bändigung, Ordnung, d. h. es ist der Hinweis auf ihre Bosheit, auf ihr Abgefallensein. Indem Gott den Menschen Röcke macht, zeigt er ihnen, daß dies um ihrer Bosheit willen nötig ist, er bändigt damit ihre Sucht, aber er vernichtet sie nicht. Das ist das erhaltende Handeln Gottes mit der Welt, daß er die sündige Welt bejaht und sie durch Ordnung in ihre Grenzen weist, wobei aber keine dieser Ordnungen als solche mehr Ewigkeitscharakter trägt, weil sie alle allein um der Erhaltung des Lebens willen da sind. Die Erhaltung des Lebens aber richtet sich für Adam auf den Tod, sie richtet sich für uns allein auf – Christus. Alle Ordnungen unserer gefallenen Welt sind Erhaltungsordnungen Gottes auf Christus hin, nicht in sich wertig, sondern ausgerichtet und sinnvoll allein durch Christus. Das ist das neue Handeln Gottes mit dem Menschen, daß er ihn in seiner gefallenen Welt, in seinen gefallenen Ordnungen auf den Tod –, auf die Auferstehung, auf die neue Schöpfung, auf Christus hin erhält.

5. August

ABER DAS TOR BLEIBT GESCHLOSSEN

Gott trieb Adam aus und lagerte vor dem Garten Eden die Cherubim mit dem bloßen, hauenden Schwert, zu bewahren den Weg zu dem Baum des Lebens. *1. Mose 3, 24*

Auf diesen Vers läuft zuletzt die ganze Geschichte hin. Der Baum des Lebens wird an dieser Stelle in seiner Bedeutung erst eigentlich begreiflich. Der Adam, der das Leben von Gott her hatte, konnte nicht auf den Gedanken kommen, diesen Baum anzutasten. Allein von dem Baum der Erkenntnis her konnte der Baum des Lebens gefährdet werden.

Es kann keinem Zweifel unterliegen, daß die Schlange

recht gehabt hat mit ihrer Verheißung. Der Schöpfer bestätigt deren Wahrheit: „Der Mensch ist geworden wie unsereiner." Er ist wie Gott. Er ist selbst Schöpfer, Quell des Lebens, Ursprung des Wissens um Gut und Böse. Er bedarf keines anderen mehr, er ist der Herr seiner Welt, aber nun freilich der einsame Herr und Despot seiner stummen, vergewaltigten, zum Schweigen gebrachten, toten Ichwelt.

Aber er, der doch nicht ohne Gott, nicht ohne den anderen Menschen, nicht ohne die andere Kreatur leben kann, er, der sich in Gewissen und Reue immer die Gegenwart, die Wirklichkeit eines anderen in seinem Leben vorzutäuschen sucht, er, der sich anklagt, sich zerquält und sich verherrlicht, nur um sich über die grauenvolle Einsamkeit eines echolosen Alleinseins hinwegzulügen, er weiß um das, was er verloren hat. Er weiß um sein Sterbenmüssen, Lebenwollen, Nichtlebenkönnen und Lebenmüssen. Dieses Leben des Adam ist nun ein dauerndes, erneutes Sichempören gegen dieses Dasein, ein Greifen nach dem Leben, das diesem Leben ein Ende machen würde, das das neue Leben sein würde. Leben will Adam unter allen Umständen. Adam hat vom Baum der Erkenntnis gegessen, aber der Durst, den ihm diese Frucht nach dem Baum des Lebens gemacht hat, bleibt ungestillt.

Der Baum des Lebens ist bewacht durch Mächte des Todes, er bleibt in unberührter, göttlicher Unnahbarkeit. Aber das Leben Adams vor den Toren ist ein dauernder Angriff auf das verschlossene Reich. Ein Fliehen, ein Suchen, auf dem verfluchten Acker zu finden, was er verloren hat, und dann immer wieder ein verzweifeltes Rasen gegen die Mächte mit dem hauenden Schwert. Aber das Tor bleibt geschlossen.

6. August

»HEUT SCHLEUSST ER WIEDER AUF DIE TÜR«

Und Adam erkannte sein Weib Eva, und sie ward schwanger und gebar den Kain. *Aus 1. Mose 4, 1*

Dieser Vers gehört zum Vorangegangenen notwendig hinzu. Adam und Eva, die dem Tod verfallenen Menschen, bewähren ihre neue Gemeinschaft auf neue Weise. Sie werden die stolzen Schöpfer neuen Lebens, aber dies neue Leben ist in der süchtigen Gemeinschaft der Menschen und des Todes geschaffen; Kain ist der erste Mensch, der auf dem verfluchten Acker geboren ist. Mit Kain erst hebt die Geschichte an, die Geschichte des Todes. Der auf den Tod hin erhaltene und am Durst nach dem Leben sich verzehrende Adam zeugt Kain, den Mörder. Das ist das Neue in Kain, dem Sohn Adams, daß er selbst sich am Leben des Menschen vergreift. Der Mensch, der nicht vom Baum des Lebens essen darf, greift um so gieriger nach der Frucht des Todes, der Vernichtung des Lebens. Warum mordet Kain? Aus Haß gegen Gott. Dieser Haß ist groß. Kain ist groß; er ist größer als Adam, denn sein Haß ist größer und das heißt doch seine Sehnsucht nach dem Leben ist größer. Die Geschichte des Todes steht unter dem Zeichen Kains.

Christus am Kreuz, der gemordete Sohn Gottes, das ist das Ende der Geschichte Kains, und damit das Ende der Geschichte überhaupt. Das ist der letzte verzweifelte Ansturm auf das Tor des Paradieses. Und unter dem hauenden Schwert, unter dem Kreuz stirbt das Menschengeschlecht. Aber Christus lebt. Der Stamm des Kreuzes wird zum Holze des Lebens; in der Mitte der Welt, am Holz des Kreuzes quillt der Quell des Lebens auf, und zu diesem Wasser sind die nach Leben Dürstenden alle berufen, und wer vom Holz dieses Lebens gegessen hat, den wird nimmermehr hungern und dürsten. Seltsames Paradies, dieser Hügel von Golgatha, dieses Kreuz, dieses Blut, dieser gebrochene Leib, seltsamer Lebensbaum, dieser Stamm, an dem Gott selbst leiden und sterben mußte, – aber eben von Gott in Gnade wiedergeschenktes Reich des Lebens, der Auferstehung, aufgetane Tür der unvergänglichen Hoffnung, des Wartens und der Geduld. Baum des Lebens, Kreuz Christi, Mitte der gefallenen und erhaltenen Welt Gottes, das ist das Ende der Paradiesgeschichte für uns.

Heut schließt er wieder auf die Tür
zum schönen Paradeis.
Der Cherub steht nicht mehr dafür.
Gott sei Lob, Ehr und Preis.

7. August

EIN STÜCK ZUKUNFT

Ich habe in den vergangenen Jahren manchen Brief zur Hochzeit eines unserer Brüder geschrieben und manche Traupredigt gehalten. Dann lag das Hauptmerkmal dieses Ereignisses eigentlich immer in der Tatsache, daß es einer wagt, angesichts dieser „letzten" Zeiten (ich meine es gar nicht so ganz apokalyptisch) einen Schritt solcher Bejahung der Erde und ihrer Zukunft zu tun. Es war mir dann immer ganz deutlich, daß man diesen Schritt als Christ wirklich nur in einem ganz starken Glauben und auf Gnade hin tun kann. Denn nun will man ja mitten in dem Abbruch der Dinge – aufbauen, mitten in dem Leben von Stunde zu Stunde und Tag zu Tag – eine Zukunft, mitten in dem Ausgetriebenwerden von der Erde – ein Stück Raum, mitten in dem allgemeinen Elend – ein Stück

Glück. Und es ist das Überwältigende, daß Gott zu diesem seltsamen Begehren Ja sagt, daß hier Gott in unseren Willen einwilligt, während es doch sonst umgekehrt sein sollte. So wird die Ehe etwas ganz Neues, Gewaltiges, Herrliches – für uns, die wir in Deutschland Christen sein wollen. Ich freue mich von Herzen mit Ihnen, ich wünsche Ihnen das Stück Zukunft, Raum, Glück, das Gott uns noch in einer Zeit gibt, in der die Christen einsam werden. Ich wünsche Ihnen die große Dankbarkeit, die alles, was Gott gibt, uns erst recht zu eigen macht, indem sie es ihm wiedergibt.

8. August

EINER DES ANDERN TROST

... daß wir etwas seien zum Lob seiner Herrlichkeit.
Aus Epheser 1, 12

Ein Brautpaar hat das Recht darauf, den Tag der Hochzeit mit dem Gefühl eines unvergleichlichen Triumphes zu begrüßen und zu begehen. Wenn alle Schwierigkeiten, Widerstände, Hindernisse, Zweifel und Bedenken – nicht in den Wind geschlagen, aber ehrlich ausgestanden und überwunden sind, dann haben die beiden in der Tat den entscheidenden Triumph ihres Lebens errungen. Mit dem Ja, das sie zueinander gesprochen haben, haben sie ihrem ganzen Leben in freier Entscheidung eine neue Wendung gegeben; sie haben alle Fragen und Bedenklichkeiten, die das Leben jeder dauernden Verbindung zweier Menschen entgegenstellt, in froher Gewißheit Trotz geboten und sich in eigener Tat und Verantwortung ein Neuland für ihr Leben erobert. Etwas von dem Jubel darüber, daß Menschen so große Dinge tun können, daß ihnen eine so unermeßliche Freiheit und Gewalt gegeben ist, das Steuer ihres Lebens in die Hand zu nehmen, muß bei jeder Hochzeit durchklingen. Es muß etwas von dem berechtigten Stolz der Erdenkinder, ihres eigenen Glückes Schreiner sein zu dürfen, in dem Glück eines Brautpaares liegen. Es ist nicht gut, hier allzu schnell und ergeben von Gottes Willen und Führung zu reden. Es ist zunächst einfach und nicht zu übersehen euer ganz und gar menschlicher Wille, der hier am Werk ist und der hier seinen Triumph feiert; es ist zunächst durchaus euer selbstgewählter Weg, den ihr beschreitet; es ist auch nicht in erster Linie ein frommes, sondern ein durch und durch weltliches Ding, das ihr getan habt und tut. Darum tragt auch ihr selbst und allein die Verantwortung dafür, die euch kein Mensch abnehmen kann; genauer gesagt, dir, Ehepaar, ist die ganze Verantwortung für das Gelingen eures Vorhabens mit all dem Glück, das eine solche Verantwortung in sich schließt, auferlegt. Es wäre eine Flucht in falsche Frömmigkeit, wenn ihr nicht heute zu sagen wagtet: es ist unser Wille, es ist unsere Liebe, es ist unser Weg. Dieses Verlangen nach der irdischen Glückseligkeit, die ihr aneinander finden wollt und die darin besteht, daß einer des andern Trost ist nach Seele und Leib, dieses Verlangen hat sein Recht vor Menschen und vor Gott.

9. August

VON NUN AN TRÄGT DIE EHE EURE LIEBE

Ehe ist mehr als eure Liebe zueinander. Sie hat höhere Würde und Gewalt; denn sie ist Gottes heilige Stiftung, durch die er die Menschen bis ans Ende der Tage erhalten will. In eurer Liebe seht ihr euch beide nur allein auf der Welt, in der Ehe seid ihr ein Glied in der Kette der Geschlechter, die Gott zu seiner Ehre kommen und vergehen läßt und zu seinem Reich ruft; in eurer Liebe seht ihr nur den Himmel eures eigenen Glückes, durch die Ehe seid ihr verantwortlich in die Welt und die Verantwortung der Menschen hineingestellt; eure Liebe gehört euch allein und persönlich, die Ehe ist etwas Überpersönliches, sie ist ein Stand, ein Amt. Wie die Krone den König macht und nicht schon der Wille zu herrschen, so macht die Ehe und nicht schon eure Liebe zueinander euch zu einem Paar vor Gott und vor den Menschen. Wie ihr den Ring erst euch selbst gegeben habt und ihn nun noch einmal aus der Hand des Pfarrers empfangt, so kommt die Liebe aus euch, die Ehe von oben, von Gott. Soviel höher Gott ist als der Mensch, soviel höher ist die Heiligkeit, das Recht und die Verheißung der Ehe als die Heiligkeit, das Recht und die Verheißung der Liebe. Nicht eure Liebe trägt die Ehe, sondern von nun an trägt die Ehe eure Liebe. Frei von aller Bangigkeit, die der Liebe immer innewohnt, dürft ihr in Gewißheit und voller Zuversicht nun zueinander sagen: Wir können einander nie mehr verloren gehen, wir gehören einander durch Gottes Willen bis zum Tod.

10. August

WAS EIN HAUS SEIN KANN

Was ein Haus bedeuten kann, ist heute bei den meisten in Vergessenheit geraten, uns anderen aber ist es gerade in unserer Zeit besonders klar geworden. Es ist mitten in der Welt ein Reich für sich, eine Burg im Sturm der Zeit, eine Zuflucht, ja ein Heiligtum; es steht nicht auf dem schwankenden Boden der wechselnden Ereignisse des äußeren und öffentlichen Lebens, sondern es hat seine Ruhe in Gott, d. h. es hat von Gott seinen eigenen Sinn und Wert, sein eigenes Wesen und Recht, seine eigene Bestimmung und Würde. Es ist eine Gründung Gottes in der Welt, der Ort, an dem – was auch in der Welt vorgehen mag – Friede, Stille, Freude, Liebe, Reinheit, Zucht, Ehrfurcht, Gehorsam, Überlieferung und in dem allen – Glück wohnen soll. Es ist die Berufung und das Glück der Frau, diese Welt in der Welt dem Manne aufzubauen und in ihr zu wirken. Wohl ihr, wenn sie erkennt, wie groß und reich diese ihre Bestimmung und Aufgabe ist. Nicht das Neue, sondern das Bleibende, nicht das Wechselnde, sondern das Beständige, nicht das Laute, sondern das Stille, nicht die Worte, sondern das Wirken, nicht das Befehlen, sondern das Gewinnen, nicht das Begehren, sondern das Haben – und dies alles beseelt und getragen von der Liebe zum Manne –, das ist das Reich der Frau. Das Glück, das der Mann in einer rechten oder, wie es in der Bibel heißt, „tugendsamen", „klugen" Frau findet, wird in der Bibel immer wieder als das höchste irdische Glück überhaupt gepriesen. „Es ist viel köstlicher als die köstlichsten Perlen." „Eine tugendsame Frau ist eine Krone ihres Mannes." Ebenso offen aber spricht die Bibel von dem Unheil, das durch eine verkehrte, „törichte" Frau über den Mann und das ganze Haus kommt.

Gemeinschaft und Alleinsein

11. August

WER NICHT ALLEIN SEIN KANN, HÜTE SICH VOR DER GEMEINSCHAFT

Viele suchen die Gemeinschaft aus Furcht vor der Einsamkeit. Weil sie nicht mehr allein sein können, treibt es sie unter die Menschen. Auch Christen, die nicht allein mit sich fertig werden können, hoffen in der Gemeinschaft anderer Menschen Hilfe zu erfahren. Meist werden sie enttäuscht und machen dann der Gemeinschaft zum Vorwurf, was ihre eigenste Schuld ist. Wer auf der Flucht vor sich selbst bei der Gemeinschaft einkehrt, der mißbraucht sie zum Geschwätz und zur Zerstreuung, und mag dieses Geschwätz und diese Zerstreuung noch so geistlich aussehen. In Wahrheit sucht er gar nicht die Gemeinschaft, sondern den Rausch, der die Vereinsamung für kurze Zeit vergessen läßt und gerade dadurch die tödliche Vereinsamung des Menschen schafft.

Wer nicht allein sein kann, der hüte sich vor der Gemeinschaft.

Er wird sich selbst und der Gemeinschaft nur Schaden tun. Allein standest du vor Gott, als er dich rief, allein mußtest du dem Ruf folgen, allein mußtest du dein Kreuz aufnehmen, mußtest du kämpfen und beten, und allein wirst du sterben und Gott Rechenschaft geben. Du kannst dir selbst nicht ausweichen; denn Gott selbst hat dich ausgesondert. Willst du nicht allein sein, so verwirfst du den Ruf Christi an dich und kannst an der Gemeinschaft der Berufenen keinen Anteil haben.

Umgekehrt aber gilt der Satz: Wer nicht in der Gemeinschaft steht, der hüte sich vor dem Alleinsein.

In der Gemeinde bist du berufen, der Ruf galt nicht dir allein. In der Gemeinde der Berufenen trägst du dein Kreuz, kämpfst du und betest du. Du bist nicht allein, selbst im Sterben und am Jüngsten Tage wirst du nur ein Glied der großen Gemeinde Jesu Christi sein. Mißachtest du die Gemeinschaft der Brüder, so verwirfst du den Ruf Jesu Christi, so kann dein Alleinsein dir nur zum Unheil werden.

Wir erkennen: nur in der Gemeinschaft stehend können wir allein sein, und nur wer allein ist, kann in der Gemeinschaft leben. Beides gehört zusammen. Nur in der Gemeinschaft lernen wir recht allein zu sein und nur im Alleinsein lernen wir recht in der Gemeinschaft zu stehen.

Jedes für sich genommen hat tiefe Abgründe und Gefahren. Wer Gemeinschaft will ohne Alleinsein, der stürzt in die Leere der Worte und Gefühle, wer Alleinsein sucht ohne Gemeinschaft, der kommt im Abgrund der Eitelkeit, Selbstvernarrtheit und Verzweiflung um.

12. August

DAS WORT KOMMT NICHT ZU DEN LÄRMENDEN

Das Merkmal der Einsamkeit ist das Schweigen, wie das Wort das Merkmal der Gemeinschaft ist. Schweigen und Wort stehen in derselben inneren Verbundenheit und Unterschiedenheit wie Alleinsein und Gemeinschaft. Es gibt eines nicht ohne das andere. Das rechte Wort kommt aus dem Schweigen, und das rechte Schweigen kommt aus dem Wort.

Schweigen heißt nicht Stummsein, wie Wort nicht Gerede heißt. Stummsein schafft nicht Einsamkeit und Gerede schafft nicht Gemeinschaft. „Schweigen ist das Übermaß, die Trunkenheit und das Opfer des Wortes. Die Stummheit aber ist unheilig, wie ein Ding, das nur verstümmelt, nicht geopfert wurde... Zacharias war stumm, anstatt schweigsam zu sein. Hätte er die Offenbarung angenommen, vielleicht wäre er dann nicht stumm, sondern schweigend aus dem Tempel gekommen" (Ernest Hello). Das Wort, das die Gemeinschaft neu begründet und zusammenschließt, wird begleitet vom Schweigen. „Schweigen und reden hat seine Zeit" (Pred 3, 7). Wie es am Tage des Christen bestimmte Stunden für das Wort gibt, besonders die gemeinsame Andachts- und Gebetszeit, so braucht der Tag auch bestimmte Zeiten des Schweigens unter dem Wort und aus dem Wort. Das werden vor allem die Zeiten vor und nach dem Hören des Wortes sein. Das Wort kommt nicht zu den Lärmenden, sondern zu den Schweigenden. Die Stille des Tempels ist das Zeichen der heiligen Gegenwart Gottes in seinem Wort.

13. August

WO DAS GEREDE ÜBERHAND GENOMMEN HAT

Es gibt ein Schweigen, das nichts anderes ist als eine Geringschätzung der Offenbarung Gottes im Wort. Hier wird das Schweigen als feierliche Gebärde, als mystisches Über-das-Wort-Hinauswollen mißverstanden. Das Schweigen wird nicht mehr erkannt in seiner wesenhaften Beziehung auf das Wort. Wir schweigen vor dem Hören des Wortes, weil unsere Gedanken schon auf das Wort gerichtet sind, wie ein Kind schweigt, wenn es in das Zimmer des Vaters tritt. Wir schweigen nach dem Hören des Wortes, weil das Wort noch in uns redet und lebt und Wohnung macht. Wir schweigen also gerade nicht, um dem Wort Unrecht zu tun, sondern um es recht zu ehren und aufzunehmen. Schweigen heißt schließlich nichts anderes als auf Gottes Wort warten und von Gottes Wort gesegnet herkommen. Daß dies aber nötig ist zu lernen in einer Zeit, in der das Gerede überhand genommen hat, das weiß jeder von sich selbst, und daß es dabei eben darum geht, wirklich zu schweigen, stille zu sein, seiner Zunge einmal Einhalt zu gebieten, das ist schließlich nur die nüchterne Folge des geistlichen Schweigens.

Es wird aber das Schweigen vor dem Wort sich auswirken auf den ganzen Tag. Haben wir vor dem Wort schweigen gelernt, so werden wir mit Schweigen und Reden auch am Tag haushalten lernen. Es gibt ein unerlaubtes, selbstgefälliges, ein hochmütiges, ein beleidigendes Schweigen. Das Schweigen des Christen ist hörendes Schweigen, demütiges Schweigen, das um der Demut willen auch jederzeit durchbrochen werden kann. Es ist das Schweigen in Verbindung mit dem Wort. Es liegt im Stillesein eine wunderbare Macht der Klärung, der Reinigung, der Sammlung auf das Wesentliche. Viel Unnötiges bleibt ungesagt. Das Wesentliche und Hilfreiche aber kann in wenigen Worten gesagt sein.

Das Schweigen kann eine furchtbare Wüste sein mit all ihren Einöden und Schrecken. Es kann auch ein Paradies des Selbstbetruges sein, und eins ist nicht besser als das andere. Darum: keiner erwarte vom Schweigen etwas anderes als die schlichte Begegnung mit dem Worte Gottes, um deswillen er ins Schweigen gekommen ist. Der Christ stelle keine Bedingungen, wie er diese Begegnung erwartet oder erhofft, sondern er nehme sie hin, wie sie kommt, und sein Schweigen wird reichlich belohnt werden.

14. August

SUCHE GOTT, NICHT FREUDE!

Die Meditationszeit dient der persönlichen Schriftbetrachtung, dem persönlichen Gebet und der persönlichen Fürbitte, sonst keinem andern Zweck. Geistliche Experimente haben hier keinen Raum. Die Meditationszeit läßt uns nicht in die Leere und den Abgrund des Alleinseins versinken, sondern sie läßt uns allein sein mit dem Wort. Damit gibt sie uns festen Grund, auf dem wir stehen, und klare Wegweisung für die Schritte, die wir zu tun haben.

Es ist nicht nötig, daß wir bei der Meditation irgendwelche unerwarteten, außergewöhnlichen Erfahrungen machen. Das kann so sein, ist es aber nicht so, so ist das kein Zeichen einer vergeblichen Meditationszeit. Es wird sich nicht nur am Anfang, sondern immer wieder zu Zeiten eine große innerliche Dürre und Gleichgültigkeit bei uns bemerkbar machen, eine Unlust, ja Unfähigkeit zur Meditation. Wir dürfen dann an solchen Erfahrungen nicht hängen bleiben. Wir dürfen uns durch sie vor allem nicht davon abbringen lassen, mit großer Geduld und Treue unsere Meditationszeit nun gerade einzuhalten. Es ist darum nicht gut, wenn wir die vielen bösen Erfahrungen, die wir in der Meditationszeit mit uns selbst machen, allzu ernst nehmen. Hier könnte sich auf einem frommen Umwege unsere alte Eitelkeit und unser unerlaubter Anspruch an Gott einschleichen, als hätten wir irgendein Recht auf lauter erhebende und beglückende Erfahrungen, und als sei die Erfahrung unserer inneren Armut unserer unwürdig. Durch Ungeduld und Selbstvorwürfe fördern wir nur unsere Selbstgefälligkeit und verstricken uns immer tiefer in das Netz der Selbstbeobachtung. Zur Selbstbeobachtung aber ist in der Meditation ebensowenig Zeit wie im christlichen Leben überhaupt. Kann es denn nicht sein, daß Gott uns selbst die Stunden der Leere und Dürre schickt, damit wir wieder alles von seinem Wort erwarten? „Suche Gott, nicht Freude" – das ist die Grundregel aller Meditationen. Suchst du Gott allein, so wirst du Freude empfangen – das ist die Verheißung aller Meditation.

15. August

WO SICH DAS ANTLITZ DES BRUDERS VERWANDELT

Jeder Christ hat seinen eigenen Kreis von Menschen, die ihn um seine Fürbitte gebeten haben oder für die er sich aus bestimmten Gründen zur Fürbitte aufgerufen weiß. Es werden zu allererst diejenigen sein, mit denen er täglich zusammenleben soll. Eine christliche Gemeinschaft lebt aus der Fürbitte der Glieder füreinander, oder sie geht zugrunde. Einen Bruder, für den ich bete, kann ich bei aller Not, die er mir macht, nicht mehr verurteilen oder hassen.

Sein Angesicht, das mir vielleicht fremd und unerträglich war, verwandelt sich in der Fürbitte in das Antlitz des Bruders, um dessentwillen Christus starb. Das ist eine beseligende Entdeckung für den Christen, der anfängt, Fürbitte zu tun. Es gibt keine Abneigung, keine persönliche Spannung oder Entzweiung, die nicht in der Fürbitte, was uns betrifft, überwunden werden könnte. Es kann ein hartes Ringen mit dem Bruder in der Fürbitte sein, aber es hat die Verheißung, zum Ziel zu führen.

Wie geschieht das? Fürbitte tun heißt nichts anderes als den Bruder vor Gott bringen, ihn unter dem Kreuz Jesu sehen als den armen Menschen und Sünder, der Gnade braucht. Da fällt alles ab, was mich von ihm abstößt, da sehe ich ihn in aller seiner Bedürftigkeit und Not, als wäre sie meine eigene, und nun kann ich nicht mehr anders als bitten: Herr, handle Du selbst, Du allein mit ihm, nach Deinem Ernst und Deiner Güte. Fürbitte tun heißt: Dem Bruder dasselbe Recht einräumen, das wir empfangen haben, nämlich vor Christus zu stehen und an seiner Barmherzigkeit Anteil zu haben.

Fürbitte ist ein schuldiger Dienst an Gott und unserem Bruder, der täglich getan sein will. Wer dem Nächsten die Fürbitte versagt, der versagt ihm den Christendienst. Fürbitte ist nicht eine allgemeine, verschwommene, sondern eine ganz konkrete Sache. Es geht um bestimmte Menschen, um bestimmte Schwierigkeiten und darum um bestimmte Bitten. Je klarer meine Fürbitte wird, desto verheißungsvoller ist sie.

16. August

GEBRAUCHEN, NICHT SAMMELN!

Ihr sollt euch nicht Schätze sammeln auf Erden.

Aus Matthäus 6, 19–21

Es sind die Güter der Welt, die das Herz des Jüngers Jesu abwenden wollen. Wohin steht das Herz des Jüngers? – das ist die Frage. Steht es zu den Gütern der Welt, steht es auch nur zu Christus und den Gütern? – oder steht es zu Christus ganz allein? Nicht den Gebrauch der Güter versagt ihnen Jesus. Jesus war Mensch, aß und trank wie seine Jünger. Er hat dadurch den Gebrauch der Güter der Erde gereinigt. Die Güter, die sich unter der Hand verzehren, die zur täglichen Notdurft und Nahrung des leiblichen Lebens dienen, soll der Nachfolgende dankbar gebrauchen.

Dazu sind die Güter gegeben, daß sie gebraucht werden; aber nicht dazu, daß sie gesammelt werden. Wie Israel in der Wüste das Manna täglich von Gott empfing und nicht zu sorgen hatte um Essen und Trinken, und wie das Manna, das von einem Tag für den anderen aufbewahrt wurde, alsbald faulig wurde, so soll der Jünger Jesu täglich das Seine von Gott empfangen; aber indem er es anhäuft zu bleibendem Besitz, verdirbt er die Gabe und sich selbst. Am angesammelten Schatz hängt sein Herz. Das angestaute Gut tritt zwischen mich und Gott. Wo mein Schatz ist, da ist mein Vertrauen, meine Sicherheit, mein Trost, mein Gott.

Wo aber verläuft die Grenze zwischen den Gütern, die ich gebrauchen, und dem Schatz, den ich nicht haben soll? Kehren wir den Satz um und sagen: woran dein Herz hängt, das ist dein Schatz, dann ist die Antwort schon gegeben. Es kann ein sehr unscheinbarer Schatz sein; auf die Größe kommt es nicht an, auf das Herz allein kommt es an, auf dich. Frage ich aber weiter, wie ich erkenne, woran mein Herz hängt, so ist auch hier die Antwort einfach und klar: Alles, was dich hindert, Gott über alle Dinge zu lieben, was zwischen dich und deinen Gehorsam gegen Jesus tritt, ist der Schatz, an dem dein Herz hängt.

17. August

LIEBE ODER HASS – NICHTS DAZWISCHEN

Niemand kann zwei Herren dienen. *Aus Matthäus 6, 24*

Hat der Jünger sein Herz ganz bei Gott, dann ist es für ihn klar, daß er nicht zwei Herren dienen kann. Er kann es nicht. Es läge ja nahe, seine christliche Klugheit und Erfahrung gerade darin zu erweisen, daß er es eben doch verstehe, beiden Herren zu dienen, dem Mammon und Gott, daß er jedem sein begrenztes Recht gebe. Warum sollen wir nicht auch gerade als Kinder Gottes fröhliche Kinder dieser Welt sein, die sich an seinen guten Gaben freuen und die ihre Schätze als Segen Gottes empfangen?

Gott und Welt, Gott und die Güter sind widereinander, weil Welt und Güter nach unserem Herzen greifen und erst, indem sie das Herz gewonnen haben, sind, was sie sind. Ohne unser Herz sind Güter und Welt nichts. Sie leben von unserem Herzen. So sind sie wider Gott. Wir können unser Herz nur einem in voller Liebe geben, wir können nur einem Herrn ganz anhangen. Was dieser Liebe entgegensteht, verfällt dem Haß.

Es gibt nach Jesu Wort Gott gegenüber nur Liebe oder Haß. Lieben wir Gott nicht, dann hassen wir ihn. Es gibt kein Mittleres. Es gibt hier nur das Entweder-Oder: entweder du liebst Gott oder du liebst die Güter der Welt. Ganz gewiß, du wirst es nicht wollen, du wirst es wohl auch nicht wissen, was du tust; vielmehr willst du das eben nicht, sondern du willst ja gerade beiden Herren dienen. Du willst Gott lieben und die Güter, also du wirst es immer für eine Unwahrheit halten, daß du Gott haßt. Du liebst ihn ja, wie du meinst. Aber eben indem wir Gott lieben und die Güter der Welt auch, so ist diese Liebe zu Gott Haß, ist das Auge nicht mehr einfältig, ist das Herz nicht mehr in der Gemeinschaft Jesu. Ob wir das wollen oder nicht, es kann eben nicht anders sein. Ihr könnt nicht zwei Herren dienen, ihr, die ihr in der Nachfolge Jesu steht.

18. August

DEM ZYNISMUS ZUM VERWECHSELN ÄHNLICH

Sorget nicht. *Aus Matthäus 6, 25–34*

Die Güter spiegeln dem menschlichen Herzen vor, ihm Sicherheit und Sorglosigkeit zu geben; aber in Wahrheit verursachen sie gerade erst die Sorge. Die Sorge schafft sich Schätze, und die Schätze schaffen wieder die Sorge. Wir wollen unser Leben durch die Güter sichern, wir wollen durch Sorge sorglos werden; aber in Wahrheit erweist sich das Gegenteil.

Der Mißbrauch der Güter besteht darin, daß wir sie zur Sicherung für den nächsten Tag gebrauchen. Sorge ist immer auf das Morgen gerichtet. Die Güter aber sind in strengstem Sinn allein für das Heute bestimmt. Gerade die Sicherung für den morgigen Tag macht mich heute so unsicher. Es ist genug, daß jeder Tag seine eigene Plage habe. Wer das Morgen ganz in die Hand Gottes legt und heute ganz empfängt, was er zum Leben braucht, der allein ist gesichert. Das tägliche Empfangen macht mich frei vom Morgen. Der Gedanke an das Morgen liefert mich der unendlichen Sorge aus. „Sorget nicht für den anderen Morgen" – das ist entweder ein furchtbarer Hohn auf die Armen und Elenden, auf alle die, die – menschlich geredet – morgen verhungern, wenn sie heute nicht sorgen. Es ist entweder ein unerträgliches Gesetz, das der Mensch mit Widerwillen von sich stößt, oder aber – es ist die einzigartige Verkündigung des Evangeliums selbst von der Freiheit der Kinder Gottes, die einen Vater im Himmel haben, der ihnen seinen lieben Sohn geschenkt hat. Wie sollte er uns mit ihm nicht alles schenken?

„Sorget nicht für den anderen Morgen" – das ist nicht zu begreifen als Lebensweisheit, als Gesetz. Es ist allein zu begreifen als das Evangelium von Jesus Christus. Nur der

Nachfolgende, der Jesus erkannt hat, empfängt aus diesem Wort die Zusage der Liebe des Vaters Jesu Christi und die Freiheit von allen Dingen. Nun weiß er: Wir können gar nicht sorgen (V. 27). Der nächste Tag, die nächste Stunde ist uns gänzlich entnommen. Gott allein kann sorgen, weil er die Welt regiert. Weil wir nicht sorgen können, darum sollen wir auch nicht sorgen. Wir maßen uns damit das Regiment Gottes an.

19. August

EIN TRÜGERISCHER ZUSAMMENHANG WIRD AUFGELÖST

Sehet die Lilien auf dem Felde. *Aus Matthäus 6, 26–33*

Nicht die Sorge, aber auch nicht die Arbeit schafft das tägliche Brot, sondern Gott der Vater. Die Vögel und die Lilien arbeiten und spinnen nicht, und doch werden sie ernährt und gekleidet, sie empfangen täglich das Ihre ohne Sorge. Sie brauchen die Güter der Welt nur zum täglichen Leben, sie sammeln sie nicht, und gerade so preisen sie den Schöpfer, nicht durch ihren Fleiß, ihre Arbeit, ihre Sorge, sondern durch das tägliche, einfältige Empfangen der Gabe, die Gott gibt. So werden Vögel und Lilien zu Exempeln für die Nachfolgenden. Jesus löst den ohne Gott gedachten notwendigen Zusammenhang von Arbeit und Nahrung auf. Er preist das tägliche Brot nicht als den Lohn der Arbeit, sondern er spricht von der sorglosen Einfalt dessen, der in Jesu Wegen geht und alles von Gott empfängt.

Sorge ist Sache der Heiden, die nicht glauben, die sich auf ihre Kraft und Arbeit verlassen, aber nicht auf Gott. Heiden sind die Sorgenden darum, weil sie nicht wissen, daß der Vater weiß, daß wir des alles bedürfen. Darum wollen sie selbst tun, was sie von Gott nicht erwarten. Die

Gemeinschaft Jesu und der Gehorsam gegen sein Gebot kommt zuerst, alles andere folgt nach. Es ist kein Ineinander, sondern ein Nacheinander. Vor den Sorgen um unser Leben, um Essen und Kleidung, um Beruf und Familie steht das Trachten nach der Gerechtigkeit Christi. Auch dieses Wort Jesu ist entweder eine unerträgliche Last, eine unmögliche Vernichtung der menschlichen Existenz der Armen und Elenden – oder aber es ist das Evangelium selbst, das ganz froh und ganz frei macht. Nicht von dem, was der Mensch soll und nicht kann, spricht Jesus, sondern von dem, was Gott uns geschenkt hat und noch verheißt. Ist Christus uns geschenkt, sind wir in seine Nachfolge berufen, so ist uns mit ihm alles, wirklich alles geschenkt. Es wird uns alles andere zufallen.

Der Nachfolger Jesu wird noch nach langer Jüngerschaft auf die Frage des Herrn: „Habt ihr auch je Mangel gehabt?" anworten: „Herr, niemals!" (Lk 22, 35). Wie sollte der auch Mangel haben, der in Hunger und Blöße, in Verfolgung und Gefahr der Gemeinschaft Jesu Christi gewiß ist?

20. August

MIT GOTT SCHRITT HALTEN

Man soll Gott in dem finden und lieben, was er uns gerade gibt; wenn es Gott gefällt, uns überwältigendes irdisches Glück genießen zu lassen, dann soll man nicht frömmer sein als Gott und dieses Glück durch übermütige Gedanken und Herausforderungen und durch eine wildgewordene religiöse Phantasie, die an dem. was Gott gibt, nie genug haben kann, wurmstichig werden lassen. Gott wird es dem, der ihn in seinem irdischen Glück findet und ihm dankt, schon nicht an Stunden fehlen lassen, in denen er daran erinnert wird, daß das Irdische nur etwas Vorläufiges ist und daß es gut ist, sein Herz an die Ewigkeit zu gewöhnen, und schließlich werden auch die Stunden nicht ausbleiben, in denen wir aufrichtig sagen können: „Ich wollt', daß ich daheime wär' ..." Aber das alles hat seine Zeit und die Hauptsache ist, daß man mit Gott Schritt hält und ihm nicht immer schon einige Schritte vorauseilt, allerdings auch keinen Schritt hinter ihm zurückbleibt. Es ist Übermut, alles auf einmal haben zu wollen, das Glück der Ehe und das Kreuz und das himmlische Jerusalem, in dem nicht Mann und Frau ist. „Er tut alles fein zu seiner Zeit" (Pred 3). Alles hat „seine Stunde: weinen und lachen ..., herzen und ferne sein von Herzen, ... zerreißen und zunähen ... und Gott sucht wieder auf, was vergangen ist." Dies Letzte heißt doch wohl, daß nichts Vergangenes verloren ist, daß Gott mit uns unsere Vergangenheit, die zu uns gehört, wieder aufsucht. Wenn also die Sehnsucht nach einem Vergangenen uns überfällt – und das geschieht zu völlig unberechenbaren Zeiten –, dann können wir wissen, daß das nur eine der vielen „Stunden" ist, die Gott für uns immer bereit hält, und dann sollen wir wohl nicht auf eigene Faust, sondern mit Gott das Vergangene wieder aufsuchen.

21. August

CANTUS FIRMUS UND KONTRAPUNKT

Es ist die Gefahr in aller starken ... Liebe, daß man über ihr – ich möchte sagen: die Polyphonie des Lebens verliert. Ich meine dies: Gott und seine Ewigkeit will von ganzem Herzen geliebt sein, nicht so, daß darunter irdische Liebe beeinträchtigt oder geschwächt würde, aber gewissermaßen als cantus firmus, zu dem die anderen Stimmen des Lebens als Kontrapunkte erklingen; eines dieser kontrapunktischen Themen, die ihre volle Selbständigkeit haben, aber doch auf den cantus firmus bezogen sind, ist die irdische Liebe und auch in der Bibel steht ja das Hohe Lied und es ist wirklich keine heißere, sinnlichere, glühendere Liebe denkbar als die, von der dort gesprochen wird (vgl. 7, 6!); es ist wirklich gut, daß es in der Bibel steht, all denen gegenüber, die das Christliche in der Temperierung der Leidenschaften sehen (wo gibt es solche Temperierung überhaupt im Alten Testament?). Wo der cantus firmus klar und deutlich ist, kann sich der Kontrapunkt so gewaltig entfalten wie nur möglich. Beide sind „ungetrennt und doch geschieden", wie in Christus seine göttliche und seine menschliche Natur. Ist nicht vielleicht die Polyphonie in der Musik uns darum so nah und wichtig, weil sie das musikalische Abbild dieser christologischen Tatsache und daher auch unseres christlichen Lebens ist? Ich wollte Dich bitten, laßt den cantus firmus recht deutlich erklingen, erst dann gibt es den vollen und ganzen Klang und der Kontrapunkt weiß sich immer getragen, er kann nicht abgleiten, er kann sich nicht lösen und bleibt doch ein Eigenes, Ganzes, ganz für sich. Wenn man in dieser Polyphonie steht, dann wird das Leben erst ganz und zugleich weiß man, daß nichts Unheilvolles geschehen kann, solange der cantus firmus durchgehalten wird.

22. August

GANZ DORT SEIN, WO MAN GERADE IST

Gehört es nicht zum Wesen des Mannes im Unterschied zum Unfertigen, daß das Schwergewicht seines Lebens immer dort ist, wo er sich gerade befindet und daß die Sehnsucht nach der Erfüllung seiner Wünsche ihn doch nicht davon abzubringen vermag, dort, wo er nun einmal steht, ganz das zu sein, was er ist? Der Heranwachsende ist nie ganz dort, wo er ist: das gehört geradezu zu seinem Wesen, sonst wäre er vermutlich ein Stumpfbold; der Mann ist immer ein Ganzer und entzieht der Gegenwart nichts. Seine Sehnsucht, die den anderen Menschen verborgen bleibt, ist immer schon eine irgendwie überwundene Sehnsucht; und je mehr er zu überwinden hat, um immer ganz gegenwärtig zu sein, desto geheimnisvoller und vertrauenswürdiger wird er im Grunde seines Wesens für die Mitmenschen, insbesondere für Jüngere, die noch auf dem Wege sind, den er schon durchschritten hat. Wünsche, an die wir uns zu sehr klammern, rauben uns leicht etwas von dem, was wir sein sollen und können. Wünsche, die wir um der gegenwärtigen Aufgabe willen immer wieder überwinden, machen uns – umgekehrt – reicher. Wunschlosigkeit ist Armut. In meiner jetzigen Umgebung finde ich fast nur Menschen, die sich an ihre Wünsche klammern und dadurch für andere Menschen nichts sind; sie hören nicht mehr und sind unfähig zur Nächstenliebe. Ich denke, auch hier muß man leben, als gäbe es keine Wünsche und keine Zukunft, und ganz der sein, der man ist. Es ist merkwürdig, wie sich andere Menschen dann an uns halten, ausrichten und sich etwas sagen lassen. Es gibt erfülltes Leben trotz vieler unerfüllter Wünsche; das ist es wohl, was ich eigentlich sagen wollte.

23. August

IN FREUDE VERWANDELTE QUAL DER ERINNERUNG

Da ich nun ein dreiviertel Jahr von allen Menschen, an denen ich hänge, getrennt bin, habe ich einige Erfahrungen gemacht, die ich Euch schreiben möchte ...

Zunächst: es gibt nichts, was uns die Abwesenheit eines

uns lieben Menschen ersetzen kann, und man soll das auch gar nicht versuchen; man muß es einfach aushalten und durchhalten; das klingt zunächst sehr hart, aber es ist doch zugleich ein großer Trost; denn indem die Lücke wirklich unausgefüllt bleibt, bleibt man durch sie miteinander verbunden. Es ist verkehrt, wenn man sagt, Gott füllt die Lücke aus; er füllt sie gar nicht aus, sondern er hält sie vielmehr gerade unausgefüllt und hilft uns dadurch, unsere alte Gemeinschaft miteinander – wenn auch unter Schmerzen – zu bewahren. Ferner: je schöner und voller die Erinnerungen, desto schwerer die Trennung. Aber die Dankbarkeit verwandelt die Qual der Erinnerung in eine stille Freude. Man trägt das vergangene Schöne nicht wie einen Stachel, sondern wie ein kostbares Geschenk in sich. Man muß sich hüten, in den Erinnerungen zu wühlen, sich ihnen auszuliefern, wie man auch ein kostbares Geschenk nicht immerfort betrachtet, sondern nur zu besonderen Stunden und es sonst nur wie einen verborgenen Schatz, dessen man sich gewiß ist, besitzt; dann geht eine dauernde Freude und Kraft von dem Vergangenen aus. Ferner: Trennungszeiten sind für das Zusammenleben nicht verloren und unfruchtbar, sie brauchen es jedenfalls nicht zu sein, sondern es kann sich in ihnen – allen Problemen zum Trotz – eine merkwürdige starke Gemeinschaft bilden. Weiter: ich habe es hier besonders erfahren, daß die Tatsachen immer bewältigt werden können und daß nur die Sorge und die Angst sie vorher ins Maßlose vergrößern. Vom ersten Aufwachen bis zum Einschlafen müssen wir den anderen Menschen ganz und gar Gott befehlen und ihm überlassen und aus unseren Sorgen um den Anderen Gebete für ihn werden lassen. „Mit Sorgen und mit Grämen . . . läßt Gott sich gar nichts nehmen . . .!"

24. August

DER LEIB – KEIN KERKER DER SEELE

Das leibliche Leben, das wir ohne unser Zutun empfangen, trägt in sich das Recht auf seine Erhaltung. Da es nach Gottes Willen menschliches Leben auf Erden nur als leibliches Leben gibt, hat der Leib um des ganzen Menschen willen das Recht auf Erhaltung. Der Leib ist in erster Hinsicht nicht dazu da, um geopfert, sondern um erhalten zu werden. Daß sich dann aus anderen und höheren Gesichtspunkten das Recht und die Pflicht ergeben kann, den Leib zu opfern, setzt schon das ursprüngliche Recht auf Erhaltung des leiblichen Lebens voraus.

Es ist idealistisch, aber nicht christlich, den Leib ausschließlich als Mittel zum Zweck zu verstehen. Ein Mittel kommt ja in Wegfall, sobald der Zweck erreicht ist. Dem entspräche die Auffassung des Leibes als Kerker der unsterblichen Seele, die mit dem Tode den Leib für immer verläßt. Nach christlicher Lehre hat der Leib höhere Würde. Der Mensch ist ein leibliches Wesen und bleibt es auch in Ewigkeit. Leiblichkeit und Menschsein gehören untrennbar zusammen.

Die Selbstzwecklichkeit des Leibes kommt in den Freuden des Leibes zum Ausdruck. Wäre der Leib nur Mittel zum Zweck, so hätte der Mensch kein Recht auf leibliche Freuden. Ein zweckmäßiges Minimum leiblichen Genusses dürfte dann nicht überschritten werden. Das hätte sehr einschneidende Folgen für die christliche Beurteilung aller mit dem leiblichen Leben zusammenhängenden Probleme des Wohnens, der Ernährung, der Kleidung, der Erholung, des Spieles, der Geschlechtlichkeit. Kommt aber dem Leib eine Selbstzwecklichkeit zu, so gibt es ein Recht auf leibliche Freuden, ohne daß diese ohne weiteres einem höheren Zweck untergeordnet werden müßten. Es liegt im Wesen der Freude selbst, daß sie durch Zweckgedanken verdorben wird. Die Freuden des Leibes sind innerhalb des natürlichen Lebens der Hinweis auf die ewige Freude, die den Menschen von Gott verheißen ist. Wo einem Menschen die Möglichkeit leiblicher Freuden genommen wird, indem sein Leib ausschließlich als Mittel zum Zweck gebraucht wird, dort findet ein Eingriff in das ursprüngliche Recht leiblichen Lebens statt. „Iß dein Brot mit Freuden, trink deinen Wein mit guten Mut; denn dein Werk gefällt Gott. Brauche das Leben mit deinem Weibe, das du liebhast, solange dein eitel Leben währt; denn das ist dein Teil im Leben und in deiner Arbeit, die du tust unter der Sonne" (Pred 9, 7 ff.).

25. August

VON GOTT ANGELEGT AUF FREUDE

Die Wohnung der Menschen hat nicht wie der tierische Unterschlupf nur den Sinn eines Schutzes vor Unwetter und Nacht und der Pflegestätte für die Jungen, sondern sie ist der Raum, in dem der Mensch die Freuden eines persönlichen Lebens in der Geborgenheit der Seinen und seines Eigentums genießen darf. Essen und Trinken dient nicht allein dem Zweck der Gesunderhaltung des Körpers, sondern auch der natürlichen Freude am leiblichen Leben. Die Kleidung soll nicht nur den Körper notdürftig bedecken, sondern zugleich eine Zierde des Leibes sein. Erholung hat nicht nur den Zweck einer größeren Arbeitsleistung, sondern sie gewährt dem Leib das Maß der ihm zukommenden Ruhe und Freude. Das Spiel ist seinem Wesen nach fern aller Zweckbestimmtheit deutlichster Ausdruck für die in sich ruhende Selbstzwecklichkeit leiblichen Lebens.

Die Geschlechtlichkeit ist nicht nur Mittel der Fortpflanzung, sondern trägt innerhalb der Ehe ihre Freude unabhängig von dieser Zweckbestimmung in der Liebe zweier Menschen zueinander. Es geht aus dem Gesagten hervor, daß der Sinn des leiblichen Lebens niemals in seiner Zweckbestimmtheit aufgeht, sondern erst in der Erfüllung des ihm innewohnenden Anspruchs auf Freude erschöpft wird.

Wie stark das leibliche Leben auf Freude angelegt ist, geht vielleicht am klarsten daraus hervor, daß der Leib auch dort, wo er in rechter Weise in harter Anspannung notwendigen Zwecken dienstbar gemacht wird, an solcher Dienstbarkeit Freude empfindet. Doch wird das nur solange der Fall sein, als neben der Zweckdienlichkeit des Leibes auch seiner Selbstzwecklichkeit das gebührende Recht eingeräumt wird.

26. August

ERST RECHTE, DANN PFLICHTEN

Es mag einem idealistischen Denken befremdlich klingen, daß zuerst von den Rechten und erst dann von Pflichten gesprochen wird. Aber wir stehen eben nicht bei Kant, sondern bei der Heiligen Schrift; und gerade darum muß zuerst von den Rechten des natürlichen Lebens gesprochen werden, das heißt von dem, was dem Leben gegeben ist und erst dann von dem, was von ihm gefordert wird. Gott gibt, bevor er fordert. In den Rechten des natürlichen Lebens wird ja nicht das Geschöpf, sondern der Schöpfer geehrt, es wird der Reichtum seiner Gaben anerkannt. Recht gibt es nicht vor Gott, sondern das rein gegebene Natürliche wird dem Menschen gegenüber zum

Rechten. Die Rechte des natürlichen Lebens sind der Abglanz der Schöpfungsherrlichkeit Gottes mitten in der gefallenen Welt. Sie sind nicht in erster Linie das, was der Mensch in eigenem Interesse einklagen kann, sondern das, wofür Gott selbst einsteht. Die Pflichten aber entspringen aus den Rechten selbst, wie die Aufgaben aus den Gaben. Sie sind in die Rechte eingeschlossen. Indem wir also im Rahmen des natürlichen Lebens jeweils zuerst von den Rechten und dann von den Pflichten sprechen, geben wir dem Evangelium im natürlichen Leben Raum.

27. August

SEGEN SCHLIESST KREUZ UND KREUZ SCHLIESST SEGEN IN SICH

Du meinst, in der Bibel sei von Gesundheit, Glück, Kraft nicht viel die Rede. Für das Alte Testament trifft es doch jedenfalls nicht zu. Der theologische Zwischenbegriff im Alten Testament zwischen Gott und dem Glück des Menschen ist, soweit ich sehe, der des Segens. Gewiß geht es im Alten Testament, also z. B. bei den Erzvätern, nicht um das Glück, aber es geht um den Segen Gottes, der alle irdischen Güter in sich schließt. Dieser Segen ist die Inanspruchnahme des irdischen Lebens für Gott und er enthält alle Verheißungen. Es würde wieder der üblichen vergeistigten Auffassung des Neuen Testaments entsprechen, den alttestamentlichen Segen als im Neuen Testament überholt zu betrachten. Aber sollte es ein Zufall sein, daß im Zusammenhang mit dem Mißbrauch des Abendmahls („der gesegnete Kelch ..." 1. Kor 10, 16! 1. Kor 11, 30) von Krankheit und Tod gesprochen wird, daß Jesus Menschen gesund macht, daß die Jünger bei Jesus „nie Mangel leiden"? Soll man nun den alttestamentlichen Segen gegen das Kreuz setzen? So tat es Kierkegaard. Damit wird aus dem Kreuz ein Prinzip gemacht bzw. aus dem Leiden, und eben hieraus entspringt ein ungesunder Methodismus, der dem Leiden den Charakter der Kontingenz einer göttlichen Schickung raubt. Übrigens muß ja auch im Alten Testament der Gesegnete viel leiden, aber nirgends führt dies (ebensowenig wie im Neuen Testament) dazu, Glück und Leiden, bzw. Segen und Kreuz in einen ausschließlichen Gegensatz zueinander zu bringen. Der Unterschied zwischem Altem und Neuem Testament liegt wohl in dieser Hinsicht nur darin, daß im Alten Testament der Segen auch das Kreuz, im Neuen Testament das Kreuz auch den Segen in sich schließt.

Die Liebe ist langmütig und freundlich

28. August

LIEBE UND IHR ZERRBILD

Die Liebe ist langmütig und freundlich, die Liebe eifert nicht, die Liebe treibt nicht Mutwillen, sie blähet sich nicht, sie stellet sich nicht ungebärdig, sie suchet nicht das Ihre, sie läßt sich nicht erbittern, sie rechnet das Böse nicht zu, sie freuet sich nicht der Ungerechtigkeit, sie freuet sich aber der Wahrheit; sie verträgt alles, sie glaubt alles, sie hofft alles, sie duldet alles. *1. Korinther 13, 4–7*

Wenn ein Leben ohne Liebe nichts ist, dann stellt sich uns die Frage: Was ist denn diese Liebe, auf die schlechterdings alles ankommt? Es ist wahr, es gibt keinen Menschen, der ohne Liebe lebt. Jeder Mensch hat Liebe, er weiß um ihre Macht und um ihre Leidenschaft. Er weiß sogar, daß diese Liebe den ganzen Sinn seines Lebens ausmacht und daß er ohne diese Liebe sein ganzes Leben wegwerfen könnte. Diese Liebe aber, um deren Macht, Leidenschaft und Sinn jeder Mensch weiß, ist die Liebe des Menschen zu sich selbst. Sie ist es, die ihn erfüllt, die ihn tatendurstig, erfinderisch macht, ohne die sich sein Leben nicht mehr lohnen würde.

So kennen wir wohl die Liebe, aber nur in ihrem Spiegel und Zerrbild, als Selbstliebe. Aber diese Selbstliebe ist die vom Ursprung abgefallene, verkehrte Liebe, die Liebe, die an sich selbst genug hat und darum zur Unfruchtbarkeit verdammt ist; die Liebe, die im Grunde Haß ist gegen Gott und gegen den Bruder, weil sie ja nur den engen Kreis meines Selbst stören können. Es ist dieselbe Macht, dieselbe Leidenschaft, dieselbe Ausschließlichkeit der Liebe dort wie hier – es ist nur das unendlich verschiedene Ziel, hier ich selbst, dort Gott und der Nächste.

Aber die Selbstliebe ist klug. Sie weiß, daß sie nur das Zerrbild der Liebe ist; darum verstellt sie sich, verhüllt sie sich, verkleidet sie sich in tausend Gestalten und versucht so, der wahren Liebe ähnlich zu werden. Und es gelingt ihr, so daß es dem menschlichen Auge fast nicht mehr möglich wird, den Schein von der Wahrheit zu unterscheiden. Die Selbstliebe spielt sich auf als Nächstenliebe, als Vaterlandsliebe, als soziale Liebe, als Menschenliebe und will nicht erkannt sein. Aber durch alle Versuche der Vernebelung und durch allen Schein hindurch zwingt nun Paulus die Selbstliebe zur Verantwortung, indem er vor ihr, vor uns das Bild der Liebe entwirft, die vor Gott gilt.

29. August

DAS ALLEIN LÖST FESSELN

„Die Liebe ist langmütig und freundlich." Das heißt doch, die Liebe kann warten, lange warten, bis zum Letzten warten. Sie wird nie ungeduldig, sie will nichts übereilen und erzwingen. Sie rechnet mit langen Zeiträumen, sie rechnet allein damit, daß der andere endlich, endlich doch überwunden wird. Warten, Geduld haben, weiter lieben und freundlich sein, auch wo es gänzlich fehlzuschlagen scheint – das allein überwindet Menschen, das allein löst die Fesseln, die jeden Menschen ketten, die Fesseln der Menschenfurcht und der Angst vor einem neuen Leben. Langmut – das paßt so gar nicht in unser gehetztes Leben; Freundlichkeit – das scheint oft so gänzlich unangebracht zu sein; aber die Liebe ist langmütig und freundlich; sie wartet, wie man auf einen, der sich verirrt und verlaufen hat, wartet und sich freut, wenn er überhaupt noch kommt.

30. August

AM LIEBSTEN GAR NICHT GESEHEN WERDEN

Die Liebe eifert nicht – Selbstliebe aber eifert. Sie will etwas für sich selbst, sie will den anderen gewinnen und besitzen für sich selbst, sie will etwas von dem anderen – aber die Liebe will das nicht; sie will nichts von dem anderen, sie will alles für den anderen, sie will den anderen nicht haben und besitzen, sie will ihn erst recht nicht eifersüchtig allein besitzen; sie will nur den anderen lieben, weil sie nicht anders kann; sie will den anderen nur um seinetwillen. Die Eifersucht, die die Liebe steigern und schützen möchte, zerstört die Liebe, verunreinigt sie, entheiligt sie.

Weil aber die Liebe nicht eifert, darum macht sie auch nichts aus sich; sie will ganz unscheinbar sein, sie will am liebsten gar nicht gesehen werden; sie macht nie auf sich aufmerksam, sie spielt sich nicht auf, sie will nicht etwas Besonderes sein. „Sie treibt nicht Mutwillen, sie blähet sich nicht, sie stellt sich nicht ungebärdig." Wir tun allerlei, um auf das Besondere unserer Liebe hinzuweisen; wir spielen uns in eine Rolle hinein als Heilige, als Unschuldige, als Märtyrer mit unserer Liebe. Wir ängstigen den anderen damit, daß wir ihm plötzlich unsere Liebe auch wieder entziehen könnten, d. h. wir spielen mit der Liebe, wir treiben Mutwillen mit ihr. Wir sind sogar fähig und bereit, die Ordnungen des Anstandes, der Zurückhaltung und der Bescheidenheit zu durchbrechen, um auf unsere Liebe aufmerksam zu machen. Die Liebe aber stellt sich nicht ungebärdig; sie tut das alles nicht, was wir tun, wenn wir zu lieben meinen; sie tut es nicht, weil sie nicht das Ihre sucht. Sie will ja nichts für sich, wirklich nichts, sie vergißt sich, sie sieht sich selbst ebensowenig wie das Auge sich selbst sieht. „Das Ihre", das die Liebe suchen könnte, was unsere Liebe doch jedenfalls immer sucht, ist doch mindestens Gegenliebe, Dankbarkeit. Aber auch das, was doch das Ihre wäre, was sie verdiente, sucht sie nicht. Und allein, wenn sie es nicht sucht, auch nicht verstohlen und heimlich, wird sie es vielleicht finden. Sie ist froh und dankbar, wenn der andere das Seine findet. Und sie sieht ohne Neid zu, wenn die Liebe des anderen sich auf einen anderen richtet, wie eine gute Mutter sich freut, wenn ihr Kind den findet, den es von ganzem Herzen lieben kann, auch wenn sie selbst dabei zurückstehen muß.

31. August

GLEICHGÜLTIG GEGEN UNRECHT?

Aber selbst das Böse und die Sünde des anderen kann sie nicht erbittern, weil sie ja für sich selbst gar kein Gutes erwartet. Sie kennt sich selbst ja gar nicht, sie kennt nur den anderen. Sie trauert über dessen Böses und ist betrübt und liebt ihn darum um so mehr – aber sie läßt sich nicht erbittern. Wo uns versagte Gegenliebe vielleicht das ganze Leben verbittert, da sagt die Liebe zu uns: Du hast noch gar nicht recht geliebt, wenn du durch den Haß und die Unachtsamkeit des anderen deine Liebe zerbrechen läßt, sonst wärst du frei von jeder Bitterkeit.

„Sie rechnet das Böse nicht zu." Wo die Gerechtigkeit uns zu gebieten scheint, Gutes und Böses zu buchen und festzulegen, da ist die Liebe blind, wissend blind; sie sieht das Böse, aber sie rechnet es nicht zu; sie vergibt es – und nur die Liebe kann ja vergeben. Sie vergißt es, sie trägt es nicht nach. Wenn wir doch nur dies eine begreifen möchten: die Liebe trägt nicht nach. Sie tritt dem anderen jeden Tag neu und mit neuer Liebe gegenüber und vergißt, was dahinten liegt. Sie macht sich damit zum Spott der Menschen, zum Narren und sie wird auch dadurch nicht irre, sondern sie fährt fort zu lieben.

Ist sie denn gleichgültig gegen Recht und Unrecht? Nein, „sie freut sich nicht der Ungerechtigkeit, sie freut sich aber der Wahrheit". Sie will die Dinge sehen wie sie sind; sie will lieber Haß und Unrecht und Lüge klar sehen als allerlei Maskerade der Liebenswürdigkeit, die doch den Haß nur verbirgt und noch häßlicher macht. Die Liebe will klare Verhältnisse; sie freut sich der Wahrheit – denn nur in der Wahrheit kann sie auf's neue lieben.

1. September

UND BEHÄLT DENNOCH RECHT!

Nun kommen die großen Zusammenfassungen, die wir fast nicht mehr auszulegen wagen, so ungeheuer sind sie an Tiefe und Ernst und Weite. „Sie verträgt alles, sie glaubt alles, sie hofft alles, sie duldet alles“. Auf das „alles“ kommt es hier an; es ist ohne Kompromiß gemeint. „Alles“ heißt hier wirklich alles. Auch wir sagen vielleicht einmal in einem großen Augenblick: Alles tue ich für dich, alles lasse ich für dich, alles trage ich mit dir; wobei wir doch immer die eine große stillschweigende Voraussetzung machen: wenn du es ebenso mit mir hältst. Diese Voraussetzung kennt die Liebe nicht. Ihr „alles“ hat keine Bedingung.

So verträgt sie alles. Sie erschrickt vor keinem Bösen mehr; sie vermag die Furchtbarkeit menschlicher Sünde ganz aufzunehmen und anzusehen. Sie ist nicht eng, weil sie es nicht vertragen kann – die Liebe verträgt alles. Keine Schuld, kein Verbrechen, kein Laster, kein Unheil ist so schwer, daß sie es nicht sähe und auf sich nähme; denn sie weiß ja: Die Liebe ist noch größer als die größte Schuld.

„Sie glaubt alles“ – und wird darüber zum Narren und behält doch recht. Sie wird darüber betrogen und belogen – und behält dennoch das Feld. Aber ist es nicht ein Unsinn, alles zu glauben? Fordert das die anderen nicht geradezu heraus, mich für den Dummen zu halten? Ja, es ist ein Unsinn, wenn ich irgendetwas für mich selbst mit meiner Liebe bezwecke. Aber wenn ich wirklich nichts anderes will, als ohne Bedingung, ohne Grenzen, ohne Vorurteil zu lieben, dann ist es kein Unsinn, sondern dann ist es der Weg, Menschen zu überwinden, der Weg, an dem Menschen stutzig werden und umkehren. Die Liebe glaubet alles, weil sie ja nicht anders kann als glauben, daß letzten Endes alle, alle berufen sind, von der Liebe überwunden zu werden. Ist es euch einmal begegnet, daß ihr mit einem sehr schlechten Menschen gesprochen habt, von dem niemand mehr etwas Rechtes erwartete? Und ihr habt ihm zugehört und Glauben geschenkt: und dieser brach dann vor solchem Glauben einfach zusammen und sagte: „Sie sind der erste Mensch, der mir wieder glaubt"; und richtete sich an dem neuen Glauben an ihn wieder auf. Kennt ihr nicht auch die Verzweiflung eines Menschen, dem wir mißtrauten, und der doch, wie sich später herausstellte, die Wahrheit redete? Der durch unser Mißtrauen an allem irre wurde? Wer das erfahren hat, der begreift, daß die Liebe keinen Unterschied macht; sondern mit sehenden Augen glaubt sie alles, oder mit blinden Augen sieht sie die wahre Zukunft.

2. September

DIE HERAUSGEFORDERTE BOSHEIT

„Sie hoffet alles." Sie gibt keinen Menschen auf. Es kommt doch noch die Stunde, in der der Verirrte umkehrt, in der er seine verleugnete, zerbrochene, verschüttete, vergessene Liebe wiedergeben muß. Liebe ist wie der Arzt am Krankenbett, der noch Hoffnung hat für den Kranken, und an dieser Hoffnung richtet sich der Kranke auf. Und weil die Liebe nichts will, als daß der Kranke sich wieder aufrichtet, darum gibt sie ihn nie auf, darum hofft sie alles – nicht nur für den Einzelnen, auch für ein Volk, für eine Kirche. Ohne Liebe alles zu hoffen ist törichter Leichtsinn und unbegründeter Optimismus. Aus Liebe alles zu hoffen ist die Kraft, an der sich ein Volk und eine Kirche wieder aufrichten kann. Das ist unsere Aufgabe, so bedingungslos hoffen, daß unsere Hoffnung aus Liebe dem anderen eine Kraft sei.

Wer alles glaubt und alles hofft um der Liebe willen, um des Aufrichtens und Helfens willen, der muß leiden. Denn die Welt hält ihn für einen Narren und vielleicht sogar für einen gefährlichen Narren, weil er die Bosheit noch herausfordert mit seiner Narrheit. Aber erst, wenn die Bosheit ans Licht kommt, kann sie ganz geliebt werden. Darum duldet die Liebe alles – und ist in diesem Dulden selig; denn dieses Dulden macht sie immer größer, immer unwiderstehlicher. Die Liebe, die wenig erdulden mußte, bleibt schwach. Die Liebe, die alles erduldete, behält den Sieg.

Wer ist diese Liebe – wenn nicht der, der allein alles ertrug, alles glaubte, alles hoffte, auch alles dulden mußte bis zum Kreuz? Der nicht das Seine suchte, sich nicht erbittern ließ und das Böse nicht zurechnete – und darum vom Bösen überwältigt wurde? Der noch am Kreuz für die Feinde betete und darin das Böse gänzlich überwand? Wer ist diese Liebe, von der Paulus hier geredet hat, anders als Jesus Christus selbst? Welches Zeichen steht über diesem ganzen Abschnitt, wenn nicht das Kreuz?

Führe uns nicht in Versuchung

3. September

BEWÄHRUNG UNSERER KRAFT?

Führe uns nicht in Versuchung. *Matthäus 6, 13a*

Der natürliche Mensch und der ethische Mensch kann dieses Gebet nicht verstehen. Der natürliche Mensch sucht die Bewährung seiner Kraft im Abenteuer, im Kampf. „Und setzet ihr nicht das Leben ein, nie wird euch das Leben gewonnen sein." Nur das in den Tod gefährdete Leben ist gewonnenes Leben. Auch der ethische Mensch weiß, daß seine Erkenntnisse nur wahr und überzeugend werden in der Erprobung und Bewährung, daß das Gute ohne das Böse nicht mehr gut wäre. So fordert der ethische Mensch das Böse heraus, sein tägliches Gebet ist: führe mich in Versuchung, auf daß ich die Kraft des Guten in mir erprobe.

Wäre Versuchung wirklich das, was der natürliche und der ethische Mensch darunter verstehen, so wäre allerdings das Gebet der Christen unverständlich; denn daß Leben nur am Tod und das Gute nur am Bösen gewonnen wird, ist durchaus eine Erkenntnis dieser Welt, die dem Christen nicht fremd ist. Aber das alles hat mit der Versuchung, von der Jesus Christus spricht, gar nichts zu tun. Es kann ja in der Versuchung, von der die Heilige Schrift spricht, gerade ganz und gar nicht um die Erprobung meiner Kraft gehen, weil ja gerade dies das Wesen der biblischen Versuchung ist, daß sich hier zu meinem Erschrecken alle meine Kräfte gegen mich selbst wenden. Ehe eine Erprobung meiner Kraft erfolgen könnte, ist mir meine Kraft schon geraubt. Der Christ ist verlassen von allen seinen Kräften, verlassen von allen Menschen, verlassen von Gott selbst. Nichts steht ihm bei. Der Teufel hat einen kleinen Augenblick Raum bekommen. Wie aber soll der verlassene Mensch dem Teufel begegnen? Wie sollte er sich seiner erwehren können? Eine Niederlage zeigt dem vitalen und dem ethischen Menschen, daß die Kräfte noch wachsen müssen, ehe sie die Probe bestehen. Darum ist seine Niederlage niemals unwiderruflich. Der Christ weiß, daß ihn in der Stunde der Versuchung jedesmal alle seine Kräfte verlassen werden. Darum ist für ihn die Versuchung die dunkle Stunde, die unwiderruflich werden kann. Darum sucht er nicht nach der Bewährung seiner Kraft, sondern betet: führe uns nicht in Versuchung.

4. September

PLÖTZLICH KOMMT DIE VERSUCHUNG

Versuchung ist ein konkretes, aus dem Verlauf des Lebens jäh heraustretendes Ereignis. Für den vitalen Menschen ist das ganze Leben ein Kampf, und für den Ethiker ist jede Stunde Versuchungszeit. Der Christ kennt Stunden der Versuchung, die sich von den Stunden gnädiger Behütung, Bewahrung vor der Versuchung unterscheiden, wie der Teufel sich von Gott unterscheidet. Der Satz, daß jeder Augenblick des Lebens Entscheidungszeit ist, hat für ihn in dieser Abstraktheit keinen Sinn. Er vermag sein Leben nicht grundsätzlich anzusehen, sondern nur von dem lebendigen Gott her. Der Gott aber, der es Tag und Nacht werden läßt, der gibt auch Zeiten des Durstes und Zeiten der Erquickung, Gott gibt Sturm und er gibt ruhige Fahrt, Gott gibt Zeiten der Sorge und Angst und Gott gibt Zeiten der Freude. Nicht was das Leben an sich sei, sondern wie Gott jetzt mit mir handelt, ist dem Christen wichtig. Gott verstößt mich, und er nimmt mich wieder an; er zerstört mein Werk und er baut es wieder auf. So lebt der Christ aus den Zeiten Gottes und nicht aus seinem eigenen Begriff vom Leben. So sagt er nicht, er stehe allezeit in Versuchung und allezeit in der Bewährung, sondern er betet in den Zeiten der Bewahrung, Gott wolle die Zeit der Versuchung nicht über ihn kommen lassen.

Plötzlich kommt die Versuchung über den Frommen. Daran erkennt der Christ die List des Satans. Plötzlich ist der Zweifel ins Herz gesät, plötzlich ist alles ungewiß, so sinnlos, was ich tue, plötzlich werden längst vergangene Sünden in mir lebendig, als seien sie heute geschehen und quälen mich und verklagen mich, plötzlich ist mein ganzes Herz erfüllt von tiefer Traurigkeit über mich selbst, über die Welt, über die Ohnmacht Gottes an mir, plötzlich will der Überdruß am Leben mich zu furchtbarer Sünde verleiten, plötzlich erwacht die böse Lust, und plötzlich kommt das Kreuz über mich, und ich gerate ins Wanken. Das ist die Stunde der Versuchung, der Finsternis, der wehrlosen Auslieferung an den Satan.

5. September

VOM DUNKLEN RÄTSEL ZUR OFFENEN FREIHEIT

Aber: muß denn die Stunde der Versuchung nicht kommen? Ist es nicht darum unerlaubt, so zu beten? Sollten wir nicht vielmehr allein darum beten, daß uns in der Stunde der Versuchung, die ja kommen muß, Kraft zur Überwindung geschenkt werde? Dieser Gedanke will mehr von der Versuchung wissen als Christus und will frömmer sein als der, der die schwerste Versuchung erfuhr. „Muß die Versuchung nicht kommen?" Ja, warum denn? Muß denn Gott die Seinen dem Satan ausliefern? Muß er sie denn an den Abgrund des Abfalls führen? Muß denn Gott dem Satan solche Macht einräumen? Wer sind denn wir, daß wir davon reden könnten, daß Versuchung kommen müsse? Sitzen wir denn in Gottes Rat? Und wenn schon Versuchung kommen muß – kraft eines uns unbegreiflichen göttlichen Muß –, dann ruft uns aber Christus, der Versuchteste von allen auf, gegen dieses göttliche Muß anzubeten, nicht resigniert, stoisch sich der Versuchung auszuliefern, sondern von jenem dunklen Muß, in dem Gott dem Teufel willfährig ist, zu jener offenbaren göttlichen Freiheit zu fliehen und zu rufen, in der Gott den Teufel unter die Füße tritt. Führe uns nicht in Versuchung!

6. September

DAS GANZ UND GAR WIDERGÖTTLICHE

Was sagt die Schrift, wenn sie den Teufel den Urheber der Versuchung nennt? Sie sagt erstens, daß die Versuchung das ganz und gar Widergöttliche ist. Es ist aus dem Wesen Gottes selbst unbegreiflich, daß der Mensch zum Zweifel an Gottes Wort und zum Abfall von Gott verführt werden soll. Der Versucher ist allemal der Feind Gottes. Zweitens: Der Feind Gottes erweist in der Versuchung seine Macht, etwas zu tun, was Gottes Wille nicht ist. Was keine Kreatur aus sich heraus vermöchte, das kann der böse Feind. Die Versuchung ist eine Macht, stärker als irgendeine Kreatur. Sie ist der Einbruch der Macht Satans in die Welt der Schöpfung. Drittens: Die Versuchung ist Verführung, Irreführung. Der Betrug des Teufels liegt darin, daß er den Menschen glauben machen will, er könne auch ohne Gottes Wort leben. So spiegelt er seiner Phantasie ein Reich des Glaubens, der Macht und des Friedens vor, in das nur der eintreten kann, der in die Versuchungen einwilligt und er verbirgt den Menschen, daß er, als Teufel, das unseligste und unglücklichste Wesen ist, weil er endgültig verworfen ist von Gott. Viertens: Der Teufel wird zum Verkläger des Menschen. Es ist ein zweifacher Teil in jeder Versuchung: der Mensch soll abwendig gemacht werden vom Wort Gottes, und Gott soll den Menschen verwerfen müssen, weil der Verkläger seine Sünde aufgedeckt hat. Der Verkläger steht gerechter da als Gott; denn er hat die Sünde aufgedeckt. Er zwingt Gott zum Gericht.

7. September

DIE VERANTWORTUNG BLEIBT BEI UNS

„Niemand sage, wenn er versucht wird: ich werde von Gott versucht. Denn Gott ist unversuchlich zum Bösen, und er selbst versucht niemand. Sondern ein jeglicher wird versucht, wenn er von seiner eigenen Sucht gereizt und gelockt wird." (Jak 1, 13 ff.) Wer die Schuld für die Versuchung einem anderen zuschiebt als sich selbst, der rechtfertigt damit schon seinen Fall; denn bin ich nicht schuldig an meiner Versuchung, so bin ich auch nicht schuldig, wenn ich darin umkomme. Versuchung ist Schuld insofern, als der Fall unentschuldbar ist. Ist es also schon unmöglich, die Schuld der Versuchung dem Teufel zuzuschieben, so ist es erst recht eine Gotteslästerung, Gott dafür verantwortlich zu machen. Das mag fromm scheinen, schließt aber in Wahrheit die Behauptung ein, Gott selbst sei dem Bösen in irgendeiner Weise zugänglich. Damit wird in Gott ein Zwiespalt hineinverlegt, der sein Wort und seinen Willen in sich fraglich, zweideutig, zweifelhaft macht. Weil in Gott das Böse auch nur in seiner Möglichkeit keinen Raum hat, darum darf die Versuchung zum Bösen niemals auf Gott zurückgeführt werden. In mir selbst liegt der Ursprung der Versuchung. Der Ort, an dem alle Versuchung entsteht, ist meine Begehrlichkeit. Mein eigenes Verlangen nach Lust und die Furcht vor dem Leiden verlocken mich, Gottes Wort fahren zu lassen.

Nicht die Schönheit der Welt und nicht das Leiden sind in sich böse und versuchlich, sondern unsere Begehrlichkeit macht uns das alles erst zur Verführung.
Auch die Begehrlichkeit für sich macht mich nicht sündig. Aber „wenn sie empfangen hat, gebiert sie Sünde, und die vollendete Sünde gebiert den Tod." Die Empfängnis der Begehrlichkeit geschieht in der Einigung meines Ich mit

ihr, d. h. in der Preisgabe des Wortes Gottes, das mich hält. So liegt der Ursprung der Versuchung in der Begehrlichkeit, der Ursprung der Sünde in mir selbst und in mir allein. Ich soll also wissen, daß die Schuld mich allein trifft und daß ich selbst mir den ewigen Tod verschuldet habe, wenn ich in der Versuchung der Sünde unterliege.

8. September

»UND GOTT VERSUCHTE . . .«

Was sagt die Heilige Schrift, wenn sie Gott zum Urheber der Versuchung macht? Das ist die schwerste und abschließende Frage. Gott versucht niemand, sagt Jakobus. Aber die Schrift sagt auch, daß Gott den Abraham versucht habe (1. Mose 22, 1). Auch im Neuen Testament wird die Versuchung der Christen als Gericht Gottes angesehen (1. Petr 4, 12. 17). Was bedeutet das alles?

Erstens: Die Schrift macht es deutlich, daß auf Erden nichts geschehen kann ohne Gottes Willen und Zulassung. Auch der Satan ist in Gottes Händen. Er muß gegen seinen Willen Gott dienen. Zwar hat der Satan Macht, aber doch nur dort, wo Gott sie ihm läßt. Das dient dem versuchten Gläubigen zum Trost.

Zweitens: Die Kinderfrage: warum schlägt Gott den Satan nicht einfach tot? fordert eine Antwort. Wir wissen, daß dieselbe Frage heißen kann: Warum mußte Christus versucht werden, leiden und sterben? Warum mußte der Satan solche Macht an ihm haben? Gott gibt dem Satan Raum um der Sünde der Menschen willen. Der Satan muß den Tod des Sünders vollstrecken; denn nur wenn der Sünder stirbt, kann der Gerechte leben; nur wenn der alte Mensch täglich und gänzlich verdirbt, kann der neue

Mensch auferstehen. So muß der Satan wider Willen Gottes Erlösungsplan dienen; dem Satan bleibt der Tod und die Sünde, Gott aber das Leben und die Gerechtigkeit.

Die Überwindung des Satans und das Heil der Gläubigen ist allein in Jesus Christus wahr und wirklich. An Jesus sucht der Satan alle Sünde, alles Leiden und den Tod der Menschheit heim. Damit aber ist sein Recht zu Ende. Er hatte Jesus Christus alles genommen und ihn damit Gott allein übergeben. Die Gläubigen müssen alle ihre Versuchungen verstehen lernen als Versuchung des Jesus Christus in ihnen, so werden sie an der Überwindung teilhaben.

9. September

WENN GOTT UNS GANZ UNWIRKLICH WIRD

Das in uns schlummernde Verlangen nach Lust wird plötzlich und wild angefunden. Mit unwiderstehlicher Gewalt ergreift die Begierde Herrschaft über das Fleisch. Ein verborgen schwelendes Feuer ist auf einmal angefacht. Ob es die geschlechtliche Begierde ist, ob Ehrgeiz, Eitelkeit, ob es Rachgier, Ruhmsucht und Machtliebe, ob es die Geldgier, ob es schließlich jene unbeschreibliche Lust an der Schönheit der Welt überhaupt ist, ist hier kein Unterschied. Die Freude an Gott ist im Erlöschen, und wir suchen alle Freude in der Kreatur. In dieser Stunde wird Gott uns ganz unwirklich und das allein Wirkliche ist die Lust an der Kreatur. Nicht mit Haß gegen Gott erfüllt uns der Satan hier, sondern mit Gottvergessenheit. Zu diesem Machterweis kommt nun auch seine Lüge. Die entfachte Begierde hüllt Denken und Wollen des Menschen in tiefe Dunkelheit. Die Klarheit der Unterscheidung und der Entscheidung wird uns geraubt. Sollte es wirklich Sünde sein, was das Fleisch hier begehrt? Sollte es nicht gerade jetzt, gerade hier, gerade in meiner Lage ganz und gar erlaubt, ja geboten sein, die Lust zu stillen? Der Versucher stellt mich unter Sonderrecht, wie er den hungernden Gottessohn unter Sonderrecht stellen wollte. Ich poche auf mein Sonderrecht gegen Gott.

Darum lehrt uns die Schrift, in den Stunden fleischlicher Versuchungen zu fliehen. Jedes Ankämpfen gegen die Begierde aus eigener Kraft ist zum Scheitern verurteilt. Fliehet – das kann ja nur heißen, fliehet dorthin, wo ihr Schutz und Hilfe erfahret, fliehet zum Gekreuzigten. Sein Bild und seine Gegenwart helfen allein. Hier sehen wir den gekreuzigten Leib und erkennen daran das Ende aller Lust, hier wird unser Geist wieder nüchtern und erkennt den Feind. Hier erkenne ich die ganze Verlorenheit und Verlassenheit meiner fleischlichen Art und das gerechte Gericht des Zornes Gottes über alles Fleisch. Hier weiß ich, daß ich mir in dieser Verlorenheit niemals selbst hätte helfen können gegen den Satan, sondern daß es der Sieg Jesu Christi ist, der mir nun zufällt.

10. September

SICHERHEIT UND VERZWEIFLUNG

In der Sünde des geistlichen Hochmutes versucht uns der Teufel, indem er uns über den Ernst des Gesetzes Gottes und des Zornes Gottes täuscht. Er flüstert uns ein, Gott sei ja ein gnädiger Gott, er werde es so ernst mit unserer Sünde nicht nehmen. So erweckt er in uns das Verlangen, auf Gottes Gnade hin zu sündigen und uns schon vor der Sünde die Vergebung zuzusprechen. Er macht uns sicher in der Gnade. Wir sind ja seine Kinder, wir haben ja Christus und sein Kreuz, wir sind ja die wahre Kirche, nun kann uns nichts Böses widerfahren. Aus solcher Rede aber folgt alle geistliche Trägheit zum Gebet, zum Gehorsam, folgt Gleichgültigkeit gegen Gottes Wort, folgt die Ertötung des Gewissens, Schiffbruch am Glauben und schließlich die völlige Verhärtung und Verstockung des Herzens in der Sünde, in Furchtlosigkeit und Sicherheit vor Gott. Nun ist kein Raum mehr zur Buße, der Mensch kann nicht mehr gehorchen. Das aber ist offenbar gewordene Gottesversuchung, die den Zorn Gottes herausfordert.

Der Versuchung zur Sicherheit entspricht die Versuchung zur Traurigkeit (acedia). Hier soll nicht das Gesetz und der Zorn, sondern die Gnade und Verheißung Gottes angegriffen und auf die Probe gestellt werden. Dazu raubt der Satan dem Gläubigen alle Freude an Gottes Wort, alle Erfahrungen des guten Gottes; statt dessen erfüllt er das Herz mit den Schrecken der Vergangenheit, der Gegenwart und der Zukunft. Alte, längst vergessene Schuld steht plötzlich vor mir, als sei sie heute geschehen. Der Widerspruch gegen Gottes Wort und der Unwille zu gehorchen wird groß, und die ganze Trostlosigkeit meiner Zukunft vor Gott überwältigt das Herz. Gott war niemals bei mir, Gott ist nicht bei mir, Gott wird mir nie vergeben; denn meine Sünde ist zu groß, als daß sie mir vergeben werden könnte. Und diese Verzweiflung wird den Menschen entweder in die Sünde der Gotteslästerung oder in die Selbstzerstörung treiben bis zur äußersten Tat der Verzweiflung.

FREIHEIT ZUM TODE

Der Mensch hat sein Leben im Unterschied zum Tier nicht als einen Zwang, den er nicht abwerfen kann, sondern er hat sein Leben in der Freiheit, es zu bejahen oder zu vernichten. Diese Freiheit weist ihn zugleich über das leibliche Leben hinaus, sie läßt ihn sein leibliches Leben als zu bewahrende Gabe wie als darzubringendes Opfer verstehen. Nur weil der Mensch frei ist zum Tode, kann er sein leibliches Leben um eines höheren Gutes willen hingeben. Ohne die Freiheit zum Lebensopfer im Tode gibt es keine Freiheit für Gott, gibt es kein menschliches Leben.

Mit der Freiheit zum Tode ist dem Menschen eine unvergleichliche Macht gegeben, die leicht zum Mißbrauch führen kann. Der Mensch kann durch sie in der Tat zum Herrn seines irdischen Schicksals werden, indem er sich nach freiem Entschluß einer Niederlage durch selbst gesuchten Tod entzieht und so dem Schicksal seinen Sieg raubt. Von dieser Möglichkeit nicht Gebrauch zu machen, wird ein Mensch, der im Kampf mit dem Schicksal seine Ehre, seine Arbeit, den einzig geliebten Menschen verloren hat und dem sein Leben damit zerstört ist, schwerlich zu überreden sein, sofern ihm der Mut zu dieser Tat seiner Freiheit und seines Sieges noch geblieben ist. Kann der Mensch sich nicht in seinem Glück und Erfolg rechtfertigen, so kann er es doch noch in seiner Verzweiflung. Kann er sein Recht auf ein menschliches Leben nicht in seinem leiblichen Leben durchsetzen, so kann er es doch noch durch Vernichtung seines Leibes. Kann er die Anerkennung seines Rechtes nicht von der Welt erzwingen, so kann er sie sich in letzter Einsamkeit selbst schaffen. Der Selbstmord ist der Versuch des Menschen, einem menschlich sinnlos gewordenen Leben einen letzten menschlichen

Sinn zu verleihen. Das unwillkürliche Gefühl des Schauders, das uns angesichts der Tatsache eines Selbstmordes ergreift, ist nicht auf die Verwerflichkeit, sondern auf die schaurige Einsamkeit und Freiheit solcher Tat zurückzuführen, in der noch Bejahung des Lebens nur in seiner Vernichtung besteht.

12. September

ABSEITS UNSERER BEURTEILUNG

Da der Selbstmord eine Tat der Einsamkeit ist, bleiben die letzten entscheidenden Motive fast immer verborgen. Selbst dort, wo eine äußere Lebenskatastrophe vorangegangen ist, entzieht sich die tiefste innere Begründung der Tat dem fremden Einblick. Weil die Grenze zwischen der Freiheit des Lebensopfers und dem Mißbrauch dieser Freiheit zum Selbstmord für ein menschliches Auge oft kaum zu erkennen ist, ist dem Urteil über die einzelne Tat damit die Grundlage entzogen.

Wo ein Gefangener sich das Leben nimmt, weil er fürchten muß, unter der Anwendung der Folter sein Volk, seine Familie, seinen Freund zu verraten, tritt die Selbsttötung so stark unter das Motiv des Opfers, daß eine Verurteilung der Tat unmöglich wird. Wenn ein unheilbar Kranker sehen muß, daß seine Pflege den materiellen und seelischen Zusammenbruch seiner Familie zur Folge hat und durch eigenen Entschluß die Seinen von dieser Last befreit, so mögen gewiß manche Bedenken gegen so eigenmächtiges Handeln bestehen, dennoch wird eine Verurteilung auch hier nicht möglich sein.

Anders liegen offenbar die Dinge, wenn rein persönliche Vorkommnisse, also etwa Verletzung der Ehre, erotische

Leidenschaft, finanzieller Zusammenbruch, Spielschulden oder schwere persönliche Verfehlungen zum Selbstmord führen, also durch die Selbsttötung nicht fremdes Leben geschützt, sondern ausschließlich das eigene Leben gerechtfertigt werden soll. Freilich wird im konkreten Fall auch hier der Opfergedanke nicht ganz fehlen. Immerhin wird hier die Rettung der eigenen Person vor Schande und Verzweiflung alle anderen Motive überwiegen und also der Unglaube der letzte Grund der Tat werden. Daß Gott auch einem gescheiterten Leben wieder Sinn und Recht geben kann, ja daß gerade durch Scheitern hindurch ein Leben erst zu seiner eigentlichen Erfüllung kommen kann, das wird hier nicht geglaubt. Darum bleibt die Beendigung des Lebens die letzte Möglichkeit des Menschen, seinem Leben selbst Sinn und Recht wiederzugeben und sei es auch im Augenblick seiner Vernichtung.

13. September

DAS RECHT ZUM SELBSTMORD ZERBRICHT ALLEIN AN GOTT

Nicht die Niedrigkeit der Motive macht den Selbstmord verwerflich. Man kann aus niedrigen Motiven am Leben bleiben und aus edlen Motiven aus dem Leben gehen. Nicht das leibliche Leben als solches hat ein letztes Recht an den Menschen. Der Mensch steht in Freiheit seinem leiblichen Leben gegenüber und „das Leben ist der Güter höchstes nicht". Auch die menschliche Gemeinschaft kann nicht ein letztes Recht auf das leibliche Leben des Einzelnen begründen. Ihr gegenüber ist dem Menschen von Natur ein letztes Verfügungsrecht über sich selbst gegeben. Schließlich genügt aber auch die in der christlichen Kirche weitverbreitete Begründung nicht, daß der Selbstmord die

Reue und darum die Vergebung unmöglich mache. Viele Christen sind durch jähen Tod mit unbereuter Sünde gestorben. Hier liegt eine Überschätzung des letzten Augenblicks vor. Alle die genannten Gründe bleiben auf halbem Wege stehen, sie enthalten etwas Richtiges, ohne das Entscheidende auszusprechen und sind nicht zwingend.

Gott, der Schöpfer und Herr des Lebens, nimmt das Recht des Lebens selbst wahr. Der Mensch braucht nicht Hand an sich zu legen, um sein Leben zu rechtfertigen. Weil er es nicht braucht, darum darf er es auch nicht. Es ist eine merkwürdige Tatsache, daß die Bibel an keiner Stelle den Selbstmord ausdrücklich verbietet, sondern daß dieser immer wieder als die Folge schwerster Sünde auftritt (Judas). Der Grund hierfür ist nicht, daß die Bibel den Selbstmord billigt, sondern daß sie an die Stelle des Verbotes des Selbstmordes den Gnaden- und Bußruf an den Verzweifelten treten lassen will. Der am Rande des Selbstmords Stehende hört kein Verbot oder Gebot mehr, er hört nur noch den gnädigen Ruf Gottes zum Glauben, zur Errettung, zur Umkehr. Den Verzweifelten rettet kein Gesetz, das an die eigene Kraft appelliert, es treibt ihn nur noch hoffnungsloser in Verzweiflung; dem am Leben Verzweifelnden hilft nur die rettende Tat eines andern, das Angebot eines neuen Lebens, das nicht aus eigener Kraft, sondern aus Gottes Gnade gelebt wird. Wer nicht mehr leben kann, dem hilft auch der Befehl, daß er leben soll, nicht weiter, sondern allein ein neuer Geist.

14. September

IN DEMUT UND SIEGESGEWISSHEIT

Darum, wer sich läßt dünken, er stehe, mag wohl zusehen, daß er nicht falle. Es hat euch noch keine denn menschliche Versuchung betreten; aber Gott ist getreu, der euch nicht läßt versuchen über euer Vermögen, sondern macht, daß die Versuchung so ein Ende gewinne, daß ihr's könnt ertragen. *1. Korinther 10, 12–13*

Damit ist zuerst aller falschen Sicherheit und sodann aller falschen Verzagtheit vor der Versuchung entgegengetreten. Keiner sei auch nur einen Augenblick sicher, daß er frei bleibe von Versuchung. Es gibt keine Versuchung, die mich nicht in dieser Stunde noch überfallen könnte. Darum überhebe dich nicht, wenn du andere straucheln und fallen siehst. Solche Sicherheit wird dir zum Fallstrick werden. Darum „sei nicht stolz, sondern fürchte dich" (Röm 11, 20). Sei vielmehr allezeit bereit, daß der Versucher keine Macht an dir findet.

Aber der Christ soll sich auch vor der Versuchung nicht fürchten. Kommt sie über ihn trotz Wachens und Betens, dann soll er wissen, daß er jede Versuchung überwinden kann. Es gibt keine Versuchung, die nicht überwunden werden könnte. Gott kennt unser Vermögen und er läßt es nicht zu, daß eine Versuchung über unsere Kraft gehe. Es ist menschliche Versuchung, die uns betritt, d. h. sie ist für uns Menschen nicht zu groß. Gott mißt einem jeglichen das Maß zu, das er tragen kann. Das ist gewiß. Wer vor der Plötzlichkeit und der Schrecklichkeit der Versuchung verzagt wird, der hat schon die Hauptsache vergessen, nämlich daß er ganz gewiß die Versuchung bestehen wird, weil sie Gott nicht über sein Vermögen gehen lassen wird. Es gibt Versuchungen, vor denen wir uns besonders fürchten, weil wir schon oft an ihnen gescheitert sind. Sind sie dann plötzlich wieder da, dann geben wir uns oft schon von vornherein verloren. Aber gerade diesen Versuchungen dürfen wir in größter Ruhe und Gelassenheit entgegensehen, denn sie können überwunden werden, und sie werden überwunden, so gewiß Gott getreu ist. In Demut und in Siegesgewißheit soll die Versuchung uns anfinden.

Ein Leib — aber untereinander einer des anderen Glied

15. September

DER PLATZ, VON DEM AUS MAN SICH AM BESTEN BEHAUPTET

„Es kam auch ein Gedanke unter sie, welcher unter ihnen der Größte wäre" (Lk 9, 46). Wer diesen Gedanken unter die christliche Gemeinschaft sät, wissen wir. Vielleicht bedenken wir aber nicht genug, daß keine christliche Gemeinschaft zusammenkommen kann, ohne daß alsbald dieser Gedanke auftaucht als Saat der Zwietracht. Kaum daß Menschen beieinander sind, müssen sie anfangen, einander zu beobachten, zu beurteilen, einzuordnen. „Es kam auch ein Gedanke unter sie" – das genügt, um die Gemeinschaft zu zerstören.

Vom ersten Augenblick der Begegnung an sucht der Mensch nach der Kampfstellung, die er dem andern gegenüber beziehen und durchhalten kann. Da sind Starke und

Schwache; ist er selbst nicht stark, so ergreift er alsbald das Recht des Schwachen als sein eigenes und führt es gegen die Starken. Da sind Begabte und Unbegabte, Einfache und Schwierige, Fromme und weniger Fromme, Gemeinschaftsmenschen und Eigenbrödler. Hat nicht der Unbegabte ebenso eine Position zu beziehen wie der Begabte, der Schwierige wie der Einfache? Und bin ich nicht begabt, so bin ich doch vielleicht fromm, oder bin ich nicht fromm, so will ich es auch gar nicht sein. Kann nicht der Gemeinschaftsmensch im Augenblick alles für sich gewinnen und den Eigenbrödler bloßstellen, und kann nicht der Eigenbrödler der unüberwindliche Feind und schließliche Besieger des Gemeinschaftsmenschen werden? Welcher Mensch fände nicht mit instinktiver Sicherheit den Ort, an dem er stehen und sich verteidigen kann?

Das alles kann unter den zivilsten oder auch frömmsten Formen geschehen, aber es kommt darauf an, daß eine christliche Gemeinschaft weiß, daß ganz gewiß irgendwo „ein Gedanke unter sie kam, wer der Größte unter ihnen wäre". Es ist der Kampf des natürlichen Menschen um Selbstrechtfertigung. Er findet sie nur am Vergleich mit dem andern, am Urteil, am Gericht über den andern.

16. September

GRUND ZUR FREUDE

Wir bekämpfen unsere bösen Gedanken oft am wirksamsten, wenn wir ihnen grundsätzlich das Wort verbieten. Die richtenden Gedanken werden dadurch zum Ersticken gebracht, daß man ihnen niemals das Recht einräumt, zu Worte zu kommen, es sei denn als das Bekenntnis der Sünde. Wer seine Zunge im Zaum hält, der beherrscht

Seele und Leib (Jak 3, 3 ff). So wird es eine entscheidende Regel jedes christlichen Gemeinschaftslebens sein, die dem einzelnen das heimliche Wort über den Bruder verbietet, auch dort, wo es unter dem Schein der Hilfe und des Wohlwollens steht. Denn gerade in dieser Deckung wird sich der Geist des Bruderhasses immer einschleichen, wenn er nach Schaden trachtet.

Wo diese Zucht der Zunge von Anfang an geübt wird, dort wird jeder einzelne eine unvergleichliche Entdeckung machen. Er wird aufhören können, den andern unaufhörlich zu beobachten, ihn zu beurteilen, ihn zu verurteilen, ihm seinen bestimmten beherrschbaren Platz zuzuweisen und ihm so Gewalt zu tun. Er kann nun den Bruder ganz frei stehen lassen, so wie Gott ihn ihm gegenübergestellt hat. Der Blick weitet sich, und er erkennt zu seinem Erstaunen über seinen Brüdern zum ersten Male den Reichtum der Schöpferherrlichkeit Gottes. Gott hat den andern nicht gemacht, wie ich ihn gemacht hätte. In seiner geschöpflichen Freiheit wird mir nun der andere Grund zur Freude, während er mir vorher nur Mühe und Not war.

Gott will nicht, daß ich den andern nach dem Bilde forme, das mir gut erscheint, also nach meinem eigenen Bilde, sondern in seiner Freiheit von mir hat Gott den andern zu seinem Ebenbilde gemacht. Ich kann es niemals im voraus wissen, wie Gottes Ebenbild im andern aussehen soll, immer wieder hat es eine ganz neue, allein in Gottes freier Schöpfung begründete Gestalt. Mir mag sie fremd erscheinen, ja ungöttlich. Aber Gott schafft den andern zum Ebenbilde seines Sohnes, des Gekreuzigten, und auch dieses Ebenbild schien mir ja wahrhaftig fremd und ungöttlich, bevor ich es begriff.

17. September

AUSSCHALTUNG DES SCHWACHEN IST TOD DER GEMEINSCHAFT

Nun wird Stärke und Schwachheit, Klugheit oder Torheit, begabt oder unbegabt, fromm oder weniger fromm, nun wird die ganze Verschiedenartigkeit der einzelnen in der Gemeinschaft nicht mehr Grund zum Reden, Richten, Verdammen, also zur Selbstrechtfertigung sein, sondern sie wird Grund zur Freude aneinander und zum Dienst aneinander.

Auch jetzt empfängt jedes Glied der Gemeinschaft seinen bestimmten Ort, aber nicht mehr den, an dem es sich am erfolgreichsten selbst behauptet, sondern den Ort, an dem es seinen Dienst am besten ausrichten kann. Es kommt in einer christlichen Gemeinschaft alles darauf an, daß jeder einzelne ein unentbehrliches Glied einer Kette wird. Nur wo auch das kleinste Glied fest eingreift, ist die Kette unzerreißbar. Eine Gemeinschaft, die es zuläßt, daß ungenutzte Glieder da sind, wird an diesen zugrundegehen. Es wird darum gut sein, wenn jeder einzelne auch einen bestimmten Auftrag für die Gemeinschaft erhält, damit er in Stunden des Zweifels weiß, daß auch er nicht unnütz und unbrauchbar ist. Jede christliche Gemeinschaft muß wissen, daß nicht nur die Schwachen die Starken brauchen, sondern daß auch die Starken nicht ohne die Schwachen sein können. Die Ausschaltung der Schwachen ist der Tod der Gemeinschaft. Nicht Selbstrechtfertigung und darum Vergewaltigung, sondern die Rechtfertigung aus Gnade und darum Dienst soll die christliche Gemeinschaft regieren.

Wer einmal in seinem Leben das Erbarmen Gottes erfahren hat, der will fortan nur noch dienen. Der stolze Thron des Richters lockt ihn nicht mehr, sondern er will unten sein bei den Elenden und Geringen, weil dort unten Gott ihn gefunden hat. „Trachtet nicht nach hohen Dingen, sondern haltet euch herunter zu den niedrigen" (Röm 12, 16).

18. September

NICHTS AUS SICH SELBER MACHEN

Wer lernen will zu dienen, der muß zuerst lernen, gering von sich selbst zu denken. „Niemand halte weiter von sich, denn sich gebührt zu halten" (Röm 12, 3). „Sich selbst recht kennen und gering von sich denken zu lernen, das ist die höchste und nützlichste Aufgabe. Nichts aus sich selber machen und dagegen stets von anderen eine gute Meinung haben, das ist große Weisheit und Vollkommenheit" (Thomas a Kempis). Nur wer aus der Vergebung seiner Schuld in Jesus Christus lebt, wird in rechter Weise gering von sich denken, der wird wissen, daß seine Klugheit hier ganz an ihr Ende kam, als Christus ihm vergab, der erinnert sich der Klugheit der ersten Menschen, die wissen wollten, was gut und böse ist und in dieser Klugheit umkamen. Der erste aber, der auf dieser Erde geboren wurde, war Kain, der Brudermörder. Das ist die Frucht der Klugheit des Menschen.

Weil der Christ sich nicht mehr selbst für klug halten kann, darum wird er auch von seinen eigenen Plänen und Absichten gering denken, er wird wissen, daß es gut ist, daß der eigene Wille gebrochen wird in der Begegnung mit dem Nächsten. Er wird bereit sein, den Willen des Nächsten für wichtiger und dringlicher zu halten als den eigenen. Was schadet es, wenn der eigene Plan durchkreuzt wird? Ist es nicht besser, dem Nächsten zu dienen, als den eigenen Willen durchzusetzen?

19. September

DER EHRSÜCHTIGE KANN NICHT GLAUBEN

„Wie könnt ihr glauben, die ihr Ehre voneinander nehmt und die Ehre, die von Gott allein ist, suchet ihr nicht?" (Joh 5, 44). Das Verlangen nach eigener Ehre hindert den Glauben. Wer eigene Ehre sucht, der sucht schon nicht mehr Gott und den Nächsten. Was schadet es, wenn mir Unrecht widerfährt? Habe ich nicht härtere Strafe von Gott verdient, wenn Gott nicht nach seiner Barmherzigkeit mit mir handelte? Geschieht mir nicht auch im Unrecht tausendmal Recht? Muß es nicht nützlich und gut sein zur Demut, daß ich schweigend und geduldig so geringe Übel ertragen lerne? „Ein geduldiger Geist ist besser denn ein hoher Geist" (Pred 7, 8).

Wer aus der Rechtfertigung aus Gnaden lebt, der ist bereit, auch Beleidigungen und Kränkungen ohne Protest aus Gottes strafender und gnädiger Hand hinzunehmen. Es ist kein gutes Zeichen, wenn man Derartiges nicht mehr hören und ertragen kann, ohne alsbald daran zu erinnern, daß doch auch Paulus z. B. auf seinem Recht als Römer bestanden habe, und daß Jesus dem, der ihn schlug, antwortete: „Warum schlägst du mich?" (Joh 18, 23). Es wird jedenfalls keiner von uns wirklich so handeln wie Jesus und Paulus, der nicht vorher gelernt hat, wie diese unter Kränkung und Schmach zu schweigen. Die Sünde der Empfindlichkeit, die in der Gemeinschaft so rasch aufblüht, zeigt immer wieder, wieviel falsche Ehrsucht und das heißt doch, wieviel Unglaube noch in der Gemeinschaft lebt.

FREMDE SÜNDE ENTSCHULDIGEN – DIE EIGENE NIE

Sich nicht für klug halten, sich herunterhalten zu den Niedrigen, heißt ohne Phrase und in aller Nüchternheit: sich selbst für den größten Sünder halten. Das erregt den ganzen Widerspruch des natürlichen Menschen, aber auch den des selbstbewußten Christen. Es klingt wie eine Übertreibung, wie eine Unwahrhaftigkeit. Und doch hat Paulus selbst von sich gesagt, daß er der vornehmste, d. h. der größte Sünder sei (1 Tim 1, 15). Es kann keine echte Sündenerkenntnis geben, die mich nicht in diese Tiefe hinabführte. Erscheint mir meine Sünde noch irgendwie im Vergleich zu Sünden anderer geringer, weniger verwerflich, dann erkenne ich überhaupt noch nicht meine Sünde. Meine Sünde ist notwendig die allergrößte, die allerschwerste und verwerflichste. Für die Sünden der andern findet ja die brüderliche Liebe so viele Entschuldigungen, nur für meine Sünde gibt es gar keine Entschuldigung. Darum ist sie die schwerste.

Bis in diese Tiefe der Demut muß hinab, wer dem Bruder in der Gemeinschaft dienen will. Wie könnte ich auch dem in ungeheuchelter Demut dienen, dessen Sünde mir ganz ernsthaft schwerer erschiene als meine eigene. Muß ich mich nicht über ihn erheben, darf ich denn für ihn noch Hoffnung haben? Es wäre geheuchelter Dienst. „Glaube nicht, daß du einen Schritt weit gekommen bist im Werke der Heiligung, wenn du es nicht tief fühlst, daß du geringer bist als alle andern" (Thomas a Kempis).

Alles, was ihr tut, das tut von Herzen als dem Herrn und nicht den Menschen

21. September

BERUFUNG UND BERUF

In der Begegnung mit Jesus Christus erfährt der Mensch den Ruf Gottes und in ihm die Berufung zum Leben in der Gemeinschaft Jesu Christi. Nicht der Mensch sucht die Gnade an ihrem Ort auf, sondern die Gnade sucht und findet den Menschen an seinem Ort und nimmt ihn eben hier in Anspruch. Es ist dies ein Ort, der in jedem Fall und in jeder Hinsicht mit Sünde und Schuld belastet ist, sei es der Königsthron oder die Bürgerstube oder die Hütte des Elends. Es ist ein Ort dieser Welt. Als Heiden oder Juden, als Sklaven oder Freien, als Mann oder Frau, als Verheirateten oder Ehelosen trifft den Menschen der Ruf. Dort, wo er gerade ist, soll er den Ruf hören und sich von ihm in Anspruch nehmen lassen. Dieses Leben ist nun von Christus her gesehen mein Beruf.

Diese Antwort besteht nur dort zu recht, wo der Beruf gleichzeitig in allen seinen Dimensionen verstanden wird. Er ist der Ruf Jesu Christi, ihm ganz zu gehören; er ist meine Inanspruchnahme durch Christus an dem Ort, an dem ich von diesem Ruf getroffen wurde; er umfaßt sachliche Arbeit und persönliche Beziehungen, aber niemals als einen Wert an sich, sondern in der Verantwortung gegenüber Jesus Christus. Durch diese Beziehung auf Christus ist der Beruf aus jeder Isolierung befreit.

Bin ich zum Beispiel Mediziner, so diene ich nicht nur am Krankenbett des Patienten, sondern behalte die Verantwortung für das Ganze im Auge und nur so erfülle ich meinen Beruf. Dabei kann es dazu kommen, daß ich als Arzt auch meine konkrete Verantwortung einmal nicht mehr am Krankenbett, sondern zum Beispiel im öffentlichen Eintreten gegen eine die medizinische Wissenschaft oder das menschliche Leben oder die Wissenschaft als solche bedrohende Maßnahme erkennen und erfüllen muß. Gerade weil Beruf Verantwortung ist und weil Verantwortung eine ganze Antwort des ganzen Menschen auf das Ganze der Wirklichkeit ist, gibt es kein banausisches Sichbeschränken auf die engste Berufspflicht; eine derartige Beschränkung wäre Verantwortungslosigkeit.

22. September

DAS WERK MIT DER GROSSEN VERHEISSUNG

Wo zwei unter euch eins werden, worum es ist, daß sie bitten wollen, das soll ihnen widerfahren von meinem Vater im Himmel. *Matthäus 18, 19*

Es gibt kein Stück der gemeinsamen Andacht, das uns so

ernste Schwierigkeiten und Nöte bereitet wie das gemeinsame Gebet; denn hier sollen ja nun wir selbst sprechen. Gottes Wort haben wir gehört, jetzt aber sollen wir als Gemeinschaft zu Gott beten, und dieses Gebet muß wirklich unser Wort sein, unser Gebet für diesen Tag, für unsere Arbeit, für unsere Gemeinschaft, für die besonderen Nöte und Sünden, die uns gemeinsam bedrücken, für die Menschen, die uns befohlen sind. Oder sollten wir wirklich nichts für uns zu beten haben, sollte das Verlangen nach gemeinsamem Gebet aus eigenem Mund und mit eigenen Worten ein unerlaubtes Ding sein?

Alle Furcht voreinander, alle Scheu, mit eigenem, freiem Worte vor den andern zu beten, darf hier zurücktreten, wo in aller Nüchternheit und Schlichtheit das gemeinsame Gebet durch einen vor Gott gebracht wird. Ebenso aber darf und soll hier alle Beobachtung und Kritik schweigen, wo im Namen Jesu Christi mit schwachen Worten gebetet wird. So gut und nützlich hier unsere Hemmungen sein mögen, um das Gebet rein und biblisch zu erhalten, so dürfen sie doch nicht das notwendige freie Gebet selbst ersticken; denn es hat von Jesus Christus eine große Verheißung empfangen.

Auch das freie Gebet wird durch gewisse innere Ordnung bestimmt sein. Es ist ja nicht der chaotische Ausbruch eines Menschenherzens, sondern das Gebet einer in sich geordneten Gemeinschaft. Um das Gebet von der Willkür der Subjektivität zu befreien, wird sich die Anknüpfung des Gebets an eine Schriftlesung als hilfreich erweisen. Hier gewinnt das Gebet festen Halt und Grund.

Der Gebrauch festformulierter Gebete kann unter gewissen Umständen auch für eine kleine Hausgemeinschaft eine Hilfe sein, oft aber wird es nur ein Ausweichen vor dem wirklichen Gebet sein. Durch kirchliche Formen und reiche Gedanken täuscht man sich leicht über das eigene Gebet hinweg, die Gebete werden dann schön und tief, aber nicht echt. Ein schlechtes Gestammel kann hier besser sein als das beste formulierte Gebet.

23. September

HINTER DEM VIELERLEI DES TAGES DIE EINHEIT FINDEN

Beten und Arbeiten ist zweierlei. Das Gebet soll nicht durch die Arbeit, aber auch die Arbeit nicht durch das Gebet verhindert werden.

Die Arbeit stellt den Menschen in die Welt der Dinge. Sie fordert von ihm das Werk. Dies befreit ihn zur Sachlichkeit; denn die Welt des Es ist nur ein Werkzeug in der Hand Gottes zur Reinigung der Christen von aller Selbstbezogenheit und Ichsucht. Das Werk in der Welt kann ja nur dort vollbracht werden, wo der Mensch sich selbst vergißt, wo er sich an die Sache, an die Wirklichkeit, an die Aufgabe, an das Es verliert. In der Arbeit lernt der Christ, sich von der Sache begrenzen zu lassen. So wird ihm die Arbeit zum Heilmittel gegen die Trägheit und Bequemlichkeit seines Fleisches.

Das kann aber nur dort geschehen, wo der Christ durch das Es hindurchbricht zu dem „Du" Gottes, der ihm die Arbeit und das Werk befiehlt und ihm zur Befreiung von sich selbst dienen läßt. Damit hört die Arbeit nicht auf, Arbeit zu sein, vielmehr wird die Härte und Strenge der Arbeit von dem erst recht gesucht werden, der weiß, wozu sie ihm dient. Die dauernde Auseinandersetzung mit dem Es bleibt bestehen. Aber zugleich ist der Durchbruch erfolgt, die Einheit zwischen Gebet und Arbeit, die Einheit des Tages ist gefunden; denn hinter dem Es der Tagesarbeit das Du Gottes finden, das ist es, was Paulus „ohne Unterlaß beten" (1. Thess 5, 17) nennt. So reicht das Beten des Christen über die ihm zugewiesene Zeit hinaus mitten in die Arbeit hinein. Es umfaßt den ganzen Tag, es hält dabei die Arbeit nicht auf, sondern es fördert sie, bejaht sie, gibt ihr Ernst und Fröhlichkeit. So wird jedes Wort, jedes Werk, jede Arbeit des Christen zum Gebet, nicht in dem unwirklichen Sinne eines fortwährenden Abgelenktseins von der gestellten Aufgabe, sondern in dem wirklichen Durchbruch durch das harte Es zum gnädigen Du.

24. September

DIE WELT DER DINGE

Es gibt auch eine Verantwortung für Dinge, Zustände, Werte, aber doch nur unter der strengen Wahrung der ursprünglichen, wesen- und zielhaften Bestimmung durch Christus (Joh 1, 3), den menschgewordenen Gott. Durch Christus erhält die Welt der Dinge und Werte ihre schöpfungsgemäße Ausrichtung auf den Menschen zurück.

Die oft gehörte Rede von der Verantwortung für eine Sache hat ihr Recht nur innerhalb dieser Grenze. Darüber hinaus dient sie in gefährlicher Weise jener Verkehrung alles Lebens, die in der Herrschaft der Dinge über den Menschen besteht. Es gibt eine Hingabe an die Sache der Wahrheit, des Guten, des Gerechten, des Schönen, die es evident macht, daß die schönsten Werte dem Menschen dienen müssen. Es gibt aber auch eine Vergottung aller dieser Werte, die aus einer Besessenheit herkommt, die den Menschen zerstört, indem sie ihn dem Götzen aufopfert. Nicht der Nutzen der Sache für den Menschen und also der Mißbrauch ihres Wesens, sondern ihre wesenhafte Ausrichtung auf den Menschen ist unter „Verantwortung für eine Sache" zu verstehen.

Es ist also der banausische Pragmatismus gänzlich ausgeschlossen, der – mit den Worten Schillers – aus der Göttin eine melkende Kuh macht, indem das in sich Wertvolle in kurzsichtiger direkter Weise dem menschlichen Nutzen untergeordnet wird. Aber die Welt der Dinge erfährt erst ihre volle Freiheit und Tiefe, wenn sie in ihrer ursprünglichen, wesenhaften und zielhaften Richtung auf die Welt der Person erfaßt wird; denn es harret – um mit Paulus zu sprechen – die ganze Kreatur sehnsüchtig auf das Offenbarwerden der Herrlichkeit der Kinder Gottes, ja, sie selbst, die Kreatur, wird von der Knechtschaft der Vergänglichkeit (die ja auch in ihrem falschen Sichvergotten besteht) befreit werden zur Teilnahme an der herrlichen Freiheit der Kinder Gottes (Röm 8, 19–21).

25. September

BEREIT GEMACHT FÜR DEN BEFOHLENEN WEG

So oft ihr fastet, sollt ihr nicht sauer sehen wie die Heuchler. *Aus Matthäus 6, 16–18*

Jesus setzt als selbstverständlich voraus, daß die Nachfolgenden die fromme Übung des Fastens halten. Solche Übungen haben den einzigen Zweck, den Nachfolgenden für den ihm befohlenen Weg bereiter und freudiger zu machen. Ein Leben, das ganz ohne asketische Übung bleibt, das sich alle Wünsche des Fleisches gönnt, wird sich für den Dienst Christi schwer bereiten.

So bedarf das Leben des Jüngers der strengen äußeren Zucht. Nicht als geschehe das tägliche Sterben des alten Menschen durch etwas anderes als durch den Glauben an Jesus. Aber eben der Glaubende, dessen Wille gebrochen ist an Jesus Christus, kennt seine Trägheit und Zügellosigkeit und weiß, daß sie die Quelle des Hochmuts ist, der geschlagen werden muß. Das geschieht durch tägliche Übung der Zucht.

Der Widerstand gegen diese tägliche Demütigung kommt anfangs frontal, später versteckt im Namen der evangelischen Freiheit. Wo die evangelische Freiheit grundsätzlich gegen den rechten evangelischen Gebrauch von Zucht, Übung und Askese ausgespielt wird, wo Zuchtlosigkeit und Unordnung im Gebet, im Umgang mit dem Wort, im leiblichen Leben gerechtfertigt werden im Namen christlicher Freiheit, dort ist der Widerspruch gegen das Wort Jesu offenbar. Dort weiß man nichts mehr von der Freude und nun gerade auch von der wahren Freiheit, die die rechte Übung dem Leben des Jüngers verleiht. Wo immer der Christ erkennt, daß er in seinem Dienst versagt, daß seine Bereitschaft erlahmt, daß er schuldig geworden ist an fremdem Leben, an fremder Schuld, daß seine Freude an Gott ihm ermattet, daß die Kraft zum Gebet nicht mehr da ist, dort wird er sich durch Übung, durch Fasten und Beten zu besserem Dienst bereiten. Der Einwand, der Christ müsse statt zur Askese seine Zuflucht zum Glauben, zum Wort nehmen, bleibt völlig leer. Er ist unbarmherzig und ohne helfende Kraft. Was ist denn ein Leben im Glauben, wenn nicht der unendliche mannigfache Kampf des Geistes gegen das Fleisch?

26. September

DURCH DAS TÄGLICHE MAHL ZUR FREUDE GELADEN

Seit Jesus Christus mit seinen Jüngern zu Tische saß, ist die Tischgemeinschaft seiner Gemeinde durch seine Gegenwart gesegnet. „Und es geschah, da er mit ihnen zu Tische saß, nahm er das Brot, dankte, brach's und gab's ihnen. Da wurden ihre Augen geöffnet und sie erkannten ihn" (Luk 24, 30 f). Jesus Christus erkennen über den Gaben, was heißt das?

Es heißt erstens, ihn erkennen als den Geber aller Gaben,

als den Herrn und Schöpfer dieser unsrer Welt. „Und segne, was du uns bescheret hast", betet darum die Tischgemeinde.

Zweitens erkennt die Gemeinde, daß alle irdischen Gaben ihr nur gegeben sind um Christi willen, wie diese ganze Welt auch nur erhalten wird um Jesu Christi, seines Wortes und seiner Predigt willen. Er ist das wahre Brot des Lebens, er ist nicht nur der Geber, sondern auch die Gabe, um derentwillen alle irdischen Gaben da sind. Nur weil das Wort von Jesus Christus noch ausgehen und Glauben finden soll, erhält uns Gott in seiner Geduld mit seinen guten Gaben.

Drittens glaubt die Gemeinde Jesu, daß ihr Herr gegenwärtig sein will, wo sie ihn darum bittet. Jede Tischgemeinschaft erfüllt die Christen mit Dankbarkeit gegen den gegenwärtigen Herrn. Nicht als würde damit eine krankhafte Vergeistigung der leiblichen Gaben gesucht, vielmehr erkennen die Christen gerade in der vollen Freude über die guten Gaben dieses leiblichen Lebens ihren Herrn als den wahren Geber aller guten Gaben, darüber hinaus aber als die wahre Gabe, das wahre Brot des Lebens selbst, und schließlich als den, der sie zum Freudenmahle im Reiche Gottes ruft. So verbindet die tägliche Tischgemeinschaft die Christen mit ihrem Herrn und untereinander in besonderer Weise.

Die Tischgemeinschaft ist etwas Festliches. Sie ist die mitten in der Werktagsarbeit uns immer wieder geschenkte Erinnerung an die Ruhe Gottes nach seiner Arbeit, an den Sabbath als den Sinn und das Ziel der Woche und ihrer Mühe. Unser Leben ist nicht nur Mühe und Arbeit, sondern es ist auch Erquickung und Freude an der Güte Gottes. Gott mag unser unfestliches Wesen, das das Brot mit Seufzen, mit wichtigtuerischer Geschäftigkeit ißt, nicht leiden. Er ruft uns durch das tägliche Mahl zur Freude, zur Feier mitten am Werktag.

27. September

WENN WIR DIE ARBEIT AUS DEN HÄNDEN LEGEN

Die Arbeit des Tages geht zu Ende. Wo sie hart und voll Mühe war, dort wird der Christ verstehen, was Paul Gerhardt meinte, wenn er sang:

> Das Haupt, die Füß und Hände
> sind froh, daß nun zu Ende
> die Arbeit kommen sei,
> Herz, freu dich, du sollst werden
> vom Elend dieser Erden
> und von der Sünden Arbeit frei.

Ein Tag ist lang genug, um Glauben zu bewahren, der morgige Tag wird seine eigene Sorge haben.

Nach vollbrachtem Tagewerk bitten wir Gott um Segen, Frieden und Bewahrung für die ganze Christenheit, für unsere Gemeinde, für die Pfarrer, für alle Armen, Elenden, Einsamen, für die Kranken und Sterbenden, für unsere Nachbarn, für die Unsern und für unsere Gemeinschaft.

Sodann gehört in das Abendgebet der christlichen Hausgemeinschaft besonders die Bitte um Vergebung alles Unrechts, das wir an Gott und an unsern Brüdern getan haben. „Lasset die Sonne nicht über eurem Zorne untergehen" (Eph 4, 26). Es ist eine entscheidende Regel jeder christlichen Gemeinschaft, daß alle Zertrennung, die der Tag angerichtet hat, am Abend geheilt sein muß.

Schließlich fällt uns bei alten Abendgebeten auf, wie häufig die Bitte um Bewahrung in der Nacht vor dem Teufel, Schrecken, vor bösem, schnellem Tod begegnet. Die Alten wußten noch etwas von der Ohnmacht des Menschen im Schlaf, von der Verwandtschaft des Schlafes mit dem Tode, von der List des Teufels, den Menschen zu Fall zu bringen, wenn er wehrlos ist. Darum beten sie um den Beistand der heiligen Engel und ihrer güldenen Waffen, wenn der Satan Gewalt über uns gewinnen will. Am merkwürdigsten und tiefsten ist die altkirchliche Bitte, Gott wolle, wenn unsere Augen schlafen, doch unser Herz wach sein lassen zu ihm. Es ist das Gebet darum, daß Gott bei uns und in uns wohnen wolle, auch wenn wir nichts spüren und wissen.

Wann könnten wir tiefer um Gottes Macht und Wirken wissen als in der Stunde, da wir die Arbeit aus den Händen legen und uns seinen treuen Händen befehlen? Wann sind wir zum Gebet um Segen, Frieden und Bewahrung bereiter als dort, wo unser Tun am Ende ist? Wenn wir müde werden, tut Gott sein Werk. „Der Hüter Israels schläft noch schlummert nicht“ (Ps 121, 4).

Über das Vergeben

28. September

WIE GLEICHGÜLTIG SIND UNS DIE ANDEREN?

Da trat Petrus zu ihm und sprach: Herr, wie oft muß ich denn meinem Bruder, der an mir sündigt, vergeben? Ist's genug siebenmal? Jesus sprach zu ihm: Ich sage dir: nicht siebenmal, sondern siebzigmal siebenmal.

Aus Matthäus 18, 21–35

Wir wollen uns fragen, ob wir einen Menschen wissen aus unserem Umkreis, dem wir Unrecht nicht vergeben haben, das er uns angetan hat, einen Menschen, von dem wir uns im Zorn getrennt haben, vielleicht nicht im offenen Zorn, sondern in stiller Bitterkeit mit dem Gedanken: das kann ich nicht mehr ertragen, mit diesem Menschen kann ich keine Gemeinschaft mehr haben.

Oder sollten wir wirklich so unachtsam sein, daß wir

sagen, wir wüßten keinen? Sind uns die anderen Menschen so gleichgültig, daß wir gar nicht eigentlich wissen, ob wir mit ihnen in Frieden oder in Unfrieden sind? Ob nicht einmal einer nach dem anderen aufstehen wird und uns verklagen: Von mir bist du im Unfrieden geschieden – mit mir hast du die Gemeinschaft zerbrochen – ich war dir unsympathisch und du wandtest dich ab von mir – ich tat dir einmal weh und da ließest du mich allein und ich konnte dich nicht wiederfinden – ich habe dich oft gesucht und du gingst mir aus dem Weg – es ist kein offenes Wort mehr zwischen uns gefallen und ich wollte nichts mehr von dir, nur deine Vergebung und du hast mir nie vergeben können?

Es wird eine einzige große, drohende, furchtbare Stimme gegen uns werden in jener Stunde: Du bist ein harter Mann gewesen – alle deine Freundlichkeit hilft dir nichts, du warst hart und stolz und kalt wie Stein, wir waren dir alle gleichgültig und verhaßt, du hast nie gewußt, was Verzeihung tut, wie wohl sie dem tut, der sie erfährt, und wie frei sie den macht, der verzeiht. Du bist immer ein harter Mann gewesen.

Wir machen es uns so leicht mit den andern Menschen. Wir meinen, wenn wir gegen jemand keine bösen Gedanken hegen, dann sei das ebendasselbe als hätten wir ihm vergeben. Und wir übersehen dabei ganz, daß wir keine guten Gedanken über ihn haben. Und vergeben, das könnte doch heißen, lauter gute Gedanken über ihn haben, ihn tragen, wo wir nur können. Und das gerade umgehen wir, wir tragen den andern Menschen nicht, sondern wir gehen neben ihm her und gewöhnen uns an sein Schweigen.

29. September

NICHT ZÄHLEN, SONDERN VERGEBEN OHNE ZAHL UND ENDE

Wer wüßte nicht, wie schwer es ist, zu vergeben? Wem käme es nicht manchmal über die Lippen: Nun kann ich nicht mehr, nun ertrage ich ihn nicht länger. Es kann nicht immer so weitergehen. Wie lange muß ich es ertragen, daß er hart gegen mich ist, mich kränkt und verletzt, daß er ohne Rücksicht und Zartheit ist, daß er mir weh tut ohne Maßen – „Herr, wie oft . . .? ist es genug siebenmal?"

Wir lächeln über Petrus, siebenmal, das scheint uns gering. Wie oft haben wir schon vergeben und übersehen! Wir sollten aber nicht lächeln. Siebenmal vergeben, wirklich vergeben, d. h. das uns angetane Unrecht ganz zum Besten kehren, Böses ganz mit Gutem vergelten, den andern annehmen, als sei er uns immer der liebste Bruder gewesen, das ist keine Kleinigkeit. Ja, was wir so Vergeben und Vergessen nennen: Keine Krähe hackt der andern ein Auge aus!

Es ist eine rechte Qual, dies Fragen. Laßt uns nur mit dieser Frage immer zu Jesus gehen. Denn gingen wir zu einem andern, fragten wir uns selbst, so bekämen wir keine oder nur schlechte Hilfe: Jesus aber hilft, nur in ganz wunderlicher Weise. Nicht siebenmal, Petrus, sondern siebenzigmal siebenmal, sagt Jesus; und er weiß, so allein hilft er ihm. Nicht zählen, Petrus, sondern vergeben ohne Zahl; nicht dich quälen mit der Frage, wie lange; ohne Ende, Petrus, ohne Ende: das ist vergeben – und das ist Gnade für dich, das allein macht dich frei!

Du zählst, einmal, zweimal, dreimal, und immer bedrohlicher wird dir die Sache, immer quälender das Verhältnis zum Bruder; aber merkst du denn gar nicht, solange du noch zählst, so lange rechnest du ja immer wieder dem andern seine alte Sünde auf, so lange hast du in Wirklichkeit noch nicht – noch nicht einmal! – vergeben? Werde frei, Petrus, vom Zählen; Vergeben und Verzeihen kennt keine Zahl noch Ende; du brauchst dich nicht zu bekümmern um dein eigenes Recht, das ist bei Gott wohl aufgehoben; du darfst vergeben ohne Ende! Vergebung ist ohne Anfang und Ende, sie geschieht täglich unaufhörlich, denn sie kommt von Gott.

30. September

WIE VERGESSLICH WIR DOCH SIND!

Aber das ist nun das Schlimme, daß da, wo Jesus uns eine ganz große Hilfe geben will, wir sogleich sagen: Das ist ja keine Hilfe, das ist ja eine Last. Wer soll denn das können, seinen Brüdern alles vergeben und mit ihnen tragen?

Wenn wir so reden, wird Jesus zornig über uns. Um Hilfe fragen dürfen wir ihn ohne Ende, aber uns gegen seine Hilfe wehren und sagen, das sei keine Hilfe – das will er nicht.

Und in großem Zorn erzählt er nun jene furchtbare Geschichte von dem Mann, der Barmherzigkeit erfuhr und dennoch ein harter Mann blieb und von dem nun alle Barmherzigkeit genommen wird und über den nun Gottes furchtbares Gericht ergeht. Und indem er diese zornige Geschichte erzählt, gibt er uns die größte Hilfe, die er uns geben kann, er zeigt den Weg zum rechten Vergeben.

Besinnen wir uns an einen Augenblick in unserm Leben, in dem Gott uns vor Gericht zog? In dem es uns ans Leben ging? Gott forderte Rechenschaft von uns, und es waren nichts als Schulden da. Unser Leben war befleckt und unrein und schuldig vor ihm. Besinnen wir uns, wie es uns damals zu Mute war, wie wir nichts zu hoffen hatten, wie verloren und sinnlos alles erschien? Vor ihm, vor Gott sanken wir auf die Knie in Verzagtheit und beteten ihn an: „Herr, habe Geduld mit mir"; und allerlei Geschwätz kam über unsre Lippen. Und dann veränderte sich auf einmal alles, Gottes Angesicht trug nicht mehr die Züge des Zornes, sondern des großen Jammers und Schmerzes über uns Menschen, und er erließ uns alle Schuld, und es war uns vergeben. Wir waren frei, und die Angst war von uns genommen, und wir konnten Gott ins Angesicht sehen und danken.

So sahen wir einmal aus, wie jener Schalksknecht. Wie vergeßlich wir doch sind! Nun gehen wir hin und packen den, der uns ein kleines Unrecht getan hat, der uns getäuscht oder verleumdet hat, und sprechen zu ihm: Mache wieder gut, was du gesündigt hast! Sehen wir denn nicht, daß wir vielmehr sagen sollten: Was der andre uns hier angetan hat, das ist ja nichts, gar nichts gegen das, was ich getan habe gegen Gott? Wer hat denn uns berufen, den andern zu verdammen, die wir selbst viel schwerer dran sind als er?

Wer nicht wider uns ist, der ist für uns

1. Oktober

HEIMKEHR

Eine der erstaunlichsten Erfahrungen, die wir in den Jahren der Bedrängnis alles Christlichen gemacht haben, ist diese: Es genügte gegenüber der Vergötterung des Blutes, des Instinktes, des Raubtiers im Menschen der Appell an die Vernunft, gegenüber der Barbarei der Appell an Bildung und Humanität, gegenüber der Vergewaltigung der Appell an Freiheit, Toleranz und Menschenrechte, gegenüber der Politisierung von Wissenschaft und Kunst der Hinweis auf die Eigengesetzlichkeit der verschiedenen Lebensbereiche, um sofort das Bewußtsein einer Art Bundesgenossenschaft zwischen den Verteidigern dieser unter Anklage geratenen Werte und den Christen wachzurufen. Vernunft, Bildung, Humanität, Toleranz, Eigengesetzlichkeit – alle diese Begriffe, die noch bis vor kurzem als Kampfparolen gegen die Kirche, gegen das Christentum, gegen Jesus Christus selbst gedient hatten, fanden sich auf einmal überraschend dem Bereich des Christlichen ganz nahe gerückt.

Dabei war es deutlich, daß es nicht die Kirche war, die den Schutz und die Bundesgenossenschaft suchte, sondern es waren umgekehrt diese Begriffe, die irgendwie heimatlos geworden waren und nun Zuflucht suchten im Bereich des Christlichen. Die selbständig gewordenen und entlaufenen Kinder der Kirche kehrten in der Stunde der Gefahr zu ihrer Mutter zurück. Wenn sich auch in der Zeit der Entfremdung ihr Aussehen und ihre Sprache sehr verändert hatte, so erkannten sich im entscheidenden Augenblick Mutter und Kinder wieder.

In Solowjeffs Erzählung vom Antichristen wird in den letzten Tagen vor der Wiederkunft Christi von den Häuptern der verfolgten Kirchen die Frage erörtert, was jedem von ihnen das Allerteuerste im Christentum sei. Die entscheidende Antwort lautet: „Jesus Christus selbst". Damit ist gesagt, daß dem Antichristen gegenüber nur eines Gewalt und Bestand hat: Christus selbst. Nur wer an ihm teilhat, kann bestehen und überwinden. Er ist die Mitte und die Kraft der Bibel, der Kirche, der Theologie, aber auch der Humanität, der Vernunft, des Rechtes, der Bildung. Zu ihm muß alles zurück, nur in seinem Schutz kann es leben. Es mag ein weithin unbewußtes Wissen sein, aus dem heraus in der Stunde der letzten Bedrohung alles, was nicht dem Antichristen verfallen will, zu Christus Zuflucht nimmt.

2. Oktober

CHRISTUS UND DIE GUTEN

In festgefügten Zeiten, in denen das Gesetz regiert und der Übertreter des Gesetzes der Ächtung und Verstoßung verfällt, sind es die Gestalten des Zöllners und der Dirne, an denen das Evangelium Jesu Christi sich den Menschen deutlich macht. „Die Zöllner und die Dirnen mögen wohl eher ins Himmelreich kommen denn ihr" (Mt 21, 31). Aus den Fugen gegangenen Zeiten, in denen Gesetzlosigkeit und Bosheit selbstherrlich triumphieren, wird sich das Evangelium eher an den Gestalten der wenigen übriggebliebenen Rechtlichen, Wahrhaftigen, Menschlichen erweisen. Andere Zeiten erlebten es, daß die Bösen zu Christus fanden und die Guten ihm fern blieben. Wir erleben es, daß die Guten Christus wiederfinden und die Bösen sich gegen ihn verstocken. Andere Zeiten konnten predigen: ehe du nicht ein Sünder geworden bist wie dieser Zöllner und diese Dirne, kannst du Christus nicht erkennen und finden. Wir müßten eher sagen: ehe du nicht ein Gerechter geworden bist wie diese um Recht, Wahrheit, Menschlichkeit Kämpfenden und Leidenden, kannst du Christus nicht erkennen und finden.

Es sind beides gleich paradoxe, an sich unmögliche Sätze. Aber sie bezeichnen die Situation. Christus gehört den Bösen und den Guten, er gehört ihnen beiden nur als Sündern, d. h. als in ihrem Bösen und in ihrem Guten vom Ursprung Abgefallenen. Er ruft sie zum Ursprung zurück, daß sie nicht mehr böse und gute, sondern gerechtfertigte und geheiligte Sünder seien.

Aber bevor wir dieses Letzte sagen, in dem Böse und Gute vor Christus eins sind und in dem der Unterschied aller Zeiten vor Christus aufgehoben ist, dürfen wir der Frage nicht aus dem Wege gehen, die uns durch unsere eigene Erfahrung und Zeit gestellt ist, nämlich was es bedeutet, daß die Guten Christus finden, mit anderen Worten, welches das Verhältnis Jesu Christi zu den Guten und zu dem Guten ist.

3. Oktober

DAS SO SCHWER ZU FINDENDE WORT

Immer wieder hat die Kirche über das Verhältnis Jesu Christi zu den Bösen und zum Bösen nachgedacht. In den reformatorischen Kirchen ist diese Frage beherrschend gewesen, ja es gehörte zu den entscheidenden Erkenntnissen der Reformation, hier das evangelische Wort in neutestamentlicher Tiefe und Fülle gesprochen zu haben. Dagegen blieb die Frage nach dem Verhältnis des Guten zu Christus merkwürdig unberührt. Der Gute war hier entweder der Pharisäer und Heuchler, der von seiner Bosheit überzeugt werden mußte, oder es war der aus seinem Bösen zu Christus Bekehrte und nun durch ihn zu guten Werken Instandgesetzte. Damit war nun freilich die Frage nach dem Verhältnis Jesu Christi zum Guten keineswegs erschöpft, vielmehr wurde durch die Vernachlässigung dieser Frage aus dem Evangelium nur noch der Bekehrungsruf und Sündentrost für Trinker, Ehebrecher und Lasterhafte aller Art, und das Evangelium verlor seine Kraft an den Guten. Über die Bekehrung des Guten zu Jesus wußte man wenig zu sagen.

Im Protest gegen eine bequeme Verkehrung des Evangeliums, der das Gute einfach als Vorstufe des Evangeliums galt, ist uns nun eine ebenso gefährliche Entstellung des Evangeliums im umgekehrten Sinne mit großer Leidenschaft vorgetragen worden. An die Stelle der Rechtfertigung des Guten ist die Rechtfertigung des Bösen getreten, an Stelle der Idealisierung des Bürgerlichen gefiel man sich in der Idealisierung des Unbürgerlichen, des Ordnungswidrigen, des Chaotischen, des Anarchistischen, des Katastrophalen; die verzeihende Liebe Jesu zu der großen Sünderin, zu der Ehebrecherin, zum Zöllner wurde verzerrt zu einer – psychologisch oder politisch motivierten – christlichen Sanktionierung der unbürgerlichen „Randexistenzen", der Prostituierten und des Vaterlandsverräters. Aus dem Evangelium des Sünders, um dessen Gewalt es ging, war, ohne daß man es wollte, eine Empfehlung der Sünde geworden. Das Gute – in seinem bürgerlichen Sinne – verfiel dem Gelächter.

4. Oktober

GOTT IN DER MITTE DES LEBENS GLAUBEN

Ich lese z. Zt. das ganz ausgezeichnete Buch des Altphilologen W. F. Otto (Königsberg) über „Die Götter Griechenlands", über diese „Glaubenswelt, die dem Reichtum und der Tiefe des Daseins, nicht seinen Sorgen und Sehnsüchten entstiegen ist", wie es am Schluß heißt. Verstehst Du, daß diese Formulierung und die entsprechende Darstellung für mich etwas sehr Reizvolles hat und daß ich – horribile dictu! – an den so dargestellten Göttern weniger Anstoß nehme als an bestimmten Formen des Christentums, ja, daß ich fast glaube, diese Götter für Christus in Anspruch nehmen zu können?

In dem, was wir erkennen, sollen wir Gott finden, nicht aber in dem, was wir nicht erkennen; nicht in den ungelösten, sondern in den gelösten Fragen will Gott von uns begriffen sein. Das gilt für das Verhältnis von Gott und wissenschaftlicher Erkenntnis. Aber es gilt auch für die allgemein menschlichen Fragen von Tod, Leiden und Schuld. Es ist heute so, daß es auch für diese Fragen menschliche Antworten gibt, die von Gott ganz absehen können. Menschen werden faktisch – und so war es zu allen Zeiten – auch ohne Gott mit diesen Fragen fertig und es ist einfach nicht wahr, daß nur das Christentum eine Lösung für sie hätte. Was den Begriff der „Lösung" angeht, so sind vielmehr die christlichen Antworten ebenso wenig – oder ebenso gut – zwingend wie andere mögliche Lösungen.

Nicht erst an den Grenzen unserer Möglichkeiten, sondern mitten im Leben muß Gott erkannt werden; im Leben und nicht erst im Sterben, in Gesundheit und Kraft und nicht erst im Leiden, im Handeln und nicht erst in der Sünde will Gott erkannt werden. Der Grund dafür liegt in der Offenbarung Gottes in Jesus Christus. Er ist die Mitte des Lebens und ist keineswegs dazu gekommen, uns ungelöste Fragen zu beantworten. Von der Mitte des Lebens aus fallen gewisse Fragen überhaupt aus und ebenso die Antworten auf solche Fragen.

5. Oktober

DIE GEWALT DES NAMENS SCHAFFT SICH WEITEN RAUM

Wer nicht wider uns ist, der ist für uns. *Markus 9, 40*

Christus zieht die Grenzen der Zugehörigkeit zu ihm weiter, als es seine Jünger wünschen und tun. Hier im konkreten Fall, auf den sich das Wort Jesu bezieht, handelt es sich um einen Menschen, der, ohne persönlich Jünger und Nachfolger zu sein, mit dem Namen Jesu Teufel austreibt. Jesus verbietet den Jüngern, ihm das zu verwehren; denn „niemand, der in meinem Namen eine Wundertat tut, mag mich alsbald schmähen" (Mk 9, 39).

Wo der Name Jesu noch genannt wird – sei es in Unwissenheit, sei es nur in der Erkenntnis seiner objektiven Gewalt, ohne daß der persönliche Gehorsam folgt, sei es stammelnd und verlegen –, dort schafft sich dieser Name selbst einen Raum, zu dem die Schmähung Jesu keinen Zutritt hat, dort ist noch ein Bereich der Macht Christi, dort soll man nicht hindernd eingreifen, sondern den Namen Jesu Christi wirken lassen. Es ist eine Erfahrung unserer Tage, daß allein der ausgesprochene Name Jesu eine ungeahnte Gewalt ausübt, und die Mühe, diesen Namen über die Lippen zu bringen, mag mit einer Ahnung der ihm innewohnenden Gewalt zusammenhängen. Wo der Name Jesu Christi genannt wird, dort ist Schutz und Anspruch.

6. Oktober

JE AUSSCHLIESSLICHER BEI CHRISTUS, DESTO FREIER

Wer nicht für mich ist, der ist wider mich.

Matthäus 12, 30

Es ist derselbe Jesus, der dieses Wort spricht, und während für die Abstraktion hier ein unauflöslicher Widerspruch klafft, gehören in Wirklichkeit beide Sätze Jesu notwendig zusammen. Wir haben hier die lebendige Erfahrung für uns: als sich unter dem Druck antichristlicher Gewalten bekennende Gemeinden sammelten, die in strenger Zucht der Lehre und des Lebens eine klare Entscheidung für oder wider Christus suchen mußten, als diese Gemeinden gerade in der Neutralität vieler Christen die allergrößte Gefahr der inneren Zersetzung und Auflösung der Kirche, ja die eigentliche Christusfeindschaft erkennen mußten, da empfingen sie gerade durch diese Konzentration auf das Wesentliche eine innere Freiheit und Weite, die sie vor allen ängstlichen Grenzziehungen bewahrte. Da sammelten sich um sie Menschen, die aus weiter Ferne kamen und denen sie ihre Gemeinschaft und ihren Schutz nicht versagen konnten. Da fragte das verletzte Recht, die unterdrückte Wahrheit, die erniedrigte Menschlichkeit, die vergewaltigte Freiheit nach der christlichen Gemeinde oder vielmehr nach ihrem Herrn. Da wurde ihr das andere Wort Jesu zur lebendigen Erfahrung: „Wer nicht wider uns ist, der ist mit uns."

Beide Worte gehören notwendig zusammen, das eine als der Ausschließlichkeitsanspruch, das andere als der Ganzheitsanspruch Jesu Christi. Je ausschließlicher, desto freier. Der isolierte Ausschließlichkeitsanspruch aber führt zu Fanatismus und Sklaverei, der isolierte Ganzheitsanspruch zur Verweltlichung und Selbstpreisgabe der Kirche. Je ausschließlicher wir Christus als unseren Herrn erkennen und bekennen, desto mehr enthüllt sich uns die Weite seines Herrschaftsbereiches.

Zeugnisse für den Frieden

7. Oktober

KLARHEIT IM DENKEN ÜBER KRIEG UND FRIEDEN

Die im Weltbund zusammengeschlossenen Kirchen meinen eine ganz bestimmte Ordnung als uns von Gott heute gebotene zu erkennen: die Ordnung des internationalen Friedens. Was kann die Kirche über den Frieden verkündigen? Friede wird von angelsächsischem theologischem Denken verstanden als eine Wirklichkeit des Evangeliums, als ein Stück Reich Gottes auf Erden. So wird der Friede zum absoluten Ideal. Diese Auffassung ist abzulehnen; auch der Friede ist nur eine Ordnung der Erhaltung, die zerstört werden kann. Der Friede hat seine Grenze an der Wahrheit und am Recht. Dort wo Wahrheit und Recht vergewaltigt sind, kann kein Friede bestehen. Mit dem Bruch des äußeren Friedens ist die Friedensgemeinschaft, die auf dem gemeinsamen Kampf um Wahrheit und schließlich für den Christen allein in der Sündenvergebung ruht, nicht zerstört. Es gibt in der gefallenen Welt ein Recht auf Kampf. Das bedeutet aber kein Recht auf Krieg. Ebensowenig wie man aus der Notwendigkeit des Rechtsverfahrens die Folterqual rechtfertigen kann, kann man aus der Notwendigkeit des Kampfes das Recht auf Krieg ableiten.

Unser heutiger Krieg fällt darum nicht mehr unter den Begriff Kampf, weil er die sichere Selbstvernichtung beider Kämpfenden ist. Er ist darum auch heute schlechterdings nicht mehr als Ordnung der Erhaltung auf die Offenbarung hin zu bezeichnen, eben weil er schlechthin vernichtend ist. Die Kraft der Vernichtung erstreckt sich ebenso auf den inneren wie auf den äußeren Menschen. Der heutige Krieg vernichtet Seele und Leib. Weil wir aber den Krieg keinesfalls als Erhaltungsordnung Gottes und somit als Gebot Gottes verstehen können, und weil der Krieg anderseits der Idealisierung und Vergötzung bedarf, um leben zu können, darum muß der heutige Krieg, also der nächste Krieg, der Ächtung durch die Kirche verfallen; nicht aus der schwärmerischen Aufrichtung eines Gebotes – also etwa des fünften – über andere, sondern aus dem Gehorsam gegen das uns heute treffende Gebot Gottes, daß Krieg nicht mehr sein soll, weil er den Blick auf die Offenbarung raubt. Wir sollen uns hier auch nicht vor dem Wort Pazifismus scheuen. So gewiß wir das letzte pacem facere (Frieden machen) Gott anheimgeben, so gewiß sollen auch wir pacem facere zur Überwindung des Krieges.

8. Oktober

»FRIEDE AUF ERDEN« – EIN UNVERBRÜCHLICHES GEBOT

Ach daß ich hören sollte, was der Herr redet, daß er Frieden zusagte seinem Volk und seinen Heiligen.

Psalm 85, 9

Als Glied der Ökumene hat der Weltbund für Freundschaftsarbeit der Kirchen Gottes Ruf zum Frieden vernommen und richtet diesen Befehl an die Völkerwelt aus. Unsere Aufgabe besteht allein darin, dieses Gebot als bindendes Gebot zu vernehmen und nicht als offene Frage zu diskutieren. „Friede auf Erden", das ist kein Problem, sondern ein mit der Erscheinung Christi selbst gegebenes Gebot. Zum Gebot gibt es ein doppeltes Verhalten: den unbedingten Gehorsam der Tat oder die scheinheilige Frage der Schlange: sollte Gott gesagt haben? Diese Frage ist der Todfeind des Gehorsams, ist darum der Todfeind jeden echten Friedens. Sollte Gott nicht die menschliche Natur besser gekannt haben und wissen, daß Kriege in dieser Welt kommen müssen wie Naturgesetze? Sollte Gott nicht gemeint haben, wir sollten wohl von Frieden reden, aber so wörtlich sei das nicht in die Tat umzusetzen? Sollte Gott nicht doch gesagt haben, wir sollten wohl für den Frieden arbeiten, aber zur Sicherung sollten wir doch Tanks und Giftgase bereitstellen? Und dann das scheinbar Ernsteste: Sollte Gott gesagt haben, Du sollst dein Volk nicht schützen? Sollte Gott gesagt haben, Du sollst Deinen Nächsten dem Feind preisgeben?

Nein, das alles hat Gott nicht gesagt, sondern gesagt hat er, daß Friede sein soll unter den Menschen, daß wir ihm vor allen weiteren Fragen gehorchen, das hat er gemeint. Friede soll sein, weil Christus in der Welt ist, d. h. Friede soll sein, weil es eine Kirche Christi gibt, um deretwillen allein die ganze Welt noch lebt. Und diese

Kirche Christi lebt zugleich in allen Völkern und doch jenseits aller Grenzen völkischer, politischer, sozialer, rassischer Art, und die Brüder dieser Kirche sind durch das Gebot des einen Herrn Christus, auf das sie hören, unzertrennlicher verbunden als alle Bande der Geschichte, des Blutes, der Klassen und der Sprachen Menschen binden können. Alle diese Bindungen innerweltlicher Art sind wohl gültige, nicht gleichgültige, aber vor Christus auch nicht endgültige Bindungen. Darum ist den Gliedern der Ökumene, sofern sie an Christus bleiben, sein Wort und Gebot des Friedens heiliger, unverbrüchlicher als die heiligsten Worte und Werke der natürlichen Welt es zu sein vermögen. Sie können nicht die Waffen gegeneinander richten, weil sie wissen, daß sie damit die Waffen auf Christus selbst richteten.

9. Oktober

DIE VÖLKER WARTEN DARAUF

Wie wird Friede? Durch ein System von politischen Verträgen? Oder durch eine allseitige friedliche Aufrüstung zum Zweck der Sicherstellung des Friedens? Nein, durch dieses alles aus dem einen Grunde nicht, weil hier überall Friede und Sicherheit verwechselt wird. Es gibt keinen Weg zum Frieden auf dem Weg der Sicherheit. Denn Friede muß gewagt werden. Friede ist das Gegenteil von Sicherung. Sicherheiten fordern heißt Mißtrauen haben, und dieses Mißtrauen gebiert wiederum Krieg. Sicherheiten suchen heißt sich selber schützen wollen. Friede heißt sich gänzlich ausliefern dem Gebot Gottes, keine Sicherung wollen, sondern in Glaube und Gehorsam dem allmächtigen Gott die Geschichte der Völker in die Hand legen und nicht selbstsüchtig über sie verfügen wollen. Kämpfe werden nicht mit Waffen gewonnen, sondern mit Gott. Sie werden auch dort noch gewonnen, wo der Weg ans Kreuz führt.

Noch einmal darum: Wie wird Friede? Wer ruft zum Frieden, daß die Welt es hört, zu hören gezwungen ist, daß alle Völker darüber froh werden müssen? Der einzelne Christ kann das nicht – er kann wohl, wo alle schweigen, die Stimme erheben und Zeugnis ablegen, aber die Mächte der Welt können wortlos über ihn hinwegschreiten. Die einzelne Kirche kann auch wohl zeugen und leiden – ach, wenn sie es nur täte –, aber auch sie wird erdrückt von der Gewalt des Hasses. Nur das eine große ökumenische Konzil der Heiligen Kirche Christi aus aller Welt kann es so sagen, daß die Welt zähneknirschend das Wort vom Frieden vernehmen muß und daß die Völker froh werden, weil diese Kirche Christi ihren Söhnen im Namen Christi die Waffen aus der Hand nimmt und ihnen den Krieg verbietet und den Frieden Christi ausruft über die rasende Welt.

Warum fürchten wir das Wutgeheul der Weltmächte? Warum rauben wir ihnen nicht die Macht und geben sie Christus zurück? Wir können es heute noch tun. Das ökumenische Konzil ist versammelt, es kann diesen radikalen Ruf zum Frieden an die Christusgläubigen ausgehen lassen. Die Völker warten darauf im Osten und Westen. Sollten wir die einzelnen, die ihr Leben an diese Botschaft wagen, allein lassen? Die Stunde eilt – die Welt starrt in Waffen und furchtbar schaut das Mißtrauen aus allen Augen, die Kriegsfanfare kann morgen geblasen werden – worauf warten wir noch?

10. Oktober

ES SIND DIE REICHE DER WELT UNSERES HERRN GEWORDEN

Auf daß seine Herrschaft groß werde und des Friedens kein Ende. *Jesaja 9, 6*

Groß wird die Herrschaft dieses armen Kindes sein. Die ganze Erde wird sie umfassen und alle Menschengeschlechter bis ans Ende der Zeiten werden ihr, wissentlich oder unwissentlich, dienen müssen. Es wird eine Herrschaft über die Herzen der Menschen sein, aber auch Throne und große Reiche werden an dieser Macht sich stärken oder zerbrechen. Die heimliche unsichtbare Herrschaft des göttlichen Kindes über die Menschenherzen ist fester gegründet als die sichtbare und glänzende Macht irdischer Herren. Zuletzt muß alle Herrschaft auf Erden allein der Herrschaft Jesu Christi über die Menschen dienen.

Mit der Geburt Jesu ist das große Friedensreich angebrochen. Ist es nicht ein Wunder, daß dort, wo Jesus wirklich Herr über die Menschen geworden ist, auch Friede herrscht? Daß es eine Christenheit gibt auf der ganzen Erde, in der es mitten in der Welt Frieden gibt? Nur wo man Jesus nicht herrschen läßt, wo menschlicher Eigensinn, Trotz, Haß und Begehrlichkeit sich ungebrochen ausleben dürfen, dort kann kein Friede sein. Nicht durch Gewalt will Jesus sein Friedensreich aufrichten, sondern wo Menschen sich willig ihm unterwerfen, ihn über sich herrschen lassen, dort schenkt er ihnen seinen wunderbaren Frieden. Wenn heute wieder christliche Völker zerrissen sind in Krieg und Haß, ja wenn selbst die christlichen Kirchen nicht zu einander finden, dann ist das nicht die Schuld Jesu Christi, sondern die Schuld der Menschen, die Jesus Christus nicht herrschen lassen wollen. Dadurch fällt aber die Verheißung nicht hin, daß „des Friedens kein Ende" sein wird, wo das göttliche Kind über uns herrscht.

„Solches wird tun der Eifer des Herrn Zebaoth." Der heilige Eifer Gottes um seine Sache bürgt dafür, daß dieses Reich in Ewigkeit bleibt und zu seiner letzten Vollendung kommt, aller menschlichen Schuld, allem Widerstand zum Trotz. Ob wir dabei sind oder nicht, darauf wird es nicht ankommen. Gott selbst führt seinen Plan zum Ziel mit uns oder gegen uns. Aber er will, daß wir mit ihm seien. Nicht um seinetwillen, sondern um unsertwillen.

Freiheit

11. Oktober

GESCHENK DER WELT AN DIE KIRCHE?

Amerika nennt sich das Land der Freiheit. Es versteht darunter das Recht des Individuums auf unabhängiges Denken, Reden und Handeln. In diesem Rahmen ist die religiöse Freiheit für den Amerikaner ein selbstverständlicher Besitz. Auf den Kanzeln ist das Lob dieser Freiheit allerorts zu hören, verbunden mit der schärfsten Verurteilung jeder irgendwo geschehenden Beschränkung solcher Freiheit. Freiheit bedeutet also hier die Möglichkeit, und zwar die der Kirche von der Welt gebotene Möglichkeit der unbehinderten Wirksamkeit.

Wird aber die Freiheit der Kirche wesentlich als diese Möglichkeit verstanden, dann ist ihr Begriff noch unerkannt. Freiheit der Kirche ist nicht dort, wo sie Möglichkeiten hat, sondern allein dort, wo das Evangelium sich wirklich und in eigener Kraft Raum auf Erden schafft, auch und gerade wenn ihr keine solchen Möglichkeiten angeboten sind. Die wesentliche Freiheit der Kirche ist nicht eine Gabe der Welt an die Kirche, sondern sie ist die Freiheit des Wortes Gottes selbst, sich Gehör zu verschaffen. Freiheit der Kirche ist nicht die unbegrenzte Fülle der Möglichkeiten, sondern sie ist nur dort, wo ein „Muß", eine Notwendigkeit gegebenenfalls gegen alle Möglichkeiten sie erzwingt. Das Lob der Freiheit als der der Kirche von der Welt gebotenen Möglichkeit der Existenz kann gerade aus einer mit dieser Welt eingegangenen Bindung herkommen, in der die echte Freiheit des Wortes Gottes preisgegeben ist.

Das amerikanische Lob der Freiheit ist eher ein Lob, das der Welt, dem Staat, der Gesellschaft gezollt wird, als eine Aussage über die Kirche. Solche Freiheit mag ein Zeichen dafür sein, daß die Welt in Wahrheit Gott gehört. Freiheit als institutioneller Besitz ist kein wesentliches Prädikat der Kirche. Sie kann eine der Kirche durch Gottes Vorsehung zugeteilte gnädige Gabe sein; sie kann aber auch die große Versuchung sein, der die Kirche erliegt, indem sie ihre wesentliche Freiheit der institutionellen Freiheit opfert. Ob die Kirchen wesentlich frei sind, das kann nur die faktische Verkündigung des Wortes Gottes entscheiden. Wo der Dank für die institutionelle Freiheit durch ein Opfer der Freiheit der Verkündigung abgestattet werden muß, dort ist die Kirche in Ketten, auch wenn sie sich frei glaubt.

12. Oktober

FREI WERDEN VON SICH SELBST FÜR DEN ANDEREN

Die Wahrheit wird euch frei machen. *Johannes 8, 32*

Es ist gegenwärtig nicht schwer, von der Freiheit zu reden. Es mag im heutigen Deutschland manche geben, die von nichts anderem träumen als von der Freiheit, die in großen Visionen ihr Bild sehen und nach ihm greifen, bis sie erwachen und das Bild zerrinnt.

Aber es ist schwer, von der Freiheit so zu reden, wie die Bibel es tut. Die Wahrheit wird euch frei machen, das ist zu allen Zeiten höchst unzeitgemäß. Unsere Tat, unsere Kraft, unser Mut, unsere Sittlichkeit, – kurz wir, wir werden uns frei machen; das ist populär – aber was soll dieses nüchterne Wort „Wahrheit" in diesem Zusammenhang? Wir spüren, dies Wort hat etwas gegen uns. Man kann heute nichts Unpopuläreres tun, als dort, wo die größten Worte in den Mund genommen werden, ganz nüchtern die Frage zu stellen: Ja, ist denn all das wahr? Wir leben in unaufhörlicher, unüberwindlicher Angst vor der Wahrheit. Wir fürchten, daß einer kommt, der tiefer sieht als wir und der uns fragend ansieht und vor dessen Blick alle unsere Werte zusammenbrechen.

Und nun geschieht etwas, über das wir gar keine Macht haben. Die Wahrheit tritt uns entgegen in seltsamer Gestalt, nicht in strahlender, unnahbarer Herrlichkeit, sondern als die gekreuzigte Wahrheit, als der gekreuzigte Christus. Und die Wahrheit redet zu uns; sie fragt uns: Wer hat mich, die Wahrheit, gekreuzigt, und sie antwortet schon im selben Augenblick: Sieh her, das hast du getan. Du hast die Wahrheit Gottes über dich gehaßt, du hast sie gekreuzigt. Du meintest, du könntest die Wahrheit machen, schaffen, verkündigen – aber du vermaßest dich damit, Gott zu sein, und bist damit gescheitert.

Und wer es hört, über den kommt das unaussprechliche Seufzen: Herr, mache mich frei von mir selbst. Und nun kommt ihm das Wort von neuem entgegen: „Die Wahrheit wird euch frei machen.“ Warum? Weil frei werden nicht heißt: groß werden in der Welt, frei werden gegen den Bruder, frei werden gegen Gott; sondern weil es heißt: frei werden von sich selbst, von der Lüge, als sei ich allein da, als sei ich die Mitte der Welt; von dem Haß, mit dem ich Gottes Schöpfung vernichte, frei werden von sich selbst für den andern. Gottes Wahrheit allein vernichtet unsere Lüge und schafft die Wahrheit, sie vernichtet den Haß und schafft die Liebe. Frei sein heißt nichts andres als in der Liebe sein, und in der Liebe sein heißt nichts anderes als in der Wahrheit Gottes sein.

Ich wandle fröhlich, denn ich suche deine Befehle

13. Oktober

GOTTES GEBOT FÜR DIE STUNDE

Woher weiß die Kirche, was Gottes Gebot für die Stunde ist? Offenbar ist das keine Selbstverständlichkeit. Die Erkenntnis des Gebotes Gottes ist ein Akt der Offenbarung. Wo vernimmt die Kirche diese Offenbarung? Die erste Antwort könnte sein: das biblische Gesetz, die Bergpredigt ist die absolute Norm für unser Handeln. Demgegenüber ist zu sagen: Auch die Bergpredigt darf uns nicht zum gesetzlichen Buchstaben werden. Sie ist in ihren Geboten die Veranschaulichung dessen, was Gottes Gebot sein kann, aber nicht, was es gerade heute und gerade für uns ist. Das kann niemand hören als wir selbst.
Die zweite Antwort will das Gebot Gottes in der Schöp-

fungsordnung finden. Weil schöpfungsmäßig gewisse Ordnungen gegeben seien, darum soll man sich dagegen auch nicht auflehnen, sondern diese demütig hinnehmen. Die Gefahr dieses Arguments liegt darin, daß sich von hier aus grundsätzlich alles rechtfertigen läßt. Man braucht ein Daseiendes nur als Gottgewolltes, Gottgeschaffenes auszugeben, und jedes Daseiende ist für alle Ewigkeit gerechtfertigt, die Zerrissenheit der Menschheit in Völker, nationaler Kampf, der Krieg, die Klassengegensätze, die Ausbeutung der Schwachen durch die Starken. Der Fehler liegt darin, daß in der Lösung dieser scheinbar so einfachen Gleichung die große Unbekannte übersehen ist, die diese Lösung unmöglich macht: daß die Welt gefallen ist und daß nunmehr die Sünde herrscht und daß Schöpfung und Sünde so ineinander verflochten sind, daß kein menschliches Auge sie mehr voneinander lösen kann.

Das Gebot kann nirgends anders herkommen, als wo die Verheißung und Erfüllung herkommt, von Christus. Von Christus allein her müssen wir wissen, was wir tun sollen. Nun aber nicht von ihm als dem predigenden Propheten der Bergpredigt, sondern von ihm als dem, der uns das Leben und die Vergebung gibt, als dem, der an unserer Stelle das Gebot Gottes erfüllt hat, als dem, der die neue Welt bringt und verheißt. Alle Ordnungen der Welt haben nur dadurch Bestand, daß sie auf Christus ausgerichtet sind; sie alle stehen allein unter der Erhaltung Gottes, solange sie noch offen sind für Christus.

14. Oktober

ALLES HEIMHOLEN IN DIE LIEBE CHRISTI

Laßt euch umgestalten durch Erneuerung eures Sinnes, um zu prüfen, was der Wille Gottes sei. *Römer 12, 2*

Wie geht dieses Prüfen, „was der Wille Gottes sei", vor sich? Entscheidend ist hier die klare Voraussetzung, daß es dieses Prüfen nur auf Grund eines völligen inneren Wandels, auf Grund einer „Erneuerung" des Sinnes gibt. Bei dieser Metamorphose des Menschen kann es sich nur um die Überwindung der Gestalt des abgefallenen Menschen, Adams, und um die Gleichgestaltung mit der Gestalt des neuen Menschen, Christus, handeln. Die neue Gestalt, kraft deren allein das Prüfen des Willens Gottes möglich ist, hat den Menschen, der im Abfall von Gott das Wissen um Gut und Böse errang, hinter und unter sich gelassen. Es ist die Gestalt des Kindes Gottes, das in der Einheit mit dem Willen des Vaters lebt.

Das Leben und Zunehmen in der Liebe ist die Voraussetzung des Prüfens, denn in der Liebe leben und zunehmen heißt ja, in der Versöhnung und Einheit mit Gott und den Menschen leben, heißt das Leben Jesu Christi leben. Prüfen, was Gottes Wille ist, kann man also nicht einfach aus sich selbst heraus, aus dem eigenen Wissen um Gut und Böse, sondern ganz im Gegenteil, nur der kann es, dem jedes eigene Wissen um Gut und Böse genommen ist und der darum ganz darauf verzichtet, von sich aus den Willen Gottes zu wissen. Prüfen, was Gottes Wille ist, ist nur möglich auf Grund des Wissens um Gottes Willen in Jesus Christus.

15. Oktober

GOTTES GEBOT WILL IMMER ETWAS GANZ BESTIMMTES

Unter dieser Voraussetzung aber ist nun wirklich zu prüfen, was der Wille Gottes in der gegebenen Situation sei, wie es Gott recht gefalle, denn es muß ja nun konkret gelebt und gehandelt werden. Verstand, Erkenntnisvermögen, aufmerksame Wahrnehmung des Gegebenen treten hier in lebhafte Aktion. Dabei wird das Gebet alles umfassen und durchdringen. Gemachte Erfahrungen werden berichtigend oder warnend zu Worte kommen. Keinesfalls wird auf unmittelbare Eingebungen geachtet und gewartet werden dürfen, ohne daß man sich dem Selbstbetrug allzuleicht auslieferte. Es wird angesichts der Sache, um die es geht, ein hoher Geist der Nüchternheit herrschen. Es werden Möglichkeiten und Folgen wohl bedacht werden. Es wird also der ganze Apparat menschlicher Kräfte in Bewegung gesetzt sein, wo es darum geht, zu prüfen, was Gottes Wille sei.

Aber es wird bei dem allem weder die Qual, vor unlösbaren Konflikten zu stehen, noch der Übermut, jeden Konflikt meistern zu können, noch auch die schwärmerische Erwartung und Behauptung unmittelbarer Inspiration Raum haben. Es wird der Glaube da sein, daß Gott dem, der ihn demütig fragt, seinen Willen gewiß zu erkennen gibt; es wird dann nach allem ernsten Prüfen auch die Freiheit zur wirklichen Entscheidung da sein und damit in ihr die Zuversicht, daß nicht der Mensch, sondern Gott selbst durch solches Prüfen hindurch seinen Willen durchsetzt; die Bangigkeit, ob man das Rechte getan habe, wird weder zu dem verzweifelten Sichklammern an das eigene Gute werden noch in die Sicherheit des Wissens um Gut und Böse umschlagen, sondern sie wird aufgehoben sein im Wissen um Jesus Christus, der allein das gnädige

Gericht übt, sie wird das eigene Gute bis zu seiner Zeit verborgen sein lassen in dem Wissen und der Gnade des Richters.

16. Oktober

MEHR ALS NUR DROHENDE WARNUNG AN DEN GRENZEN

Gottes in Jesus Christus geoffenbartes Gebot umfaßt das Ganze des Lebens, es bewacht nicht nur die unüberschreitbare Grenze, sondern es ist zugleich die Mitte und Fülle des Lebens. Es ist nicht nur Sollen, sondern auch Erlauben, es verbietet nicht nur, sondern es befreit zum Leben, es befreit zum unreflektierten Tun. Es unterbricht nicht nur den Lebensvorgang dort, wo er sich verfehlt, sondern es begleitet und führt ihn, ohne daß das immer ins Bewußtsein erhoben werden müßte. Gottes Gebot wird zur täglichen göttlichen Führung unseres Lebens.

Im Verhältnis des Kindes zu den Eltern ist Gottes Gebot nicht nur drohende, richtende Warnung gegen das Kind, das sich gegen seine Eltern erhebt, sondern es begegnet dem Kind, es begleitet es und führt es in all die unzähligen Situationen, in denen es im täglichen Leben seine Eltern ehrt und liebt. Das Gebot Gottes existiert nicht nur in der solennen Form etwa des vierten Gebotes, sondern auch in der Gestalt der alltäglichen Worte, Ermahnungen, Aufforderungen zu irgendwelchem konkreten Verhalten und Tun innerhalb der Familiengemeinschaft. Das bedeutet keine Zersplitterung, sondern gerade umgekehrt die umfassende Einheit des Gebotes Gottes und zugleich seine vollendete Konkretheit, es bedeutet, daß das Leben durch das Gebot nicht in unzählige neue Anfänge zerfällt, sondern eine klare Richtung, eine innere Stetigkeit und eine feste Geborgenheit erhält.

Das Gebot Gottes wird zu dem Element, in dem man lebt, ohne daß man sich dessen immer wieder bewußt würde. Das Gebot als Element des Lebens bedeutet Freiheit der Bewegung und des Handelns, Freiheit von der Angst vor der Entscheidung, vor der Tat, es bedeutet Gewißheit, Ruhe, Zuversicht, Gleichmaß, Friede. Nicht weil an den Grenzen meines Lebens ein drohendes „Du sollst nicht ...“ steht, sondern weil ich die in der Mitte und Fülle des Lebens mir begegnenden Gegebenheiten, Eltern, Ehe, Leben, Eigentum als Gottes heilige Satzung selbst bejahe, weil ich in ihnen lebe und leben will, ehre ich die Eltern, halte ich die Ehe, achte ich fremdes Leben und Eigentum.

Das Gebot Gottes ist die Erlaubnis, als Mensch vor Gott zu leben.

17. Oktober

BEFREIT VON DER ARGWÖHNISCHEN SELBSTBEOBACHTUNG

Das Gebot Gottes ist Erlaubnis. Darin unterscheidet es sich von allen menschlichen Gesetzen, daß es die Freiheit – gebietet. So hoch greift das Gebot Gottes, billiger ist es nicht. Erlaubnis, Freiheit bedeutet nicht, daß nun Gott dem Menschen ein Feld einräumt zur Betätigung nach eigener Wahl, frei von Gottes Gebot, sondern diese Erlaubnis entspringt ja gerade nur am Gebot Gottes und ist nur durch das Gebot und im Gebot Gottes möglich, sie ist niemals von Gott gelöst. Sie bleibt Gottes Erlaubnis, und nur als solche befreit sie von der quälenden Angst vor der jeweiligen Entscheidung und Tat zur Gewißheit der persönlichen Leitung und Führung durch das göttliche Gebot.

Das Gebot Gottes läßt dem Fluß des Lebens seinen Lauf, es läßt den Menschen essen, trinken, schlafen, arbeiıen, feiern, spielen, ohne ihn darin zu unterbrechen, ohne ihn unausgesetzt vor die Frage zu stellen, ob er auch schlafen, essen, arbeiten, spielen dürfe, ob es nicht dringendere Pflichten für ihn gebe; es macht den Menschen nicht zum Beurteiler und Richter seiner selbst und seiner Tat, sondern es erlaubt ihm zu leben, zu handeln in Gewißheit und in Zuversicht zur Leitung durch das göttliche Gebot. Die selbstquälerische und hoffnungslose Frage nach der Reinheit der Motive, die argwöhnische Selbstbeobachtung, das grelle und ermüdende Licht dauernder Bewußtheit – dies alles hat mit dem Gebot Gottes, der die Freiheit zu leben und zu handeln schenkt, nichts zu tun. Daß die Wurzeln des menschlichen Lebens und Handelns im Dunkeln liegen, daß Tun und Erleiden, Bewußtes und Unbewußtes unentwirrbar sich verschlingen, ist in der Erlaubnis zum Leben durch Gottes Gebot mit eingeschlossen. Licht kommt in dieses Leben nur durch das Ergreifen dieser göttlichen Erlaubnis, von oben.

18. Oktober

DAS ENDE ALLER UNGEWISSHEIT

Vor Gottes Gebot ist der Mensch nicht der Herkules am Scheidewege in Permanenz, nicht der ewig um die rechte Entscheidung Ringende, im Konflikt der Pflichten Sich-Aufreibende, immer wieder Scheiternde und neu Anfangende; und Gottes Gebot selbst tritt nicht nur in jenen großen, bewegten, in höchster Bewußtheit erlebten Krisenmomenten des Lebens in Erscheinung. Vielmehr darf der Mensch vor Gottes Gebot nun einmal schon wirklich auf dem Wege sein (nicht immer erst am Scheidewege stehen), er darf die rechte Entscheidung einmal wirklich hinter sich haben (nicht immer nur vor sich), er darf ganz ohne inneren Konflikt das eine tun und das andere (theoretisch-ethisch vielleicht ebenso Dringliche) lassen, er darf den Anfang schon gemacht haben und sich auf dem Wege von Geboten wie von einem guten Engel leiten, begleiten und bewahren lassen, und Gottes Gebot selbst kann nur in der Gestalt alltäglicher, scheinbar kleiner, bedeutungsloser Worte, Sätze, Winke, Hilfen dem Leben die einheitliche Richtung, die persönliche Führung geben.

Nicht in der Vermeidung der Übertretung, nicht in der Qual des ethischen Konfliktes und der Entscheidung, sondern im frei bejahten selbstverständlichen Leben in der Kirche, in der Ehe, in der Familie, in der Arbeit und im Staat hat das Gebot sein Ziel.

Die Liebe höret nimmer auf

19. Oktober

LIEBE HEILIGT JEDEN ORT, DEN SIE BETRITT

Die Liebe höret nimmer auf, so doch die Weissagungen aufhören werden und die Sprachen aufhören werden und die Erkenntnis aufhören wird. Denn unser Wissen ist Stückwerk, und unser Weissagen ist Stückwerk. Wenn aber kommen wird das Vollkommene, so wird das Stückwerk aufhören. Da ich ein Kind war, da redete ich wie ein Kind und war klug wie ein Kind und hatte kindische Anschläge; da ich aber ein Mann ward, tat ich ab, was kindisch war. Wir sehen jetzt durch einen Spiegel in einem dunklen Wort, dann aber von Angesicht zu Angesicht. Jetzt erkenne ichs stückweise; dann aber werde ich erkennen, gleichwie ich erkannt bin. *1. Korinther 13, 8–12*

Wenn wir uns in unruhigen Zeiten einmal fragen, was

eigentlich von all der Aufregung, von all dem Hin und Her der Gedanken und Überlegungen, von all den Sorgen und Befürchtungen, von allen Wünschen und Hoffnungen, die wir uns machen, wirklich zuletzt übrig bleibt – dann kann die Antwort nur lauten: Ein einziges, die Liebe. Alles andere hört auf, vergeht; alles, was wir nicht aus Liebe gedacht und ersehnt haben, alle Gedanken, alle Erkenntnis, alles Reden ohne Liebe hört auf.

Warum muß das so sein? Weil allein in der Liebe der Mensch sich selbst aufgibt, seinen Willen drangibt für den anderen; weil also allein die Liebe nicht aus meinem eigenem Selbst kommt, sondern aus einem anderen, aus dem Selbst Gottes. Weil allein in der Liebe Gott in uns handelt – während in allem anderen wir selbst handeln; es sind unsere Gedanken, unser Reden, unsere Erkenntnisse, aber es ist Gottes Liebe.

Und was von uns ist, muß aufhören, alles. Was von Gott ist, das bleibt. Weil Liebe Gott selbst und sein Wille ist, darum bleibt sie bei ihrem Weg, darum geht sie ihn mit schlafwandlerischer Sicherheit. Sie geht ihn mitten hindurch durch alle Dunkelheiten und Rätsel dieser Welt. Sie geht in die Abgründe menschlichen Elends und auf die Höhen menschlichen Glanzes. Sie geht zu den Feinden wie zu den Freunden. Sie verläßt keinen, auch wenn sie von jedem verlassen wird. Sie geht dem Geliebten nach in Schuld und Schande und Verlorenheit. Sie kennt das alles nicht, sie ist einfach da und hört nimmer auf. Und sie heiligt jeden Ort, den sie betritt. Sie findet überall Stückwerk und zeugt überall von der Vollkommenheit.

20. Oktober

DIE »LETZTE« UND DIE »ALLERLETZTE« GEWISSHEIT

Die Erkenntnis ist der Liebe am ähnlichsten. Auch sie hat den anderen zum Gegenstand, ist auf den anderen gerichtet. Sie will die Welt und den Menschen und die Geheimnisse Gottes begreifen und verstehen und erklären. Es gibt keinen Menschen, der nicht selbst an der Erkenntnis teilnähme. Es sind die großen Fragen, an denen jeder Mensch seine Erkenntnis versucht und an denen jeder auch zugleich die Grenzen seiner Erkenntnis kennenlernt – und diese großen Fragen sind: Was ist des Menschen eigener Weg? Was ist des anderen Menschen Weg? Und was ist der Weg Gottes, der hinter allen menschlichen Wegen steht? Es gibt keinen Menschen, der diese Fragen nicht kennt und es gibt andererseits keinen Menschen, der sie aus den Kräften seiner eigenen Erkenntnis zu beantworten imstande wäre.

Alle Lösungen, die Menschen hier versucht haben, die wir täglich versuchen, sind Stückwerk, das vergeht. Das weiß keiner besser als der, der viel gedacht hat und viel weiß. Das wissen heute wenige besser als die vor kurzem noch so siegesgewissen und stolzen Naturwissenschaftler. Das hat einer der größten Denker aller Zeiten als das Ende und den Anfang aller Weisheit erkannt, indem er sagte: „Ich weiß, daß ich nichts weiß." Aber das war nun auch das Ende, das war seine letzte Gewißheit.

Paulus aber hat über diese Gewißheit hinaus noch eine unendlich größere Gewißheit. Unser Wissen ist Stückwerk – wenn aber kommen wird das Vollkommene, dann wird das Stückwerk aufhören. Dies Vollkommene aber ist die Liebe. Erkennen und Liebe verhalten sich wie Stückwerk und Vollkommenheit. Und je mehr Sehnsucht nach Vollkommenheit im erkennenden Menschen ist, um so mehr

Liebe wird er haben. Das Volkommene erkennen ist die vollkommene Liebe.

21. Oktober

ALLES ERKENNEN IST EIN STÜCK LIEBE

Vielleicht fragt einer: Was hat Erkennen überhaupt mit Liebe zu tun? Erkennen heißt doch gerade das ganz objektive, sachliche Erkennen, ohne alle persönlichen Urteile. Gewiß ist es so. Aber um eine Sache selbst zu sehen zu bekommen, müssen wir sie lieben. Eine Sache oder einen Menschen, der uns gleichgültig ist, erkennen und begreifen wir nie. Eine Sache oder einen Menschen, den wir hassen, verfehlen wir immer. Allein einen Menschen, den wir lieben, erkennen wir ganz. Wir erkennen an einem Menschen so viel, wie wir ihn lieben. Der sogenannte weltkluge Menschenkenner kennt und versteht Menschen im Grunde gar nicht – es ist vielmehr sein Trick, sich auf die Schlechtigkeiten von Menschen zu verstehen, und vor allem vorsichtig zu sein – das aber muß er gerade darum, weil er Menschen nicht versteht.

Alles wirkliche Erkennen ist ein Stück Liebe; aber eben von Eitelkeit und Ruhmsucht und Selbstsucht noch ganz umhüllte Liebe. Aber es steckt in ihr eine Sehnsucht nach Vollkommenheit, nach dem Aufhören des Stückwerkes, nach dem Anbruch des Vollendeten.

„Wenn aber das Vollkommene kommen wird, dann wird das Stückwerk aufhören" – es ist kein allmählicher Aufstieg vom Stückwerk zur Vollkommenheit –, sondern das Vollkommene, das vom Stückwerk nie Erreichte kommt selbst, wird kommen, aus voller Freiheit, aus eigener Machtvollkommenheit, und das Stückwerk wird aufhören, es wird zerbrechen, wie immer ein Spiegelbild zerbricht, wenn man die Wirklichkeit sieht.

22. Oktober

KINDEREI UND REIFE

„Da ich ein Kind war, redete ich wie ein Kind und war klug wie ein Kind und hatte kindische Anschläge" – Erkennen ohne Liebe ist kindisch, kindischer Versuch, der Welt auf einem Schleichweg Herr zu werden. Der Stolz des Erkennens ohne Liebe ist die Prahlerei eines dummen Jungen, die nicht ernst genommen zu werden verdient. „Da ich aber ein Mann war, tat ich ab, was kindisch war" – wir würden es gerade umgekehrt sagen – Kinderei sei die Liebe und Reife sei nüchterne Erkenntnis ohne Liebe. Aber Paulus sagt: Liebe ist die Sache der reifen Einsicht, der wahren Erkenntnis, des Mannesalters. Der Weg der Liebe ist der Weg des männlichen Tuns. Das grenzt wohl diese Liebe deutlich ab von aller Schwärmerei, von aller Weichlichkeit und Sentimentalität. Liebe heißt Wahrheit vor Gott, heißt vollkommene Erkenntnis vor Gott.

Und noch ein zweites: „Wir sehen jetzt durch einen Spiegel ..." Gottes Gedanken sind in der Welt nur wie im Spiegel aufgefangen. Und die Spiegelschrift Gottes ist schwer zu lesen. Sie heißt ja wohl, daß Großes klein und Kleines groß ist, Rechtes verkehrt und Verkehrtes recht, daß Hoffnungsloses Verheißung hat und Hoffnungsvolles gerichtet wird. Sie heißt ja wohl, daß Kreuz Sieg bedeutet und Tod Leben. Das dunkle Wort des Kreuzes ist die Spiegelschrift Gottes, wahrhaftig schwer zu erkennen und zu begreifen.

„Dann aber von Angesicht zu Angesicht." „Dann aber" – wenn nämlich der Spiegel der Welt zerbricht und der Glanz und das Licht Gottes uns selbst umfangen wird – „dann aber" – am Ende, an unserem Ende, in der Stunde unseres Sterbens und Aufhörens und Dahingehens – „dann aber" von Angesicht zu Angesicht. Dann ist die Klarheit da, dann ist die vollendete Liebe bei uns. Gott sehen wie er ist, seine Liebe nicht nur im Glauben haben, sondern im Schauen. – „Selig sind, die reinen Herzens sind, denn sie werden Gott schauen" – dann aber von Angesicht zu Angesicht.

23. Oktober

SEIN LICHT SUCHT MEINE AUGEN

„Jetzt erkenne ich's stückweise. Dann aber werde ich erkennen, gleich wie ich erkannt bin." Das ist die Lösung. Das ist der Grund, warum allein ich hoffen darf, so zu erkennen und die Vollkommenheit zu erfahren –, daß ich erkannt bin von Gott, von der Liebe, von dem Vollkommenen. Sein Licht sucht meine Augen. Seine Liebe sucht mein Herz. Er hat mich schon längst erkannt und geliebt – und darum zieht es mich so unwiderstehlich dazu, ihn wiederzuerkennen und wiederzulieben. Darum drängt es durch alles Stückwerk hindurch auf ihn hin, auf das Vollkommene hin. Ich könnte ihn nicht erkennen, wenn er mich nicht erkannt hätte. – Gott und Mensch erkennen sich gegenseitig, sie sehen sich von Angesicht zu Angesicht, sie wissen umeinander, sie wissen um ihre gegenseitige Liebe, sie wissen, daß sie nicht ohne einander sein können und sollen, sie sind nur miteinander, beieinander, sind eins im Erkennen und in dem seligen Geheimnis ihrer Liebe. Und der Mensch sinkt zu Boden und streckt seine Hände aus und ist nicht mehr er selbst – denn nun ist er in Gott. Das ist Vollendung.

Dienet einander

24. Oktober

ALLE AUTORITÄT IST GEBUNDEN AN DIENST

Wer unter euch will groß werden, der soll euer Diener sein. *Markus 10, 43*

Jesus hat alle Autorität in der Gemeinschaft an den brüderlichen Dienst gebunden. Jeder Personenkult, der sich auf bedeutende Eigenschaften, auf hervorragende Fähigkeiten, Kräfte, Begabungen eines andern – und seien sie durchaus geistlicher Art – erstreckt, ist weltlich und hat in der christlichen Gemeinde keinen Raum. Das heute so oft gehörte Verlangen nach den „bischöflichen Gestalten", nach den „priesterlichen Menschen", nach „vollmächtigen Persönlichkeiten" entspringt oft genug dem geistlich kranken Bedürfnis nach Bewunderung von Menschen, nach Aufrichtung sichtbarer Menschenautorität, weil die echte

Autorität des Dienstes zu gering erscheint. Nichts widerspricht solchem Verlangen schärfer als das Neue Testament selbst in seiner Schilderung des Bischofs (1. Tim 3, 1 ff). Hier ist nichts von dem Zauber menschlicher Begabungen, von den glänzenden Eigenschaften einer geistlichen Persönlichkeit zu finden. Der Bischof ist der schlichte, in Glauben und Leben gesunde treue Mann, der seinen Dienst an der Gemeinde recht versieht. Seine Autorität liegt in der Ausrichtung seines Dienstes.

Die Gemeinde braucht nicht glänzende Persönlichkeiten, sondern treue Diener Jesu und der Brüder. Es fehlt ihr auch nicht an jenen, sondern an diesen. Die Gemeinde wird ihr Vertrauen nur dem schlichten Diener des Wortes Jesu schenken, weil sie weiß, daß sie hier nicht nach Menschenweisheit und Menschendünkel, sondern mit dem Worte des guten Hirten geleitet wird. Die geistliche Vertrauensfrage, die mit der Autoritätsfrage in so engem Zusammenhang steht, entscheidet sich an der Treue, mit der einer im Dienste Jesu Christi steht, niemals aber an den außerordentlichen Gaben, über die er verfügt. Seelsorgerliche Autorität kann nur der Diener Jesu finden, der keine eigene Autorität sucht, der selbst, unter die Autorität des Wortes gebeugt, ein Bruder unter Brüdern ist.

25. Oktober

WER NICHT ZUHÖREN KANN, REDET AM ANDEREN VORBEI

Der erste Dienst, den einer dem andern schuldet, besteht darin, daß er ihn anhört. Wie die Liebe zu Gott damit beginnt, daß wir sein Wort hören, so ist es der Anfang der Liebe zum Bruder, daß wir lernen, auf ihn zu hören. Es ist Gottes Liebe zu uns, daß er uns nicht nur sein Wort gibt, sondern uns auch sein Ohr leiht. So ist es sein Werk, das wir an unserem Bruder tun, wenn wir lernen, ihm zuzuhören.

Christen, besonders Prediger, meinen so oft, sie müßten immer, wenn sie mit anderen Menschen zusammen sind, etwas „bieten". Sie vergessen, daß Zuhören ein größerer Dienst sein kann als Reden. Viele Menschen suchen ein Ohr, das ihnen zuhört, und sie finden es unter den Christen nicht, weil diese auch dort reden, wo sie hören sollten. Wer aber seinem Bruder nicht mehr zuhören kann, der wird auch bald Gott nicht mehr zuhören, sondern er wird auch vor Gott immer nur reden. Hier fängt der Tod des geistlichen Lebens an, und zuletzt bleibt nur das geistliche Geschwätz. Wer nicht lange und geduldig zuhören kann, der wird am andern immer vorbeireden und es selbst schließlich gar nicht mehr merken. Wer meint, seine Zeit sei zu kostbar, als daß er sie mit Zuhören verbringen dürfte, der wird nie wirklich Zeit haben für Gott und den Bruder, sondern nur immer für sich selbst, für seine eigenen Worte und Pläne.

Es ist kein Wunder, daß wir den größten Dienst des Zuhörens, den Gott uns aufgetragen hat, nämlich das Hören der Beichte des Bruders, nicht mehr zu tun vermögen, wenn wir in geringeren Dingen dem Bruder unser Ohr versagen. Die heidnische Welt weiß heute etwas davon, daß einem Menschen oft allein dadurch geholfen werden kann, daß man ihm ernsthaft zuhört, sie hat auf dieser Erkenntnis eine eigene säkulare Seelsorge aufgebaut.

26. Oktober

DER TÄGLICH DURCHKREUZTE WEG

Der zweite Dienst, den in einer christlichen Gemeinschaft einer dem andern tun soll, ist die tätige Hilfsbereitschaft. Dabei ist zunächst an die schlichte Hilfe in kleinen und äußeren Dingen gedacht. Es gibt deren eine große Zahl in jedem Gemeinschaftsleben.

Keiner ist für den geringsten Dienst zu gut. Die Sorge um den Zeitverlust, den eine so geringe und äußerliche Hilfeleistung mit sich bringt, nimmt meist die eigene Arbeit zu wichtig. Wir müssen bereit werden, uns von Gott unterbrechen zu lassen. Gott wird unsere Wege und Pläne immer wieder, ja täglich durchkreuzen, indem er uns Menschen mit ihren Ansprüchen und Bitten über den Weg schickt. Wir können dann an ihnen vorübergehen, beschäftigt mit den Wichtigkeiten unseres Tages, wie der Priester an dem unter die Räuber Gefallenen vorüberging, vielleicht – in der Bibel lesend. Wir gehen dann an dem sichtbar in unserem Leben aufgerichteten Kreuzeszeichen vorüber, das uns zeigen will, daß nicht unser Weg, sondern Gottes Weg gilt. Es ist eine seltsame Tatsache, daß gerade Christen und Theologen ihre Arbeit oft für so wichtig und dringlich halten, daß sie sich darin durch nichts unterbrechen lassen wollen. Sie meinen damit Gott einen Dienst zu tun, und verachten dabei den „krummen und doch geraden Weg" Gottes. Sie wollen von dem durchkreuzten Menschenweg nichts wissen. Es gehört aber zur Schule der Demut, daß wir unsere Hand nicht schonen, wo sie einen Dienst verrichten kann, und daß wir unsere Zeit nicht in eigene Regie nehmen, sondern sie von Gott füllen lassen.

Nur wo die Hände sich für das Werk der Liebe und der Barmherzigkeit in täglicher Hilfsbereitschaft nicht zu gut sind, kann der Mund das Wort von der Liebe und der Barmherzigkeit Gottes freudig und glaubwürdig verkündigen.

27. Oktober

LASTEN

Einer trage des andern Last, so werdet ihr das Gesetz Christi erfüllen. *Galater 6, 2*

Der Bruder ist dem Christen eine Last, gerade dem Christen. Dem Heiden wird der andere gar nicht erst zur Last. Er geht jeder Belastung durch ihn aus dem Wege, der Christ muß die Last des Bruders tragen. Nur als Last ist der andere wirklich Bruder und nicht beherrschtes Objekt. Die Last der Menschen ist Gott selbst so schwer gewesen, daß er unter ihr ans Kreuz mußte. Gott hat die Menschen am Leibe Jesu Christi wahrhaftig erlitten. So aber hat er sie getragen, wie eine Mutter ihr Kind, wie ein Hirte das verlorene Lamm. Es ist das Gesetz Christi, das im Kreuz in Erfüllung ging. An diesem Gesetz bekommen die Christen teil.

Es ist zuerst die Freiheit des andern, die dem Christen eine Last ist. Sie geht gegen seine Selbstherrlichkeit und doch muß er sie anerkennen. Zur Freiheit des andern gehört all das, was wir unter Wesen, Eigenart, Veranlagung verstehen, gehören auch die Schwächen und Wunderlichkeiten, die unsere Geduld so hart beanspruchen, gehört alles, was die Fülle der Reibungen, Gegensätze und Zusammenstöße zwischen mir und dem andern hervorbringt. Die Last des andern tragen heißt hier, die geschöpfliche Wirklichkeit des andern ertragen, sie bejahen und in ihrem Erleiden zur Freude an ihr durchdringen.

Zur Freiheit des andern kommt ihr Mißbrauch in der

Sünde. Die Sünde des andern ist noch schwerer zu tragen als seine Freiheit; denn in der Sünde wird die Gemeinschaft mit Gott und mit den Brüdern zerrissen. Hier aber wird auch im Tragen die große Gnade Gottes erst ganz offenbar. Den Sünder nicht verachten, sondern tragen, heißt ja, ihn nicht verloren geben müssen, ihn annehmen, ihm die Gemeinschaft bewahren durch Vergebung.

28. Oktober

ARMUT UND REICHTUM UNSERES WORTES

Wo nun der Dienst des Hörens, der tätigen Hilfe, des Tragens treu getan wird, kann auch das Letzte und Höchste geschehen, der Dienst mit dem Worte Gottes.

Es geht hier um das freie, nicht an Amt, Zeit und Ort gebundene Wort von Mensch zu Mensch. Es geht um die in der Welt einzigartige Situation, in der ein Mensch dem anderen mit menschlichen Worten den ganzen Trost Gottes und die Ermahnung, die Güte und den Ernst Gottes bezeugt.

Dieses Wort ist von unendlichen Gefahren umlauert. Ist ihm das rechte Hören nicht vorangegangen, wie sollte es dann wirklich das rechte Wort für den andern sein? Steht es im Widerspruch zur tätigen Hilfsbereitschaft, wie könnte es ein glaubwürdiges und wahrhaftiges Wort sein? Kommt es nicht aus dem Tragen, sondern aus der Ungeduld und dem Geist der Vergewaltigung, wie könnte es das befreiende und heilende Wort sein?

Umgekehrt verstummt gerade dort der Mund leicht, wo wirklich gehört, gedient, getragen worden ist. Das tiefe Mißtrauen gegen alles, was nur Wort ist, erstickt oft das eigene Wort zum Bruder. Was kann ein ohnmächtiges

Menschenwort an einem andern ausrichten? Sollen wir die leeren Reden vermehren? Sollen wir wie die geistlichen Routiniers über die wirkliche Not des andern hinwegreden? Was ist gefährlicher, als Gottes Wort zum Überfluß zu reden? Wiederum, wer will es verantworten, geschwiegen zu haben, wo er hätte reden sollen?

29. Oktober

WAHRHEIT IN LIEBE KANN NUR DER DEMÜTIGE SAGEN

Wer darf mit seinem Wort in den Nächsten eindringen? Wer hat Anspruch darauf, ihn zu stellen, zu treffen? Es wäre kein Zeichen großer christlicher Einsicht, wollte man hier einfach sagen, jeder habe diesen Anspruch, ja diese Verpflichtung. Der Geist der Vergewaltigung könnte sich hier in bösester Weise einnisten. Der andere hat in der Tat sein eigenes Recht, seine eigene Verantwortung und auch seine eigene Pflicht, sich gegen unbefugte Eingriffe zu wehren. Der andere hat sein eigenes Geheimnis, das nicht angetastet werden darf ohne großen Schaden, das er nicht preisgeben darf, ohne sich selbst zu zerstören.

Und doch liegt diese rechte Erkenntnis in so gefährlicher Nähe des mörderischen Kainswortes: „Soll ich meines Bruders Hüter sein?" (1. Mose 4, 9). Wo Christen zusammenleben, muß es irgendwann und irgendwie dazu kommen, daß einer dem andern persönlich Gottes Wort und Willen bezeugt. Will das Wort nicht über die Lippen, so werden wir uns zu prüfen haben, ob wir unseren Bruder nicht doch nur in seiner Menschenwürde sehen, die wir nicht anzutasten wagen, und darüber das Wichtigste vergessen, daß auch er, er sei so alt, so hochgestellt, so bedeutend wie er wolle, ein Mensch ist wie wir, der Hilfe,

Trost und Vergebung braucht wie wir. Es ist die Grundlage, auf der Christen miteinander reden können, daß einer den andern als Sünder weiß, der in aller seiner Menschenehre verlassen und verloren ist, wenn ihm nicht geholfen wird. Diese Erkenntnis gibt dem brüderlichen Wort die nötige Freiheit und Offenheit. Wir reden einander auf die Hilfe an, die wir beide brauchen. Wir ermahnen einander zu dem Weg, den Christus uns gehen heißt. Wir warnen einander vor dem Ungehorsam, der unser Verderben ist.

Je mehr wir lernen, uns selbst das Wort vom andern sagen zu lassen, auch harte Vorwürfe und Ermahnungen demütig und dankbar anzunehmen, desto freier und sachlicher werden wir zum eigenen Wort. Der Empfindliche wird immer zum Schmeichler und damit alsbald zum Verächter und Verleumder seines Bruders. Der Demütige aber bleibt zugleich an der Wahrheit und an der Liebe. Er bleibt am Worte Gottes und läßt sich von ihm zum Bruder führen. Weil er nichts für sich sucht und fürchtet, kann er durch das Wort dem andern helfen.

30. Oktober

GEDANKEN ÜBER VERSCHIEDENES

Ideologien, die sich am Menschen ausgetobt haben, verlassen ihn, wie ein böser Traum den Erwachenden verläßt. Die Erinnerung an sie ist bitter. Der Mensch ist durch sie nicht reifer, nicht stärker, nur ärmer, nur mißtrauischer geworden. Es ist Gnade, wenn Gott sich in der Stunde dieses unseligen Erwachens den Menschen als Schöpfer, vor dem der Mensch nur als Geschöpf leben kann, offenbart und so die Armut segnet.

Es bleibt ein Erlebnis von unvergleichlichem Wert, daß wir die großen Ereignisse der Weltgeschichte einmal von unten, aus der Perspektive der Ausgeschalteten, Beargwöhnten, Schlechtbehandelten, Machtlosen, Unterdrückten und Verhöhnten, kurz der Leidenden sehen gelernt haben. Wenn nur in dieser Zeit nicht Bitterkeit oder Neid das Herz zerfressen hat, daß wir Großes und Kleines, Glück und Unglück, Stärke und Schwäche mit neuen Augen ansehen, daß unser Blick für Größe, Menschlichkeit, Recht und Barmherzigkeit klarer, freier, unbestechlicher geworden ist, ja, daß das persönliche Leiden ein tauglicherer Schlüssel, ein fruchtbareres Prinzip zur betrachtenden und tätigen Erschließung der Welt ist als persönliches Glück. Es kommt nur darauf an, daß diese Perspektive von unten nicht zur Parteinahme für die ewig Unzufriedenen wird, sondern daß wir aus einer höheren Zufriedenheit, die eigentlich jenseits von unten und oben begründet ist, dem Leben in allen seinen Dimensionen gerecht werden, und es so bejahen.

Der Wille Gottes richtet sich nicht nur auf die Neuschaffung des Menschen, sondern auch auf die Neuschaffung der Zustände. Es ist nicht richtig, daß nur der Wille gut sein könne. Auch Zustände können gut sein, die Schöpfung Gottes war als solche „sehr gut". Auch in der gefallenen Welt können Zustände gut sein, aber nie durch sich selbst, sondern immer nur im Blick auf das Tun Gottes selbst, auf die Neuschaffung.

Ich bin der Herr, dein Gott

31. Oktober

DIE ERSTEN WERKE

Gedenke, wovon du gefallen bist, tu Buße.

Aus Offenbarung 2, 4–5

Es ist nichts anderes als dieser Ruf, der Luther zu seiner Reformation getrieben hat. Gedenke, wovon du gefallen bist, tu Buße!, rief er der katholischen Kirche zu. Du solltest brennen und bist kalt; du solltest wachen und bist träge; du solltest hungern und du bist satt; du solltest glauben und du hast Angst; du solltest hoffen und du greifst nach der Macht; du solltest lieben und du kommst nicht von dir los; du solltest Christus den Herrn sein lassen und du fällst ihm ins Wort; du solltest in ihm Wunder tun und du tust nicht einmal das Alltäglichste. Gedenke, wovon du gefallen bist, tu Buße.

Die Reformationskirche ist die Kirche derer, die sich diesem Buß-Ruf aussetzen.

„Tu Buße und tu die ersten Werke." Dies gehört unbedingt dazu. Ohne es hat das Vorangegangene keinen Sinn. Es mag fast unschicklich klingen, am Reformationstag gerade von den Werken zu reden. Aber es ist ein grauenvolles Mißverständnis des Evangeliums, wollte man meinen, der Glaube, die Buße sei ein Ding für fromme Abend- und Morgenstunden. Glaube, Buße heißt Gott Gott sein lassen – auch in unserem Tun, gerade in unserem Tun ihm gehorsam sein.

„Tu die ersten Werke" – wie nötig ist es, das heute zu sagen. Keiner, der die heutige Kirche kennt, wird sich darüber beklagen wollen, daß die Kirche nichts tue. Nein, die Kirche tut unendlich viel, auch mit viel Aufopferung und Ernst; aber wir tun alle eben so viel zweite, dritte und vierte Werke, und nicht die ersten Werke. Und eben darum tut die Kirche das Entscheidende nicht. Wir feiern, wir repräsentieren, wir erstreben Einfluß, wir treiben evangelische Jugendpflege, wir tun Wohlfahrtsdienste und Fürsorge, machen Anti-Gottlosenpropaganda – aber tun wir die ersten Werke, um die schlechthin alles geht? Gott lieben und den Bruder lieben mit jener ersten, leidenschaftlichen, brennenden, alles – nur Gott nicht – aufs Spiel setzenden Liebe? Wenn es so wäre, es müßte doch anders aussehen, es müßte doch etwas durchbrechen. Freilich, Gott muß es tun, aber stellen wir uns in seinen Dienst, lassen wir ihn Gott sein mit jener ersten Liebe! Vielleicht, daß es dann wieder einmal wahr wird: Die Menge der Gläubigen war ein Herz und eine Seele . . .

1. November

NICHT EINEM GESETZ, SONDERN GOTT GEHORCHEN WIR

Immer wenn die Lebensverhältnisse durch starke äußere oder innere Erschütterungen und Umwälzungen in Unordnung geraten, erkennen diejenigen Menschen, die sich die Klarheit und Besonnenheit des Denkens und Urteilens zu bewahren vermögen, daß ohne Gottesfurcht, ohne Ehrerbietung gegen die Eltern, ohne den Schutz des Lebens, der Ehe, des Eigentums und der Ehre kein menschliches Zusammenleben möglich ist.

Um diese Lebensgesetze zu erkennen, braucht der Mensch nicht Christ zu sein, sondern nur seiner Erfahrung und seiner gesunden Vernunft zu folgen. Der Christ freut sich aller Gemeinsamkeiten, die er in so wichtigen Dingen mit anderen Menschen hat. Er ist bereit, mit diesen zusammenzuarbeiten und zu kämpfen, wo es um die Verwirklichung gemeinsamer Ziele geht. Es wundert ihn nicht, daß Menschen zu allen Zeiten zu Lebenserkenntnissen kamen, die mit den zehn Geboten weithin übereinstimmen; denn der Geber der Gebote ist ja der Schöpfer und Erhalter des Lebens.

Aber darüber vergißt der Christ doch nie den entscheidenden Unterschied, der zwischen diesen Lebensgesetzen und den Geboten Gottes besteht. Dort spricht die Vernunft, hier spricht Gott. Die menschliche Vernunft sagt dem Übertreter der Lebensgesetze voraus, daß sich das Leben selbst an ihm rächen wird, indem es ihn nach anfänglichen Scheinerfolgen zum Scheitern und in Unglück bringt. Gott aber spricht nicht vom Leben, seinen Erfolgen und Mißerfolgen, sondern er spricht von sich selbst. Gottes erstes Wort in den zehn Geboten heißt: „Ich". Mit diesem Ich hat es der Mensch zu tun, nicht mit irgendeinem allgemeinen Gesetz.

In jedem Wort der zehn Gebote spricht Gott im Grunde von sich selbst, und das ist die Hauptsache in ihnen. Darum sind sie Gottes Offenbarung. Nicht einem Gesetz, sondern Gott gehorchen wir in den zehn Geboten, und nicht an einem Gesetz, sondern an Gott selbst scheitern wir, wenn wir sie übertreten. Nicht nur Unordnung und Mißerfolg, sondern Gottes Zorn kommt über den Übertreter. Es ist nicht nur unweise, sondern es ist Sünde, das Gebot Gottes zu mißachten, und der Lohn der Sünde ist der Tod.

2. November

NUR EIN HERR IST ÜBER UNS

„Ich bin der Herr, dein Gott." Wenn Gott „Ich" sagt, dann ist Offenbarung da. Gott könnte die Welt auch ihren Lauf nehmen lassen und dazu schweigen. Warum sollte Gott es nötig haben, von sich selbst zu reden? Wenn Gott „Ich" sagt, so ist dies Gnade. Wenn Gott „Ich" sagt, dann sagt er damit schlechthin alles, das Erste und das Letzte.

„Ich bin der Herr." Nicht ein Herr, sondern der Herr! Damit nimmt Gott die Herrschaft für sich allein in Anspruch. Alles Recht zu gebieten und aller Gehorsam gehören ihm und ihm allein. Indem Gott sich als Herr bezeugt, befreit er uns von aller Menschenknechtschaft. Es gibt und wir haben nur einen Herren. Wir dienen allein Gott und keinem Menschen. Auch wenn wir Befehle irdischer Herren ausführen, dienen wir in Wahrheit allein Gott.

Es ist ein großer Irrtum vieler Christen, daß Gott uns für unser irdisches Leben vielen anderen Herren neben ihm unterworfen habe und daß unser Leben nun einmal in einem ständigen Konflikt zwischen den Befehlen dieser irdischen Herren und dem Gebot stehe. Wir haben nur einen Herren, dem wir gehorchen; seine Befehle sind klar und stürzen uns nicht in Konflikte. Zwar hat Gott den Eltern und den Obrigkeiten auf Erden Recht und Macht gegeben, uns zu befehlen. Aber alle irdische Herrschaft ist allein begründet in der Herrschaft Gottes, in ihr hat sie Vollmacht und Ehre, sonst ist sie Usurpation und hat keinen Anspruch auf Gehorsam. Weil wir allein dem Gebot Gottes gehorchen, darum gehorchen wir auch unseren Eltern und der Obrigkeit. Unser Gehorsam gegen Gott verpflichtet uns zum Gehorsam gegen Eltern und Obrigkeit. Nicht aber ist jeder Gehorsam gegen Eltern und Obrigkeit schon Gehorsam gegen Gott. Niemals gilt unser Gehorsam Menschen, sondern er gilt allein Gott. „Alles, was ihr tut, das tut von Herzen als dem Herrn und nicht den Menschen" (Kol 3, 23).

3. November

NEBEN GOTT HAT NICHTS PLATZ, UNTER IHM ALLES

„Du sollst nicht andere Götter haben neben mir." Das ist durchaus nichts Selbstverständliches. Die hohen Kulturvölker kannten zu allen Zeiten einen Götterhimmel, und es gehörte zur Größe und Würde eines Gottes, dem anderen den Platz in den frommen Herzen der Menschen nicht eifersüchtig streitig zu machen. Die menschliche Tugend der Weitherzigkeit und Toleranz schrieb man auch den Göttern zu. Gott aber duldet keinen anderen Gott neben sich, er will allein Gott sein. Er will alles für den Menschen tun und sein, darum will er auch allein von ihm angebetet werden. Neben ihm hat nichts Platz, unter ihm die ganze Schöpfung. Gott will allein Gott sein, weil er allein Gott ist.

Es gibt Christen, die sagen, es habe neben ihrem Glauben an Gott, von dem sie nie lassen würden, doch auch die Welt, der Staat, die Arbeit, die Familie, die Wissenschaft, die Kunst, die Natur ihr Recht. Gott sagt, neben ihm hat nichts, gar nichts irgendein Recht, nur unter ihm. Was wir neben Gott stellen, ist ein Abgott.

Man pflegt zu sagen, unsere Götzen seien das Geld, die Sinnenlust, die Ehre, andere Menschen, wir selbst. Treffender wäre es noch, wenn wir die Kraftentfaltung, die Macht, den Erfolg als unsere Götzen bezeichnen würden. Aber an alle diese Dinge haben im Grunde die Menschen in ihrer Schwäche immer ihr Herz gehängt, und nichts von all dem Genannten ist es, was das erste Gebot eigentlich meint, wenn es von „anderen Göttern" spricht. Uns ist die Welt entgöttert, wir beten nichts mehr an. Wir haben die Hinfälligkeit und Nichtigkeit aller Dinge, aller Menschen und unserer selbst zu deutlich erlebt, als daß wir sie noch zu vergöttern vermöchten. Wir sind am ganzen Dasein zu irre geworden, als daß wir noch fähig wären, Götter zu haben und anzubeten. Wenn wir noch einen Götzen haben, so ist es vielleicht das Nichts, das Auslöschen, die Sinnlosigkeit.

So ruft uns das erste Gebot zu dem einzigen, wahren Gott, dem Allmächtigen, Gerechten und Barmherzigen, der uns aus dem Verfallen an das Nichts errettet und uns in seiner Gemeinde erhält.

4. November

DIE KOSTBARKEIT DER OFFENBARUNG GOTTES

„Du sollst den Namen des Herrn, deines Gottes, nicht mißbrauchen, denn der Herr wird den nicht ungestraft lassen, der seinen Namen mißbraucht."

„Gott" ist für uns nicht ein allgemeiner Begriff, mit dem wir das denkbar Höchste, Heiligste, Mächtigste bezeichneten, sondern „Gott" ist ein Name. Wenn wir „Gott" sagen dürfen, so allein darum, weil Gott sich in unbegreiflicher Gnade uns zu erkennen gegeben hat. Wenn wir „Gott" sagen, so hören wir ihn gleichsam immer selbst zu uns sprechen, uns rufen, trösten, uns gebieten. „Wir danken Dir, Gott, daß Dein Name so nahe ist" (Ps 75, 2). Gegen das zweite Gebot können eigentlich nur diejenigen verstoßen, die den Namen Gottes kennen.

Es gibt einen Mißbrauch des Namens Gottes im Bösen und im Guten. Wenn wir den Namen Gottes nennen, um wissentlich eine gottlose, schlechte Sache vor der Welt als gut erscheinen zu lassen, wenn wir den Namen Gottes in einem Zusammenhang nennen, der Schande über ihn bringt, dann mißbrauchen wir ihn zum Bösen.

Gefährlicher, weil schwerer zu erkennen, ist der Mißbrauch des Namens Gottes im Guten. Er geschieht, wenn wir den Namen Gottes so selbstverständlich, so oft, so glatt und so vertraulich im Munde führen, daß wir dem Wunder seiner Offenbarung Abbruch tun. Es ist Mißbrauch, wenn wir für jede menschliche Frage und Not vorschnell mit dem Wort Gott oder mit einem Bibelspruch zur Hand sind, als wäre es das Selbstverständlichste von der Welt, daß Gott auf alle menschlichen Fragen antwortet und in jeder Schwierigkeit immer schon zur Hilfe bereit ist. Es ist Mißbrauch, wenn wir Gott zum Lückenbüßer unserer Verlegenheiten machen. Es ist Mißbrauch, wenn wir echte wissenschaftliche oder künstlerische Bemühungen einfach mit dem Worte „Gott" zum Verstummen bringen wollen. Es ist Mißbrauch, wenn wir von Gott reden, als hätten wir ihn jederzeit zu unserer Verfügung. Wir mißbrauchen auf alle diese Weisen den Namen Gottes, indem wir ihn zu einem leeren menschlichen Wort und kraftlosen Geschwätz machen, und wir entheiligen ihn damit mehr, als die Lästerer ihn entheiligen können.

5. November

DER FEIERTAG – SICHTBARES ZEICHEN DES LEBENS AUS GNADE

„Du sollst den Feiertag heiligen." Daß dieses Gebot in gleicher Würde neben dem Verbot des Tötens steht, will uns schwer in den Sinn. Unser Leben ist Werktag in der Arbeit und unter Menschen. Der Feiertag scheint uns eine schöne Erlaubnis zu sein, aber daß der Ernst des Gebotes Gottes hinter ihm steht, ist uns fremd geworden.

Der Dekalog enthält kein Gebot, zu arbeiten, aber ein Gebot, von der Arbeit zu ruhen. Die Arbeit wird als etwas Selbstverständliches vorausgesetzt, aber Gott weiß, daß das Werk, das der Mensch tut, über ihn eine solche Gewalt gewinnt, daß er von ihm nicht mehr lassen kann, daß er sich von seinem Tun alles verspricht und darüber Gott vergißt. Darum gebietet Gott, von seinen Werken auszuruhen. Nicht von der Arbeit lebt der Mensch, sondern allein von Gott. „Wo der Herr nicht das Haus baut, da arbeiten umsonst, die daran bauen. Seinen Freunden gibt es der Herr im Schlaf" (Psalm 127, 1. 2), sagt die Bibel gegen alle, die aus der Arbeit ihre Religion machen. Die Feiertagsruhe ist das sichtbare Zeichen dafür, daß der Mensch aus der Gnade Gottes und nicht aus Werken lebt.

Die Feiertagsruhe ist die unerläßliche Voraussetzung der Feiertagsheiligung. Der zur Arbeitsmaschine herabgewürdigte Mensch braucht Ruhe, damit sein Denken sich klären, sein Fühlen sich reinigen, sein Wollen sich neu ausrichten lassen kann.

Die Feiertagsheiligung ist der Inhalt der Feiertagsruhe. Die Heiligung des Feiertages geschieht durch die Verkündigung des Wortes Gottes und durch das bereitwillige und ehrfürchtige Hören dieses Wortes. Die Entheiligung des Feiertages beginnt mit dem Verfall der christlichen Verkündigung. Sie ist also in erster Linie Schuld der Kirche und insbesondere der Amtsträger. So geht die Erneuerung der Feiertagsheiligung von der Erneuerung der Predigt aus.

Die Sonntagsruhe ist das Ziel der Sonntagsheiligung. Gott will sein Volk zu seiner Ruhe führen, zum Ausruhen vom irdischen Werktag. „Herz, freu dich, du sollst werden vom Elend dieser Erden und von der Sünden Arbeit frei." Als Abglanz und Verheißung dieser ewigen Ruhe beim Schöpfer und Erlöser und Vollender der Welt darf der Christ, der den Sonntag heiligt, die Sonntagsruhe erfahren.

Alles, was Gott tut, das besteht immer

6. November

EINIGE GLAUBENSSÄTZE ÜBER DAS WALTEN GOTTES IN DER GESCHICHTE

Ich glaube, daß Gott aus allem, auch aus dem Bösesten, Gutes entstehen lassen kann und will. Dafür braucht er Menschen, die sich alle Dinge zum Besten dienen lassen. Ich glaube, daß Gott uns in jeder Notlage soviel Widerstandskraft geben will, wie wir brauchen. Aber er gibt sie nicht im voraus, damit wir uns nicht auf uns selbst, sondern allein auf ihn verlassen. In solchem Glauben müßte alle Angst vor der Zukunft überwunden sein. Ich glaube, daß auch unsere Fehler und Irrtümer nicht vergeblich sind, und daß es Gott nicht schwerer ist, mit ihnen fertig zu werden, als mit unseren vermeintlichen Guttaten. Ich glaube, daß Gott kein zeitloses Fatum ist, sondern daß er auf aufrichtige Gebete und verantwortliche Taten wartet und antwortet.

7. November

WENN UNSERE PLÄNE ZERBRECHEN

Wir sind aufgewachsen in der Erfahrung unserer Eltern und Großeltern, der Mensch könne und müsse sein Leben selbst planen, aufbauen und gestalten, es gebe ein Lebensziel, zu dem der Mensch sich zu entschließen und das er dann mit ganzer Kraft auszuführen habe und auch vermöge. Es ist aber unsere Erfahrung geworden, daß wir nicht einmal für den kommenden Tag zu planen vermögen, daß das Aufgebaute über Nacht zerstört wird und unser Leben im Unterschied zu dem unserer Eltern gestaltlos oder doch fragmentarisch geworden ist.

Ich kann trotzdem nur sagen, daß ich nicht in einer anderen Zeit leben wollte als in der unseren, auch wenn sie über unser äußeres Glück hinwegschreitet. Deutlicher als in anderen Zeiten erkennen wir, daß die Welt in den zornigen und gnädigen Händen Gottes ist. Bei Jeremia heißt es: „So spricht der Herr: siehe, was ich gebaut habe, das breche ich ab und was ich gepflanzt habe, das reute ich aus – und du begehrst dir große Dinge? Begehre es nicht! denn siehe, ich will Unglück kommen lassen über alles Fleisch. Aber deine Seele will ich dir zur Beute geben, wohin du ziehst" (45, 4-5). Wenn der Schöpfer selbst sein Werk zerstört, dürfen wir dann über die Zerstörung unserer Werke jammern?

Es wird nicht die Aufgabe unserer Generation sein, noch einmal „große Dinge zu begehren", sondern unsere Seele aus dem Chaos zu retten und zu bewahren und in ihr das einzige zu erkennen, das wir wie eine „Beute" aus dem brennenden Hause tragen. Wir werden unser Leben mehr zu tragen als zu gestalten haben, wir werden mehr hoffen als planen, mehr ausharren als vorausschreiten. Aber wir wollen euch Jüngeren, der neugeborenen Generation, die Seele bewahren, aus deren Kraft ihr ein neues und besseres Leben planen, aufbauen und gestalten sollt.

8. November

KEINE VERLORENEN JAHRE

Gestern hörte ich hier irgend jemand sagen, die letzten Jahre seien für ihn alle verlorene Jahre. Ich bin sehr froh, daß ich dieses Gefühl noch nie einen Augenblick gehabt habe; ich habe auch noch nie meine Entscheidung im Sommer 1939 bereut, sondern stehe ganz unter dem Eindruck, daß mein Leben – so merkwürdig das klingt – völlig geradlinig und ungebrochen verlaufen ist, jedenfalls was die äußere Führung des Lebens angeht. Es ist eine ununterbrochene Bereicherung der Erfahrung gewesen, für die ich wirklich nur dankbar sein kann. Wenn mein gegenwärtiger Status der Abschluß meines Lebens wäre, so hätte das einen Sinn, den ich zu verstehen glauben würde; andererseits könnte alles auch eine gründliche Vorbereitung für einen neuen Anfang sein, der ... durch den Frieden und durch eine neue Aufgabe bezeichnet wäre ...

Oft wundere ich mich, wie wenig ich, im Unterschied zu fast allen anderen hier, in vergangenen Fehlern wühle, also etwa auch in dem Gedanken, wenn ich dies oder jenes anders gemacht hätte, wäre heute vieles ganz anders. Das quält mich überhaupt nicht. Mein vergangenes Leben ist übervoll von Gottes Güte und über der Schuld steht die vergebende Liebe des Gekreuzigten. Am dankbarsten bin ich für die Menschen, denen ich begegnet bin, und ich wünsche nur, daß sie sich nie über mich betrüben müssen, sondern daß auch sie immer nur dankbar der Güte und Vergebung Gottes gewiß sind.

Nicht alle unsere Wünsche, aber alle seine Verheißungen erfüllt Gott, d. h. er bleibt der Herr der Erde, er erhält seine Kirche, er schenkt uns immer neuen Glauben, legt uns nicht mehr auf, als wir tragen können, macht uns seiner Nähe und Hilfe froh, erhört unsere Gebete und führt uns auf dem besten und geradesten Wege zu sich. Indem Gott dies gewiß tut, schafft er sich durch uns Lob.

9. November

IN VIELE DIMENSIONEN GLEICHZEITIG GESTELLT

... Es gibt kaum ein beglückenderes Gefühl, als zu spüren, daß man für andere Menschen etwas sein kann. Dabei kommt es gar nicht auf die Zahl, sondern auf die Intensität an. Schließlich sind eben die menschlichen Beziehungen doch einfach das Wichtigste im Leben. Gott selbst läßt sich von uns im Menschlichen dienen. Alles andere ist der Hybris sehr nahe.

Ich beobachte hier immer wieder, daß es so wenige Menschen gibt, die viele Dinge gleichzeitig in sich beherbergen können. Sie gehen an der Fülle des Lebens und an der Ganzheit einer eigenen Existenz vorbei; alles Objektive und Subjektive löst sich für sie in Bruchstücke auf. Demgegenüber stellt uns das Christentum in viele verschiedene Dimensionen des Lebens zu gleicher Zeit; wir beherbergen gewissermaßen Gott und die ganze Welt in uns. Wir weinen mit den Weinenden und freuen uns zugleich mit den Fröhlichen; wir bangen um unser Leben, aber wir müssen doch zugleich Gedanken denken, die uns viel wichtiger sind als unser Leben. Das Leben wird nicht in eine einzige Dimension zurückgedrängt, sondern es bleibt mehrdimensional-polyphon. Welch' eine Befreiung ist es, denken zu können und im Gedanken die Mehrdimensionalität aufrechtzuerhalten.

Wir Deutschen haben die Bedeutung der „Verhüllung", d. h. im Grunde den status corruptionis der Welt (Bedeutung des Sündenfalls) nie recht begriffen. Kant sagt einmal sehr gut in der Anthropologie: wer die Bedeutung des Scheins in der Welt verkenne und bestreite, der sei ein Hochverräter an der Menschheit. Nietzsche sagt: „Jeder tiefe Geist braucht eine Maske."

10. November

OPTIMISMUS ALS WILLE ZUR ZUKUNFT

Es ist klüger, pessimistisch zu sein: vergessen sind die Enttäuschungen und man steht vor den Menschen nicht blamiert da. So ist Optimismus bei den Klugen verpönt.

Optimismus ist in seinem Wesen keine Ansicht über die gegenwärtige Situation, sondern er ist eine Lebenskraft, eine Kraft der Hoffnung, wo andere resignieren, eine Kraft, den Kopf hoch zu halten, wenn alles fehlzuschlagen scheint, eine Kraft, Rückschläge zu ertragen, eine Kraft, die die Zukunft niemals dem Gegner läßt, sondern sie für sich in Anspruch nimmt. Es gibt gewiß auch einen dummen, feigen Optimismus, der verpönt werden muß. Aber den Optimismus als Willen zur Zukunft soll niemand verächtlich machen, auch wenn er hundertmal irrt; er ist die Gesundheit des Lebens, die der Kranke nicht anstecken soll.

Es gibt Menschen, die es für unernst, Christen, die es für unfromm halten, auf eine bessere irdische Zukunft zu hoffen und sich auf sie vorzubereiten. Sie glauben an das Chaos, die Unordnung, die Katastrophe als den Sinn des gegenwärtigen Geschehens und entziehen sich in Resignation oder frommer Weltflucht der Verantwortung für das Weiterleben, für den neuen Aufbau, für die kommenden Geschlechter. Mag sein, daß der jüngste Tag morgen anbricht, dann wollen wir gern die Arbeit für eine bessere Zukunft aus der Hand legen, vorher aber nicht.

Die Liebe Gottes und der Dienst der Kirche

11. November

AUF DER SEITE DER WELT GEGEN ALLE IHRE VERKLÄGER

Der Menschgewordene ist das unergründliche Geheimnis der Liebe Gottes zur Welt. Gott liebt den Menschen. Gott liebt die Welt. Nicht einen Idealmenschen, sondern den Menschen, wie er ist, nicht eine Idealwelt, sondern die wirkliche Welt. Was uns verabscheuungswürdig ist in seiner Widergöttlichkeit, wovon wir uns zurückziehen in Schmerz und Feindschaft, der wirkliche Mensch, die wirkliche Welt, das ist für Gott Grund unergründlicher Liebe. Während wir uns bemühen, über unser Menschsein hinauszuwachsen, den Menschen hinter uns zu lassen, wird Gott Mensch. Während wir unterscheiden zwischen Frommen und Gottlosen, Guten und Bösen, Edlen und Gemeinen, liebt Gott unterschiedslos den wirklichen Menschen. Er duldet es nicht, daß wir die Welt und die Menschen einteilen nach unseren Maßstäben und uns zu Richtern über sie aufwerfen. Gott tritt auf die Seite des wirklichen Menschen und der wirklichen Welt gegen alle ihre Verkläger. Er läßt sich mit den Menschen, mit der Welt verklagen und macht so seine Richter zu den Angeklagten.

Die Botschaft von der Menschwerdung Gottes greift eine Zeit, in der bei den Bösen wie bei den Guten die Menschenverachtung letzter Schluß der Weisheit ist, im Zentrum an. Im Sturm enthüllen sich die Schwächen der menschlichen Natur deutlicher als im stillen Fluß ruhiger Zeiten. Angst, Gier, Unselbständigkeit und Brutalität erweisen sich angesichts ungeahnter Bedrohungen und Chancen bei der überwältigenden Mehrzahl als die Triebfedern ihres Handelns. Der tyrannische Menschenverächter macht sich in solchem Zeitpunkt das Gemeine des menschlichen Herzens leicht zunutze. Der Gute aber, der das alles durchschaut, der sich angeekelt von den Menschen zurückzieht und sie sich selbst überläßt, erliegt doch derselben Versuchung zur Menschenverachtung wie der Böse. Seine Menschenverachtung ist zwar vornehmer, aufrichtiger, aber auch unfruchtbarer, tatenärmer. Vor der Menschwerdung Gottes kann sie ebensowenig bestehen wie die tyrannische Menschenverachtung.

Den wirklichen Menschen kennen und ihn nicht verachten, das ist allein durch die Menschwerdung Gottes möglich. Der Grund der Liebe Gottes zum Menschen liegt nicht im Menschen, sondern allein in Gott selbst.

12. November

GEGEN DAS AUSEINANDERREISSEN VON KIRCHE UND WELT

Es gibt nicht zwei Wirklichkeiten, sondern nur eine und das ist die in Christus offenbar gewordene Gotteswirklichkeit in der Weltwirklichkeit. An Christus teilhabend stehen wir zugleich in der Gotteswirklichkeit und in der Weltwirklichkeit. Die Wirklichkeit Christi faßt die Wirklichkeit der Welt in sich. Die Welt hat keine eigene von der Offenbarung Gottes in Christus unabhängige Wirklichkeit. Es ist eine Verleugnung der Offenbarung Gottes in Jesus Christus, „christlich" sein zu wollen, ohne die Welt in Christus zu sehen und zu erkennen. Es gibt daher nicht zwei Räume, sondern nur den einen Raum der Christusverwirklichung, in dem Gottes- und Weltwirklichkeit mit einander vereinigt sind. Die Welt, das Natürliche, das Profane, die Vernunft ist hier von vornherein in Gott hineingenommen, all dies existiert nicht „an und für sich", sondern es hat seine Wirklichkeit nirgends als in der Gotteswirklichkeit, in Christus.

Es gehört nun zum wirklichen Begriff des Weltlichen, daß es immer schon in der Bewegung des Angenommenseins und Angenommenwerdens von Gott in Christus gesehen wird. Wie in Christus die Gotteswirklichkeit in die Weltwirklichkeit einging, so gibt es das Christliche nicht anders als im Weltlichen, das „Übernatürliche" nur im Natürlichen, das Heilige nur im Profanen, das Offenbarungsmäßige nur im Vernünftigen.

Eine Welt, die für sich bestehend, dem Gesetz Christi entnommen ist, verfällt der Bindungslosigkeit und Willkür. Eine Christlichkeit, die sich der Welt entzieht, verfällt der Unnatur, der Unvernunft, dem Übermut und der Willkür.

13. November

FALSCHE UND RICHTIGE LIEBE ZUR WELT

Daß Gott die Welt in Christus geliebt und mit sich versöhnt hat, ist die zentrale Verkündigung des Neuen Testaments. In ihr ist vorausgesetzt, daß die Welt der Versöhnung mit Gott bedürftig, doch von sich aus nicht fähig ist. Die Annahme der Welt ist ein Wunder der göttlichen Barmherzigkeit. Darum ist das Verhältnis der Gemeinde zur Welt ganz und gar bestimmt durch das Verhältnis Gottes zur Welt.

Es gibt eine Liebe zur Welt, die Feindschaft gegen Gott ist (Jak 4, 4), weil sie am Wesen der Welt an sich und nicht aus der Liebe Gottes zur Welt entspringt. Die Welt „an sich", so wie sie sich selbst versteht und wie sie sich gegen die Wirklichkeit der ihr geltenden Liebe Gottes in Jesus Christus wehrt, ja diese verwirft, ist dem Gericht Gottes über alle Christusfeindschaft verfallen. Sie steht mit der Gemeinde im Kampf auf Leben und Tod.

Dennoch ist es der Auftrag und das Wesen der Gemeinde, gerade dieser Welt ihre Versöhnung mit Gott zuzusprechen und ihr die Wirklichkeit der Liebe Gottes zu enthüllen, gegen die sie blind wütet. So wird auch und gerade die verlorene und gerichtete Welt unaufhörlich in das Christusgeschehen hineingezogen.

14. November

GANZ CHRISTUS ANGEHÖREND, STEHEN WIR GANZ ZUR WELT

Es gibt kein wirkliches Christsein außerhalb der Wirklichkeit der Welt und keine wirkliche Weltlichkeit außerhalb der Wirklichkeit Jesu Christi. Es gibt keinen Rückzugsort des Christen von der Welt, weder äußerlich noch in der Sphäre der Innerlichkeit. Jeder Versuch, der Welt auszuweichen, muß früher oder später mit einem sündigen Verfall an die Welt bezahlt werden. Die Pflege einer von der Welt unberührten christlichen Innerlichkeit wird für die Augen des weltlichen Beobachters meist etwas Tragikomisches haben; denn die scharfsichtige Welt erkennt sich dort selbst am deutlichsten wieder, wo die christliche Innerlichkeit sie im Selbstbetrug am fernsten wähnt.

Wer sich zu der Wirklichkeit Jesu Christi als der Offenbarung Gottes bekennt, der bekennt sich im selben Atemzug zu der Wirklichkeit Gottes und zu der Wirklichkeit der Welt; denn er findet in Christus Gott und die Welt versöhnt. Eben darum aber ist der Christ auch nicht mehr der Mensch des ewigen Konflikts, sondern wie die Wirklichkeit in Christus eine ist, so ist er, der zu dieser Christuswirklichkeit gehört, auch selbst ein Ganzes. Seine Weltlichkeit trennt ihn nicht von Christus, und seine Christlichkeit trennt ihn nicht von der Welt. Ganz Christus angehörend, steht er zugleich ganz in der Welt.

15. November

»AN CHRISTUS MUSS ICH IMMERFORT DENKEN«

Meine in der letzten Zeit doch stark auf dem weltlichen Sektor liegende Tätigkeit gibt mir immer wieder zu denken. Ich wundere mich, daß ich tagelang ohne die Bibel lebe und leben kann – ich würde es dann nicht als Gehorsam, sondern als Autosuggestion empfinden, wenn ich mich dazu zwingen würde. Ich verstehe, daß solche Autosuggestion eine große Hilfe sein könnte und ist, aber ich fürchte, auf diese Weise eine echte Erfahrung zu verfälschen und letzten Endes doch nicht die echte Hilfe zu erfahren. Wenn ich dann wieder die Bibel aufschlage, ist sie mir neu und beglückend wie nie, und ich möchte nur einmal predigen. Ich weiß, daß ich nur meine eigenen Bücher aufzuschlagen brauche, um zu hören, was sich gegen dies alles sagen läßt. Ich will mich auch nicht rechtfertigen, sondern ich erkenne, daß ich „geistlich" viel reichere Zeiten gehabt habe. Aber ich spüre, wie in mir der Widerstand gegen alles „Religiöse" wächst. Ich bin keine religiöse Natur. Aber an Gott, an Christus muß ich immerfort denken, an Echtheit, an Leben, an Freiheit und Barmherzigkeit liegt mir sehr viel. Nur sind mir die religiösen Einkleidungen so unbehaglich. Das sind alles gar keine neuen Gedanken und Einsichten, aber da ich glaube, daß mir hier jetzt ein Knoten platzen soll, lasse ich den Dingen ihren Lauf und setze mich nicht zur Wehr. In diesem Sinne verstehe ich eben auch meine jetzige Tätigkeit auf dem weltlichen Sektor.

16. November

WIEVIEL RAUM BRAUCHT DIE KIRCHE?

Es gehört zur Offenbarung Gottes in Jesus Christus, daß sie Raum in der Welt einnimmt. Aber es wäre allerdings grundverkehrt, diesen Raum nun einfach empirisch zu deuten. Wenn Gott in Jesus Christus Raum in der Welt beansprucht – sei es nur in einem Stalle, weil „sonst kein Raum in der Herberge" (Lk 2, 7) war –, so faßt er in diesem engen Raum zugleich die ganze Wirklichkeit der Welt zusammen und offenbart ihren letzten Grund. So ist auch die Kirche Jesu Christi der Ort – d. h. der Raum in der Welt, an dem die Herrschaft Jesu Christi über die ganze Welt bezeugt und verkündigt wird. Dieser Raum der Kirche ist also nichts für sich selbst Bestehendes, sondern etwas immer schon weit über sich Hinausgreifendes, eben weil er nicht der Raum eines Kultvereins ist, der um seinen eigenen Bestand in der Welt zu kämpfen hätte, sondern weil er der Ort ist, an dem von der Begründung aller Wirklichkeit in Jesus Christus Zeugnis gegeben wird.

Die Kirche ist der Ort, wo bezeugt und ernst genommen wird, daß Gott die Welt in Christus mit sich selbst versöhnt hat, daß Gott die Welt so geliebt hat, daß er seinen Sohn für sie hingab. Der Raum der Kirche ist nicht dazu da, um der Welt ein Stück ihres Bereiches streitig zu machen, sondern gerade um der Welt zu bezeugen, daß sie Welt bleibe, nämlich die von Gott geliebte und versöhnte Welt. Es ist also nicht so, daß die Kirche ihren Raum über den Raum der Welt ausdehnen wollte oder müßte, sie begehrt nicht mehr Raum als sie braucht, um der Welt mit dem Zeugnis von Jesus Christus und von ihrer Versöhnung mit Gott durch ihn zu dienen. Die Kirche kann ihren eigenen Raum auch nur dadurch verteidigen, daß sie nicht um ihn, sondern um das Heil der Welt kämpft. Andernfalls wird die Kirche zur „Religionsgesellschaft", die in eigener Sache kämpft und damit aufgehört hat, Kirche Gottes und der Welt zu sein.

17. November

DIE SPRACHE, UNTER DER SICH DIE WELT ERNEUERN WIRD

Wir sind wieder ganz auf die Anfänge des Verstehens zurückgeworfen. Was Versöhnung und Erlösung, was Wiedergeburt und Heiliger Geist, was Feindesliebe, Kreuz und Auferstehung, was Leben in Christus und Nachfolge Christi heißt, das alles ist so schwer und so fern, daß wir es kaum mehr wagen, davon zu sprechen. In den überlieferten Worten und Handlungen ahnen wir etwas ganz Neues und Umwälzendes, ohne es noch fassen und aussprechen zu können. Das ist unsere eigene Schuld. Unsere Kirche, die in diesen Jahren nur um ihre Selbsterhaltung gekämpft hat, als wäre sie ein Selbstzweck, ist unfähig, Träger des versöhnenden und erlösenden Wortes für die Menschen und für die Welt zu sein. Darum müssen die früheren Worte kraftlos werden und verstummen, und unser Christsein wird heute nur in zweierlei bestehen: im Beten und im Tun des Gerechten unter den Menschen. Alles Denken, Reden und Organisieren in den Dingen des Christentums muß neugeboren werden aus diesem Beten und aus diesem Tun.

Die Gestalt der Kirche wird sich sehr verändern. Jeder Versuch, ihr vorzeitig zu neuer organisatorischer Machtentfaltung zu verhelfen, wird nur eine Verzögerung ihrer Umkehr und Läuterung sein. Es ist nicht unsere Sache, den Tag vorauszusagen – aber der Tag wird kommen –, an dem wieder Menschen berufen werden, das Wort Gottes so auszusprechen, daß sich die Welt darunter verändert und erneuert. Es wird eine neue Sprache sein, vielleicht ganz unreligiös, aber befreiend und erlösend, wie die Sprache Jesu, daß sich die Menschen über sie entsetzen und doch von ihrer Gewalt überwunden werden, die Sprache einer neuen Gerechtigkeit und Wahrheit, die Sprache, die den Frieden Gottes mit den Menschen und das Nahen seines Reiches verkündigt.

18. November

DIENEND TEILNEHMEN AN DEN AUFGABEN DER ZEIT

Die Kirche ist nur Kirche, wenn sie für andere da ist. Um einen Anfang zu machen, muß sie alles Eigentum den Notleidenden schenken. Die Pfarrer müssen ausschließlich von den freiwilligen Gaben der Gemeinden leben, evtl. einen weltlichen Beruf ausüben. Sie muß an den weltlichen Aufgaben des menschlichen Gemeinschaftslebens teilnehmen, nicht herrschend, sondern helfend und dienend. Sie muß den Menschen aller Berufe sagen, was ein Leben mit Christus ist, was es heißt, „für andere dazusein". Speziell wird unsere Kirche den Lastern der Hybris, der Anbetung der Kraft, des Neides und des Illusionismus als den Wurzeln alles Übels entgegentreten müssen. Sie wird von Maß, Echtheit, Vertrauen, Treue, Stetigkeit, Geduld, Zucht, Demut, Genügsamkeit, Bescheidenheit sprechen müssen. Sie wird die Bedeutung des menschlichen „Vorbildes" nicht unterschätzen dürfen; nicht durch Begriffe, sondern durch „Vorbild" bekommt ihr Wort Nachdruck und Kraft.

Ferner: Revision der „Bekenntnis"frage (Apostolikum). Was glauben wir wirklich, d. h. so, daß wir mit unserem Leben daran hängen? Es ist nicht gut, daß man sich immer wieder hinter den „Glauben der Kirche" verschanzt und nicht ganz ehrlich fragt und konstatiert, was man selbst eigentlich glaubt. Darum weht auch in der evangelischen Kirche nicht ganz freie Luft. Die Auskunft, es komme nicht auf mich, sondern auf die Kirche an, kann eine pfäffische Ausrede sein, und wird draußen immer so empfunden. Das ist alles sehr roh und summarisch gesagt. Aber es liegt mir daran, einmal den Versuch zu machen, einfach und klar gewisse Dinge auszusprechen, um die wir uns sonst gern herumdrücken.

Wir müssen alle offenbar werden

19. November

DER DOPPELTE IRRTUM

Denn wir müssen alle offenbar werden vor dem Richterstuhl Christi, auf daß ein jeglicher empfange, nach dem er gehandelt hat bei Leibesleben, es sei gut oder böse.

2. Korinther 5, 10

Wir haben uns mit einer doppelten Täuschung abgefunden, die es uns ermöglicht, mit einer gewissen Ruhe unser Leben zu führen. Die erste Täuschung besteht darin, daß wir meinen, das Vergangene, Geschehene versinke in den Abgrund der Vergessenheit und sei dadurch, daß die Zeit darüber hingestrichen ist, abgetan. Wir leben in dem Glauben an die Macht des Vergessens. Ewigkeit heißt Vergessen.

Die zweite Täuschung, von der wir leben, ist die, daß

wir Verborgenes und Offenbares, Geheimes und Öffentliches unterscheiden zu können meinen. Wir führen ein öffentliches, sichtbares Leben und daneben ein verborgenes Leben von Gedanken, Empfindungen, Hoffnungen, die kein anderer Mensch je erfährt, und es würde uns ein lähmender Schrecken überfallen, wenn wir wüßten, daß alle unsere Gedanken und Empfindungen auf einmal offenbar, jedermann sichtbar da lägen. Wir leben unter der selbstverständlichen Voraussetzung, daß Verborgenes verborgen bleibt.

Diese selbstverständlichen Voraussetzungen unseres Lebens werden uns zerstört: Ewigkeit ist nicht Vergessen, sondern Gedächtnis, ewiges Gedächtnis. Was auch immer in der Zeit geschieht, ist in alle Ewigkeit aufgehoben, es hinterläßt seine Spur in der Ewigkeit. Die Alten prägten dafür das Bild vom Buch des Lebens, in dem unser Leben eingezeichnet ist. Das weiße Blatt ist nun beschrieben. Es bleibt nichts vergessen. Ob wir vergessen oder nicht, Gott vergißt nicht.

Und das andere ist: Es gibt vor Gott keinen Unterschied zwischen Verborgenem und Geheimem. Vor Gott ist alles durchsichtig wie Licht. „Denn auch die Dunkelheit muß Licht sein vor dir", sagt der Psalmist (Psalm 139, 12). Weil Gott Licht, offenbar ist, darum müssen auch wir im Lichte und vor ihm offenbar sein. Darum gibt es vor Gott kein Geheimnis mehr. Darum ist das Ende aller Dinge die Enthüllung der Geheimnisse Gottes und des Menschen.

AUF WELCHEM WEG SIND WIR?

Der Weg ist schmal, der zum Leben führt; und wenige sind ihrer, die ihn finden. *Aus Matthäus 7, 13–14*

Der Weg der Nachfolgenden ist schmal. Leicht geht man an ihm vorüber, leicht verfehlt man ihn, leicht verliert man ihn, selbst wenn man ihn schon beschritten hat. Er ist schwer zu finden. Der Weg ist wahrhaftig schmal, der Absturz nach beiden Seiten bedrohlich. Die Wahrheit Jesu bezeugen und bekennen und doch den Feind dieser Wahrheit, seinen und unseren Feind, lieben mit der bedingungslosen Liebe Jesu Christi – das ist ein schmaler Weg. Der Verheißung Jesu glauben, daß die Nachfolgenden das Erdreich besitzen werden und doch dem Feind wehrlos begegnen, lieber Unrecht leiden als Unrecht tun – das ist ein schmaler Weg. Den anderen Menschen sehen und erkennen in seiner Schwäche, in seinem Unrecht, und ihn niemals richten, ihm die Botschaft ausrichten müssen und doch die Perlen niemals vor die Säue werfen – das ist ein schmaler Weg. Es ist ein unerträglicher Weg. Jeden Augenblick droht der Abfall.

Solange ich diesen Weg als den mir zum Gehen befohlenen erkenne und ihn in der Furcht vor mir selbst gehe, ist er in der Tat unmöglich. Sehe ich aber Jesus Christus vorangehen, Schritt für Schritt, sehe ich allein auf ihn und folge ihm, Schritt für Schritt, so werde ich auf diesem Wege bewahrt. Blicke ich auf die Gefährlichkeit meines Tuns, blicke ich auf den Weg anstatt auf den, der ihn mir selbst vorangeht, so ist mein Fuß schon im Gleiten. Er selbst ist ja der Weg. Er ist der schmale Weg und das enge Tor. Ihn allein gilt es zu finden. Wissen wir das, dann gehen wir auf dem schmalen Weg durch die enge Pforte des Kreuzes Jesu Christi zum Leben, dann wird uns gerade die Enge des Weges zur Gewißheit. Wie sollte der Weg des Sohnes Gottes auf Erden, den wir als Bürger zweier Welten am Rande zwischen Welt und Himmelreich zu gehen haben, auch ein breiter Weg sein? Der schmale Weg muß der rechte Weg sein.

21. November

MIT DER VERWIRRUNG WIRD AUCH DIE VEREINSAMUNG GRÖSSER

Sehet euch vor vor den falschen Propheten.

Aus Matthäus 7, 15–20

Mitten unter den Jüngern Jesu muß sich die Scheidung immer wieder vollziehen. Die Jünger sollen nicht meinen, sie könnten einfach der Welt entfliehen und nun ohne Gefahr in der kleinen Schar auf dem engen Wege bleiben.

Es werden falsche Propheten unter sie kommen, und mit der Verwirrung wird auch die Vereinsamung größer. Da steht einer neben mir, äußerlich ein Glied der Gemeinde, es steht ein Prophet, ein Prediger da, dem Schein, dem Wort und Werk nach ein Christ, aber innerlich treiben finstere Gründe ihn zu uns, innerlich ist er ein reißender Wolf, ist sein Wort Lüge und sein Werk Trug. Er weiß sein Geheimnis wohl zu bewahren, aber im Verborgenen treibt er sein dunkles Werk. Er ist unter uns, nicht weil der Glaube an Jesus Christus ihn zu uns getrieben hätte, sondern weil der Teufel ihn in die Gemeinde treibt. Er sucht vielleicht die Macht und den Einfluß, das Geld, den Ruhm aus eigenen Gedanken und Prophezeiungen. Er sucht die Welt, aber nicht den Herrn Christus. Er verbirgt sein dunkles Vorhaben im Gewande der Christlichkeit und weiß, daß die Christen ein leichtgläubiges Volk sind. Er rechnet darauf, daß er in seinem unschuldigen Kleid nicht entlarvt wird. Er weiß ja auch, daß es den Christen verboten ist zu richten, und wird sie zu rechter Zeit daran erinnern! Kein Mensch sieht ja dem anderen ins Herz. So verführt er viele vom rechten Weg. Vielleicht weiß er dies alles selbst nicht, vielleicht verschleiert der Teufel, der ihn treibt, ihm die Klarheit über sich selbst.

22. November

MAN KANN NICHT DAUERND IM SCHEIN LEBEN

An ihren Früchten sollt ihr sie erkennen.

Aus Matthäus 7, 16–20

Nun könnte solche Ankündigung Jesu („falsche Propheten") die Seinen in große Angst treiben. Wer kennt den anderen? Wer weiß, ob hinter dem christlichen Schein nicht die Lüge steckt und die Verführung lauert? Es könnte ein tiefes Mißtrauen, ein argwöhnisches Beobachten und ein ängstlicher Richtgeist in die Gemeinde einziehen. Es könnte ein liebloses Verurteilen jedes Bruders, der in Sünde fällt, auf dieses Wort Jesu hin eintreten. Aber Jesus befreit die Seinen von diesem Mißtrauen, das die Gemeinde zerreißen müßte. Er sagt: Der faule Baum bringt arge Früchte. Er muß sich von selbst zu erkennen geben zu seiner Zeit. Wir brauchen keinem ins Herz zu sehen. Warten sollen wir, bis der Baum seine Frucht bringt. An der Frucht unterscheidet ihr zu seiner Zeit die Bäume. Die Frucht aber kann nicht lange ausbleiben.

Es ist hier wohl nicht der Unterschied zwischen Wort und Werk der falschen Propheten gemeint, sondern der Unterschied zwischen Schein und Wirklichkeit. Jesus sagt uns, daß ein Mensch nicht lange im Schein leben kann. Es kommt die Zeit des Fruchttragens, es kommt die Zeit der Unterscheidung. Es wird früher oder später offenbar, wie es um ihn steht.

Jesus mutet es seinen Jüngern zu, in solchen Augenblicken Schein und Wirklichkeit klar zu unterscheiden und zu scheiden zwischen sich und den Scheinchristen. Das überhebt sie aller neugierigen Erforschung des anderen, aber es fordert Wahrhaftigkeit und Entschlossenheit, die fallende Entscheidung Gottes anzuerkennen. Es kann jeden Augenblick so weit sein, daß mitten unter uns die Scheinchristen von uns gerissen werden, daß wir als die Scheinchristen entlarvt dastehen. Damit sind die Jünger aufgerufen zu festerer Gemeinschaft mit Jesus, zu treuerer Nachfolge. Der faule Baum wird abgehauen und ins Feuer geworfen. Ihm hilft alle Pracht nichts.

23. November

BEKENNTNIS MIT ANSPRÜCHEN

Es werden nicht alle, die zu mir sagen: Herr, Herr! in das Himmelreich kommen, sondern die den Willen tun meines Vaters im Himmel. *Matthäus 7, 21*

Das Herr-Herr-Sagen ist das Bekenntnis der Gemeinde. Es wird nicht jeder, der dieses Bekenntnis spricht, ins Himmelreich kommen. Mitten durch die bekennende Gemeinde hindurch wird die Scheidung gehen. Niemand kann sich einmal auf sein Bekenntnis berufen. Daß wir Glieder der Kirche des rechten Bekenntnisses sind, ist kein Anspruch vor Gott. Wir werden nicht auf Grund dieses Bekenntnisses selig werden. Denken wir dies, so tun wir Israels Sünde, die aus der Gnade der Berufung ein Recht vor Gott machte. Wir sündigen so gegen die Gnade des Berufers.

Gott wird uns einmal nicht fragen, ob wir evangelisch gewesen sind, sondern ob wir seinen Willen getan haben. Die Grenzen der Kirche sind nicht die Grenzen eines Privilegs, sondern die der gnädigen Wahl und Berufung Gottes.

„Sagen" und „tun" – das ist hier nicht ohne weiteres als das Verhältnis von Wort und Tat gemeint. Vielmehr ist hier von zweierlei verschiedenem Verhalten des Menschen vor Gott gesprochen. Der „Herr-Herr-Sager" – das ist hier der Mensch, der auf Grund seines Jasagens einen Anspruch erhebt. „Der Täter" – das ist hier der im gehorsamen Tun Demütige. Jener ist der sich selbst durch sein Bekenntnis rechtfertigende, dieser, der Täter, der auf Gottes Gnade bauende, gehorsame Mensch. Hier wird also gerade das Reden des Menschen zum Korrelat seiner Selbstgerechtigkeit, das Tun aber zum Korrelat der Gnade. Jener Herr-Herr-Sager hat aus dem Ruf Jesu ein eigenes Recht gemacht. Dieser Täter des Willens Gottes ist gerufen, begnadigt, er gehorcht und folgt. Er versteht seinen Ruf nicht als Recht, sondern als Gericht und Begnadigung, als den Willen Gottes, dem allein er gehorchen will. Das Tun wird so die rechte Demut, der rechte Glaube, das rechte Bekenntnis zur Gnade des Berufers.

24. November

WENN NICHTS MEHR BLEIBT, BLEIBT DOCH SEIN WORT

Haben wir nicht in deinem Namen viele Taten getan?

Aus Matthäus 7, 22–23

Nun wird die Scheidung noch bis ins Letzte hinein vorgetrieben. Zuletzt sprechen nun solche, die bis hierher bestanden haben. Sie gehören zu den Tätern, aber nun berufen sie sich anstatt auf ihr Bekenntnis eben auf dieses ihr Tun. Sie haben Taten getan in Jesu Namen. Sie wissen, daß das Bekenntnis nicht rechtfertigt, darum sind sie hingegangen und haben durch Taten den Namen Jesu unter den Leuten groß gemacht. Nun treten sie vor Jesus hin und weisen auf dieses Tun.

Jesus offenbart seinen Jüngern hier die Möglichkeit eines dämonischen Glaubens, der sich auf ihn beruft, der wunderbare Taten, bis zur Unkenntlichkeit den Werken der wahren Jünger Jesu ähnlich, vollbringt, Werke der Liebe, Wunder, vielleicht gar Selbstheiligung, und der doch Jesus und seine Nachfolge verleugnet. Es ist nichts anderes, was Paulus im 13. Kapitel des 1. Korintherbriefes sagt, von jener Möglichkeit zu predigen, zu weissagen, alle Erkenntnisse zu haben, ja allen Glauben, also daß er Berge versetzt – doch ohne Liebe, d. h. ohne Christus, ohne den Heiligen Geist. Das ist die tiefste, unbegreiflichste Möglichkeit des Satanischen in der Gemeinde, die letzte Scheidung, die freilich erst geschieht am Jüngsten Tag. Aber sie wird eine endgültige sein.

Die Nachfolgenden aber müssen fragen, wo denn nun der letzte Maßstab dafür sei, wer von Jesus angenommen werde und wer nicht. Wer bleibt denn, und wer bleibt nicht? Die Antwort Jesu zu den letzten Verworfenen sagt alles: „Ich habe euch noch nie erkannt." Das allein ist die Frage, ob wir von Jesus erkannt sind oder nicht.

Woran sollen wir uns halten, wenn wir hören, wie Jesu Wort die Scheidung vollzieht zwischen Gemeinde und Welt und dann in der Gemeinde bis zum Jüngsten Tag, wenn uns nichts mehr bleibt, nicht unser Bekenntnis, nicht unser Gehorsam? Dann bleibt nur noch sein Wort: Ich habe dich erkannt. Dies ist sein ewiges Wort, sein ewiger Ruf. Wer sich in der Nachfolge an nichts hält und klammert als an dieses Wort, wer alles andere fahren läßt, den wird dieses Wort durch das letzte Gericht tragen. Sein Wort ist seine Gnade.

25. November

OHNE SEITENBLICK AUF DIE MITSCHULDIGEN

Die Kirche bekennt, ihre Verkündigung von dem einen Gott nicht offen und deutlich genug ausgerichtet zu haben. Sie bekennt ihre Furchtsamkeit, ihr Abweichen, ihre gefährlichen Zugeständnisse. Sie hat dadurch den Ausgestoßenen und Verachteten die schuldige Barmherzigkeit oftmals verweigert. Sie war stumm, wo sie hätte schreien müssen, weil das Blut der Unschuldigen zum Himmel schrie. Sie hat das rechte Wort in rechter Weise zu rechter Zeit nicht gefunden. Sie hat dem Abfall des Glaubens nicht bis aufs Blut widerstanden und hat die Gottlosigkeit der Massen verschuldet.

Die Kirche bekennt, den Namen Jesu Christi mißbraucht zu haben, indem sie sich seiner vor der Welt geschämt hat und dem Mißbrauch dieses Namens zu bösem Zweck nicht kräftig genug gewehrt hat: Sie hat es mit angesehen, daß unter dem Deckmantel des Namens Christi Gewalttat und Unrecht geschah.

Die Kirche bekennt sich schuldig an dem Verlust des Feiertags, an der Verödung ihrer Gottesdienste, an der Verachtung der sonntäglichen Ruhe. Sie hat sich an der Rastlosigkeit und Unruhe schuldig gemacht, weil ihre Predigt von Jesus Christus schwach und ihr Gottesdienst matt war.

Die Kirche bekennt, an dem Zusammenbruch der elterlichen Autorität schuldig zu sein. Der Verachtung des Alters und der Vergötterung der Jugend ist die Kirche nicht entgegengetreten aus Furcht, die Jugend und damit die Zukunft zu verlieren, als wäre ihre Zukunft die Jugend! So ist sie schuldig an der Zerstörung unzähliger Familien, an dem Verrat der Kinder an ihren Vätern und an der Selbstvergötterung der Jugend.

Die Kirche bekennt, die willkürliche Anwendung brutaler Gewalt, das leibliche und seelische Leiden unzähliger Unschuldiger, Unterdrückung, Haß und Mord gesehen zu haben, ohne ihre Stimme für sie zu erheben, ohne Wege gefunden zu haben, ihnen zu Hilfe zu eilen. Sie ist schuldig geworden am Leben der schwächsten und wehrlosesten Brüder Jesu Christi.

Die Kirche bekennt, kein wegweisendes und helfendes Wort gewußt zu haben zu der Auflösung aller Ordnung im Verhältnis der Geschlechter zueinander. Sie hat der Verhöhnung der Keuschheit und der Proklamation der geschlechtlichen Zügellosigkeit nichts Gültiges und Starkes entgegenzusetzen gewußt. Sie ist über eine gelegentliche moralische Entrüstung nicht hinausgekommen. Sie hat die Zugehörigkeit unseres Leibes zum Leib Jesu Christi nicht stark zu verkündigen gewußt.

Die Kirche bekennt, Beraubung und Ausbeutung der Armen, Bereicherung und Korruption der Starken stumm mitangesehen zu haben.

Die Kirche bekennt, schuldig geworden zu sein an den Unzähligen, deren Leben durch Verleumdung, Denunziation, Ehrabschneidung vernichtet worden ist. Sie hat den Verleumder nicht seines Unrechtes überführt und hat so den Verleumdeten seinem Geschick überlassen.

Die Kirche bekennt sich schuldig aller zehn Gebote, sie bekennt darin ihren Abfall von Christus. Sie hat die Wahrheit Gottes nicht so bezeugt, daß alles Wahrheitsforschen, alle Wissenschaft ihren Ursprung in dieser Wahrheit erkennt; sie hat die Gerechtigkeit Gottes nicht so verkündigt, daß alles wirkliche Recht in ihr die Quelle des eigenen Wesens sehen mußte; sie hat die Fürsorge Gottes nicht so glaubhaft zu machen vermocht, daß alles menschliche Wirtschaften von ihr aus seine Aufgabe in Empfang genommen hätte. Durch ihr eigenes Verstummen ist die Kirche schuldig geworden an dem Verlust an verantwortlichem Handeln, an Tapferkeit des Einstehens und Bereitschaft, für das als recht Erkannte zu leiden. Sie ist schuldig geworden an dem Abfall der Obrigkeit von Christus.

Ist das zu viel gesagt? Sollten hier einige ganz Gerechte sich erheben und beweisen wollen, daß nicht die Kirche, sondern gerade die anderen die Schuld träfe? Wollten etwa einige Kirchenmänner dies alles als grobe Beschimpfung von sich weisen und in der Anmaßung, berufener Richter der Welt zu sein, das Maß der Schuld hier und da wägen und zuteilen? War denn die Kirche nicht nach allen Seiten gehindert und gebunden? Stand nicht die ganze weltliche Gewalt gegen sie? Durfte denn die Kirche ihr Letztes, ihre Gottesdienste, ihr Gemeindeleben gefährden, indem sie den Kampf mit den antichristlichen Gewalten aufnahm? So spricht der Unglaube, der im Bekenntnis der Schuld nicht die Wiedergewinnung der Gestalt Christi, der die Sünde der Welt trug, sondern nur eine gefährliche moralische Degradierung erkennt.

Indem die Kirche die Schuld bekennt, entbindet sie die Menschen nicht von eigenem Schuldbekenntnis, sondern sie ruft sie in die Gemeinschaft des Schuldbekenntnisses hinein. Nur als von Christus gerichtete kann die abgefallene Menschheit vor Christus bestehen. Unter dieses Gericht ruft die Kirche alle, die sie erreicht.

Glaube — Hoffnung — Liebe

26. November

ER SIEHT STERBEN UND GLAUBT EWIGES LEBEN

Nun aber bleibt Glaube. *1. Korinther 13, 13*

Kein Mensch, keine Kirche kann leben von der Größe der eigenen Taten. Sie können allein leben von der großen Tat, die Gott selber getan hat, vom Kreuz Jesu Christi.

Das bedeutet aber, daß der Mensch vom Unsichtbaren leben muß, von einer Tat, die ungesehen, verborgen bleibt in der Welt. Er sieht Irrtum und er glaubt Wahrheit; er sieht Schuld und er glaubt Vergebung; er sieht Sterben und er glaubt ewiges Leben; er sieht nichts – und er glaubt die Tat und die Gnade Gottes: „Laß dir an meiner Gnade genügen, denn meine Kraft ist in den Schwachen mächtig" (2. Kor 12, 9).

Und so ist es mit der Kirche des Evangeliums. Sie lebt

nie und nimmer von ihrer Tat, auch nicht von ihrer Liebestat, sondern sie lebt von dem, was sie nicht sieht und doch glaubt: Sie sieht Bedrängnis und sie glaubt Errettung; sie sieht Irrlehre und sie glaubt Gottes Wahrheit; sie sieht Verrat am Evangelium und sie glaubt die Treue Gottes. Die Kirche des Evangeliums ist niemals die sichtbare Gemeinschaft der Heiligen, sondern die Sünderkirche, die gegen allen Schein die Gnade glaubt und von ihr allein lebt. „Heraus aus der Kirche, wer ein Heiliger sein will", hat Luther einmal gerufen. Sünderkirche – Gnadenkirche – Glaubenskirche – das ist es.

Nun aber bleibt Glaube – weil er von Gott und von Gott allein lebt. Es gibt nur eine Sünde, und die heißt, ohne Glauben zu leben.

27. November

DER MENSCH WÄCHST MIT SEINER HOFFNUNG

Nun aber bleibt Hoffnung. *1. Korinther 13, 13*

Ein Glaube, der sich an das Unsichtbare hält und von ihm lebt, als wäre es schon, hofft zugleich auf die Zeit der Erfüllung, des Schauens und Habens. Er hofft darauf so gewiß, wie das hungrige Kind, dem der Vater Brot versprochen hat, wohl eine Zeitlang warten kann, weil es glaubt, aber doch endlich das Brot empfangen will. Oder wie der Musikhörer wohl einem dunklen Ineinander von Disharmonien willig folgt, aber doch in der Gewißheit, daß sich diese Disharmonien auch wieder lösen müssen. Oder wie der Kranke eine bittre Arznei nimmt, damit der Schmerz endlich von ihm genommen werde. Ein Glaube, der nicht hofft, ist krank. Er ist wie ein hungriges Kind, das nicht essen oder ein müder Mensch, der nicht schlafen will. So gewiß der Mensch glaubt, so gewiß hofft er. Und es ist keine Schande zu hoffen, grenzenlos zu hoffen. Wer wollte auch von Gott reden, ohne zu hoffen, ihn einmal zu schauen? Wer wollte vom Frieden und von der Liebe unter den Menschen reden, ohne sie einmal in Ewigkeit erleben zu wollen? Wer wollte von einer neuen Welt und einer neuen Menschheit reden, ohne zu hoffen, daß er an ihr teilhaben werde?

Und warum sollen wir uns unserer Hoffnung schämen? Nicht unserer Hoffnungen werden wir uns einstmals zu schämen haben, sondern unserer ärmlichen und ängstlichen Hoffnungslosigkeit, die Gott nichts zutraut, die in falscher Demut nicht zugreift, wo Gottes Verheißungen ihr gegeben sind, die resigniert in diesem Leben und sich nicht freuen kann auf Gottes ewige Macht und Herrlichkeit. Wir heißen euch hoffen! Hoffnung läßt nicht zuschanden werden. Je mehr ein Mensch zu hoffen wagt, desto größer wird er mit seiner Hoffnung. Der Mensch wächst mit seiner Hoffnung – wenn es nur die Hoffnung auf Gott und seine alleinige Macht ist. Diese Hoffnung bleibt.

28. November

AM ENDE MUSS ALLES LIEBE WERDEN

Aber die Liebe ist die größte unter ihnen.

1. Korinther 13, 13

Noch einmal klingt es nach aus den ersten Versen des Kapitels: „Und wenn ich allen Glauben hätte, also daß ich Berge versetzte – und hätte der Liebe nicht, so wäre ich nichts".

Was kann größer sein, als ein Leben im Glauben vor Gott und in der Hoffnung zu ihm hin zu leben? Größer ist die Liebe, die in Gott lebt. „Wer in der Liebe bleibt, der bleibt in Gott." – Was ist größer als die Demut des Glaubens, die den unendlichen Abstand des Schöpfers vom Geschöpf nie vergißt; als die Zuversicht der Hoffnung, die sich nach dem Kommen Gottes und dem Schauen seiner Herrlichkeit sehnt? Größer ist die Liebe, die hier schon seiner Nähe und Gegenwart überall gewiß ist, die an seiner Liebe hängt und weiß, daß seine Liebe nichts will als unsere Liebe. – Was ist größer als der Glaube, der sein Heil in Christus festhält und von ihm gerechtfertigt wird; als die Hoffnung, die sich Stunde um Stunde auf Christus freut? Größer ist die dienende Liebe, die für die anderen alles vergißt, die sogar das eigene Heil hergibt, um es den Brüdern zu bringen. „Denn wer sein Leben verliert um meinetwillen, der wird's finden."

Es bleiben Glaube und Hoffnung. Daß nicht einer meine, er könne die Liebe haben ohne den Glauben und ohne Hoffnung. Liebe ohne Glaube ist wie der Strom ohne Quelle. Das hieße ja, er könnte die Liebe haben ohne Christus. Der Glaube allein rechtfertigt vor Gott, die Hoffnung richtet uns auf die Zukunft hin, die Liebe vollendet.

Glaube und Hoffnung gehen in die Ewigkeit ein in der verwandelten Gestalt der Liebe. Es muß am Ende alles Liebe werden. Vollendung heißt Liebe. Aber das Zeichen der Vollendung in dieser Welt heißt Kreuz. Das ist der Weg, den die vollendete Liebe in dieser Welt gehen muß und immer wieder gehen wird.

Wir reden hier von Dingen, nach denen die Welt sich sehnt. Die tausendmal betrogene und enttäuschte Menschheit braucht Glauben, die wunde und leidende Menschheit braucht Hoffnung, die in Zwietracht und Mißtrauen zerfallene Menschheit braucht Liebe. Sie will von uns lernen, auf's neue zu glauben, zu hoffen, zu lieben.

Christus — unser Leben

29. November

VON FURCHTBAREM VERLUST ZU DEMÜTIGEM VERZICHT

Wie soll ich Ihnen sagen, was mich in diesen letzten Tagen bewegt hat und wie Ihr Schmerz mir selbst weh tut und wie ich Gott darum bitte, Ihnen jetzt zum rechten Tragen und Überwinden zu helfen? Ich will jetzt nichts darüber sagen, was Gerhards Tod für mich persönlich bedeutet. Was Gerhard mir gewesen ist, habe ich mit sehr schwachen Worten versucht, im Brief an Ihre Schwiegereltern zu sagen. Wenn ich an Sie denke, so verschwindet alles persönliche Leid hinter dem Übermaß, das Ihnen aufgebürdet worden ist. Nun sind die allerersten Tage des Schreckens und der Fassungslosigkeit vorüber. Wir begreifen, daß es wirklich so ist, daß wir Gerhard nicht wiedersehen werden, und die Frage taucht in uns auf, wie wir uns nun zu diesem Verlust stellen sollen, wie wir ihn verwinden sollen. Aber schon indem wir so fragen, spüren wir den inneren Widerstand. Wir wollen diesen Schmerz gar nicht verwinden; wenn wir Gerhard schon nicht lebend mehr haben dürfen, so wollen wir ihn wenigstens in unserem Schmerz behalten. Und doch dürfen wir so nicht denken. Es ist ein Aufruhr gegen Gottes Tun. Wir müssen Gerhard hergeben, wir müssen den großen Schmerz überwinden, so schwer es uns wird. Wir könnten auch anders nicht weiterleben, ohne mit Gott, mit den Menschen und schließlich mit uns selbst zu zerfallen. Dann aber wäre das Geschenk, das Gott uns eine kleine Zeit lang mit Gerhards Leben gemacht hat, uns schließlich zum Unsegen statt zum Segen geworden. Auch wenn Ihnen jetzt das Leben gleichgültig und ganz leer geworden ist, wenn Ihnen Ihr Leben zerstört erscheinen will – und wer wollte das menschlich nicht begreifen? –, so ist auch Ihr Leben von Gott und hat sein Ziel allein in Gott, und so will und kann Gott allein Ihrem Leben wieder Sinn und Reichtum geben. Das aber kann ja nur geschehen, wenn Sie sich jetzt wirklich und von ganzem Herzen Gott und seinem unbegreiflichen Willen überlassen, wenn nun aus dem furchtbaren Verlust ein williger und demütiger Verzicht wird, wenn aus dem Aufbegehren des ganzen Wesens eine freie Selbstverleugnung wird, wenn Sie aus Liebe zu Gott sich selbst vergessen, ganz selbstlos werden und so für Gott und für Ihre Mitmenschen frei und offen werden.

30. November

BEREIT GEMACHT FÜR DEN TOD DURCH TÄGLICHES STERBEN

Der Tod ist wieder mitten unter uns getreten, und wir müssen uns, ob wir wollen oder nicht, Gedanken über ihn machen. Zweierlei ist mir in der letzten Zeit dabei wichtig geworden: der Tod ist außerhalb unser selbst und er ist in uns. Der Tod von außen ist der schreckliche Feind, der an uns herantritt, wann er will. Er ist der Sensenmann, unter dessen Schlag die Blume abfällt. Er lenkt die Kugel, daß sie trifft. Wir können nichts wider ihn, „hat Gewalt vom höchsten Gott". Er ist der Tod des ganzen Menschengeschlechts, Gottes Zorn und Ende alles Lebens.

Aber das andere ist der Tod in uns, er ist unser eigener Tod. Auch er liegt in uns seit Adams Fall. Aber er gehört uns selbst zu. Wir sterben ihn in Jesus Christus täglich oder wir verweigern ihn. Dieser Tod in uns hat mit der Liebe zu Christus und den Menschen etwas zu tun. Wir sterben ihn, wenn wir Christus und die Brüder von Herzen lieben; denn lieben heißt, sich dem ganz hingeben, den man liebt. Dieser Tod ist Gnade und ist Vollendung des Lebens. Daß wir diesen Tod sterben, daß es uns geschenkt wird, daß uns der Tod von außen erst antrifft, wenn wir durch diesen eigenen Tod für ihn bereit gemacht sind, das darf unser Gebet sein; dann ist unser Tod wirklich nur der Durchgang zur vollendeten Liebe Gottes.

Es gibt Zeiten, in denen uns alles Wirkliche so rätselhaft ist und so bedrängt, daß uns jedes direkte Wort das Geheimnis Gottes zu zerstören scheint, daß wir nur noch andeutend von letzten Dingen sprechen und sprechen hören wollen. Alles, was wir über unseren Glauben zu sagen vermögen, scheint dann so matt und leer gegenüber dem Wirklichen, das wir erleben und hinter dem wir ein unaussprechliches Geheimnis glauben. Darin kann etwas sehr Echtes liegen, wenn nur in uns ein Wort, nämlich der Name Jesus Christus, nicht erlischt. Dieser Name bleibt das eine Wort, um das all unsere Worte kreisen. In diesem Wort allein liegt Klarheit und Kraft. „In meines Herzens Grunde dein Nam' und Kreuz allein funkelt all Zeit und Stunde, drauf will ich fröhlich sein."

1. Dezember

GLAUBWÜRDIG GEMACHTE FREUDE

Ewige Freude wird über ihrem Haupte sein. *Jesaja 35, 10*

Wie sollen wir den freudlos und mutlos Gewordenen helfen können, wenn wir nicht selbst von Mut und Freude getragen sind? Nichts Gemachtes, Erzwungenes, sondern etwas Geschenktes, Freies ist da gemeint. Bei Gott wohnt die Freude und von ihm kommt sie herab und ergreift Geist, Seele und Leib, und wo diese Freude einen Menschen gefaßt hat, dort greift sie um sich, dort reißt sie mit, dort sprengt sie verschlossene Türen. Es gibt eine Freude, die von Schmerz, Not und Angst des Herzens gar nichts weiß; sie hat keinen Bestand, sie kann nur für Augenblicke betäuben. Die Freude Gottes ist durch die Armut der Krippe und die Not des Kreuzes gegangen; darum ist sie unüberwindlich, unwiderleglich. Sie leugnet nicht die Not, wo sie da ist, aber sie findet mitten in, gerade in ihr, Gott; sie bestreitet nicht die ernste Sünde, aber sie findet gerade so die Vergebung; sie sieht dem Tod ins Auge, aber sie findet gerade in ihm das Leben. Um diese Freude, die überwunden hat, geht es. Sie allein ist glaubwürdig, sie allein hilft und heilt.

Manche von uns leiden sehr darunter, daß sie gegen so viel Leiden, wie es diese Kriegsjahre mit sich bringen, innerlich abstumpfen. Neulich sagte einer zu mir: Ich bete täglich darum, daß ich nicht stumpf werde. Das ist gewiß ein gutes Gebet. Und doch, wir müssen uns davor hüten, uns selbst mit Christus zu verwechseln. Christus erlitt alles Leiden und alle Schuld der Menschen selbst in vollem Maße, ja darin war er Christus, daß er und er allein alles ertrug. Aber Christus konnte mitleiden, weil er zugleich aus dem Leiden erlösen konnte.

Wir sind nicht berufen, uns die Leiden der ganzen Welt aufzubürden. Das Mitleiden-wollen aus eigener Kraft muß, zu Boden gedrückt, zur Resignation werden. Wir sind nur berufen, voller Freude auf den zu sehen, der in Wirklichkeit mitlitt und der Erlöser wurde. Voller Freude dürfen wir es glauben, daß einer da war, da ist, dem kein menschliches Leid und keine menschliche Sünde fremd ist und in tiefster Liebe unsere Erlösung vollbracht hat.

Ist der König nicht bei dir?

2. Dezember

ZUM GREIFEN NAHE

Warum schreist du denn jetzt so laut? Ist der König nicht bei dir? *Micha 4, 9*

So spricht Gott, der Herr. Er hört ein Geschrei auf Erden; es kommt von seiner Gemeinde. Es ist ein Geschrei um Hilfe, um Rettung, nicht nur in den äußeren Nöten, die die Gemeinde betroffen haben, sondern auch um Rettung aus den Sünden, aus der Übermacht des Teufels, aus der Verdammnis durch das Gesetz, ein Schreien um Gerechtigkeit, Heiligung, Sieg und Überwindung. Ist das nicht ein rechtes Schreien der Gemeinde? Und doch – wie seltsam – Gott hat kein Gefallen daran.

Ihr wollt Buße tun; ihr stellt euch unter Gottes heilige Gebote; ihr fangt an, euch Vorwürfe zu machen; ja ihr empört euch gegen die Gewalt der Sünde, die ihr in eurem bisherigen Leben habt erfahren müssen. Warum werden wir so gar nicht mit uns fertig? Sind wir überhaupt noch Christen? Glauben wir überhaupt? Und nun folgt einer der zahllosen Anläufe und Anfänge, die wir in unserem Leben schon hinter uns haben. Diesmal muß es gelingen. Es darf nicht so weitergehen. Gott wird helfen, von heute, von morgen an. Das kann ein lautes Schreien des Herzens um neues Leben, um Gerechtigkeit und Heiligkeit sein. Und doch hat Gott an dieser Buße kein Gefallen; denn es ist eine Buße aus dem eigenen trotzigen und verzagten Herzen, aus Stolz und Verzweiflung, aus Unzufriedenheit und neuen Vorsätzen. Diese Buße aber kann dich nur tiefer in Sünde und Not hineintreiben; dem neuen Anfang wird neues Versagen folgen und dein Schreien wird noch lauter und noch gottloser werden.

„Ist denn der König nicht bei dir?" Ja, er ist bei dir und mit ihm alle Hilfe, nach der du verlangst. Er hat sie dir gebracht. Schreie nicht so, als sei die Hilfe fern. Sie ist ganz nah, zum Greifen nah. Der König ist bei dir und hat das alles gebracht und geschenkt, den Frieden und die Gerechtigkeit und die Reinheit und die Wahrheit.

Du wolltest wissen, wie es endlich anders wird mit dir, wie du endlich mit dir selbst und deiner Sünde fertig wirst? Anders kann es mit dir nur werden, wenn du heute erkennst, daß dein König bei dir ist. Fertig mit dir und deiner Sünde wird keiner als dein König Jesus Christus. Er ist schon längst mit dir auf dem Wege zu seinem Königreich.

3. Dezember

ER WILL DICH SEHEN, WIE DU BIST

Bekennet einer dem andern seine Sünden.

Jakobus 5, 16

Wer mit seinem Bösen allein bleibt, der bleibt ganz allein. Es kann sein, daß Christen trotz aller Gemeinschaft allein gelassen bleiben, weil sie zwar als Gläubige, als Fromme Gemeinschaft miteinander haben, aber nicht als die Unfrommen, als die Sünder. Die fromme Gemeinschaft erlaubt es ja keinem, Sünder zu sein. Darum muß jeder seine Sünde vor sich selbst und vor der Gemeinschaft verbergen. Unausdenkbar das Entsetzen vieler Christen, wenn auf einmal ein wirklicher Sünder unter die Frommen geraten wäre. Darum bleiben wir mit unserer Sünde allein, in der Lüge und der Heuchelei; denn wir sind nun einmal Sünder.

Es ist aber die Gnade des Evangeliums, daß es uns in die Wahrheit stellt und sagt: Du bist ein Sünder, ein großer heilloser Sünder und nun komm als dieser Sünder, der du bist, zu deinem Gott, der dich liebt. Er will dich so, wie du bist. Gott ist zu dir gekommen, um den Sünder selig zu machen. Freue dich! Diese Botschaft ist Befreiung durch Wahrheit. Vor Gott kannst du dich nicht verbergen. Vor ihm nützt die Maske nichts, die du vor den Menschen trägst. Er will dich sehen, wie du bist, und er will dir gnädig sein. Du brauchst dich selbst und deinen Bruder nicht mehr zu belügen, als wärest du ohne Sünde, du darfst ein Sünder sein, danke Gott dafür; denn er liebt den Sünder, aber er haßt die Sünde.

Christus wurde unser Bruder im Fleisch, damit wir ihm glaubten. In ihm war die Liebe Gottes zu dem Sünder gekommen. Vor ihm durften die Menschen Sünder sein und nur so wurde ihnen geholfen. Aller Schein hatte vor Christus ein Ende. Das Elend des Sünders und die Barmherzigkeit Gottes, das war die Wahrheit des Evangeliums in Jesus Christus. In dieser Wahrheit sollte seine Gemeinde leben. Darum gab er den Seinen die Vollmacht, das Bekenntnis der Sünde zu hören und die Sünde in seinem Namen zu vergeben.

4. Dezember

GEHE ICH ZUM BRUDER, SO GEHE ICH ZU GOTT

Welchen ihr die Sünden vergebt, denen sind sie vergeben, welchen ihr sie behaltet, denen sind sie behalten.

Johannes 20, 23

Damit hat Christus uns die Gemeinde und in ihr den Bruder zur Gnade gemacht. Er steht nun an Christi Statt. Vor ihm brauche ich nicht mehr zu heucheln. Vor ihm allein in der ganzen Welt darf ich der Sünder sein, der ich bin; denn hier regiert die Wahrheit Jesu Christi und seine Barmherzigkeit. Christus wurde unser Bruder, um uns zu helfen; nun ist durch ihn unser Bruder für uns zum Christus geworden in der Vollmacht seines Auftrages. Der Bruder steht vor uns als ein Zeichen der Wahrheit und der Gnade Gottes. Er ist uns zur Hilfe gegeben. Er hört unser Sündenbekenntnis an Christi Statt, und er vergibt uns unsere Sünde an Christi Statt. Er bewahrt das Geheimnis unserer Beichte, wie Gott es bewahrt. Gehe ich zur brüderlichen Beichte, so gehe ich zu Gott.

5. Dezember

DIE LETZTE FESTUNG PREISGEGEBEN

In der Beichte geschieht der Durchbruch zur Gemeinschaft. Die Sünde will mit dem Menschen allein sein. Sie entzieht ihn der Gemeinschaft. Je einsamer der Mensch wird, desto zerstörender wird die Macht der Sünde über ihn, und je tiefer wieder die Verstrickung, desto heilloser die Einsamkeit. Sünde will unerkannt bleiben. Sie scheut das Licht. Im Dunkel des Unausgesprochenen vergiftet sie das ganze Wesen des Menschen. Das kann mitten in der frommen Gemeinschaft geschehen.

In der Beichte bricht das Licht des Evangeliums in die Finsternis und Verschlossenheit des Herzens hinein. Die Sünde muß ans Licht. Das Unausgesprochene wird offen gesagt und bekannt. Alles Heimliche und Verborgene kommt nun an den Tag. Es ist ein harter Kampf, bis die Sünde im Geständnis über die Lippen kommt. Aber Gott zerbricht eherne Türen und eiserne Riegel (Ps 107, 16). Indem das Sündenbekenntnis im Angesicht des christlichen Bruders geschieht, wird die letzte Festung der Selbstrechtfertigung preisgegeben. Der Sünder liefert sich aus, er gibt all sein Böses hin, er gibt sein Herz Gott, und er findet die Vergebung aller seiner Sünde in der Gemeinschaft Jesu Christi und des Bruders.

Die ausgesprochene, bekannte Sünde hat alle Macht verloren. Sie ist als Sünde offenbar geworden und gerichtet. Sie vermag die Gemeinschaft nicht mehr zu zerreißen. Nun trägt die Gemeinschaft die Sünde des Bruders. Er ist mit seinem Bösen nicht mehr allein, sondern er hat sein Böses mit der Beichte „abgelegt", Gott hingegeben. Es ist ihm abgenommen. Nun steht er in der Gemeinschaft der Sünder, die von der Gnade Gottes im Kreuze Jesu Christi leben. Nun darf er Sünder sein und doch der Gnade Gottes froh werden. Er darf seine Sünden bekennen und gerade darin erst Gemeinschaft finden.

Die verborgene Sünde trennte ihn von der Gemeinschaft, machte alle scheinbare Gemeinschaft unwahr, die bekannte Sünde half ihm zur wahren Gemeinschaft mit den Brüdern in Jesus Christus.

6. Dezember

HEILSAME DEMÜTIGUNG

In der Beichte geschieht der Durchbruch zum Kreuz. Die Wurzel aller Sünde ist der Hochmut, die superbia. Ich will für mich sein, ich habe ein Recht auf mich selbst, auf meinen Haß und meine Begierde, auf mein Leben und auf meinen Tod.

Die Beichte vor dem Bruder ist tiefste Demütigung, sie tut weh, sie macht gering, sie schlägt den Hochmut furchtbar nieder. Vor dem Bruder als Sünder dazustehen ist kaum zu ertragende Schmach. Im Bekenntnis konkreter Sünden stirbt der alte Mensch unter Schmerzen einen schmachvollen Tod vor den Augen des Bruders.

Weil diese Demütigung so schwer ist, meinen wir immer wieder, der Beichte vor dem Bruder ausweichen zu können. Unsere Augen sind so verblendet, daß sie die Verheißung und die Herrlichkeit solcher Erniedrigung nicht mehr sehen. Es ist ja kein anderer als Jesus Christus selbst, der den Schandtod des Sünders an unserer Stelle in aller Öffentlichkeit erlitten hat. Er schämte sich nicht, als Übeltäter für uns gekreuzigt zu werden, und es ist ja nichts anderes als unsere Gemeinschaft mit Jesus Christus, die uns in das schmachvolle Sterben der Beichte hineinführt, damit wir in Wahrheit teilhaben an seinem Kreuz. Das Kreuz Jesu Christi macht allen Hochmut zunichte.

Wir können das Kreuz Jesu nicht finden, wenn wir uns scheuen dorthin zu gehen, wo er sich finden läßt. In der Beichte brechen wir durch zur echten Gemeinschaft des Kreuzes Jesu Christi, in der Beichte bejahen wir unser Kreuz. In dem tiefen geistlich-leiblichen Schmerz der Demütigung vor dem Bruder, das heißt ja: vor Gott, erfahren wir das Kreuz Jesu als unsere Rettung und Seligkeit. Der alte Mensch stirbt, aber über ihn hat Gott gesiegt. Nun haben wir teil an der Auferstehung Christi und am ewigen Leben.

7. Dezember

ALLES NEU GEWORDEN

In der Beichte geschieht der Durchbruch zum neuen Leben. Wo Sünde gehaßt, bekannt und vergeben ist, dort ist der Bruch mit der Vergangenheit vollzogen. „Das Alte ist vergangen." Wo aber mit der Sünde gebrochen ist, dort ist Bekehrung. Beichte ist Bekehrung. „Siehe, es ist alles neu geworden" (2. Kor 5, 17). Christus hat einen neuen Anfang mit uns gemacht. Wie die ersten Jünger auf Jesu Ruf alles hinter sich ließen und ihm nachfolgten, so gibt der Christ in der Beichte alles hin und folgt nach. Beichte ist Nachfolge. Das Leben mit Jesus Christus und seiner Gemeinde hat angefangen. „Wer seine Missetat leugnet, dem wird es nicht gelingen. Wer sie aber bekennt und läßt, der wird Barmherzigkeit erlangen" (Spr 28, 13). In der Beichte fängt der Christ an, seine Sünde zu lassen. Ihre Herrschaft ist gebrochen. Von nun an erficht der Christ Sieg um Sieg. Was in der Taufe an uns geschah, das wird uns in der Beichte neu geschenkt. Wir sind errettet aus der Finsternis ins Reich Jesu Christi hinein. Das ist Freudenbotschaft. Die Beichte ist die Erneuerung der Tauffreude. „Den Abend lang währt das Weinen, aber des Morgens ist Freude" (Ps 30, 6).

8. Dezember

SELBSTVERGEBUNG?

In der Beichte geschieht der Durchbruch zur Gewißheit. Woran liegt es, daß uns oft das Sündenbekenntnis vor Gott leichter wird als vor dem Bruder? Gott ist heilig, ein gerechter Richter des Bösen und ein Feind alles Ungehorsams. Der Bruder aber ist wie wir, er kennt die Nacht der heimlichen Sünde aus eigener Erfahrung. Sollten wir nicht den Weg zum Bruder leichter finden als zum heiligen Gott?

Steht es bei uns aber anders, so müssen wir uns fragen, ob wir uns mit unserem Sündenbekenntnis vor Gott nicht oftmals selbst getäuscht haben, ob wir nicht vielmehr uns selbst unsere Sünden bekannten und sie uns auch selbst vergaben? Hat nicht die Kraftlosigkeit unseres christlichen Gehorsams vielleicht eben darin ihren Grund, daß wir aus einer Selbstvergebung und nicht aus der wirklichen Vergebung unserer Sünde leben? Selbstvergebung kann niemals zum Bruch mit der Sünde führen, das kann nur das richtende und begnadigende Wort Gottes selbst. Wer schafft uns hier Gewißheit, daß wir es im Bekenntnis und in der Vergebung unserer Sünden nicht mit uns selbst zu tun haben, sondern mit dem lebendigen Gott?

Diese Gewißheit schenkt uns Gott durch den Bruder. Der Bruder zerreißt den Kreis der Selbsttäuschung. Wer vor dem Bruder seine Sünden bekennt, der weiß, daß er hier nicht mehr bei sich selbst ist, der erfährt in der Wirklichkeit des andern die Gegenwart Gottes. Solange ich im

Bekenntnis meiner Sünden bei mir selbst bin, bleibt alles im Dunkeln. Weil aber die Sünde einmal doch ans Licht muß, darum ist es besser, es geschieht heute zwischen mir und dem Bruder, als daß es am letzten Tag in der Helle des jüngsten Gerichtes geschehen muß. Es ist Gnade, daß wir dem Bruder unsere Sünden bekennen dürfen. Es ist Verschonung vor den Schrecken des letzten Gerichtes. Dazu ist mir der Bruder gegeben, daß ich durch ihn schon hier der Wirklichkeit Gottes gewiß werde in seinem Gericht und in seiner Gnade.

9. Dezember

ANGEBOT GÖTTLICHER HILFE

Die Beichte ist kein Gesetz, sondern sie ist ein Angebot göttlicher Hilfe für den Sünder. Es kann sein, daß einer ohne die brüderliche Beichte zur Gewißheit, zum neuen Leben, zum Kreuz und zur Gemeinschaft durchbricht durch Gottes Gnade. Es könnte ja sein, daß einer den Zweifel an der Vergebung und an seinem Sündenbekenntnis niemals kennenlernt, daß ihm in der einsamen Beichte vor Gott alles geschenkt wird. Wir haben hier für die gesprochen, die das von sich nicht bekennen können. Luther selbst gehörte zu denen, die sich ihr christliches Leben ohne die brüderliche Beichte nicht mehr denken konnten. Im Großen Katechismus hat er gesagt: „Darum, wenn ich zur Beichte vermahne, so vermahne ich dazu, ein Christ zu sein."

Denen, die trotz allen Suchens und Mühens die große Freude der Gemeinschaft, des Kreuzes, des neuen Lebens und der Gewißheit nicht finden können, soll das göttliche Angebot gezeigt werden, das uns in der brüderlichen Beichte gemacht ist. Die Beichte steht in der Freiheit des

Christen. Aber wer wird eine Hilfe, die Gott anzubieten für nötig gehalten hat, ohne Schaden ausschlagen?

10. Dezember

BRUDER UNTER DEM KREUZ

Wem sollen wir die Beichte ablegen? Jeder christliche Bruder darf nach der Verheißung Jesu dem andern zum Beichthörer werden. Wird er uns aber verstehen? Steht er nicht vielleicht in seinem christlichen Leben so hoch über uns, daß er sich gerade von unserer persönlichen Sünde nur verständnislos abwenden kann? Wer im Kreuze Jesu die tiefste Gottlosigkeit aller Menschen und des eigenen Herzens erkannt hat, dem ist keine Sünde mehr fremd. Er kennt das menschliche Herz. Er weiß, wie es gänzlich verloren ist in Schwachheit, wie es sich verirrt auf den Wegen der Sünde, und er weiß auch, wie es angenommen ist in Gnade und Barmherzigkeit.

Allein der Bruder unter dem Kreuz kann meine Beichte hören. Nicht Lebenserfahrung, sondern Kreuzeserfahrung macht den Beichthörer. Der erfahrenste Menschenkenner weiß unendlich viel weniger vom menschlichen Herzen als der schlichteste Christ, der unter dem Kreuz Jesu lebt. Die größte psychologische Einsicht, Begabung, Erfahrung vermag ja das eine nicht zu begreifen: was Sünde ist. Sie weiß von Not, von Schwachheit und Versagen, aber sie kennt die Gottlosigkeit des Menschen nicht. Vor dem Psychologen darf ich nur krank sein, vor dem christlichen Bruder darf ich Sünder sein. Der Psychologe muß mein Herz erst erforschen und findet doch nie den tiefsten Grund; der christliche Bruder weiß: da kommt ein Sünder wie ich, ein Gottloser, der beichten will und Gottes Vergebung begehrt. Der Psychologe sieht mich an, als wäre kein Gott, der Bruder sieht mich vor dem richtenden und barmherzigen Gott.

Es ist nicht Mangel an psychologischen Kenntnissen, sondern Mangel an Liebe zu Jesus Christus, wenn wir so armselig und untauglich sind für die brüderliche Beichte. Im täglichen ernsten Umgang mit dem Kreuz Christi vergeht dem Christen der Geist menschlichen Richtens und schwächlicher Nachsicht, er empfängt den Geist des göttlichen Ernstes und der göttlichen Liebe. So liebt er die Brüder mit der barmherzigen Liebe Gottes, die durch den Tod des Sünders zum Leben des Kindes Gottes führt.

Bereitet den Weg des Herrn

11. Dezember

GESTALTENDES HANDELN IN GRÖSSTEM AUSMASS

Bereitet den Weg des Herrn und machet seine Steige richtig! Alle Täler sollen voll werden, und alle Berge und Hügel sollen erniedrigt werden; und was krumm ist, soll richtig werden, und was uneben ist, soll schlichter Weg werden. Und alles Fleisch wird den Heiland Gottes sehen.
Lukas 3, 4–6

Zwar bahnt sich Christus, wenn er kommt, seinen eigenen Weg, er ist der „Durchbrecher aller Bande" (Micha 2, 13). Sein Einzug ist ein Siegeszug über seine Feinde. Damit aber die Gewalt seines Kommens die Menschen nicht im Zorne niederschlage, sondern sie als die demütig Wartenden treffe, darum geht dem Einzug der Ruf zur Wegbereitung voran.

Diese Wegbereitung aber ist nicht nur ein innerliches Geschehen, sondern ein gestaltendes Handeln in sichtbar größtem Ausmaß. „Die Täler sollen erhöht werden" (Jes 40, 4). Was in die Tiefe menschlichen Elends gestoßen ist, das Erniedrigte und Gedemütigte soll aufgerichtet werden. Es gibt eine Tiefe der menschlichen Unfreiheit, der menschlichen Armut, der menschlichen Unwissenheit, die das gnädige Kommen Christi hindert. „Die Berge und Hügel sollen erniedrigt werden" (Jes 40, 4). Wenn Christus kommen soll, dann muß alles Stolze und Hohe sich beugen. Es gibt ein Maß an Macht, an Reichtum, an Wissen, das für Christus und seine Gnade ein Hindernis ist. „Was krumm ist, soll richtig werden" (Luk 3, 5). Der Weg Christi ist ein gerader Weg. Es gibt ein Maß der Verstrikkung in die Lüge, in die Schuld, in das eigene Werk, in die Selbstliebe, das das Kommen der Gnade besonders schwer macht. Darum muß der Weg gerade werden, auf dem Christus zum Menschen kommen soll. Trotz, Widerspenstigkeit und Ablehnung können den Menschen so verhärtet haben, daß dem gnädigen Kommen Christi der Riegel vorgeschoben ist und dem Anklopfenden keine Tür sich auftut.

12. Dezember

ES IST NICHT GLEICHGÜLTIG, IN WELCHEM ZUSTAND UNS DIE GNADE ANTRIFFT

Wir wissen wohl, daß der geebnete Weg, die Beseitigung der Hindernisse die Gnade nicht herbeizwingen kann, daß vielmehr auch das gnädige Kommen Christi immer noch „eherne Türen zerbrechen und eiserne Riegel zerschlagen" (Ps 107, 16) muß, daß die Gnade sich zuletzt ihren Weg immer selbst bahnen und ebnen muß, daß sie allein und immer wieder das Unmögliche möglich machen muß.

Aber dies alles entbindet uns nicht davon, dem Kommen der Gnade den Weg zu bereiten, wegzutun, was es hindert und erschwert. Es ist nicht gleichgültig, in welchem Zustand uns die Gnade antrifft, wenn es auch allemal nichts als Gnade ist, daß sie zu uns kommt. Wir können es uns und anderen schwer machen, zum Glauben zu kommen. Schwer ist es dem in äußerste Schande, Verlassenheit, Armut, Hilflosigkeit Gestoßenen, an Gottes Gerechtigkeit und Güte zu glauben; schwer wird es dem, dessen Leben in Unordnung und Zuchtlosigkeit geraten ist, die Gebote Gottes im Glauben zu hören; schwer ist es dem Satten und Mächtigen, Gottes Gericht und Gottes Gnade zu fassen. Das ist nicht dem Betroffenen zur Entschuldigung und zur Entmutigung gesagt. Sie müssen vielmehr wissen, daß gerade in die Tiefe des Falles, der Schuld, der Not Gott sich herabbeugt in Jesus Christus, daß gerade den Entrechteten, Erniedrigten, Ausgebeuteten das Recht und die Gnade Gottes besonders nahe sind, daß dem Zuchtlosen sich die Hilfe und Kraft Jesu Christi anbietet, daß die Wahrheit Irrende und Verzweifelnde wieder auf festen Grund stellen will.

Alles dies aber schließt die Aufgabe der Wegbereitung nicht aus. Sie ist vielmehr ein Auftrag von unermeßlicher Verantwortung für alle, die vom Kommen Jesu Christi wissen. Der Hungrige braucht Brot, der Obdachlose Wohnung, der Entrechtete Recht, der Vereinsamte Gemeinschaft, der Zuchtlose Ordnung, der Sklave Freiheit. Es wäre eine Lästerung Gottes und des Nächsten, den Hungernden hungrig zu lassen, weil gerade des Nächsten Not Gott am nächsten sei. Um der Liebe Christi willen, die dem Hungernden gehört wie mir, brechen wir das Brot mit ihm, teilen wir die Wohnung. Wenn der Hungernde nicht zum Glauben kommt, so fällt die Schuld auf die, die ihm das Brot verweigerten. Dem Hungernden Brot verschaffen ist Wegbereitung für das Kommen der Gnade.

ALLES IM BLICK AUF DEN KOMMENDEN HERRN

Es ist aber Vorletztes, was hier geschieht. Dem Hungernden Brot geben heißt noch nicht, ihm die Gnade Gottes und die Rechtfertigung verkündigen, und Brot empfangen haben heißt noch nicht, im Glauben stehen. Aber für den, der es um des Letzten willen tut, um das Letzte weiß, steht dieses Vorletzte in Beziehung zum Letzten.

Wir aber müssen von der Wegbereitung, vom Vorletzten sprechen um derer willen, die mit ihrem Radikalismus, der die vorletzten Dinge verleugnet, gescheitert sind und nun in Gefahr stehen, selbst hinter die vorletzten Dinge zurückgestoßen zu werden; auch um derer willen, die in den vorletzten Dingen stecken bleiben und sich darin zufrieden geben und die nun doch für das Letzte in Anspruch genommen werden müssen; wir reden von den vorletzten Dingen aber schließlich und vielleicht sogar vor allem um derer willen, die nicht einmal zu diesen vorletzten Dingen gelangt sind, denen keiner diesen Dienst tut, für die niemand den Weg bereitete und denen nun geholfen werden muß, daß das Wort Gottes, das Letzte, die Gnade zu ihnen kommen kann.

Gewiß wäre dies alles mißverstanden, wollte man sagen, erst müsse der Sklave die Freiheit, der Rechtlose sein Recht, der Hungernde sein Brot bekommen haben, also erst müßten die Werte in Ordnung gebracht sein, ehe er Christ werden könne. Es kann sich bei der Wegbereitung für Christus nicht einfach um die Schaffung bestimmter erwünschter und zweckmäßiger Zustände handeln, also um die Verwirklichung eines sozialen Reformprogramms. So gewiß es bei der Wegbereitung um konkrete Eingriffe in die sichtbare Welt geht, so liegt doch alles daran, daß dieses Handeln eine geistliche Wirklichkeit ist, eben weil es ja zuletzt nicht um eine Reform der weltlichen Zustände, sondern um das Kommen Christi geht. Nur einer geistlichen Wegbereitung wird das gnädige Kommen des Herrn folgen. Das bedeutet aber, daß die sichtbaren Taten, die da geschehen müssen, um Menschen bereit zu machen für die Annahme Jesu Christi, Taten der Demütigung vor dem kommenden Herrn und das heißt Taten der Buße sein müssen. Wegbereitung heißt Buße (Mt 3, 1 ff.).

14. Dezember

GERINGSCHÄTZUNG DES »VORLETZTEN« IST SELBSTBETRUG

Christliches Leben ist der Anbruch des Letzten, das Leben Jesu Christi in mir. Es ist aber immer auch Leben im Vorletzten, das auf das Letzte wartet. Der Ernst des christlichen Lebens liegt allein im Letzten, aber auch das Vorletzte hat seinen Ernst, der freilich gerade darin besteht, das Vorletzte niemals mit dem Letzten zu verwechseln, das Vorletzte gegenüber dem Letzten für Scherz zu halten, damit das Letzte und das Vorletzte seinen Ernst behält.

Um es ganz deutlich werden zu lassen: Warum entscheide ich mich gerade in ganz ernsten Situationen, etwa angesichts eines durch einen Todesfall schwer Betroffenen, oftmals für ein „vorletztes" Verhalten, also etwa zu einer durch Schweigen bekundeten Gemeinschaft der Hilflosigkeit gegenüber so hartem Geschehen, statt die mir an sich bekannten und zur Verfügung stehenden Worte des biblischen Trostes auszusprechen, auch gerade Christen gegenüber? Warum verschließt sich mir oftmals der Mund, der das Letzte zum Ausdruck bringen sollte und entschließe ich mich zu einer durchaus vorletzten menschlichen Solidarität? Ist es Mißtrauen gegen die Macht des letzten Wortes, ist es Menschenfurcht oder liegt sachliche Berechtigung solchen Verhaltens darin, daß das Wissen und Zur-Verfügung-haben des Wortes, also sozusagen das geistliche Beherrschen der Situation nur den Schein des Letzten trägt, in Wirklichkeit aber selbst etwas ganz Vorletztes ist? Ist das bewußte Bleiben im Vorletzten nicht hier und da vielleicht der echtere Hinweis auf das Letzte, das Gott zu seiner Zeit (freilich auch nur durch Menschenmund) sagt? Wird also nicht gerade um des Letzten willen das Vorletzte immer wieder einmal geboten sein und nicht mit belastetem, sondern mit gutem Gewissen getan werden müssen? In diese Frage ist aber freilich nicht nur ein Einzelfall, sondern im Grunde der ganze Bereich christlichen Zusammenlebens und insbesondere der ganze Umfang der christlichen Seelsorge eingeschlossen.

15. Dezember

ABSAGE AN RADIKALISMUS UND KOMPROMISS

Radikalismus entspringt immer einem bewußten oder unbewußten Haß gegen das Bestehende. Christlicher Radikalismus, weltflüchtiger oder weltverbessernder, kommt aus dem Haß gegen die Schöpfung. Der Radikale kann Gott seine Schöpfung nicht verzeihen. Er ist mit der geschaffenen Welt zerfallen. Wenn das Böse in der Welt mächtig wird, dann spritzt es zugleich dem Christen das Gift des Radikalismus ein. Das Ausgesöhntsein mit der Welt, wie sie ist, das dem Christen durch Christus geschenkt ist, gilt dann als Verrat und Verleugnung Christi. An seine Stelle treten Bitterkeit, Argwohn, Verachtung gegen Menschen und Welt. Aus der Liebe, die alles glaubt, alles trägt, alles hofft, aus der Liebe, die die Welt gerade in ihrem Bösen mit der Liebe Gottes liebt (Joh 3, 16), wird die pharisäische Verweigerung der Liebe zu dem Bösen. Aus der offenen Kirche Jesu Christi, die der Welt dient bis zuletzt, wird irgendein angeblich urchristliches Gemeindeideal, das wiederum die Wirklichkeit des lebendigen Jesus Christus mit der Verwirklichung einer christlichen Idee verwechselt.

Der Kompromiß entspringt immer dem Haß gegen das Letzte. Christlicher Kompromißgeist kommt aus dem Haß gegen die Rechtfertigung des Sünders aus Gnaden allein. Man muß mit der Welt durch Mittel der Welt allein fertig werden. Das Letzte hat in der Gestalt des Lebens in der Welt nicht mitzusprechen. Die von Christus den Christen geschenkte Freiheit von der Welt und die Absage an sie (1. Joh 2, 15 ff.) wird als unnatürliche, schöpfungswidrige Welt- und Menschenfremdheit oder gar -feindschaft bezichtigt. Statt dessen wird Anpassung bis zur Resignation oder gar schale Weltklugheit als echte Weltoffenheit und Liebe der Christen ausgegeben.

Der Radikalismus haßt die Zeit, der Kompromiß haßt die Ewigkeit; der Radikalismus haßt die Geduld, der Kompromiß haßt die Entscheidung; der Radikalismus haßt die Klugheit, der Kompromiß haßt die Einfalt; der Radikalismus haßt das Maß, der Kompromiß haßt das Unermeßliche; der Radikalismus haßt das Wirkliche, der Kompromiß haßt das Wort.

Es wird aus diesem Gegenüber deutlich genug, daß beide Haltungen in gleicher Weise christuswidrig sind; denn was sich hier gegeneinander in Feindschaft aufrichtet, ist in Jesus Christus eins.

16. Dezember

WIR LEBEN IM VORLETZTEN UND GLAUBEN DAS LETZTE

Ich spüre übrigens immer wieder, wie alttestamentlich ich denke und empfinde; so habe ich in den vergangenen Monaten auch viel mehr Altes Testament als Neues Testament gelesen. Nur wenn man die Unaussprechlichkeit des Namens Gottes kennt, darf man auch einmal den Namen Jesus Christus aussprechen; nur wenn man das Leben und die Erde so liebt, daß mit ihr alles verloren und zu Ende zu sein scheint, darf man an die Auferstehung der Toten und eine neue Welt glauben; nur wenn man das Gesetz Gottes über sich gelten läßt, darf man wohl auch einmal von Gnade sprechen, und nur wenn der Zorn und die Rache Gottes über seine Feinde als gültige Wirklichkeiten stehen bleiben, kann von Vergebung und von Feindesliebe etwas unser Herz berühren. Wer zu schnell und zu direkt neutestamentlich sein und empfinden will, ist m. E. kein Christ. Man kann und darf das letzte Wort nicht vor dem vorletzten sprechen. Wir leben im Vorletzten und glauben das Letzte, ist es nicht so?

Meine Seele erhebet den Herrn

17. Dezember

DAS BEGREIFT EIN GEFANGENER BESSER

Es bleibt mir wohl nichts übrig, als Euch für alle Fälle schon einen Weihnachtsbrief zu schreiben. Ihr müßt nun vor allem nicht denken, daß ich mich durch dieses einsame Weihnachten werde niederschlagen lassen; es wird in der Reihe der verschiedenartigen Weihnachten, die ich in Spanien, in Amerika, in England gefeiert habe, für immer seinen besonderen Platz einnehmen, und ich will in späteren Jahren nicht beschämt, sondern mit einem gewissen Stolz an diese Tage zurückdenken können. Das ist das Einzige, was mir niemand nehmen kann.

Vom Christlichen her gesehen kann ein Weihnachten in der Gefängniszelle ja kein besonderes Problem sein. Wahrscheinlich wird in diesem Hause hier von Vielen ein sinnvolleres und echteres Weihnachten gefeiert werden als dort, wo man nur noch den Namen dieses Festes hat. Daß Elend, Leid, Armut, Einsamkeit, Hilflosigkeit und Schuld vor den Augen Gottes etwas ganz anderes bedeuten als im Urteil der Menschen, daß Gott sich gerade dorthin wendet, wo die Menschen sich abzuwenden pflegen, daß Christus im Stall geboren wurde, weil er sonst keinen Raum in der Herberge fand – das begreift ein Gefangener besser als ein anderer und das ist für ihn wirklich eine frohe Botschaft, und indem er das glaubt, weiß er sich in die alle räumlichen und zeitlichen Grenzen sprengende Gemeinschaft der Christenheit hineingestellt und die Gefängnismonate verlieren ihre Bedeutung.

18. Dezember

HARTES LIED VON STÜRZENDEN THRONEN

Und Maria sprach: Meine Seele erhebet den Herrn, und mein Geist freuet sich Gottes, meines Heilandes; denn er hat die Niedrigkeit seiner Magd angesehen. Siehe, von nun an werden mich seligpreisen alle Kindeskinder; denn er hat große Dinge an mir getan, der da mächtig ist und des Name heilig ist. Und seine Barmherzigkeit währet immer für und für bei denen, die ihn fürchten. Er übt Gewalt mit seinem Arm und zerstreut, die hoffärtig sind in ihres Herzens Sinn. Er stößt die Gewaltigen vom Stuhl und erhebt die Niedrigen. Die Hungrigen füllt er mit Gütern und läßt die Reichen leer. Er denket der Barmherzigkeit und hilft seinem Diener Israel auf, wie er geredet hat unseren Vätern, Abraham und seinem Samen ewiglich.

Lukas 1, 46–55

Dieses Lied der Maria ist das älteste Adventslied. Es ist

zugleich das leidenschaftlichste, wildeste, ja man möchte sagen revolutionärste Adventslied, das je gesungen worden ist. Es ist nicht die sanfte, zärtliche, verträumte Maria, wie wir sie auf Bildern dargestellt sehen, sondern es ist die leidenschaftliche, hingerissene, stolze, begeisterte Maria, die hier spricht. Nichts von den süßen, wehmütigen Tönen mancher unserer Weihnachtslieder, sondern ein hartes, starkes, unerbittliches Lied von stürzenden Thronen und gedemütigten Herren dieser Welt, von Gottes Gewalt und von der Menschen Ohnmacht. Es sind die Töne der prophetischen Frauen aus dem Alten Testament, Debora, Judith, Mirjam, die hier im Munde der Maria lebendig werden. Maria, die vom Geist ergriffene, die gehorsam und demütig an sich geschehen läßt, was der Geist ihr gebietet, sie spricht aus diesem Geist heraus vom Kommen Gottes in die Welt, vom Advent Jesu Christi. Sie weiß ja besser als irgendein anderer, was es heißt, auf Christus zu warten. Er ist ihr näher als irgend jemandem sonst. Sie weiß um den Geist, der hier im Spiele ist, um den allmächtigen Gott, der sein Wunder tut. Sie erfährt es am eigenen Leib, daß Gott wunderbare Wege mit den Menschen geht, daß er sich nicht nach der Meinung und Ansicht der Menschen richtet, daß er nicht den Weg geht, den die Menschen ihm vorschreiben, sondern daß sein Weg über alles Begreifen, über alles Beweisen frei und eigenwillig ist.

19. Dezember

VON EINER GLUT DER LIEBE WIE NIRGEND SONST

Wo der Verstand sich entrüstet, wo unsere Natur sich auflehnt, wo unsere Frömmigkeit sich ängstlich fernhält, gerade dort liebt es Gott zu sein. Dort verwirrt er den Verstand der Verständigen, dort ärgert er unsere Natur, unsere Frömmigkeit, und keiner kann es ihm verwehren. Und nur die Demütigen glauben ihm und freuen sich, daß Gott so frei und so herrlich ist, daß er Wunder tut, wo der Mensch verzagt, daß er herrlich macht, was gering und niedrig ist, und das ist ja das Wunder aller Wunder, daß Gott das Niedrige liebt.

Da ist Maria – die Zimmermannsfrau, die arme Arbeiterfrau, unbekannt, unangesehen von Menschen, nun aber gerade in ihrer Unansehnlichkeit, in ihrer Niedrigkeit von Gott angesehen und ausersehen, Mutter des Weltenretters zu sein; nicht um irgendwelcher menschlicher Vorzüge willen, auch nicht um ihrer gewiß großen Frömmigkeit willen, auch nicht um ihrer Demut willen, sondern ausschließlich und allein darum, weil Gottes gnädiger Wille das Niedrige, das Unansehnliche, das Geringe liebt, erwählt und groß macht.

Da ist Christus selbst, Christus in der Krippe – Gott schämt sich der Niedrigkeit des Menschen nicht, er geht mitten hinein, erwählt einen Menschen zu seinem Werkzeug und tut seine Wunder dort, wo man sie am wenigsten erwartet. Wo die Menschen sagen „verloren" – da sagt er „gefunden"; wo die Menschen sagen „gerichtet" – da sagt er „gerettet"; wo die Menschen sagen „nein" – da sagt er „ja". Wo die Menschen ihre Blicke gleichgültig oder hochmütig wegwenden, da ist sein Blick von einer Glut der Liebe wie nirgend sonst.

20. Dezember

DER BLICK BLEIBT NICHT AUF MARIA

„Siehe, von nun an werden mich seligpreisen alle Kindeskinder", jubelt Maria. Was heißt es, Maria, die niedrige Magd, seligpreisen? Es kann nichts anderes heißen, als das Wunder Gottes, das an ihr geschah, staunend anbeten; an ihr ersehen, daß Gott das Niedrige ansieht und erhöht, daß Gottes Kommen in diese Welt nicht die Höhen, sondern die Tiefen aufsucht, daß Gottes Herrlichkeit darin besteht, das Geringe groß zu machen. Maria seligpreisen heißt nicht, ihr Altäre bauen, sondern mit ihr den Gott anbeten, der „große Dinge tut und dessen Name heilig ist". Maria seligpreisen heißt, mit ihr wissen, daß „Gottes Barmherzigkeit währet für und für bei denen, die ihn fürchten". Maria seligpreisen heißt, mit ihr Gottes Wegen staunend nachsehen und nachdenken, der seinen Geist wehen läßt, wo er will; heißt, ihm gehorchen und mit Maria demütig sprechen: „Mir geschehe, wie du gesagt hast."

21. Dezember

BEGINN EINER VÖLLIGEN UMKEHRUNG ALLER DINGE

Wenn Gott Maria zum Werkzeug erwählt, wenn er in Niedrigkeit auf diese Welt kommen will, so ist das nicht eine idyllische Familienangelegenheit, sondern der Beginn einer völligen Umkehrung, Neuordnung aller Dinge. Wenn wir an diesem Adventsgeschehen teilnehmen wollen, so können wir nicht wie Zuschauer daneben stehen und uns an all den Bildern freuen, sondern wir werden selbst in dieses Handeln, in diese Umkehr aller Dinge mit hineingerissen, wir müssen mitspielen in diesem Spiel. Der Zuschauer ist immer schon handelnde Person; wir können uns nicht entziehen.

Was wird denn da gespielt, wo Maria die Mutter Gottes wird? Weltgericht und Welterlösung – das ist es, was hier geschieht; und das verheißene Kind der Niedrigkeit selbst ist es, das Weltgericht und Welterlösung hält; dieser ist es, der die Großen und Gewaltigen zurückstößt, der die Throne der Machthaber stürzt, der die Hoffärtigen demütigt; der aus dem Staub hebt, was niedrig ist, und macht es groß und herrlich in seiner Barmherzigkeit. Wer hierher kommt, mit dem geht etwas vor, der kann nur gerichtet oder erlöst wieder fortgehen; er muß entweder zusammenbrechen oder er weiß die ganze Barmherzigkeit Gottes sich zugewandt.

Ist das nicht alles Redensart, pastorale Übertreibung einer schönen frommen Legende? Wer es als Redensart nehmen will, der möge es tun und Advent weiterhin so heidnisch und unbeteiligt feiern wie bisher. Uns kann es keine Redensart sein, denn es ist ja Gott selbst, der Herr und Schöpfer aller Dinge, der hier so gering wird, der in die Unansehnlichkeit der Welt eingeht, der in der Hilflosigkeit eines Kindes unter uns sein will, und das alles nicht, damit wir es rührend finden, sondern damit wir erschrecken und staunen und uns freuen, wie Gott alle menschliche Höhe richtet und entwertet und in der Niedrigkeit seine neue Welt schafft.

22. Dezember

WAS ES ZU BEREINIGEN GILT

Angesichts dieses Adventsliedes gibt es für uns einiges zu bereinigen. Wir müssen uns klar werden, wie wir über hoch und niedrig im menschlichen Leben denken wollen. Wir sind alle keine Gewaltigen, auch wenn wir es vielleicht gerne wären. Große Gewaltige gibt es immer nur wenige, aber um so mehr kleine Gewaltige, die, wo sie es nur können, ihre kleine Gewalt spielen lassen und die nur einem Gedanken leben: immer höher hinaus! Gottes Gedanke heißt anders; er heißt: immer tiefer hinein, in die Niedrigkeit, in die Selbstvergessenheit, in die Unansehnlichkeit. Und auf diesem Weg begegnen wir Gott, nirgendwo sonst.

Jeder von uns lebt mit solchen zusammen, die man hoch – und mit solchen, die man niedrig nennt. Jeder von uns hat einen, der noch niedriger ist als er selbst. Ob dieses Adventslied der Maria uns dazu helfen wird, an diesem Punkt umzulernen, umzudenken und zu wissen, daß unser Weg, sofern er ein Weg zu Gott sein soll, uns nicht auf die Höhen, sondern ganz wirklich in die Tiefen zu den Geringen führt, und daß jeder Lebensweg, der nur ein Höhenweg sein will, ein Ende mit Schrecken nehmen muß? Gott läßt sich nicht spotten. Er läßt es nicht hingehen, daß wir Jahr um Jahr Advent feiern und hiermit nicht Ernst machen. Er hält sein Wort gewiß und wird alle Gewaltigen vom Stuhl stoßen, die kleinen Gewaltigen nicht weniger als die großen.

Wer alle Gewalt, alle Ehre, alles Ansehen, alle Eitelkeit, allen Hochmut endlich niederlegt, wer sich hält zu den Niedrigen und Gott allein hoch sein läßt, der kann mit Maria sprechen: „Mein Geist freut sich Gottes, meines Heilandes."

Ich steh an deiner Krippe hier

23. Dezember

CHRISTUS BRINGT ALLES WIEDER

... Mir geht in den letzten Wochen immer wieder der Vers durch den Kopf: „Lasset fahr'n, o liebe Brüder, was euch quält, was euch fehlt, ich bring alles wieder." Was heißt dies: „ich bring alles wieder"? Es geht nichts verloren, in Christus ist alles aufgehoben, aufbewahrt, allerdings in verwandelter Gestalt, durchsichtig, klar, befreit von der Qual des selbstsüchtigen Begehrens – Christus bringt dies alles wieder, und zwar so, wie es von Gott ursprünglich gemeint war, ohne die Entstellung durch unsere Sünde. Die aus Eph 1, 10 stammende Lehre von der Wiederbringung aller Dinge ist ein großartiger und überaus tröstlicher Gedanke. Das „Gott sucht wieder auf, was vergangen ist" bekommt hier seine Erfüllung. Und niemand hat das so einfach und kindlich auszudrücken vermocht wie Paul Gerhardt in dem Wort, das er dem Christuskind in den Mund legt: „ich bring alles wieder".

Außerdem habe ich zum erstenmal in diesen Tagen das Lied: „Ich steh an Deiner Krippen hier . . ." für mich entdeckt. Ich hatte mir bisher nicht viel daraus gemacht. Man muß wohl lange allein sein und es meditierend lesen, um es aufnehmen zu können. Es ist in jedem Worte ganz außerordentlich gefüllt und schön. Ein klein wenig mönchisch-mystisch ist es, aber doch gerade nur soviel, wie es berechtigt ist; es gibt eben neben dem Wir doch auch ein Ich und Christus, und was das bedeutet, kann gar nicht besser gesagt werden als in diesem Lied.

Ich glaube, daß dieser Gedanke auch sehr wichtig ist, wenn wir mit Menschen zu sprechen haben, die uns nach dem Verhältnis zu ihren Toten fragen. „Ich bring alles wieder" – d. h. wir können und sollen es uns nicht selbst wieder nehmen, sondern von Christus geben lassen. (Übrigens, wenn ich mal begraben werde, dann möchte ich gern, daß das „Eins bitte ich vom Herren", und „Eile, mich, Gott, zu erretten" und „o bone Jesu" gesungen wird.[1])

24. Dezember

AUF IHREM VERWITTERTEN ANTLITZ LIEGT WEIHNACHTLICHER GLANZ

Kein Priester, kein Theologe stand an der Krippe von Bethlehem. Und doch hat alle christliche Theologie ihren Ursprung in dem Wunder aller Wunder, daß Gott Mensch wurde. „Neben dem Glanz der Heiligen Nacht brennen die unergründlichen Geheimnisse der Theologie" (Hello).

[1] Alles von Heinrich Schütz

Israel hatte keine Theologie. Es kannte Gott nicht im Fleisch. Ohne die heilige Nacht gibt es keine Theologie. „Gott geoffenbart im Fleisch", der Gottmensch Jesus Christus, das ist das heilige Geheimnis, das zu behüten und zu wahren die Theologie eingesetzt ist.

Welcher Unverstand, als sei es die Aufgabe der Theologie, Gottes Geheimnis zu enträtseln, es auf die platten, geheimnislosen menschlichen Erfahrungs- und Vernunftweisheiten herabzuziehen! Während doch allein dies ihr Amt ist, Gottes Wunder als Wunder zu bewahren, Gottes Geheimnis gerade als Geheimnis zu begreifen, zu verteidigen, zu verherrlichen. So und niemals anders hat die alte Kirche es gemeint, wenn sie sich in nicht ermüdendem Eifer um das Mysterium der Trinität und der Person Jesu Christi bemühte. Welche Oberflächlichkeit und Leichtfertigkeit, die Theologie auf den Schindanger zu werfen, und zu guter Letzt nun doch statt einer rechten Theologie eine schlechte Theologie zu haben und zu vertreten!

Die alte Kirche hat durch mehrere Jahrhunderte hindurch über die Christusfrage nachgedacht. Sie hat dabei die Vernunft gefangen genommen in den Gehorsam Jesu Christi und hat in harten, widerspruchsvollen Sätzen das Geheimnis der Person Jesu Christi lebendig bezeugt. Sie hat sich nicht der modernen Täuschung hingegeben, dieses Geheimnis könne nur erfühlt oder erlebt werden; denn sie wußte um die Verderbtheit und Selbstbezogenheit alles menschlichen Fühlens und Erlebens. Sie hat freilich auch nicht gemeint, daß dieses Geheimnis logisch erdacht werden könne; aber sie hat, indem sie sich nicht scheute, die letzten begrifflichen Paradoxien auszusprechen, gerade so das Geheimnis als Geheimnis für alles natürliche Denken bezeugt und verherrlicht. Die altkirchliche Christologie ist wirklich an der Krippe von Bethlehem entstanden, und es liegt auf ihrem verwitterten Antlitz weihnachtlicher Glanz. Wer sie kennen lernt, dem gewinnt sie noch heute das Herz ab.

25. Dezember

WO JESUS CHRISTUS IST, DA SIND WIR

Es hat den Vätern alles daran gelegen, auszusprechen, daß Gott, der Sohn, die menschliche Natur, nicht aber einen Menschen angenommen habe. Diese Unterscheidung war notwendig, um die Universalität des Weihnachtswunders zu wahren. „Menschliche Natur", das ist Natur, Wesen, Fleisch aller Menschen, also auch meine Natur, mein Fleisch; menschliche Natur, das ist der Inbegriff aller menschlichen Möglichkeiten überhaupt. Vielleicht würden wir Heutigen am verständlichsten sagen: Gott nahm in der Geburt Jesu Christi die Menschheit an, nicht nur einen einzelnen Menschen. Der Leib Jesu Christi – das ist unser Fleisch. Er trägt unser Fleisch. Darum: Wo Jesus Christus ist, dort sind wir, ob wir es wissen oder nicht; es ist so kraft der Menschwerdung; was Jesus Christus widerfährt, widerfährt uns. Es ist wirklich unser aller „armes Fleisch und Blut", das dort in der Krippe liegt, es ist unser Fleisch, das er im Gehorsam und Leiden heiligt und reinigt, es ist unser Fleisch, das mit ihm am Kreuz stirbt und mit ihm begraben wird.

Er nahm menschliche Natur an, damit wir ewig bei ihm seien. Wo der Leib Jesu Christi ist, dort sind wir, ja, wir sind sein Leib. Darum lautet das Weihnachtszeugnis für alle Menschen: Ihr seid angenommen, Gott hat euch nicht verachtet, sondern er trägt leibhaftig euer aller Fleisch und Blut. Seht auf die Krippe! In dem Leibe des Kindleins, in dem fleischgewordenen Sohn Gottes ist euer Fleisch, ist alle eure Not, Angst, Anfechtung, ja, alle eure Sünde getragen, vergeben, geheiligt. Klagst du: meine Natur, mein ganzes Wesen ist heillos, so antwortet die Weihnachtsbotschaft: deine Natur, dein ganzes Wesen ist angenommen, Jesus trägt es. So ist er dein Heiland geworden.

26. Dezember

TRAGEN WIR UNSEREN KOPF ZU HOCH?

Uns ist ein Kind geboren, ein Sohn ist uns gegeben.
Aus Jesaja 9, 5

Von der Geburt eines Kindes ist die Rede, nicht von der umwälzenden Tat eines starken Mannes, nicht von der kühnen Entdeckung eines Weisen, nicht von dem frommen Werk eines Heiligen. Worum sich Könige und Staatsmänner, Philosophen und Künstler, Religionsstifter und Sittenlehrer vergeblich bemühen, das geschieht nun durch ein neugeborenes Kind. Wie zur Beschämung der gewaltigsten menschlichen Anstrengungen und Leistungen wird hier ein Kind in den Mittelpunkt der Weltgeschichte gestellt. Ein Kind, von Menschen geboren, ein Sohn, von Gott gegeben. Das ist das Geheimnis der Erlösung der Welt; alles Vergangene und alles Zukünftige ist hier umschlossen. Die unendliche Barmherzigkeit des allmächtigen Gottes läßt sich zu uns herab in der Gestalt eines Kindes, seines Sohnes. Daß uns dieses Kind geboren, dieser Sohn gegeben ist, daß mir dieses Menschenkind, dieser Gottessohn gehört, daß ich ihn kenne, ihn habe, ihn liebe, daß ich sein bin und er mein ist, daran hängt nun mein Leben. Ein Kind hat unser Leben in der Hand.

Wie wollen wir diesem Kinde begegnen? Sind unsere Hände durch die tägliche Arbeit, die sie vollbrachten, zu hart und zu stolz geworden, um sich beim Anblick dieses Kindes anbetend zu falten? Tragen wir unseren Kopf, der so viele schwere Gedanken hat denken, Probleme hat lösen müssen, zu hoch, als daß wir ihn vor dem Wunder dieses Kindes noch demütig beugen könnten? Können wir alle unsere Anstrengungen, Leistungen, Wichtigkeiten noch einmal ganz vergessen, um mit den Hirten und mit den Weisen aus dem Morgenland vor dem göttlichen Kind in der Krippe anzubeten und in diesem Anblick die Erfüllung unseres ganzen Lebens dankbar zu erkennen? Es ist wahrhaftig ein seltsamer Anblick, wenn ein starker stolzer Mann seine Knie vor diesem Kind beugt, wenn er einfältigen Herzens in ihm seinen Heiland findet und verehrt, und es muß wohl ein Kopfschütteln, ja vielleicht sogar ein böses Lachen durch unsere alte, kluge, erfahrene, selbstgewisse Welt gehen, wenn sie den Heilsruf der gläubigen Christen vernimmt: „Uns ist ein Kind geboren, ein Sohn ist uns gegeben."

27. Dezember

ALLE NOT DER WELT AUF DIESE SCHULTERN GELADEN

Und die Herrschaft ist auf seiner Schulter.

Aus Jesaja 9, 5

Auf den schwachen Schultern dieses neugeborenen Kindes soll die Herrschaft über die Welt liegen! Eines wissen wir: Diese Schultern werden jedenfalls die ganze Last der Welt zu tragen bekommen. Mit dem Kreuz wird alle Sünde und Not dieser Welt auf diese Schultern geladen werden. Die Herrschaft aber wird darin bestehen, daß der Träger unter der Last nicht zusammenbricht, sondern sie ans Ziel bringt. Die Herrschaft, die auf den Schultern des Kindes in der Krippe liegt, besteht im geduldigen Tragen der Menschen und ihrer Schuld. Dieses Tragen aber fängt in der Krippe an, fängt dort an, wo das ewige Wort Gottes das menschliche Fleisch annahm und trug. Gerade in der Niedrigkeit und Schwachheit des Kindes nimmt die Herrschaft über alle Welt ihren Anfang.

Als Zeichen der Herrschaft über das Haus pflegte man dem Hausherrn die Schlüssel über die Schulter zu hängen.

Das bedeutet, daß er die Macht hat, auf- und zuzuschließen, einzulassen und abzuweisen, wen er will. Das ist auch die Weise der Herrschaft dessen, der das Kreuz auf seinen Schultern trug. Er schließt auf, indem er Sünde vergibt, er schließt zu, indem er den Stolzen verstößt. Das ist die Herrschaft dieses Kindes, daß es die Demütigen, Geringen, die Sünder annimmt und trägt, daß es aber die Stolzen, Hoffärtigen, die Gerechten zunichte macht und verwirft.

28. Dezember

WORTLOSES SCHWEIGEN DER ANBETUNG VOR DEM UNAUSSPRECHLICHEN

Und er heißt Wunder-Rat, Kraft-Held, Ewig-Vater, Friedefürst.
Aus Jesaja 9, 5

Wer ist dieses Kind, über dessen Geburt Himmel und Erde jauchzen? Worte häufen und überstürzen sich, wenn sie sagen sollen, wer dieses Kind sei. „Wunder-Rat", „Gott-Kraft", „Ewig-Vater", „Friede-Fürst".

„Wunder-Rat" – heißt dieses Kind. In ihm ist das Wunder aller Wunder geschehen: Gott ward Mensch, das Wort ward Fleisch. Weil aber dieses Kind Gottes eigener Wunder-Rat ist, darum ist es auch selbst eine Quelle aller Wunder und alles Rates.

„Gott-Kraft" – heißt dieses Kind. Das Kind in der Krippe ist kein anderer als Gott selbst. In dem Kind der Maria wohnt der allmächtige Gott. Hier ist er arm wie wir, elend und hilflos wie wir, ein Mensch von Fleisch und Blut wie wir, unser Bruder. Und doch ist er Gott, doch ist er Kraft. Wo ist die Kraft dieses Kindes? In der göttlichen Liebe, in der es uns gleich wurde. Sein Elend in der Krippe ist seine Kraft. In der Kraft der Liebe überwindet es die Kluft zwischen Gott und den Menschen.

„Ewig-Vater" – wie kann dies der Name des Kindes sein? Nur so, daß sich in diesem Kinde die ewige väterliche Liebe Gottes offenbart und daß das Kind nichts anderes will, als die Liebe des Vaters auf die Erde bringen.

„Friede-Fürst" – wo Gott in Liebe zu den Menschen kommt, dort ist Friede geschlossen zwischen Gott und Mensch und zwischen Mensch und Mensch. Fürchtest du dich vor Gottes Zorn, so geh zum Kind in der Krippe und laß dir hier den Frieden Gottes schenken. Bist du in Streit und Haß mit deinem Bruder zerfallen, komm und sieh, wie Gott aus lauter Liebe unser Bruder geworden ist und uns miteinander versöhnen will. In der Welt herrscht die Gewalt, dieses Kind ist der Fürst des Friedens. Wo es ist, dort herrscht Friede.

„Wunder-Rat, Gott-Kraft, Ewig-Vater, Friede-Fürst" – so sprechen wir an der Krippe von Bethlehem, so versuchen wir in Begriffe zu fassen, was für uns in dem einen Namen beschlossen liegt: Jesus. Diese Worte aber sind ja im Grunde nichts anderes als ein wortloses Schweigen der Anbetung vor dem Unaussprechlichen, vor der Gegenwart Gottes in der Gestalt eines Menschenkindes.

Meine Zeit steht in deinen Händen

29. Dezember

DURCH DIE JAHRE HINDURCH VERKÜNDIGER SEINER KRAFT

Verlaß mich nicht, Gott, im Alter, wenn ich grau werde, bis ich deinen Arm verkündige Kindeskindern und deine Kraft allen, die noch kommen sollen. *Psalm 71, 18*

Seit langem haben wir uns daran gewöhnt, nicht mit langen Zeitabschnitten zu rechnen. Wir können und sollen es auch nicht. Gehorsam zu lernen an jedem neuen Tag ist uns genug. Aber die Zeit schreitet voran, und unser Text spricht heute zu uns vom Altwerden. Es ist also trotz allem gut, auch dies einmal ins Auge zu fassen, daß vielleicht noch eine lange Lebenszeit vor uns liegt, daß der jüngste Tag vielleicht nicht morgen oder übermorgen kommt. „Noch soll man Häuser, Äcker und Weinberge kaufen in diesem Lande" (Jer 32, 15). Vielleicht werden wir also über dieser Kampfzeit der Kirche noch grau werden und neue Geschlechter werden neue Lasten auf ihren Schultern tragen. Darum bitten wir Gott, vor dem tausend Jahre sind wie ein Tag, um die Gnade, er wolle uns durch die Jahre hindurch Verkündiger seiner Kraft bleiben lassen. Jahre und Geschlechter vergehen, aber Gottes Wort vergeht nicht. Wir sind doch nur ein Glied in der Kette. Doch die bange und freudige Frage bleibt, welches Geschlecht wird den letzten Tag erleben? Amen, ja komme bald, Herr Jesu!

30. Dezember

NICHT VERGESSEN, SONDERN ÜBERWINDEN

Er hat alles wohlgemacht. *Markus 7, 37*

So wollen wir am Ende dieses Jahres sprechen über jede Woche, über jede Stunde, die vergangen ist. Solange wollen wir mit diesem Wort ins Gebet gehen, bis keine Stunde mehr ist, von der wir nicht sagen wollten, „Er hat alles wohlgemacht". Gerade die Tage, die uns schwer waren, die uns gequält und geängstigt haben, Tage, die in uns eine Spur von Bitterkeit zurückgelassen haben, wollen wir heute nicht hinter uns lassen, bevor wir nicht auch von ihnen dankbar und demütig bekennen: „Er hat alles wohlgemacht." Nicht vergessen sollen wir, sondern überwinden. Das geschieht durch Dankbarkeit. Nicht die ungelösten Rätsel der Vergangenheit lösen und in quälende Grübelei fallen sollen wir, sondern auch das Unbegreifliche stehen lassen und friedlich in Gottes Hand zurückgeben. Das geschieht durch Demut. „Er hat alles wohlgemacht."

Aber noch bleibt der furchtbarste Stachel zurück: Meine Schuld, meine Versäumnisse, meine Undankbarkeit, mein

Zorn, meine Trägheit zum Gebet, mein ganzes widerspenstiges, verzagtes, unfrohes Herz – was wird daraus? Die böse Frucht meiner Sünde wirkt ja ohne Ende fort. Wie soll ich dem ein Ende setzen? Und doch bist du kein Christ, sondern verhärtest dich nur in deiner Sünde, wenn du nicht auch über deiner Schuld sprechen kannst, er hat alles wohlgemacht! Es heißt eben nicht, wir haben alles wohlgemacht. Glaubst du das? Das ist die letzte und erstaunlichste Erkenntnis des Christen, daß er zuletzt auch über seiner Sünde sagen darf: Er hat alles wohlgemacht. Er hat mir auch durch die Sünde hindurchgeholfen, ihn zu finden. Er hat schließlich alle meine Sünde zugedeckt.

Jetzt erst wissen wir recht, was das heißt, Er hat alles wohlgemacht. Er hat uns geheilt. Er war allezeit da und am Werk. Jetzt erst können wir auch wahrhaftig für all das viele Gute danken, das wir empfangen haben, danken für unsere Arbeit, für das tägliche Wort, für allerlei persönliche Hilfe und Führung, für Bewahrung vor allerlei großem Übel und Gefahr des Leibes und der Seele. Jetzt ist alles Vergangene umschlossen in der einen Freude: „Er hat alles wohlgemacht."

31. Dezember

VON GUTEN MÄCHTEN

Von guten Mächten treu und still umgeben,
behütet und getröstet wunderbar,
so will ich diese Tage mit euch leben
und mit euch gehen in ein neues Jahr.

Noch will das alte unsre Herzen quälen,
noch drückt uns böser Tage schwere Last,

ach, Herr, gib unsern aufgescheuchten Seelen
das Heil, für das du uns bereitet hast.

Und reichst du uns den schweren Kelch, den bittern
des Leids, gefüllt bis an den höchsten Rand,
so nehmen wir ihn dankbar ohne Zittern
aus deiner guten und geliebten Hand.

Doch willst du uns noch einmal Freude schenken
an dieser Welt und ihrer Sonne Glanz,
dann wolln wir des Vergangenen gedenken,
und dann gehört dir unser Leben ganz.

Laß warm und still die Kerzen heute flammen,
die du in unsre Dunkelheit gebracht,
führ, wenn es sein kann, wieder uns zusammen.
Wir wissen es, dein Licht scheint in der Nacht.

Wenn sich die Stille nun tief um uns breitet,
so laß uns hören jenen vollen Klang
der Welt, die unsichtbar sich um uns weitet,
all deiner Kinder hohen Lobgesang.

Von guten Mächten wunderbar geborgen,
erwarten wir getrost, was kommen mag.
Gott ist mit uns am Abend und am Morgen
und ganz gewiß an jedem neuen Tag.

FÜR DIE BEWEGLICHEN FESTTAGE DES KIRCHENJAHRES

SIND FOLGENDE AUSWAHLSTÜCKE GEEIGNET:

Karfreitag:	7. April
Ostern:	9. April
Himmelfahrt:	14. Mai
Pfingsten:	26. Mai
Trinitatis:	6. oder 7. Juni
Bußtag:	25. November
Totensonntag:	29. oder 30. November
1. Advent:	1. oder 2. Dezember

BIBELSTELLEN

Die ausgelegten Texte sind zur Unterscheidung von den nur zitierten kursiv gesetzt.

1. Timotheus

1, 15	20. September
3, 1–7	24. Oktober
4, 13	3. Juli

2. Timotheus

2, 8	16. Februar

1. Petrus

2, 20	23. Januar
3, 9	2. August
3, 14	23. Januar
4,12u.17	8. September
5, 4	21. April
5, 5	29. März

1. Johannes

1, 7	30. Mai
1, 8 f.	5. Januar
2, 17	15. Dezember
2, 22	23. Juni
3, 9	5. Januar
3, 24	1. August

Hebräer

2, 18	17. März
4, 15	13. März
11, 9	26. März
13, 9	10. Januar

Jakobus

1, 8	15. Juli
1, 13–15	7. September
3, 3 ff.	16. September
4, 4	13. November
5, 16	3. Dezember

Offenbarung

2, 4–5	31. Oktober
14, 13	1. Juli

Die Auswahlstücke in diesem Brevier sind dem Gesamtwerk Dietrich Bonhoeffer entnommen, das im Chr. Kaiser Verlag München herausgegeben wird.